新论老庄

孙功进　陈绍燕　著

山东人民出版社·济南
国家一级出版社　全国百佳图书出版单位

图书在版编目（CIP）数据

新论老庄 / 孙功进，陈绍燕著. -- 济南：山东人民出版社，2020.12
ISBN 978-7-209-13130-8

Ⅰ. ①新… Ⅱ. ①孙… ②陈… Ⅲ. ①道家 ②《道德经》-研究 ③《庄子》-研究 Ⅳ. ①B223.05

中国版本图书馆CIP数据核字(2020)第154347号

新论老庄
XINLUN LAOZHUANG

孙功进　陈绍燕　著

主管单位　山东出版传媒股份有限公司
出版发行　山东人民出版社
出 版 人　胡长青
社　　址　济南市英雄山路165号
邮　　编　250002
电　　话　总编室（0531）82098914
　　　　　市场部（0531）82098027
网　　址　http://www.sd-book.com.cn
印　　装　山东华立印务有限公司
经　　销　新华书店

规　　格　16开（169mm×239mm）
印　　张　21.25
字　　数　320千字
版　　次　2020年12月第1版
印　　次　2020年12月第1次
ISBN　978-7-209-13130-8
定　　价　46.00元

目录

新论《庄子》

导　论

道家学派推原于老聃。①从先秦文献和《汉书·艺文志》的记载来看，先秦道家学派在老聃之后，还有关尹、文子、列子、杨朱、庄周和稷下道家。道家学派至庄周之学又蔚为大观。老庄之后，黄老学和魏晋玄学是道家发展的两个重要阶段。其间，东汉后期以道家作为重要思想来源的道教逐渐形成。道教产生之后道家思想深入到道教中得以继续发展，并成为建构道教理论的重要基石。隋唐重玄学和宋元兴起的内丹学是道家理论在道教中发展的余绪。

从简本《老子》的出土来看，《老子》至少在战国中期以前就已经在社会上广为传播。战国时期的韩非专门作《解老》《喻老》。《吕氏春秋》和《淮南子》多引老子言论，《淮南子·道应训》还举事例以明《老子》之意。随着《老子》地位的提升，西汉时已出现专门注解《老子》之作，如《汉书·艺文志》提到的《老子邻氏经传》《老子傅氏经说》《老子徐氏经说》、刘向的《说老子》。严遵亦著有《老子注》和《老子指归》。魏晋时期，《老子》与《庄子》《周易》并称“三玄”。老子及《老子》在李氏唐朝建立后取得了显赫地位。唐高宗封老子为“太上玄元皇帝”②，唐玄宗设“重玄学馆”③，称《老子》为《道德真经》④，并作《御注老子》，颁布《义疏》于天下⑤，开创了帝王解《老》注《老》的先河。与《老子》的情况有所不同，《庄子》问世后在相当长的一段时间内并未引起重视。庄学的兴起实得益于玄学家的清谈之风。魏晋时期《庄子》被列为“三玄”之一，甚至一度出现“庄老”的称

---

① 将“道家”作为学派概念来使用，始于《史记·太史公自序》中司马谈对“六家之要指”的说明，司马谈所说的“道家”指当时的黄老道家而言。

② 《二十四史全译·旧唐书》第1册，汉语大词典出版社2004年版，第71—72页。

③ 《二十四史全译·旧唐书》第1册，汉语大词典出版社2004年版，第172页。

④ 《二十四史全译·旧唐书》第1册，汉语大词典出版社2004年版，第173页。

⑤ 《二十四史全译·旧唐书》第1册，汉语大词典出版社2004年版，第185页。

呼[1]。唐玄宗天宝元年，庄子被尊为南华真人，《庄子》一书被尊称为《南华真经》[2]，成为道教要籍。老庄之学在唐王朝得到了前所未有的尊崇。

老子哲学具有道家学派原初的“朴”性，其思想涵盖道论、修养论、人生论、政治论等多方面的内容。庄子哲学则更强调内在的心灵自由和生存境界。老庄作为先秦道家的标志，其思想相对于其他学派又有自己鲜明的特点，这主要表现为以下几个方面：

首先，是宇宙论和本体论的开创。在“哲学的突破”的时代，宇宙论与本体论的建构往往反映了一种哲学的深度。宇宙论强调万有之原在时间上对世界的创生，本体论则往往过滤掉时间性观念，强调终极本体对万有的宰制、支配作用。宇宙论和本体论分别为人的生存“建本”和“立极”。在中国哲学中，宇宙论和本体论往往交织在一起，心性论和境界论也正是从本体论中衍生而出的。老庄开创了以“道”为宇宙本原和本体的思想。《老子》的“道生一，一生二，二生三，三生万物”，《庄子》的“泰初有无，无有无名，一之所起，有一而未形”，都侧重于作宇宙论阐发，老子的“得一”说和庄子的“真宰”“真君”则侧重于本体论说明。对宇宙论和本体论的构建，是老庄思想的重要特色。

其次，是视野的宏阔。对宇宙本原和万有本体的追寻，势必使其哲学思考的问题超越人的经验生存世界而投入更广的范围。通行本《老子》首章就作了“常道”和“非常道”的划分，将人的世俗生存世界视作“非常道”的领域，将“常道”作为其哲学谈论的核心话题，凸显了对“非常道”的超越。《庄子·逍遥游》一上来就通过鲲鱼和大鹏的形象将人们带入一种宏大的视野和景象之中。鲲鱼和大鹏不过是一种隐喻，都是用以表征大道本身及其具现为个体心灵自由的意象。《逍遥游》还提出了“小知”和“大知”、“小年”和“大年”、“有待”和“无待”的不同，这与《老子》对“常道”和“非常道”的划分在哲学视野上具有一致性。视野的宏阔使得老庄思想整体上表现出一种宏大而深沉的气象，这也是先秦其他学派所不能及的。

---

① 如嵇康《与山巨源绝交书》：“又读庄、老，重增其放，故使荣进之心日颓，任实之情转笃。”郭象《逍遥游》注：“若谓拱默乎山林之中而后得称无为者，此庄老之谈所以见弃于当涂。”见戴明扬《嵇康集校注》，人民文学出版社1962年版，第117—118页；曹础基等点校《南华真经注疏》，中华书局1998年版，第10页。

② 《二十四史全译·旧唐书》第1册，汉语大词典出版社2004年版，第173页。

再次，是强烈的社会批判意识。哲学总以其特定的方式观照社会现实。道家同“历记成败存亡祸福之道”的史官之间的亲缘关系，使其在思想源头上就有着强烈的社会关切。西汉作为治术的黄老学的兴起，应与道家的这种思想基因不无关联。在老庄那里，“道”的超越性、“自然”性、绝对性为审视现实社会提供了终极参照，从而使其思想表现出强烈的社会批判意识。从整体上说，《老子》哲学的旨趣就在于对春秋末期礼崩乐坏的局面作一种釜底抽薪式的救治，从而使人的生存回到“自然”的本性上来。“大道废，有仁义”“礼者忠信之薄而乱之首”，皆透露出《老子》对仁义、礼制偏离和破坏人的“自然”本性的担忧。《老子》还对侯王“损不足以奉有余”的种种奢欲之政乃至“以身轻天下”的行为提出了批评。《庄子》更是以辛辣的语言对社会存在的问题做了深刻的揭示。“盗亦有道”“虎狼仁也”“诗书发冢”以振聋发聩的命题揭示出了当时儒家的仁义、圣智原则在施行过程中面临的悖论，从而指向了“相濡以沫，不如相忘于江湖”的大道之境。强烈的社会批判意识是老庄思想的重要特色。

老庄思想对整个中国文化都产生了深入而持久的影响。就中国哲学而言，中国哲学的重要概念，如“道”“气”“心”“命”“性”“和”“一”“虚”“中”“天”“人”“无极”“太极”“性命”等都在老庄思想中出现了。老庄对“道”的追求在很大程度上刺激了儒学形上品格的提升。老庄思想对佛教的传播和中国化佛教的形成也产生了重要的影响。今天，老庄思想更是为反思“现代性”提供了来自传统文化的思想资源。“朴散则为器”，历史的展开当然无法抗拒，但如何防止在文明进化中产生的“文灭质”的危险，老庄思想无疑有着重要的启示作用。事实上老庄思想的慧见已经远远超越了它所处的那个时代，成为处于历史“此在”中的人们可以不断汲取的宝贵思想财富。

新论《老子》

第一章　老子与《老子》

在中国学术史上，老子其人其书曾一度引起学者们质疑和探究的兴趣。①20世纪二三十年代，学界曾围绕老子其人其书进行了广泛的讨论②，斯时老子其人其书的研究一度成为显学。这一阶段取得了丰厚的成果，将老子与《老子》的研究推向深入。进入20世纪后期，战国和汉代的一系列《老子》文本得以重见天日，先是1973年在湖南长沙马王堆出土了帛书《老子》③，然后是1993年在湖北荆门郭店出土了竹简《老子》④，接着是2009年北京大学受

---

① 近代之前，对老子其人其书作质疑和探究的主要有崔浩、韩愈、陈师道、毕沅、汪中、崔述等，其中尤以后四人的论述富于学术价值。

② 这一时期的研究成果主要收录于《古史辩》第4册和第6册。见《古史辩》第4册、第6册，上海古籍出版社1982年版。

③ 1973年12月，湖南长沙马王堆3号汉墓出土了大批帛书。根据同墓出土的一件有纪年的木牍来看，可以肯定该墓的墓葬年代是汉文帝前元十二年（公元前168年）。这批帛书共10余万字。其中，《老子》有两种写本，整理者把字体较古的一种称为甲本，另一种称为乙本。《老子》甲本及其卷后佚书合抄成一长卷，卷在一长条形的木片上。帛书高约24厘米，朱丝栏墨书，字体在篆隶之间，共464行。此卷帛书不避汉高帝刘邦、高后吕雉讳，字体接近秦篆，抄写年代可能在高帝时期，即公元前206至前195年期间。《老子》乙本及卷前佚书抄在一幅大帛上，折叠后放在漆奁内，出土时已沿折痕断裂成32片，帛书高约48厘米（现已断成上下两截），朱丝栏墨书，隶体，共252行。此卷帛书避邦字讳，不避汉惠帝刘盈、文帝刘恒讳，字体与同墓所出有文帝三年纪年的《五星占》很相似，抄写年代大概在文帝时期。甲乙本帛书《老子》都是《德》篇在前，《道》篇在后，次序与通行本相反。而与《韩非子·解老》及严遵《道德指归》相合。帛书乙本不分章，甲本有些段落前有图点标志。见国家文物局古文献研究室编《马王堆汉墓帛书［一］》之“出版说明”，文物出版社1980年版，第1页；裘锡圭主编《长沙马王堆汉墓简帛集成》（四），中华书局2014年版，第1页。

④ 1993年10月在湖北省荆门市郭店一号楚墓出土了一批包括《老子》在内的竹简，从墓葬形制和器物特征判断，该墓具有战国中期偏晚的特点，墓葬年代当在公元前4世纪中期至前3世纪初。见《荆门郭店一号楚墓》，载《文物》1997年第7期，第47页。简本《老子》根据其竹简形制的不同，分别被整理者命名为甲乙丙三组。简本《老子》分见于今本《老子》的31章（见荆门市博物馆《郭店楚墓竹简》，文物出版社1998年版，第111页），其内容相当于今本的五分之二（见荆门市博物馆《郭店楚墓竹简》，文物出版社1998年版，第1页）。另外，这批出土的竹简中有14枚竹简与《老子》丙组的形制相同，被整理者命名为《太一生水》，整理者认为其原来可能与《老子》丙组合编一册（见荆门市博物馆《郭店楚墓竹简》，文物出版社1998年版，第125页）。

捐的一批从海外回归的西汉竹简中有《老子》文本，学界称为北大汉简《老子》①。新材料的发现使关于老子和《老子》的话题再次进入人们的视野之中，老子其人其书亦再次成为学界关注的焦点。以下就学界有关老子和《老子》研究的主要问题做一简要的回顾。

第一节　老子是谁

一、《史记》的记载

关于老子其人，司马迁《史记·老子韩非列传》中载：

老子者，楚苦县厉乡曲仁里人也，姓李氏，名耳，字聃，周守藏室之史也。

孔子适周，将问礼于老子。老子曰："子所言者，其人与骨皆已朽矣，独其言在耳。且君子得其时则驾，不得其时则蓬累而行。吾闻之，良贾深藏若虚，君子盛德，容貌若愚。去子之骄气与多欲，态色与淫志，是皆无益于子之身。吾所以告子，若是而已。"孔子去，谓弟子曰："鸟，吾知其能飞；鱼，吾知其能游；兽，吾知其能走。走者可以为罔，游者可以为纶，飞者可以为矰。至于龙吾不能知，其乘风云而上天。吾今日见老子，其犹龙邪！"

老子修道德，其学以自隐无名为务。居周久之，见周之衰，乃遂去。

---

① 汉简《老子》现存完整竹简176枚，残断竹简105枚，共有完整及接近完整的竹简211枚，残简10枚，另有两枚完整竹简遗失。其完整简长为31.9—32.2厘米（以长32.1厘米居多），宽0.8—0.9厘米，三道编绳，有契口，文字与成熟的汉隶接近。汉简《老子》全书正文现存5200字，另重文110字，此外还有计字尾题13字，简背篇题8字。汉简《老子》分为上下两篇，二号简背面上端有"老子上经"4字，124号简背面上端有"老子下经"4字，书体与正文一致，应为抄写者所题，即汉简《老子》上下篇的篇题。其《上经》相当于传世本《德经》，《下经》相当于传世本《道经》，全书共分77章，其中《上经》44章，《下经》33章。通过简背划痕的验证，确认《上经》《下经》的章序应与传世本81章本一致。见北京大学出土文献研究所《北京大学藏西汉竹书》（二），上海古籍出版社2012年版，第121页。另韩巍指出，汉简《老子》抄写年代有可能到汉武帝前期，但不大可能早到景帝。见韩巍《西汉竹书〈老子〉的文本特征和学术价值》，载陈鼓应主编《道家文化研究》第27辑，三联书店2013年版，第5页。

至关，关令尹喜曰："子将隐矣，强为我著书。"于是老子乃著书上下篇，言道德之意五千余言而去，莫知其所终。

或曰：老莱子亦楚人也，著书十五篇，言道家之用，与孔子同时云。

盖老子百有六十余岁，或言二百余岁，以其修道而养寿也。

自孔子死之后百二十九年，而史记周太史儋见秦献公曰："始秦与周合，合五百岁而离，离七十岁而霸王者出焉。"或曰儋即老子，或曰非也，世莫知其然否。老子，隐君子也。

老子之子名宗，宗为魏将，封于段干。宗子注，注子宫，宫玄孙假，假仕于汉孝文帝。而假之子解为胶西王卬太傅，因家于齐焉。

世之学老子者则绌儒学，儒学亦绌老子。"道不同不相为谋"，岂谓是邪？李耳无为自化，清静自正。①

司马迁关于老子的记载中，大体交代了有关老子的籍贯、身份、与孔子的交往和对话、出关著书、嗣脉传承等五个方面的情况。其中特别提到了另外两个以"或曰"的形式出现的和老子形象有某种类似的人，一个是在籍贯上与老子同属楚人，并且也与孔子同时的老莱子；一个是同为史官并面见秦献公的周太史儋。而恰是司马迁笔下的这两个人，引发了后人关于"老子是谁"以及相应的《老子》成书时间的长期争论。

二、学界关于老子其人的主要观点

对老子的身份认定问题，除坚持传统观点即认为老子即老聃之外②，还主要有以下几种观点，现择其要者简述如下：

1. 老子后出于孔子

持这种观点的主要有陈师道、冯友兰、顾颉刚、武内义雄、金德建、劳思光等。③持此观点者主要根据思想的相关性来对老子生活的时代做出判断，

---

① 以上引文见司马迁《史记》第7册，中华书局1982年版，第2139—2143页。

② 近代以来持此观点的主要有胡适、马叙伦、高亨、唐兰、黄方刚、郭沫若、徐复观、严灵峰、詹剑峰、张扬明、王希岷、古棣、陈鼓应等。

③ 陈师道说："世谓孔老同时，非也。孟子辟杨、墨而不及老，荀子非墨、老而不及杨，庄子先六经而墨、宋、慎次之，关、老又次之，庄、惠终焉。其关杨之后，孟荀之间乎？"陈师道认为老子在关、杨之后，孟、荀之间。顾颉刚认为老聃在杨朱、宋钘之后，是战国中叶人。武内义雄认为老子年代"正在孔墨之后，思孟之间"。冯友兰认为著《老子》书的（转下页注）

进而对《史记》所载孔子问礼于老聃之事加以怀疑。其中金德建从《庄子·天下》立论，认为《天下》篇记述各派的顺序是按照年代先后排列的[①]，从而得出孔先老后的结论。应当说，单纯根据思想之间的相关性而认为老子后出于孔子，所得出的结论往往主观性成分过大而无实据。而金德建的论证有一点不好解释，即《天下》篇顺次将关尹、老聃放于庄周之前述之，但却又称老聃为“古之博大真人”，这表明《天下》所述各学派的顺序难以说是按照时间先后来进行的。

在孔老先后的问题上，史料无疑是最重要的依据，郭沫若曾指出：“但我们要知道老子就是老聃，本是秦以前的定论，《庄子》《吕氏春秋》《韩非子》，都是绝好的证明。”[②]从史料上看，司马迁不仅在《老子·韩非列传》中记载孔子问礼于老聃之事，而且《孔子世家》《仲尼弟子列传》中亦有孔子适周见老子和孔子事老子的记载：

> 鲁南宫敬叔言鲁君曰：“请与孔子适周。”鲁君与之一乘车，两马，一竖子俱，适周问礼，盖见老子云。辞去，而老子送之曰：“吾闻富贵者送人以财，仁人者送人以言。吾不能富贵，窃仁人之号，送子以言，曰：‘聪明深察而近于死者，好议人者也；博辩广大危其身者，发人之恶者也。为人子者毋以有己，为人臣者毋以有己。’”孔子自周反于鲁，弟子稍益进焉。(《史记·孔子世家》)[③]
>
> 孔子之所严事：于周则老子；于卫，蘧伯玉；于齐，晏平仲；于楚，老莱子；于郑，子产；于鲁，孟公绰。(《史记·仲尼弟子列传》)[④]

(接上页注)老子在孔墨以后。金德建认为老子并不是春秋时期孔子以前的人，老子大约稍前于庄子，为庄子的前辈。劳思光认为“道家之老聃”约在孔子后。以上观点分别见于：《四部备要·集部》之《后山集·理究》，上海中华书局据赵刻本；顾颉刚《从〈吕氏春秋〉推测〈老子〉之成书年代》，罗根泽编著《古史辨》第4册，上海古籍出版社1982年版，第517页；武内义雄《老子原始》，江侠庵编译《先秦经籍考》(中)，商务印书馆1929年版，第319页；冯友兰《中国哲学史新编》，人民出版社1962年版，第243页；金德建《司马迁所见书考》，上海人民出版社1963年版，第224—225页；劳思光《新编中国哲学史》(一)，生活·读书·新知三联书店2015年版，第171页。

① 金德建：《司马迁所见书考》，上海人民出版社1963年版，第224页。

② 郭沫若：《青铜时代》，人民出版社1954年版，第32页。

③ [汉]司马迁：《史记》第6册，中华书局1982年版，第1909页。

④ [汉]司马迁：《史记》第7册，中华书局1982年版，第2186页。

上述史料实难以推翻。此外，编订于汉代的儒家典籍《礼记》记有孔老交往中老聃之言五处，主要涉及问礼之事。其中两例以孔子“吾闻诸老聃曰”的形式出现，两例以“老聃曰”的形式出现，与《史记》孔子问礼于老子的记载形成对应：

曾子问曰：“古者师行，必以迁庙主行乎？”孔子曰：“天子巡守，以迁庙主行，载于齐车，言必有尊也。今也取七庙之主以行，则失之矣。当七庙五庙无虚主。虚主者，唯天子崩，诸侯薨，与去其国，与祫祭于祖，为无主耳。吾闻诸老聃曰：‘天子崩，国君薨，则祝取群庙之主而藏诸祖庙，礼也。卒哭成事，而后主各反其庙。君去其国，大宰取群庙之主以从，礼也。祫祭于祖，则祝迎四庙之主；主出庙入庙，必跸。’老聃云。”①

曾子问曰：“葬引至于堩，日有食之，则有变乎？且不乎？”孔子曰：“昔者吾从老聃助葬于巷党，及堩，日有食之，老聃曰：‘丘！止柩就道右，止哭以听变。’既明反，而后行，曰‘礼也’。反葬而丘问之曰：‘夫柩不可以反者也。日有食之，不知其已之迟数，则岂如行哉？’老聃曰：‘诸侯朝天子，见日而行，逮日而舍奠。大夫使，见日而行，逮日而舍。夫柩不蚤出，不莫宿。见星而行者，唯罪人与奔父母之丧者乎！日有食之，安知其不见星也？且君子行礼，不以人之亲痁患。’吾闻诸老聃云。”②

子夏曰：“金革之事无辟也者，非与？”孔子曰：“吾闻诸老聃曰：‘昔者鲁公伯禽有为为之也。今以三年之丧从其利者，吾弗知也。’”③

即使抛开《礼记·曾子问》所载老聃言论的真实性不谈，作为儒家典籍的《礼记》亦承认孔子和老子的交往活动，并以“闻诸老聃曰”“老聃曰”的形式记录下了老子的一些言论。徐复观指出：“汉初儒、道两家的对立已甚为明显，若《曾子问》中的四个故事非传自先秦儒家之旧，则汉儒又何肯将其

① 王文锦：《礼记译解》，中华书局2001年版，第250页。
② 王文锦：《礼记译解》，中华书局2001年版，第264页。
③ 王文锦：《礼记译解》，中华书局2001年版，第267页。

杂入，以长他人的志气呢？”[①]张岱年说：“但是，如果孔、老本不同时，何以编写《曾子问》的儒家者流也取信这个传说呢？……《曾子问》所述，必然反映一些历史事实。”[②]据此，孔子与老子大体同时应是可以肯定的。[③]加之上述《史记》中孔老交往活动的记载皆难以否定，因而老子后于孔子的观点是无法成立的。

2. 老子为太史儋

这种观点在司马迁作《史记》时就已出现，所谓“或曰儋即老子”即此。之后，清毕沅在其《老子道德经考异》中用文字考证的方法暗示老聃与太史儋为一人的结论可以成立，毕沅说：“古聃、儋字通。《说文解字》有聃字，云耳曼也。又有聸字，云垂耳也。南方聸耳之国。《大荒北经》《吕览》聸耳字并作儋。又《吕览》老聃字，《淮南王书》聸耳字，皆作耽。《说文解字》又有耽字，云耳大垂也，盖三字声义相同，故并借用之。”[④]后罗根泽承此说，明确以老子为太史儋：“实则老子就是太史儋，在孔子后百余年。”[⑤]罗根泽在《战国前无私家著作说》中提出了三条论据：“其实老聃即史儋。何以言之？一，聃儋音同字通，《吕氏春秋》作老耽，亦即此人。古声音同则可假借，故荀卿一作孙卿，荆卿一作庆卿，厥例繁矣。二，聃为周柱下史，儋亦为周之史官。三，老子出函谷关；史儋入秦，亦必出函谷关。四，《史记》：‘老子之子名宗……宗子注，注字宫，宫玄孙假，假仕于汉孝文帝。’而考《孔子世家》，孔子十世孙襄，为孝惠博士；何老子先于孔子，反八世已至孝文？若谓即史儋，史儋后孔子百二十余年，则俱妥适无疑。”[⑥]

以上对老聃即太史儋的说法并无足够的说服力，特别是罗根泽的后两条证据尤显无力。对此，高亨《老子正诂》对罗根泽的观点予以否认：“聃、儋字通，未必一人之名；仕周为史，未必一人之事；出关入秦，未必一人之迹：

---

① 徐复观：《有关老子其人其书的再检讨》，见《中国思想史论集续编》，上海书店出版社2004年版，第183页。

② 张岱年：《老子哲学辨微》，《张岱年全集》第5卷，河北人民出版社1996年版，第237页。

③ 陈鼓应肯定了孔子问礼于老聃的可靠性。见《老学先于孔学——先秦学术发展顺序倒置之检讨》，载《哲学研究》1988年第9期，第41—43页。

④ 毕沅：《老子道德经考异》，熊铁基、陈红星主编：《老子集成》第9卷，宗教文化出版社2011年版，第731页。

⑤ 罗根泽：《诸子考索》，人民出版社1958年版，第220页。

⑥ 罗根泽：《诸子考索》，人民出版社1958年版，第15页。

罗之前三论据，俱非确征”[①]；“因此知老聃与太史儋绝非一人也”[②]。高亨的判断是有力的。首先，从《史记》来看，司马迁用“或曰”所表达的应是当时不见于史料的传闻或时人之言，以区别于信史，用司马迁的话说就是“信以传信，疑以传疑”。对此，徐复观曾指出：“由先秦有关资料全面考察的结果，大体上，我回到《史记·老子列传》中‘正传’的说法，而将列传中的两个‘或曰’，认为这是由司马迁‘疑以存疑’的史学方法所插进去的‘附录’。这两个附录，在先秦有关资料中没有找出有力的支持。所以由此产生的各种推测，皆不能成立。”[③]徐复观的看法符合司马迁执笔《史记》的严谨态度。司马迁在《太史公自序》中记有一段父子的谈话：

> 太史公执迁手而泣曰：“余先周室之太史也。自上世尝显功名于虞夏，典天官事。后世中衰，绝于予乎？汝复为太史，则续吾祖矣。今天子接千岁之统，封泰山，而余不得从行，是命也夫，命也夫！余死，汝必为太史；为太史，无忘吾所欲论著矣。且夫孝始于事亲，中于事君，终于立身。扬名于后世，以显父母，此孝之大者。夫天下称诵周公，言其能论歌文武之德，宣周邵之风，达太王王季之思虑，爰及公刘，以尊后稷也。幽厉之后，王道缺，礼乐衰，孔子修旧起废，论诗书，作春秋，则学者至今则之。自获麟以来四百有余岁，而诸侯相兼，史记放绝。今汉兴，海内一统，明主贤君忠臣死义之士，余为太史而弗论载，废天下之史文，余甚惧焉，汝其念哉！”迁俯首流涕曰：“小子不敏，请悉论先人所次旧闻，弗敢阙。”[④]

从司马父子的对话中，可见其对于史官职守的严谨态度，而《老子韩非列传》中记载老子时所列举的两个“或曰”正是这种态度的表现，体现的是“信以传信，疑以传疑”的治史态度。其次，从《史记》所载太史儋的言行来看，明显与老子“自隐无名”的“隐君子”形象相抵牾。正如詹剑峰所说：“加以分析，就可断定太史儋是术数之士，是占星望气之流，如裨灶、梓慎、苌弘那些人一

① 高亨：《史记老子传笺证》，见《老子正诂》，清华大学出版社2011年版，第130页。
② 高亨：《史记老子传笺证》，见《老子正诂》，清华大学出版社2011年版，第131页。
③ 徐复观：《中国人性论史》，台湾商务印书馆1990年版，第325页。
④ ［汉］司马迁：《史记》第10册，中华书局1982年版，第3295页。

样，喜玩术数，以预言将来。”[①]可见，太史儋和老聃不可能是一人。

3. 老子为周太史伯阳

此种观点认为老子就是《国语·周语》和《史记·周本纪》中的太史伯阳，如高诱、唐固、叶大庆持此说。[②]司马贞《史记索引》云：“然老子号伯阳父，此传不称也。”[③]今人谭宝刚亦赞同此种观点。[④]对于以老子为太史伯阳的观点，严灵峰曾指出：“然先秦古籍如《庄子》《荀子》《韩非子》仅称：老子、老聃；从未见称伯阳或伯阳父者。”[⑤]严灵峰的观点较为公允，老子为太史伯阳的看法实不足据。

4. 战国人所言老子者有三人

钱穆持此观点。他说：

> 则战国言老子，大略可指者，凡得三人。一曰老莱子，即论语荷篠丈人，为孔子南游所值。二曰太史儋，其人在周烈王时，为周室史官，西入秦见秦献公。三曰詹何，为楚人，与环渊公子牟宋玉等并世。自以老莱子误太史儋，然后孔子所值之丈人，遂一变而为王室之史官。自以环渊误关令尹，然后太史儋出关入秦，遂有人强之著书。夫论语之丈人，已为神龙出没，一鳞一爪，不可把摸。太史儋以神谶著，詹何以前识名，益复荒诞。今以三人之传说，混而归之一身，又为之粉饰焉，则宜其去实益远矣。今为分别条理，则孔子所见者，乃南方芸草之老人，神其事者由庄周。出关游秦者，乃周室史官儋，而神其事者属秦人。著书谈道，列名百家者，乃楚人詹何，而神其事者，则为晚周之俗说。其混而为一人，合而为一传，则始《史记》。[⑥]

钱穆事实上根本否定了司马迁《史记》中所载老聃的真实性。其所言《史记》混老莱子、太史儋、詹何为一人的说法属无据之谈。前已指明，《史记》所载的老子和太史儋非一人。在司马迁看来，老子亦非老莱子。以老莱子为

① 詹剑峰：《老子其人其书及其道论》，华中师范大学出版社2006年版，第28页。
② 见谭宝刚《老子及其遗著研究》，巴蜀书社2009年版，第61页。
③ ［汉］司马迁：《史记》第7册，中华书局1982年版，第2140页。
④ 见谭宝刚《老子及其遗著研究》，巴蜀书社2009年版，第66页。
⑤ 严灵峰：《老庄研究》，台湾中华书局1979年版，第467页。
⑥ 钱穆：《先秦诸子系年考辨》，上海书店出版社1992年版，第205页。

老子，张守节《史记正义》已有此说。[①]对此，高亨已有详辨，他说："张说非也。《仲尼弟子列传序》曰：'孔子之所严事，于周则老子，于楚老莱子。'据此，史迁本以老聃老莱子为二人，此处非又疑其为一人，决矣。其证一。史迁云：'老子乃著上下篇，言道德之意五千余言。'又云：'老莱子著书十五篇，言道家之用。'汉世，老聃、老莱之书具在。故史迁明确言之，则史迁非疑其为一人，又决矣。其证二。"[②]高亨之说是，司马迁本人并不认同老子为老莱子，视老莱子为老子之说误矣。

5. 老子为老阳子

高亨持此说。高亨在《关于老子的几个问题》一文中指出老聃和李耳非一人，李耳是老聃的后裔[③]，并认为老子可能是《左传·昭公十二年》记载的老阳子[④]。高亨的这个观点显得证据不足，兹录于此，聊备一说。

6. 关于老子的其他问题

关于老子其人的姓名、籍贯以及出关授书诸事，学者所论甚多，其中尤以马叙伦、高亨、严灵峰、张扬明等人综合众说而考辨甚详，现简述之。高亨《老子正诂》认为"老子原姓老，后以音同变为李，非有二也"[⑤]。高亨并且认为老子生于陈，为南方学派之宗师[⑥]，老子所出之关为函谷关。[⑦]马叙伦认为"老子氏老而姓子者""庶其近之"[⑧]，并认为老子为宋之相人[⑨]。严灵峰认为老子姓老，陈国相人，后属楚，老子去周之时所过之关乃周边境之"界上门"，不必是散关或函谷关。[⑩]张扬明认为老子为春秋时代陈国相赖乡曲仁里人，名耳字聃姓李氏[⑪]，老子所出之关为函谷关。[⑫]此外，孙以楷也强调老子是宋国相人，

---

① ［汉］司马迁：《史记》第7册，中华书局1959年版，第2142页。
② 高亨：《史记老子传笺证》，见《老子正诂》，清华大学出版社2011年版，第127页。
③ 高亨：《关于老子的几个问题》，见《老子注译》，清华大学出版社2010年版，第1页。
④ 高亨：《关于老子的几个问题》，见《老子注译》，清华大学出版社2010年版，第3—4页。
⑤ 高亨：《史记老子传笺证》，见《老子正诂》，清华大学出版社2011年版，第114页。
⑥ 高亨：《史记老子传笺证》，见《老子正诂》，清华大学出版社2011年版，第113页。
⑦ 高亨：《史记老子传笺证》，见《老子正诂》，清华大学出版社2011年版，第125页。
⑧ 马叙伦：《老子校诂》，古籍出版社1956年版，第21页。
⑨ 马叙伦：《老子校诂》，古籍出版社1956年版，第25页。
⑩ 严灵峰：《老庄研究》，台湾中华书局1979年版，第482页。
⑪ 张扬明：《老子考证》，（台湾）黎明文化事业公司1985年版，第284页。
⑫ 张扬明：《老子考证》，（台湾）黎明文化事业公司1985年版，第94页。

相属沛。[①]谭宝刚认为老子生地在宋而非陈非楚。[②]

在上述关于“老子是谁”的各种观点中，本书认可老子为春秋末期人，老子非老莱子和太史儋，老子即老聃，是“言道德之意五千余言”的作者。这是本书立论的基本出发点。

第二节 《老子》一书

关于《老子》一书的作者及其成书时间，20世纪二三十年代有过集中的讨论。之后学者又陆续发表了一些看法。这些观点按时间顺序又可分为帛书《老子》出土前、帛书《老子》出土后竹简《老子》出土前、竹简《老子》出土后三个阶段。

一、帛书《老子》出土前

清代的崔述就认为《老子》书为杨朱之徒所伪托。[③]汪中在其《述学》中指出：“周太史儋见秦献公，《本纪》在献公十一年，去魏文侯之殁十三年，而老子之子宗为魏将，封于段干，则为儋之子无疑。而言道德之意五千余言者，儋也。其入秦见献公，即去周至关之事。”[④]20世纪二三十年代学者们在前人基础上就老子其人其书展开了激烈的讨论。这场争论一直延续到20世纪后期。

在《老子》的成书时间上，多数学者认为《老子》成于战国时期。梁启超认为《老子》成书于战国晚期。[⑤]钱穆认为《老子》书成于“庄周之学既盛”之后。[⑥]张寿林认为《老子》出于孟子前后。[⑦]黄方刚认为《老子》书至迟于庄子

---

① 孙以楷等：《道家文化寻根》，安徽人民出版社2001年版，第40页。

② 谭宝刚：《老子及其遗著研究》，巴蜀书社2009年版，第93页。

③ 崔述：《洙泗考信录》，见《崔东壁遗书》，上海古籍出版社1983年版，第271页。

④ 汪中：《述学·补遗·老子考异》，辽宁教育出版社2000年版，第104页。

⑤ 梁启超在《论〈老子〉书作于战国之末》一文中提出了六点质疑，见《古史辩》第4册，上海古籍出版社1982年版，第207—208页。

⑥ 钱穆：《先秦诸子系年考辨》，上海书店出版社1992年版，第206—207页。

⑦ 张寿林：《老子道德经出于儒后考》，《古史辩》第4册，上海古籍出版社，第223页。

生时已传于世。[①]唐兰认为《老子》书成于《孟子》《墨子》写成的时期。[②]冯友兰认为《老子》一书的形成当在孟子以后、庄子之前[③]，《老子》书中的中心思想和基本原则是战国时代的产物[④]。与将《老子》书定位于战国中、晚期的观点不同，徐复观认为《老子》书成于春秋之末、战国初期[⑤]。陈鼓应认为《老子》一书为老聃所作，成书年代不晚于战国初，这本书很可能是出于一人的手笔，有些字句为其弟子或后学所附加。[⑥]此外，武内义雄、顾颉刚则将《老子》的成书时间推到秦汉之际。[⑦]刘节甚至认为《老子》书成于西汉文景之世。[⑧]这样，关于《老子》的成书时间，主要有战国初期说、战国中期说、战国晚期说、秦汉说。

在《老子》书的作者上，钱穆认为作《老子》者为詹何。[⑨]唐兰认为《老子》除一部分是后人所掺入外，可信其为老聃手著。[⑩]黄方刚认为《老子》为老聃所作。[⑪]马叙伦在《老子校诂》中认为"孔子所问礼之老聃与著上下篇言道德之意之老聃是一人"[⑫]。冯友兰认为作《老子》的老子是战国时期的人。[⑬]高亨在《老子注译》中认为《老子》为老聃所草创，而经过战国时人的增删和改动，不是原样了。[⑭]李泰棻认为《老子》是一人所写，但非老聃手笔，而是弟子杨朱写成，《老子》一书基本上是老聃的思想占主要地位。[⑮]郭沫若认为

---

① 黄方刚：《老子年代之考证》，《古史辨》第4册，上海古籍出版社，第244页。

② 罗根泽编著：《古史辩》第6册，上海古籍出版社1982年版，第606页。

③ 冯友兰：《中国哲学史论文二集》，上海人民出版社1962年版，第221页。

④ 冯友兰：《中国哲学史新编》，人民出版社1962年版，第243—244页。

⑤ 徐复观：《有关老子其人其书的再检讨》，见《中国思想史论集续编》，上海书店出版社2004年版，第190页。

⑥ 陈鼓应：《老子注译及评介》之增订重排本"序"，中华书局1984年版，第14页。

⑦ 武内义雄认为《老子》约在秦汉之际成书。顾颉刚认为《老子》书成于《吕氏春秋》和《淮南子》之间。分别见武内义雄《先秦经籍考》（中），商务印书馆1929年版，第308页；顾颉刚《从〈吕氏春秋〉推测〈老子〉之成书年代》，《古史辩》第4册，上海古籍出版社1982年版，第517页。

⑧ 刘节：《古史考存》，人民出版社1958年版，第175页。

⑨ 钱穆：《先秦诸子系年考辨》，上海书店出版社1992年版，第208页。

⑩ 唐兰：《老聃的姓名和时代考》，《古史辩》第4册，上海古籍出版社1982年版，第236页。

⑪ 黄方刚：《老子年代之考证》，《古史辩》第4册，上海古籍出版社1982年版，第245页。

⑫ 马叙伦：《老子校诂》，古籍出版社1956年版，第18页。

⑬ 冯友兰：《中国哲学史新编》，人民出版社1962年版，第237页。

⑭ 高亨：《关于老子的几个问题》，见《老子注译》，华大学出版社2010年版，第6页。

⑮ 李泰棻：《老庄研究》，人民出版社1958年版，第16—44页。

《老子》是老聃的语录，但由关尹整理而成，关尹即环渊[①]，老子的《道德经》纂成于战国时的环渊[②]。任继愈认为《老子》书中的基本思想是春秋时代老子的思想。[③]

这一时期有关老子其人其书的讨论，主要受清人结论及疑古思潮的影响。学者们的争论固然暴露出了关于老子和《老子》研究中一些需要厘清的问题，也提出了许多富有卓见的观点，但由于缺乏新材料为佐证，难以充分意识到《老子》在成书过程中文本的演变，很多结论显得过于草率，甚至是错误的。正如高亨先生所指出的那样："总之谓《道德经》悉为老聃之言，是勇于信古，谓《道德经》悉非老聃之言，是勇于疑古，谓《道德经》为战国末年之书，老聃为战国末年之人，是疑其书，因及其人皆过激之论也。"[④]

二、帛书《老子》出土后竹简《老子》出土前

帛书《老子》出土后，学者们继续对《老子》的作者和成书问题做进一步的研究。这一时期冯友兰仍认为《老子》书是战国时代的作品。[⑤]高亨认为"《道德经》一书是老聃所作，但也有战国时人增益的文字"[⑥]。古棣认为《老子》书是春秋末年老子本人的作品。[⑦]张岱年认为《老子》书中保存了老聃的遗说，但也有一些文句是战国时人附益的，《老子》一书在惠施、庄周之前。[⑧]陈鼓应认为《老子》为老聃自著，形成于春秋末期，但今本不免有后人重编时增删或古注羼入之处。[⑨]许抗生认为《老子》可能成书于战国中期，《老子》的作

① 郭沫若说："老子确是孔子之师老聃，《老子》书也确是老聃的语录，就和《论语》是孔子的语录，《墨子》是墨翟的语录一样。特集成《老子》这部语录的是楚人环渊。环渊集成这部语录时，没有孔门弟子那样质实，他用自己的文笔来润色了先师的遗说，故尔饱和着他自己的时代色彩。""关尹即是环渊，关环尹渊均一声之转。""环渊即关尹、它嚣，因音变与字误而成为数人。"见胡道静主编《十家论老》，上海人民出版社2006年版，第116页、118页、120页。

② 郭沫若：《青铜时代》，人民出版社1954年版，第34页。

③ 见任继愈主编《中国哲学史》(一)，人民出版社2010年版，第52页。

④ 高亨：《史记老子传笺证》，见《老子正诂》，清华大学出版社2011年版，第127页。

⑤ 冯友兰：《中国哲学史》(上)，华东师范大学出版社2000年版，第130页。

⑥ 高亨：《关于老子的几个问题》，见《老子注译》，清华大学出版社2010年版，第1页。

⑦ 古棣：《老子校诂》，吉林人民出版社1998年版，第5页。

⑧ 张岱年：《老子哲学辨微》，见《张岱年全集》第5卷，河北人民出版社1996年版，第238页。

⑨ 见陈鼓应《老学先于孔学——先秦学术发展顺序倒置之检讨》一文，载《哲学研究》1988年第9期，第46页。

者是战国中期的一位老子，他建立了第一个较完整的道家思想体系。[①]李学勤认为《老子》书不晚于战国早期。[②]熊铁基认为《老子》书是可以代表春秋时期老子思想的，其成书时间不晚于战国初年。今传本及新出帛书本，也都难免有其后附加上去的文字，这也是几乎所有古籍都会存在的现象。[③]

由于帛书《老子》甲乙本都是《德》篇在前，《道》篇在后，因而《德经》和《道经》在《老子》中的顺序也是帛书《老子》出土后学者们关注的一个问题。张政烺、徐复观、余明光、张松如都认为《老子》古本就是《德经》在前，《道经》在后。[④]与上述认为《老子》古本《德经》在前的观点不同，高亨于1974年就认为战国时期的《老子》传本可能有两种，一种是《道经》在前、《德经》在后的道家传本，一种是《德经》在前、《道经》在后的法家传本。[⑤]之后张学方和陈鼓应进一步发展了高亨的观点。张学方认为《老子》

---

① 许抗生：《帛书老子注译与研究》（增订本），浙江人民出版社1985年版，第146页。

② 李学勤：《申论〈老子〉的年代》，载陈鼓应主编《道家文化研究》第6辑，上海古籍出版社1995年版，第75页。

③ 熊铁基等：《中国老学史》，福建人民出版社2005年版，第21页。

④ 张政烺指出："关于帛书《老子》中《德经》在前的问题，我以为古本本来如此，传世的材料也可以说明这一点，不过久不为人注意而已。《韩非子》中《解老》《喻老》两篇，都是先'德'后'道'。今天所见最早的《老子》注解，是西汉严遵的《道德真经指归》，开卷就是《德经》的'上德不德'篇。……其实严遵的序文《说目》明白写着全书的篇数是'七十有二首'，'上经四十''下经三十有二'，'阳道奇，阴道偶，故上经先而下经后'。这已经说明了把《德经》四十篇放在前面的理由。甲骨文里上下二字合书，上字在下，下字在上。再证以《周易》的六十四卦也是先下卦后上卦，而六爻也是从下往上数起，古人的阴阳观就是这样。但是这种观念到西汉后期大约已不大为人所理解，所以严遵才加以解释。到东汉时出现的河上公注本、想尔注本，以及西晋的王弼注本，就都把《道经》放在前面了。"见《座谈长沙马王堆汉墓帛书》，载《文物》1974年第9期，第48页。徐复观说："由先秦以至西汉皆《德经》在前、《道经》在后，这种情形或因老子本人多言道德而少言形而上之道，由此次序以保持其思想发展之迹。或者只反映出《德经》集结于先，《道经》集结于后，另无其他深意。"见徐复观《帛书〈老子〉所反映出的若干问题》一文，原载《明报月刊》1975年6月第114期，收入徐复观《中国思想史论集续编》，上海书店出版社2004年版，第200页。余明光说："从中国古代思想发展的阶段顺序来看，可见把《德经》排在前面，把《道经》排在后面就决不是偶然的了。说明原始的道论家是尊重传统，依据传统思想的发展顺序而'德'先'道'后的，这就决不是什么编排上的颠倒错误所致。"见余明光《黄帝四经与黄老思想》，黑龙江人民出版社1989年版，第77页。张松如说："故于春秋战国之际，首先应是由'德'升华为'道'，其后才得从'道'衍生出'德'。《德经》在前，《道经》在后，实当符合古义。"见张松如《老子说解》引言，齐鲁书社1998年版，第3页。

⑤ 高亨说："从先秦古籍的有关记载来看，《老子》传本在战国期间，可能就已有两种：一种是《道经》在前、《德经》在后，这当是道家传本。《老子》本书论述道德，总是把道摆在第一位，把德摆在第二位（例子很多，从略）便是明证。另一种是德经在前，道经在后，这当是法家传本。《韩非子·解老》首先解《德经》第一章，解《道经》第一章的文字放在（转下页注）

原本就是《道》篇在前、《德》篇在后的，帛书《老子》中《德》篇的移前，非始于韩非为代表的法家，很可能始于战国中期的黄学家。[①]陈鼓应持类似观点。[②]朱晓鹏亦认为《老子》的原型本应是《道》篇在前《德》篇在后，帛书本主要为黄老派的传本。[③]此外，邱德修认为《道》篇在前、《德》篇在后的《老子》为古本，属北方传本，《德》篇在前、《道》篇在后的《老子》属南方传本。[④]饶宗颐则认为帛本《德》《道》二篇的顺序属于偶然现象。[⑤]宁镇疆认为《德》上《道》下当是两篇制的原始篇序模式。[⑥]

应当说，即使抛开《史记》"老子乃著书上下篇"的明确记载，老子作为掌管图书的"守藏史"，《老子》作为其生前思想汇编的一部专著的可能性是非常大的。[⑦]《老子》的定型应需要一个过程，但最初的《老子》应如司马迁所

（接上页注）全篇的后部，便是明证。大概是道法两家对于《老子》书各有所倚重。《老子》上篇讲'道'的文字多些，所以后人称作《道经》，下篇讲'德'的文字多些，所以后人称作《德经》。《老子》所讲的'道'多属于宇宙论和本体论的范畴，所讲的'德'则多属于人生论与政治论的范畴。道家重视书中的宇宙论和本体论，并认为'德'从属于'道'，所以把《道经》放在前面。法家重视书中的人生论与政治论，而用法家眼光来理解老子的言论，所以把《德经》放在前面。"见高亨、池曦朝《试谈马王堆汉墓中的帛书〈老子〉》，载《文物》1974年第11期，第3页。

① 张学方：《〈老子〉古本道德顺序试探》，载《北京社会科学》1994年第2期，第83页。张学方认为"帛书《老子》德篇的移前，正是黄学家，或许是《黄帝四经》的作者所为"。见同文第86页。

② 陈鼓应说："'道经'在'德经'前的《老子》通行本维持了《老子》的原貌，是老子道家的传本。……'道'的向社会性倾斜，是黄老学派对老子思想的一种发展，也是黄老道家的一大特点。《黄帝四经》'德法'在前、'道原'在后，恰与帛书《老子》'德经'在前、'道经'在后相一致。这乃是黄老学派落向现实社会的表现。"见陈鼓应《先秦道家研究的新方向》，载《道家文化研究》第6辑，上海古籍出版社1995年版，第25—26页。

③ 朱晓鹏：《老子哲学研究》，商务印书馆2009年版，第51—52页。

④ 邱德修：《楚帛书老子德先道后问题蠡测》，载《中华文化复兴月刊》1977年第10卷第11期。

⑤ 饶宗颐说："《马王堆老子》本之先德后道，殆写经者偶然之例，若持此以论法家本旨，弥见其龃龉而已。"见饶宗颐《书〈马王堆老子〉写本后》，《道家文化研究》第3辑，上海古籍出版社1993年版，第298页。

⑥ 宁镇疆：《〈老子〉"早期传本"结构及其流变研究》，学林出版社2006年版，第171—175页。

⑦ 北大汉简本问世后，人们重新重视帛书甲乙本和汉简本皆以《德》先《道》后编排的现象。丁四新认为《老子》古本为《德》上《道》下，直到刘向校书方才调整为《道》上《德》下。廖名春、李程认为《老子》最早并非一部专著，《道》《德》二篇最早以单篇的形式流传，二篇最初无所谓上下先后之分，二篇顺序的不同是后来汇编《老子》者造成的。见丁四新《早期〈老子〉文本的演变、成型与定型》，载《中州学刊》2014年第10期，第103—115页；廖名春、李程《〈老子〉篇序的新解释》，载宁镇疆、赵争《考证与释义：出土四古本〈老子〉综合研究》，中西书局2019年版，第10—11页。

言有着鲜明的主题，即“言道德之意”。这样，《老子》在定型之初的确应存在着《道》《德》先后的顺序问题的。在《德》篇和《道》篇的顺序问题上，帛书甲乙本《德》先《道》后的现象应非偶然。将《德》篇在前、《道》篇在后的编排顺序看作《老子》古本的观点，实际上否认了《老子》存在多种传本的可能。事实上帛书甲乙本就代表汉初的两种不同版本。[①]应当看到，《老子》思想的最大特点就在于将之前的“道”“德”观念作了极大的哲学提升，其思想因“言道德之意”而呈现出了全新的“道”“德”观。可以说，“他的思想对传统而言，实完全是新的含有革命的性质”[②]。从《老子》思想的这一特点来看，那种将《德》先《道》后看作《老子》原貌的观点，缺乏足够的理由。现有的材料不能排除帛本《德》先《道》后的编排方式只是代表着一种《老子》传本的可能。这种《德》先《道》后的顺序，可能是整理者立足于道家立场为适应《老子》中的某种观念如“返也者，道动也”[③]而作出的一种文本编排。因而高亨等人的观点仍值得重视，但帛本《老子》很难说是法家传本，其更有可能如上述学者所说，属于黄老学的一种《老子》传本（或是一种编本）。

三、竹简《老子》出土后

竹简《老子》的出土，使《老子》书的形成和作者等问题再次成为学者关注的焦点。这一问题又主要包括三个方面：一是竹简本的作者及其与“五千言”的关系问题，二是《太一生水》与《老子》书的关系问题，三是《老子》书的形成问题。

关于简本《老子》的作者及其与“五千言”的关系，学者大多肯定简本为老聃所作。但在简本与“五千言”的关系上，却有完本说和抄本说两种不同的观点。

郭沂曾认为老聃为简本《老子》的作者，太史儋是今本《老子》的作者，

---

① 高明指出帛书甲乙本的来源不同，代表汉初两种古本。见氏著《帛书老子校注》，中华书局1996年版，第3页。

② 徐复观：《有关老子其人其书的再检讨》，见《中国思想史论集续编》，上海书店出版社2004年版，第191页。

③ 荆门市博物馆：《郭店楚墓竹简》，文物出版社1998年版，第113页。

简本《老子》是一个完整传本，简本优于今本。[①]李泽厚认为竹简所录当为《老子》古本，今本《老子》非一人一时所作。[②]尹振环认为楚简类《老子》出于老聃，帛书、今本类《老子》出于太史儋[③]，《老子》书非成于一时、作于一人[④]，但反对简本优于今本的观点[⑤]。聂中庆认为从简本《老子》的构成来看，当时尚未形成一个数量上相当于今本五千言的《老子》全本。[⑥]

简本出土后，张岱年先生认为《老子》基本为老聃所作，但有后人增益的内容。[⑦]关于简本《老子》，更多的学者否认了简本为完本的观点。李学勤先生认为楚简《老子》可能系关尹一派的传承本。[⑧]王博指出与郭店一号墓年代相先后的一些引用老子语句的材料并不见于简本《老子》中，认为简本《老子》是节抄本而非完本。[⑨]丁四新认为"战国中期偏晚或整个战国中期，《老子》书的总体状况远较郭店简书完全"[⑩]，老聃是《老子》一书或其言的作者，竹简《老子》非原始抄本，各自应有其母本或祖本[⑪]。王中江、裘锡圭、沈清松、高晨阳、黄钊亦否认了简本《老子》为完本的观点。[⑫]孙以楷从简本未有但出现于太

① 郭沂：《从郭店楚简〈老子〉看老子其人其书》，载《哲学研究》1998年第7期，第47—55页。之后郭沂对其观点有所修正，认为郭店《老子》也可能并非当时《老子》的全貌，今本《老子》中与竹简《老子》一致的部分有可能属于古本《老子》，那些与简本不一致的部分应属于太史儋所作。见郭沂《郭店竹简与先秦学术思想》，上海教育出版社2001年版，第514—516页。

② 见李泽厚《初读郭店竹简印象纪要》，《中国哲学》第20辑，辽宁教育出版社1999年版，第8页。

③ 尹振环：《重识老子与〈老子〉》，商务印书馆2008年版，第38页。

④ 尹振环：《重识老子与〈老子〉》，商务印书馆2008年版，第27—38页。

⑤ 尹振环：《也谈楚简〈老子〉其书》，载《哲学研究》1999年第4期，第30—35页。

⑥ 聂中庆：《郭店楚简老子研究》，中华书局2004年版，第17页。

⑦ 王博：《张岱年先生谈荆门郭店竹简〈老子〉》，载陈鼓应主编《道家文化研究》第17辑，三联书店1999年版，第23页。

⑧ 见李学勤《荆门郭店楚简所见关尹遗说》，载《中国哲学》第20辑，辽宁教育出版社1999年版，第164页。

⑨ 王博：《关于郭店楚墓竹简〈老子〉的结构与性质》，载陈鼓应主编《道家文化研究》第17辑，1999年版，第149—166页。

⑩ 丁四新：《郭店楚墓竹简思想研究》，东方出版社2000年版，第36页。

⑪ 丁四新：《郭店楚墓竹简思想研究》，东方出版社2000年版，第19页。

⑫ 分别见王中江《郭店竹简〈老子〉略说》，载《中国哲学》第20辑，辽宁教育出版社1999年版，第107页；裘锡圭《郭店简老子初探》，载《道家文化研究》第17辑，三联书店1999年版，第27页；沈清松《郭店楚简〈老子〉的道论与宇宙论》，载《中国哲学》第21辑，辽宁教育出版社1999年版，第177页；高晨阳《郭店楚简〈老子〉的真相及其与今本〈老子〉的关系》，载《中国哲学史》1999年第3期，第78页；黄钊《关于研究出土简帛文献的方法论思考》，载《中国哲学史》2001年第3期，第95—96页。

史儋之前的今本《老子》的文字，以及今本《老子》的楚语、楚音来论证今本《老子》非太史儋所为。[①]

以上学者提出的反驳竹简本是完本的证据是非常有力的，认为竹简《老子》是完整本的观点实难成立，认为今本《老子》为太史儋所作的观点更缺乏充分的证据。

关于《太一生水》与《老子》书的关系问题，李学勤认为《太一生水》是道家后学为解释《老子》所增入，《太一生水》为关尹遗说。[②]郭沂认为《太一生水》出自关尹之手。[③]庞朴认为《太一生水》和《老子》宇宙生成说的思想资源都是水原说，《太一生水》在哲理上比《老子》稚嫩得多。[④]邢文认为《太一生水》与丙组《老子》不是合抄的两篇文献，而是内容连贯的一篇文献。[⑤]李零认为《太一生水》在思想上和《老子》有关是比较可信的。[⑥]戴卡琳认为《太一生水》晚出于《老子》。[⑦]丁四新认为《太一生水》前8简将其判定为阴阳家最为可能，剩余部分"既不是《老子》的一部分，也不是《老子》的传或《老子》思想的直接发展，而是另一系道家思想的传本"[⑧]。萧汉明认为《太一生水》属阴阳家作品。[⑨]黄钊认为《太一生水》是稷下道家的遗著。[⑩]谭宝刚认为《太一生水》是老聃遗著。[⑪]

---

① 孙以楷：《太史儋与〈老子〉无关》，载《安徽大学学报》2003年第4期，第15—20页。

② 李学勤：《荆门郭店楚简所见关尹遗说》，载《中国哲学》第20辑，辽宁教育出版社1999年版，第160—164页。

③ 郭沂：《试谈楚简〈太一生水〉及其与简本〈老子〉的关系》，载《中国哲学史》1998年第4期，第37—38页。

④ 庞朴：《"太一生水"说》，《庞朴文集》第2卷，山东大学出版社2005年版，第33页。

⑤ 邢文：《论郭店〈老子〉与今本〈老子〉不属一系》，《中国哲学》第20辑，辽宁教育出版社1999年版，第182页。

⑥ 李零：《读郭店楚简〈太一生水〉》，载陈鼓应主编《道家文化研究》第17辑，三联书店1999年版，第329页。

⑦ 见［比利时］戴卡琳《〈太一生水〉初探》，载陈鼓应主编《道家文化研究》第17辑，三联书店1999年版，第345页。

⑧ 丁四新：《楚简〈太一生水〉第二部分简文思想分析及其宇宙论来源考察》，载《学术界》2002年第3期。

⑨ 萧汉明：《太一生水的宇宙论与学派属性》，载《学术月刊》2001年第12期，第32—37页。

⑩ 黄钊：《竹简〈老子〉应为稷下道家传本的摘抄本》，载《中州学刊》2001年第1期，第67—73页。

⑪ 谭宝刚：《老子及其遗著研究》，巴蜀书社2009年版，第325页。

事实上单从《太一生水》的文本内容来看，就可以发现其与简本《老子》的思想有很大差异，因而将其归入《老子》文本中的说法难以成立。《太一生水》更有可能如上述学者所指出的那样，是阴阳家或道家其他派系的作品。

关于《老子》一书的形成问题。竹简《老子》的出土已经否定了《老子》成书于战国中晚期及之后的观点。诚如李学勤所说："竹简《老子》的出现，证明《老子》成书甚早，不能如过去有些学者所说，迟到战国中晚期，甚至晚于庄子，这当然是非常重要的。"[①]丁四新认为"《老子》一书的大体规模当在战国早期或稍晚已基本完成"，"但也不反对今传本《老子》一书的形成是有一个发展过程的，不尽是老子一人一时之作"[②]。李存山总结了简帛本和传世本关系的几个模型[③]，认为"就现有的三类《老子》版本而言，他们各有所长，我们若只根据其中的某一类来探讨老子思想的原始形态（或"祖本"），条件并不成熟"。[④]刘笑敢指出："假定竹简本是更完整的《老子》的摘抄本比其他假说有更多、更全面的证据"[⑤]；"参照司马迁的记载，假定《老子》是春秋末年大体完成的作品，比其他假说有更多、更客观、更一致的文献学、语言学和数据统计的根据"[⑥]。许抗生认为《老子》为春秋末年的老子所作，同时《老子》又为战国中前期人所增补。[⑦]韩巍据北大汉简《老子》指出："《老子》的'经典化'及其文本的相对固定，很可能在战国晚期已经完成，西汉时期的变化很有限"，"汉简本中的很多实例，有力地证明了古书文本的演变不是一条简单的直线，而是多条线索相互交错形成的复杂'网络'"[⑧]。裘锡圭强调"《老子》是春秋晚期思想家老聃的一部语录，现在所能看到的自汉初马王堆汉墓帛书《老子》甲本以下的各种本子，都显然辗转出

---

① 李学勤：《先秦儒家著作的重大发现》，载《中国哲学》第20辑，辽宁教育出版社1999年版，第14页。

② 丁四新：《郭店楚墓竹简思想研究》，东方出版社2000年版，第39页。

③ 见李存山《〈老子〉简帛本与传世本关系的几个"模型"》，载《中国哲学史》2003年第3期，第72—74页。

④ 见李存山《〈老子〉简帛本与传世本关系的几个"模型"》，载《中国哲学史》2003年第3期，第74页。

⑤ 刘笑敢：《老子古今》修订版（上），中国社会科学出版社2006年版，第29页。

⑥ 刘笑敢：《老子古今》修订版（上），中国社会科学出版社2006年版，第160页。

⑦ 许抗生：《老子与道家》（上），宗教文化出版社2012年版，第278页。

⑧ 韩巍：《西汉竹书〈老子〉的文本特征和学术价值》，载陈鼓应主编《道家文化研究》第27辑，生活·读书·新知三联书店2013年版，第34页。

自同一个祖本”[①]。丁四新强调《老子》文本的定型应分为四个阶段，即战国中期郭店简《老子》、战国晚期韩非所据本、汉初的帛书甲乙本、景帝及其后的西汉时期的北大藏汉简本。[②]

关于《老子》称经的问题，北大汉简《老子》在目前可见的出土简帛《老子》中首次出现了《老子上经》和《老子下经》的书题，这与《史记》老子“著书上下篇”的记载基本吻合。《汉书·艺文志》记载：“《老子邻氏经传》四篇（姓李名耳，邻氏传其学）。《老子傅氏经说》三十七篇（述《老子》学）。《老子徐氏经说》六篇（字少季，临淮人。传《老子》）。刘向《说老子》四篇。”[③]《艺文志》的记载说明《老子》在汉代不仅被称《经》，而且还有解经的《传》和《说》。至于《老子》称名为《道德经》的问题，丁四新认为“当在刘向校书、颠倒上下篇次第以后”[④]。谭宝刚则认为《老子》以“经”为名在司马迁之后，刘向、刘歆之前；而《老子》书名演变为《道德经》更迟至班固之后，或出于王弼，或出于皇甫谧。[⑤]

关于八十一章的划分，宁镇疆认为“《老子》最初只是些零散的‘自然章句’的组合”，但“原始不分章”的观点在简本、帛本发现后已经被证伪[⑥]，认为作八十一章划分的河上公本，在宣帝时即已存在。[⑦]丁四新认为八十一章的划分，最终应由刘向完成，刘向定著《老子》上下篇的章数应判断为37和44，是通行本分章的来源。[⑧]尹志华认为刘向所定《老子》的章数应为上经34下经47，通行本的上下经章数，可能出自河上公本[⑨]，对此，丁四新作出了反驳，

---

① 裘锡圭：《说〈老子〉中的“无为”和“为”》，载《中华文史论丛》2019年第4期，第2页。

② 丁四新：《早期〈老子〉文本的演变、成型与定型——以出土简帛本为依据》，载《中州学刊》2014年10期，第103—115页；。

③ ［汉］班固：《汉书》第6册，中华书局1964年版，第1729页。

④ 丁四新：《早期〈老子〉、〈周易〉“文本”的演变及其与“思想”之相互作用》，载《中国社会科学》2013年第2期。

⑤ 谭宝刚：《老子及其遗著研究》，巴蜀书社2009年版，第145页。

⑥ 宁镇疆：《〈老子〉早期传本结构及其流变研究》，学林出版社2006年版，第158—159页。

⑦ 宁镇疆：《〈老子〉早期传本结构及其流变研究》，学林出版社2006年版，第8页。

⑧ 见丁四新的系列文章：《论刘向本（通行本）〈老子〉篇章数的裁划依据》，载《哲学研究》2014年第12期，第56—61页；《〈老子〉的分章观念及其检讨》，载《学术月刊》2016年第9期，第27—37页；《汉简本〈老子〉总章数及上下经章数的组织原理和数理法则：一种可能性的研究》，载陈鼓应主编《道家文化研究》第30辑，中华书局2016年版，第115—138页

⑨ 尹志华：《〈老子〉通行本分章问题再探讨》，载《哲学研究》2017年第7期，第64—70页。

坚持了此前的观点。[①]

关于《老子》一书的成书和作者这两个重要问题，李学勤、丁四新、刘笑敢等学者的上述观点是有力的。《老子》书至迟当在战国早期或稍晚已基本形成。《史记》所载老聃“言道德之意”的“五千余言”应是《老子》的最初形态。同时，简本《老子》亦非《老子》的完本，《老子》书的内容在形成过程中应该有所增益，也未必尽是一人之作。在重视简本、帛本的文本价值的同时也应该看到，今本《老子》仍然可以看作是大体反映《老子》书内容的作品，仍是目前研究老子思想的重要依据。把握《老子》的思想，应将简本、帛书本、通行本结合起来进行考察。

① 丁四新：《“数”的哲学观念与早期〈老子〉文本的经典化》，载《中山大学学报》(社会科学版)2019年第3期，第108—118页。

第二章 《老子》的“道”论

“道”是《老子》思想的核心概念。司马迁就曾将老子五千言的宗旨概括为“言道德之意”。以下从“道”之来源、“道”之特点、“道”之运作、“道”与“德”四个方面对《老子》的“道”论进行说明。

第一节 “道”之来源

《说文解字》辵部：“道：所行道也。从辵从䭫。一达谓之道。”“道”的本意是人行走的直达道路。《诗经》中的“道”主要是指道路，也有“道说”义，同时亦有了由道路这一“道”的原始内涵引申出的人们行为所遵循的法则义。[①]今文《尚书》中的“道”字主要在治道的意义上使用。[②]《左传》和《国语》中“道”的抽象内涵被更为广泛地运用。[③]“道”在《老子》中被提升为创生万有的作为“万物之奥”的本原、本体之道。《庄子·天下》篇的作者就强调老子思想出于“古之道术”[④]，那么，《老子》作为哲学概念的“道”有何来源呢？以

① 如《齐风》“鲁道有荡”、《桧风》“顾瞻周道”、《小雅》“周道倭迟”、《鲁颂》“顺彼长道”的“道”，皆为道路义。《墉风》“中冓之言、不可道也”的“道”为道说义。《诗经》中已有了“道”的抽象内涵，如《小雅》“如匪行迈谋，是用不得于道”的“道”即为法则义。

② 如《君奭》“我道惟宁王德延”、《洪范》“王道荡荡”“王道平平”诸句中的“道”，皆指社会治理之道而言。

③ 《左传》中出现了“天之道”“古之道”“存亡之道”“无道”“生民之道”等与“道”相关的词汇，这种抽象意义上的“道”带有“必然性”“法则”“途径”等内涵。《国语》中有“天道”“人道”“文道”“鬼道”“有道”“无道”“不道”“使民之道”等，其“道”字的内涵多同于《左传》中的“道”。《国语》中的“道”亦有引导义，如《晋语》“道之以文”的“道”即作引导义。

④ 陈鼓应、白奚指出：“这些‘古之道术’，有据可查者可以分为两个部分，一是老子所明白引述的古书或古人之言，一是老子没有明白说出，但在其他古籍中可以查到的并且先于老子的有关思想。”见陈鼓应、白奚《老子评传》，南京大学出版社2001年版，第19页。

下在已有研究的基础上作一简要的探讨。[①]

一、原始宗教是老子“道”观念的一个来源[②]

论及原始宗教，不能不提及巫文化。可以说，“巫术是人类最原始的宗教形式”[③]。陈来据先秦文献中的“绝地天通”强调说：“绝地天通传说中肯定性的信息是，它明确指出：第一，中国上古曾有一个‘家为巫史’即人人作巫、家家作巫的巫觋时代；第二，上古巫觋的职能是促使天地的交通；第三，中国历史上的巫觋曾经历了一个专业分化的过程。”[④]又说：“夏商周三代的古巫虽带有上古巫觋的余迹，但已转变为祭祀文化体系中的祭司阶层，其职能也主要为祝祷祠祭神灵，而非巫术。”[⑤]陈来的观点指出了有浓厚原始宗教意味的巫文化向祭祀文化的转变以及三代之巫的基本职能。关于巫字，《说文解字》巫部：“巫，祝也。女能事无形，以舞降神者也。象人两袖舞形，与工同意。古者巫咸初作巫。”《说文》“以‘祝’释‘巫’，是在祭祀文化中的体系中说明巫”，“巫是已经或已被祭祀化了的”。[⑥]《说文》中的“巫”通过“以舞降神”来沟通人神，巫“能事无形”，这里的“无形”显指鬼神而言。“能事无形”，表明了巫具有的神职特性，后来的史官群体正是从巫中分化出来的。这一点从司马迁对其家族史官源流的追溯中便可以发现：

> 昔在颛顼，命南正重以司天，北正黎以司地。唐虞之际，绍重黎之后，使复典之，至于夏商，故重黎氏世序天地。其在周，程伯休甫其后也。当周宣王时，失其守而为司马氏。司马氏世典周史。（《史记·太史公自序》）[⑦]

---

① 陈鼓应与白奚从老子思想与“古之道术”、老子的怀古情结、老子思想与原始宗教文化三个方面对老子学说的思想渊源进行了阐述。见陈鼓应、白奚《老子评传》，南京大学出版社2001年版，第18—86页。本文着重对老子“道”观念的来源做进一步的补充性说明。

② 对于这一点的说明，陈鼓应、白奚是从老子思想与女性崇拜、老子思想与月神崇拜两方面进行的。见陈鼓应、白奚《老子评传》，南京大学出版社2001年版，第40—60页。

③ 陈来：《殷商的祭祀宗教与西周的天命信仰》，载《中原文化研究》2014年第2期，第18页。

④ 陈来：《古代宗教与伦理》，三联书店1996年版，第26页。

⑤ 陈来：《殷商的祭祀宗教与西周的天命信仰》，载《中原文化研究》2014年第2期，第18页。

⑥ 陈来：《古代宗教与伦理》，三联书店1996年版，第46页

⑦ ［汉］司马迁：《史记》第10册，中华书局1982年版，第3285页。

司马迁将史官源流追溯至重、黎。依《国语·楚语》中观射父与楚昭王关于“绝地天通”的一段对话，重、黎在“绝地天通”后分司天地，所谓“颛顼受之，乃命南正重司天以属神，命火正黎司地以属民，使复旧常，无相侵渎，是谓绝地天通”①。杨向奎指出：“那就是说，人向天有什么请求向黎去说，黎再通过重向天请求，这样是巫的职责专业化，此后平民再不能直接和上帝交通，王也不兼神的职务了，重和黎实巫之始祖。”②据此，司马迁笔下作为史官源头的重、黎实为巫的始祖，“史”实出于“巫”。对此，杨向奎强调：“而史之源流，乃：神，巫，史相传。由神而巫，由巫而史，故司马迁自述祖德上及重黎。”③庞朴更是明言：“史官出于谁？正就是那些能事无形的以舞降神的巫。”④“守藏史”应是史官职能进一步分化的结果⑤，但“史”与“巫”的亲缘关系仍在老子思想中有所体现，老子“道”的神秘性就是一个很好的证明。《老子》在描述“道”的特征时指出⑥：

> 视而不见名曰夷，听之不闻名曰希，搏之不得名曰微。此三者不可致诘，故混而为一。其上不皦，其下不昧，绳绳不可名，复归于无物，是谓无状之状，无物之象。是谓惚恍。迎之不见其首，随之不见其后。（十四章）
>
> 道之为物，惟恍惟惚，惚兮恍兮，其中有象；恍兮惚兮，其中有物。窈兮冥兮，其中有精；其精甚真，其中有信。自古及今，其名不去，以阅众甫。（二十一章）

“惟恍惟惚”的“道”作为“无状之状”“无物之象”，具有“视之不见”“听之不闻”“搏之不得”的神秘特点，“道”的这种特点与巫所事的“无形”之鬼神有很大的相似性。在此意义上可以说，“道”的原型脱胎于巫在沟通人神活动中的体验。

---

① 邬国义等：《国语译注》，上海古籍出版社1994年版，第530页。

② 杨向奎：《中国古代社会与古代思想研究》，上海人民出版社1962年版，第163页。

③ 杨向奎：《再论老子》，载《史学史研究》1990年第3期，第23页。

④ 庞朴：《稂莠集》，上海人民出版社1988年版，第287页。

⑤ 陈来指出：“总观西周官职，史官的职务主要为掌祭祀、掌典仪、掌册告、掌记事，而宗伯为之统，是神职的最高官员。春秋时神事在史官的职务中仍然很重要，如《左传》载卫史之言曰‘我太史也，实掌其祭’。”见陈来《古代宗教与伦理》，三联书店1996年版，第51页。

⑥ 下引文见楼宇烈《老子道德经注校释》，中华书局2008年版，第31—32页，第52—53页。

《老子》一书还多次讲到“无”，通行本第四十章“天下万物生于有，有生于无”的“无”，当是对“道”之性状的描述。庞朴认为《老子》“有生于无”的“无”当作“無”，“巫是主体，無是对象，舞是联结主体与对象的手段，巫、無、舞，是一件事的三个方面。因而这三个字，不仅发一个音，原本也是一个形”[①]；“道家尚無……都在暗示着他们与巫的血缘关系”[②]。庞朴先生对《老子》“有生于无”中“无”字的阐述，亦说明了《老子》的“道”在思想来源上与巫及原始宗教的关系。

不仅如此，《老子》的“道”本身仍带有原始宗教信仰中的神灵的印记。关于这一点，《老子》相关的描述有[③]：

> 神得一以灵。（三十九章）
>
> 以道莅天下，其鬼不神。（六十章）
>
> 古之所以贵此道者何？不曰以求得，有罪以免邪？（六十二章）

在《老子》看来，“道”之“贵”乃是因其对人而言具有“以求得，有罪以免”的特点。“道”的这种满愿与免罪的特点与至上性的宗教神灵如出一辙。“神得一以灵”和“以道莅天下，其鬼不神”还说明，“一”或“道”的原型来源于神鬼谱系中地位更高的神灵，这些都反映出“道”带有原始宗教信仰的鲜明特征。

老子的“道”与巫及原始宗教存在着密切的关联。关于这一点，闻一多曾指出，“我常疑心这哲学或玄学的道家思想必有一个前身，而这个前身很可能是某种富有神秘思想的原始宗教，或更具体点讲，一种巫教”[④]。老子的“道”与原始宗教的这一文化关联，为汉代对老子的神化从而最终形成道教，埋下了内在的文化因子。

二、“道”来源于老子之前的古代文化思想

《史记》记载老子为“守藏室之史”，司马贞《索引》：“藏室史，周藏书

---

① 《当代学者自选文库·庞朴卷》，安徽教育出版社1999年版，第354页。

② 《当代学者自选文库·庞朴卷》，安徽教育出版社1999年版，第361页。

③ 下引文见楼宇烈《老子道德经注校释》，中华书局2008年版，第106页，第157页，第162页。

④ 闻一多：《道教的精神》，《闻一多全集》（一），三联书店1982年版，第143页。

室之史也。”[①]老子是司典籍的史官。今文《尚书·周书》的《多士》篇记载：“惟尔知，惟殷先人有册有典，殷革夏命。”[②]这说明殷商时期已有典册传世。朱熹则将老子所见典籍推至有关三皇五帝之书：“盖老聃周之史官，掌国之典籍、三皇五帝之书，故能述古事而信好之。如五千言，亦或古有是语而老子传之，未可知也。”[③]朱熹的观点显出于推测。但无论如何，老子作为职掌典籍的史官，载于典册的古代思想无疑可以为其思想提供丰厚的历史文化资源。张舜徽也肯定老子的“道”渊源有自，他说：

> 首先，在老子本书中，早已明白说过：“古之善为道者，微妙玄通，深不可识。”十五章。又说：“古之所谓曲则全者，岂虚言哉！”二十二章。又说：“古之所以贵此道者何？不曰以求得，有罪以免邪！”六十二章。又说：“古之善为道者，非以明民，将以愚之。”六十五章。据此，可知在老子以前，已有不少的人阐明过这些道理，为他所继承了。又何能武断地说道家学说是由老子首创的呢？其次，我们再看《庄子·天下》篇叙述诸子学说的兴起，每云“古之道术有在于是者，某某闻其风而说之”。这说明了每一学派的出现，都是前有所承，而不是凌空起来的。他明明说过：“古之道术有在于是者，关尹、老聃，闻其风而说之。”可知老聃之前，还有这方面的老前辈，为老聃学说之所自出。何可一概抹煞，将创始之功归诸老聃？最后，我们试检《汉书·艺文志·诸子略》道家，著录了《伊尹》《太公》《辛甲》《鬻子》《管子》诸书，在老子前。可知道家学说的兴起，真是源远流长，似乎没有理由只从老子谈起。[④]

上文中张舜徽列举三条证据论证老子学说承古代思想而来。前两条证据很有力，第三条证据仍需进一步论证。张舜徽所引的老子语句中，通行本第十五章的内容亦见于简本。从十五章“豫兮若冬涉川，犹兮若畏四邻，俨兮

---

① 见［汉］司马迁《史记》第7册，中华书局1982年版，第2140页。

② 王世舜、王翠叶译注：《尚书》，中华书局2012年版，第248页。

③ 《晦庵先生朱文公文集》卷三十《答汪尚书》，《朱子全书》第21册，上海古籍出版社、安徽教育出版社2002年版，第1293页。

④ 张舜徽：《周秦道论发微》，中华书局1982年版，第15—16页。

其若客，涣兮其若释，敦兮其若朴，旷兮其若谷，混兮其若浊”等具体描述来看，十五章所说的“善为道者”的“道”应是就修养论言。这说明老子的修养之道的确吸收了此前的某些思想。六十二章所说的“古之所以贵此道者”的“道”，则明显带有巫史文化的神道色彩。六十五章所说的“古之善为道者”的“道”，明显是指古时的治理方法即治道而言。关于古代的治道，孔子亦言：“无为而治者，其舜也与？夫何为哉？恭己正南面而已矣。”[①]这说明以“无为”为特征的老子思想所包含的治道内涵确与古代社会思想有关。《老子》书在提及修养论和社会治理方略时，采取了“古之善为道者”的叙述方式，这说明，老子的“道”对古代思想有所吸收是可以肯定的。

同时亦须指出，张舜徽是从治道的角度理解先秦的“道”观念和道家之“道”的。他说：“大约在我国古代奴隶社会和封建社会的统治者，都有‘南面之术’之称，‘南面术’便是他们怎样驾驭臣下、压制人民的一套手法和权术。这种术，周秦古书中，名之为‘道’；古代有人把这种术的体和用，总结出了一套有系统的理论，便是‘道论’；宣扬这种理论的，便是‘道家’。”[②]张舜徽在治道的意义上使用“道家”一词，但老子的“道”在内涵上除了治道之外，还有宇宙本原之道和万物本体之道，本原、本体之道确为《老子》所首创。

张舜徽所列《汉书·艺文志》所记老子之前的道家古书，资料乏陈，唯有今本即唐人逄行珪所献《鬻子》存世，但人多以之为伪书。[③]据《史记·楚世家》《史记·周本纪》《史记·三代世表》记载，鬻子确有其人，《汉书·艺文志》并记有《鬻子》二十二篇：

> 周文王之时，季连之苗裔曰鬻熊，鬻熊子事文王，蚤卒。(《史记·楚世家》)[④]
>
> 公季卒，子昌立，是为西伯。西伯曰文王，遵后稷、公刘之业，则古公、公季之法，笃仁，敬老，慈少。礼下贤者，日中不暇食以待士，士以此多归之。伯夷、叔齐在孤竹，闻西伯善养老，盍往归之。太颠、

---

① 《论语·卫灵公》，见朱熹《四书章句集注》，齐鲁书社1992年版，第155页。
② 张舜徽：《周秦道论发微》，中华书局1982年版，第9页。
③ 参见张京华《鬻子笺证》，华东师范大学出版社2012年版，第7—8页。
④ [汉]司马迁：《史记》第5册，中华书局1982年版，第1691页。

闳夭、散宜生、鬻子、辛甲大夫之徒皆往归之。(《史记·周本纪》)[①]

楚熊绎。绎父鬻熊，事文王。初封。(《史记·三代世表》)[②]

《鬻子》二十二篇。(班固注：名熊，为周师，自文王以下问焉。周封为楚祖。)(《汉书·艺文志》)[③]

这里需要指出的是，即使今本《鬻子》为伪书，也并不能由此推知《汉书·艺文志》所载《鬻子》亦为伪书。今本《列子》曾引《鬻子》，但今本《列子》多认为是伪书[④]，故难从《列子》所引来考证《鬻子》的思想。贾谊《新书》载有鬻子答周文王、周武王、周成王的问话九处[⑤]，其中包含有治道的内容。从其所引来看，鬻子所说的“道”是指治道即治国原则，涉及善、仁、敬、道义、礼节、忠信、道、德、力等概念。《老子》的“道”虽和上述鬻子所言之“道”差别较大，但《老子》所包含的治国思想即“君人南面之术”的旨趣，无疑是显而易见的。由“治道”这一思想线索的发展来看，结合老子的史官身份考虑，《老子》一书的治国思想当如张舜徽所言，是沿着古代治道思想发展而来，亦不能排除其对鬻子治道思想加以吸收、批判和超越的可能。

此外，据《史记·殷本纪》记载，伊尹的著作有《女鸠》《女房》《咸有一德》《伊训》《肆命》《徂后》《太甲》。古文《尚书》有《太甲》篇，但一般认为《古文尚书》为伪作[⑥]，故不作引用。另《吕氏春秋·先己》有关伊尹的记载有与《老子》相似的文句，兹列于下：

汤问于伊尹曰：“欲取天下，若何？”伊尹对曰：“欲取天下，天下不可取。可取，身将先取。”(《吕氏春秋·先己》)[⑦]

将欲取天下而为之，吾见其不得已。天下神器，不可为也，不可执

① ［汉］司马迁：《史记》第1册，中华书局1982年版，第116页。

② ［汉］司马迁：《史记》第2册，中华书局1982年版，第501页。

③ ［汉］班固：《汉书》第6册，中华书局1962年版，第1729页。

④ 叶蓓卿译注：《列子》，中华书局2011年版，“前言”部分第1页。

⑤ 吴云、李春台：《贾谊集校注》，天津古籍出版社2010年版，第296—299页。

⑥ 冯友兰说：“真的《古文尚书》约在晋朝‘永嘉之乱’时遗失了，此后所有的《尚书》只有今文那一部分是真的。”见冯友兰《中国哲学史史料学》，江苏教育出版社2006年版，第22页。

⑦ 许维遹：《吕氏春秋集释》，中华书局2009年版，第69页。

也。为者败之，执者失之。（《老子》二十九章）[1]

若《吕氏春秋》所述伊尹之言可靠，则《老子》书确有取于伊尹思想。《庄子·让王》说伊尹“强力忍垢”，亦与《老子》七十八章“是以圣人云，受国之垢，是谓社稷主，受国不祥，是为天下王”[2]的文义相合。由此看来，《汉书·艺文志》将伊尹看作老子之前的道家恐亦非虚言。

由上可知，老子的修养之道、治国之道等思想都可以在老子之前找到渊源或恰适的思想发展脉络。作为史官，对古代思想加以吸收、改造和哲学提升，阐发以“道”为核心的思想，从而为人的存在提供参照和解蔽之方，所谓“执古之道，以御今之有”，是老子哲学的重要立基点。

三、“道”来源于史官对天道的体察

史官由巫演变而来，脱胎于巫的史官在殷周之际进一步分化和发展。按照《吕氏春秋》和《淮南子》的观点，夏朝就已有史官，并以职管“图法”为最主要特征：

夏太史令终古出其图法，执而泣之。夏桀迷惑，暴乱愈甚，太史令终古乃出奔如商。（《吕氏春秋·先识览第四》）[3]

殷内史向挚见纣之愈乱迷惑也，于是载其图法，出亡之周。（《吕氏春秋·先识览第四》）[4]

晋太史屠黍见晋之乱也，见晋公之骄而无德义也，以其图法归周。（《吕氏春秋·先识览第四》）[5]

夫夏之将亡，太史令终古先奔于商，三年而桀乃亡；殷之将败也，太史令向艺先归文王，期年而纣乃亡。故圣人见存亡之迹，成败之际也，非待鸣条之野，甲子之日也。（《淮南子·氾论训》）[6]

① 陈鼓应：《老子注译及评介》修订增补本，中华书局2009年版，第178页。
② 楼宇烈：《老子道德经注校释》，中华书局2008年版，第187页。
③ 许维遹：《吕氏春秋集释》，中华书局2009年版，第395页。
④ 许维遹：《吕氏春秋集释》，中华书局2009年版，第396页。
⑤ 许维遹：《吕氏春秋集释》，中华书局2009年版，第396页。
⑥ 何宁：《淮南子集释》，中华书局1998年版，第946页。

由于史料匮乏，《吕氏春秋》的说法仍须存疑。但据殷墟甲骨文，商代史官已大量出现，陈梦家将殷墟甲骨卜辞中出现的史官分为尹、多尹、作册、史、北史、卿史、御史、大吏、东吏、西吏等二十余种次。[①]刘恒将殷墟卜辞所见的殷代史官分为作册、大史、四方史三类。[②]周代的史官更加完善，出现于金文和《周礼》中的史官称谓有作册、内史尹、太史、内史、御史、小史、女史、外史等。[③]

古代的巫主要负责沟通神人。《国语》"绝地天通"中"司天以属神"的"重"相对于"黎"来说，巫的色彩更为浓厚。带有浓郁神学色彩的"司天以属神"这一职责，实成为后世源出于巫之史官观天道、天数、天行、天文的渊源。司马迁将"典天官事"这一司马氏家族的史官职能上溯到重、黎，正是基于这一观念。从司马迁所明确指出的古之"天数"传承系统中我们可以发现这一点：

> 昔之传天数者：高辛之前，重、黎；于唐、虞，羲、和；有夏，昆吾；殷商，巫咸；周室，史佚、苌弘；于宋，子韦；郑则裨灶；在齐，甘公；楚，唐眛；赵，尹皋；魏，石申。（《史记·天官书》）[④]

"《史记·天官书》'昔之传天数者'名单之前半部，除昆吾一人稍异，姑置不论外，其余巫咸、重、黎、羲和诸人，皆为专司沟通天地人神之巫觋。"[⑤]其中的羲和，《尚书·尧典》还以其为职掌天文历法之官："乃命羲和，钦若昊天，历象日月星辰，敬授人时。"史佚则为周之史官[⑥]，苌弘、子韦、裨灶为星占术士[⑦]，甘公、石申诸人应为占星术和星占学的传人。《天官书》的这一传承序列体现了由巫而史再到星占学的渐次发展历程，从《史记》这一记载来看，作为史官源头的古代巫觋之职事含有晓天文、传天数的内容。

---

① 陈梦家：《殷墟卜辞综述》，中华书局1988年版，第521页。

② 刘恒：《殷代史官及相关问题》，《殷都学刊》1993年第3期，第2页。

③ 王盛恩：《中国古代史官称谓内涵的嬗变》，载《史学史研究》2008年第1期，第20页。

④ ［汉］司马迁：《史记》第4册，中华书局1982年版，第1343页。

⑤ 江晓源：《上古天文考》，载《中国文化》1991年第1期，第54页。

⑥ 《国语·周语下》韦昭注认为史佚为"周文、武时太史尹佚也"，见徐元诰《国语集解》，中华书局2002年版，第102页。

⑦ 苌弘、裨灶的记载见于《左传》，子韦的记载见于《吕氏春秋·制乐》和《淮南子·道应训》。

源于巫的史官经过不断分化，在春秋时期已有专门负责明天道的史官，这一点在《国语》《左传》《周礼》等书中皆可看到：

古者，太史顺时覛土，阳瘅愤盈，土气震发，农祥晨正，日月底于天庙，土乃脉发。“先时九日，太史告稷曰：‘自今至于初吉，阳气俱蒸，土膏其动。弗震弗渝，脉其满眚，谷乃不殖。’”（《国语·周语上》）①

大史掌建邦之六典，以逆邦国之治；掌法以逆官府之治；掌则以逆都鄙之治。凡辨法者考焉，不信者刑之。凡邦国、都鄙及万民之有约剂者藏焉，以贰六官，六官之所登。若约剂乱，则辟法，不信者刑之。正岁年以序事，颁之于官府及都鄙。颁告朔于邦国。闰月，诏王居门终月。大祭祀，与执事卜日。戒及宿之日，与群执事读礼书而协事。祭之日，执书以次位常。辩事者考焉，不信者诛之。大会同朝觐，以书协礼事。及将币之日，执书以诏王。大师，抱天时与大师同车。大迁国，抱法以前。大丧，执法以莅劝防。遣之日读诔。凡丧事考焉。小丧赐谥。凡射事，饰中，舍筭，执其礼事。（《周礼·春官宗伯》）②

有星孛入于北斗，周内史叔服曰：“不出七年，宋、齐、晋之君皆将死乱。”（《左传·文公十四年》）③

夏，吴伐越，始用师于越也。史墨曰：“不及四十年，越其有吴乎！越得岁而吴伐之，必受其凶。”（《左传·昭公三十二年》）④

上述第一则材料中的古之太史能观察日月运行，并进而对于“土气”的情状做出判断以指导农时，告于“稷”的太史亦能凭此术观察“阳气俱蒸”之状，这都与天文历法有关。

第二则材料中，太史有“正岁年”“颁告朔”之责，且于闰月之时要告知王者“居门，终月”，这些史官的职能皆属于察天知时的天文历法的范围。值得注意的是，《周礼》中的太史还有一项重要职能，即作战时“抱天时，与大师同车”。关于这里的“抱天时”，任继愈引郑玄注和惠士奇《礼说》，特别

① 邬国义等：《国语译注》，上海古籍出版社1994年版，第11页。
② 杨天宇：《周礼译注》，上海古籍出版社2004年版，第374—376页。
③ 杨伯峻：《春秋左传注》修订本（二），中华书局2009年版，第604页。
④ 杨伯峻：《春秋左传注》修订本（四），中华书局2009年版，第1516页。

是郑玄“太史主抱式以知天时，处吉凶”的说法，并据《史记·龟策列传》“平运式”、《太玄》“履灵式”之语，认为“这里所讲的‘式’，是可以旋转的两块木板，上面一块木板圆形，象天，下面一块木板方形，象地。上下两块木板上分别刻着天干地支。”[①]任继愈进而指出：“老子书中所讲的‘式’就是当时太史用来占天文的工具，从他运用的例子、术语，还可以看出太史抱式的痕迹。”[②]其后陈梦家亦认为“式（栻、拭）局（梮）与天时并指一物”[③]。1977年安徽阜阳西汉汝阴侯墓出土了三件“式盘”[④]，即二十八宿圆盘、六壬栻盘和太乙九宫占盘，皆与天文占有关。文物的出土验证了史籍所载“式”的后世流传形式，出土的三件式盘见下图[⑤]：

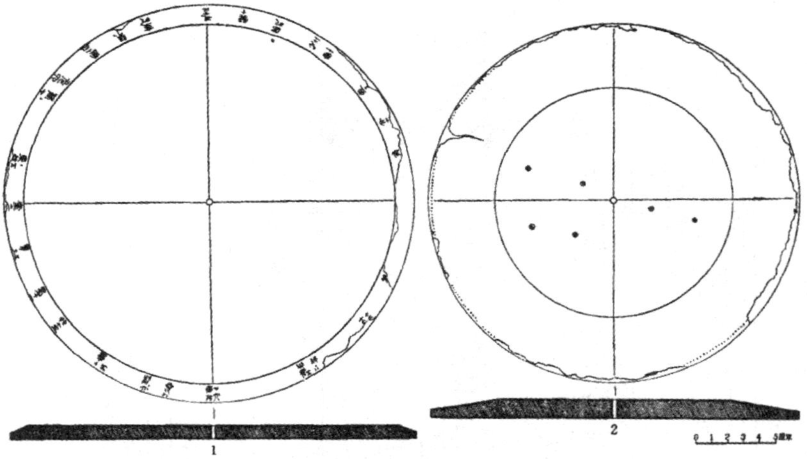

图1　二十八宿圆盘（1地盘　2度盘）

---

① 任继愈：《春秋时代天文学和老子的唯物主义思想》，载《北京大学学报》（人文科学版）1959年第4期，第14页。

② 任继愈：《春秋时代天文学和老子的唯物主义思想》，载《北京大学学报》（人文科学版）1959年第4期，第14页。

③ 陈梦家：《汉简缀述》，中华书局1980年版，第260页。

④ 称为三件式盘是据《阜阳双古堆西汉汝阴侯墓发掘简报》一文的说法，式盘的具体名称皆从此文。见《文物》1978年第8期，第15—16页。

⑤ 以下图片来均源于《阜阳双古堆西汉汝阴侯墓发掘简报》一文，见《文物》1978年第8期。

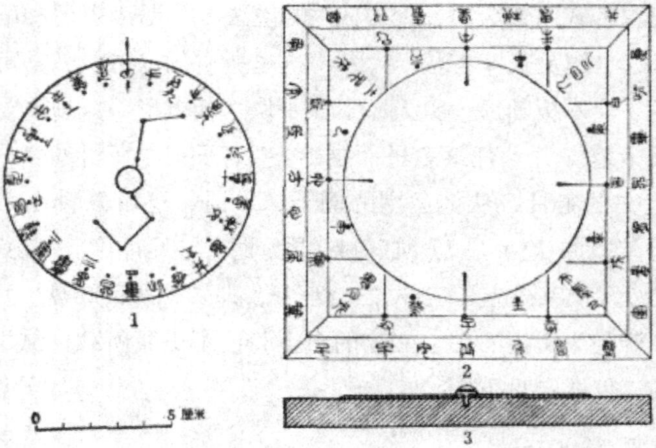

图2　六壬栻盘（1天盘　2地盘　3剖面）

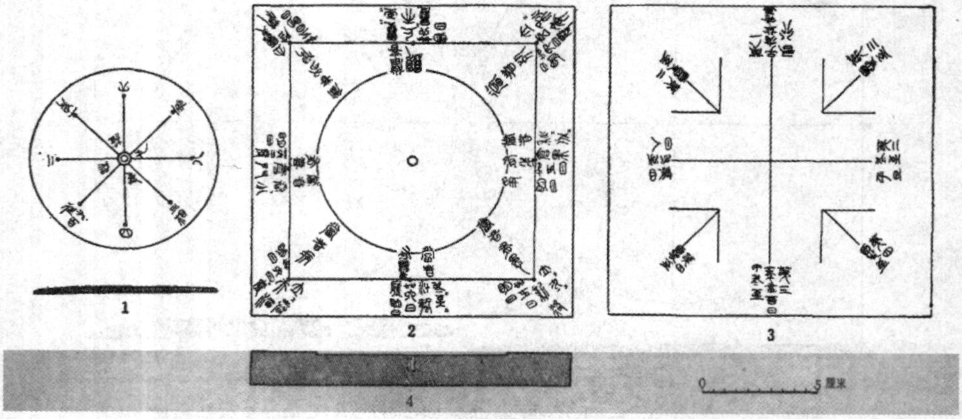

图3　太乙九宫占盘（1天盘　2地盘　3地盘背面　4剖面）

任继愈早于此文物出土十余年就据前贤之言将《老子》书中的“式”与太史之“式”联系起来，是极富见地的。严敦杰认为《周礼》郑玄注中“抱式以知天时”的“式”就是式盘。[①]王兴业认为《周礼》中的“‘天时’即载天文星宿的六壬式盘”[②]。汝阴侯墓出土的三种式盘中，太乙九宫占盘与《灵枢经·九宫八风》的内容极为接近，与其关系密切。另据《史记·日者列传》司马贞《索引》：“式即栻也。……栻之形上圆象天，下方法地，用之则转天纲加地之

① 见严敦杰《关于西汉初期的式盘和占盘》，载《考古》1978年第5期，第335页。另严敦杰还认为《史记·龟策列传》中“旋式正棋”的“式”就是六壬式。见同文第335页。

② 王兴业：《谈式占、八卦与洛书》，载《周易研究》1990年第2期，第29页。

辰。”[①]《索引》中所说的“式”有地辰十二支，而汝阴侯墓出土的六壬栻盘的地盘亦有十二地支。《史记·龟策列传》记载春秋时宋国的卫平“援式而起，仰天而视月之光，观斗所指，定日处乡。规矩为辅，副以权衡。四维已定，八卦相望。视其吉凶，介虫先见”。卫平的式占须“观斗所指”，即须借助于观测北斗指向而进行，汝阴侯墓出土六壬式盘的天盘亦刻有北斗七星。据此，从式盘的演变来看，疑六壬栻盘的出现相对于太乙九宫占盘而言更早。汝阴侯墓出土的六壬栻盘及相关记载为我们大体呈现了早期六壬栻盘的一些情形。综合以上几个方面，汝阴侯墓出土的六壬栻盘与《周礼》所载的“式”及早期所用之“式”应存在着某种渊源关系，但《周礼》所载之“式”及早期天文占所用式盘的真实面貌仍不明朗。尽管如此，《周礼》中的太史借助于式盘测天文以定人事这一点，却是可以肯定的，这多少反映出周代史官对天文历法的重视和依赖。

前文所引第三、第四则材料中，史官叔服和史墨的言论带有强烈的星占学意味，其对人事吉凶的预言是根据星象做出的，与苌弘、裨灶之术近。从上文引文内容来看，《国语·周语》《周礼·春官宗伯》中的太史职责又有所区别，但亦是对天文、天数有专业性知识的史官。

由上可知，春秋时期不少史官具有察知天文数度的职能。约起于春秋初叶的“天道”概念[②]应是在此种背景下出现的。[③]“天道”一词在《左传》中多次出现，概而言之，约有神秘性的天命、必然性的规律、天体运行及其轨迹等几方面的含义。[④]李申指出：“天道最初是个星占概念、神学概念。但它的内容，

---

① ［汉］司马迁：《史记》第10册，中华书局1982年版，第3218页。

② 李申说：“天道概念大约起于春秋初叶。”见李申《先秦天道观与自然科学》，载《孔子研究》1983年第3期，第49页。

③ 吾淳说：“伴随着占星术或天文学的快速发展，人们对于天数的认识取得了重大的发展，这些天数知识正是‘天道’观念的基础。”见吾淳《中国哲学起源的知识线索》，上海人民出版社2014年版，第291页。

④ 有天命内涵的有：“岁在豕韦，弗过此矣。楚将有之，然壅也。岁及大梁，蔡复，楚凶，天之道也。”（《昭公十一年》）“子产曰：天道远，人道迩，非所及也，何以知之？灶焉知天道？是亦多言矣，岂不或信？”（《昭公十八年》）这两则材料中“天道”的“天命”内涵是以星占学的形式表现出来的。有规律义的有：“礼以顺天，天之道也。”（《文公十五年》）“川泽纳污，山薮藏疾，瑾瑜匿瑕，国君含垢，天之道也。”（《宣公十五年》）“社稷无常奉，君臣无常位，自古以然，故诗曰，高岸为谷，深谷为陵，三后之姓，于今为庶，王所知也，在易卦，雷乘乾，曰大壮。天之道也。”（《昭公三十二年》）有天体运行意涵的有：“邓曼叹曰：‘王禄尽矣。盈而荡，天之道也。’”（《庄公四年》）“天道多在西北。南师不时，必无功。”（《襄公十八年》）关于以上天道的内涵，李申在《先秦天道观与自然科学》一文中已有所说明，文见《孔子研究》1983年第3期。

却主要是描述天体运行的规律。”[①]《左传》中“天道”的上述几个含义实际上都是围绕天文星象而发生变衍的，只不过这种与天体运行相关的“天道”内涵往往包裹在神学天命论的外衣之下，这既是周代天命论发展的形式，又蕴含着新思想的萌芽。

任继愈在20世纪50年代就已经指出，老子“道”概念的形成“确实吸取了当时的天文学的科学成就，充实了他的唯物主义”[②]。任先生的观点可谓独具慧眼。老子虽为管理图籍的“守藏史”，但史官群体的亲缘关系以及周代史官明天道的职能，亦成为老子哲学的一个重要背景。从《老子》书来看，多次出现“天之道”这一字眼，对“道”的阐述在很大程度上当与史官对天行、天道的体察有关。以下几章就是明显的例子[③]：

天地之间，其犹橐籥乎？虚而不屈，动而愈出。（第五章）

功遂身退，天之道。（第九章）

其上不皦，其下不昧，绳绳不可名，复归于无物。（十四章）

大曰逝，逝曰远，远曰反。故道大，天大，地大，王亦大。域中有四大，而王居其一焉。人法地，地法天，天法道，道法自然。（二十五章）

天之道，不争而善胜，不言而善应，不召而自来，繟然而善谋。（七十三章）

天之道，其犹张弓与！高者抑之，下者举之；有余者损之，不足者补之。天之道，损有余而补不足。（七十七章）

第五章以“橐籥”喻说天地宇宙“虚而不屈，动而愈出”的特性，应来源于对天地宇宙的经验性观察。关于“橐籥”，河上《注》并未明言其为何物：“橐籥中空虚，故能有声气。”[④]又释“虚而不屈，动而愈出”：“言空虚无有屈竭时，动摇之，益出声气也。”[⑤]王弼注以橐籥为二物：“橐，排橐也。籥，

① 李申：《先秦天道观与自然科学》，载《孔子研究》1983年第3期，第50页。

② 任继愈：《春秋时代天文学和老子的唯物主义思想》，载《北京大学学报》（人文科学版）1959年第4期，第16页。

③ 楼宇烈：《老子道德经注校释》，中华书局2008年版，第14页，第21页，第31页，第63—64页，第181—182页，第186页。

④ 王卡点校：《老子道德经河上公章句》，中华书局1993年版，第18页。

⑤ 王卡点校：《老子道德经河上公章句》，中华书局1993年版，第19页。

乐籥也。橐籥之中空洞，无情无为，故虚而不得穷屈，动而不可竭尽也。天地之中，荡然任自然，故不可得而穷，犹若橐籥也。”[①]王弼将“橐”与“籥”分开说，排橐为鼓风之器具，“籥”为乐器，取二者中虚之义以释“道”之“自然”，仍是顺着河上《注》以“虚”释橐籥的理路而来。而且从河上《注》“能有声气”来看，河上《注》似也将“籥”理解为乐器。奚侗曾对王弼的说法提出批评：“本书之‘籥’，即吹火竹筒，以形如三孔笛之籥，遂名籥耳。王弼训‘籥’为‘乐籥’，非是。橐以受籥，籥以鼓橐，固相须也。”[②]高亨说：“橐籥，风箱。橐，袋也。籥，读为钥，楗也。风箱形似方袋，置楗，拉动则出风，所以故名橐钥，又名排橐。”[③]丁四新考《墨子》、《淮南子》、成玄英《义疏》、李荣《注》、李约《注》后指出：“所谓‘橐’‘籥’咸为冶家鼓吹之具者，先秦、汉唐皆无其据。”[④]丁说认可王弼以橐籥为二物的观点，其说有力。“橐籥”当为二物，“橐”为鼓风之具，“籥”为乐器。将天地比作橐、籥意在说明：宇宙虽似浩渺冲虚，然其间却有日月星辰运转，有四时依次更替，有风雨雷电依时而至，有万物涵括、生长于其中。这种看似浩渺空虚的宇宙实含有生发万有的能力。可见，第五章的橐、籥之喻不过是晓示天地“无心而成物”[⑤]的冲虚本性的一种手段。

第九章用以描述“天道”特性的“功遂身退”，应亦来源于对日月星辰交替运行、四时变化、昼夜更替这些天道规律的观察。王弼于“功遂身退，天之道”下注：“四时更运，功成则移。”[⑥]王弼将“功遂身退”的原型还原为四时交替，可以说深得《老子》古义。苏辙、王元泽亦强调“功遂身退”这一观念的天道背景，苏注：“日中则移，月满则亏。四时之运，成功者去。天地尚然，而况于人乎？”[⑦]王注：“寒暑相推，物极则返，阴阳代运，天道固然。”[⑧]需要指出的是，弼本“功遂身退”一句，《淮南子·道应训》《文子·上德》所引及河上《注》皆作“功成名遂，身退”。《淮南子》和《文子》对此句

① 楼宇烈：《老子道德经注校释》，中华书局2008年版，第14页。
② 方勇整理：《老子奚侗集解》，上海世纪出版集团2007年版，第12页。
③ 高亨：《老子注译》，清华大学出版社2010年版，第23页。
④ 丁四新：《郭店楚竹书〈老子〉校注》，武汉大学出版社2010年版，第207页。
⑤ 释德清：《道德经解》，华东师范大学出版社2009年版，第41页。
⑥ 楼宇烈：《老子道德经注校释》，中华书局2008年版，第21页。
⑦ ［明］焦竑《老子翼》引，见《老子翼》，华东师范大学出版社2011年版，第21页。
⑧ ［明］焦竑《老子翼》引，见《老子翼》，华东师范大学出版社2011年版，第21页。

的引用和说明皆是结合人事进行的，与“名遂”形成对应。但简本《老子》本章作“功遂身退，天之道也”[①]。从本章各本共同出现的“天道”或“天之道”来看，“天道”或“天之道”之前的内容应与“天道”概念有关。且较早的简本《老子》作“功遂身退”。故“功成名遂，身退”的说法应为后加[②]，“功遂身退”应为《老子》书原貌。通行本《老子》第九章是将“功遂身退”的天道转运规律用于人事领域，体现出鲜明的推天道以明人事的史官思维特征，其“功遂身退”的原型实来源于对天道本身的体察。

十四章“其上不皦，其下不昧”中的“皦”“昧”皆与光亮有关。以“皦”“昧”对“道”进行描述非常类似于对星象所作的观察。这种对“道”的描述语言透露着先秦星占学的影子，带有史官的职业特点。这亦可以说是老子之“道”出于史官对“天道”体察的一个表现。

二十五章“反（返）”[③]的观念应亦来源于对日月星象、四时更替等现象的观察。对此，任继愈早已进行了说明。[④]王博在《老子之道的史官特色》一文中根据帛书《老子》甲本“惚”作“忽”、“恍”作“望”这一点，认为“‘忽望’是形容月体变化的‘晦望’”，并认为“老子完全是依照自然界中月亮之变化情形来形容道的”[⑤]。应当说，老子之“道”不必一定以月亮为原型，但其“反（返）”的观念来源于天体运行、四时交替的观察应是没有问题的。[⑥]《说文》以“所行道也”释“道”，即指出了“道”与“行”的关系。[⑦]《左传》

---

① 荆门市博物馆：《郭店楚墓竹简》，文物出版社1998年版，第113页。

② 丁四新指出：“‘成名’二字殆衍文。”见《郭店楚竹书〈老子〉校注》，武汉大学出版社2010年版，第258页。

③ 简本《老子》：“返也者，道动也。”见荆门市博物馆《郭店楚墓竹简》，文物出版社1998年版，第113页。据此，“远曰反”的“反”当取回返之返。

④ 见任继愈《春秋时代天文学和老子的唯物主义思想》，载《北京大学学报》（人文科学版）1959年第4期，第16页。

⑤ 陈鼓应主编：《道家文化研究》第5辑，上海古籍出版社1994年版，第68页。

⑥ 先秦文献中与“返”具有相同内涵的还有“复”的观念。《周易》复卦经文有“七日来复”之语，《复·彖》：“复，其见天地之心乎！”《老子》：“各复归其根”“吾以观其复”。《鹖冠子·环流》：“美恶相饰，命曰复周，物极则反，命曰环流。”此外还有未以“复”字出现但亦表达“复”观念的说法。如《国语·越语下》的“盈缩以为常”，《黄帝四经·十六经》的“天稽环周”，以及《吕氏春秋》的《圜道》篇。先秦思想中的“复”观念多与对天道运行特点的体察有关。关于这一点，参阅孙功进《先秦“圆道”观念概论》一书，山东大学出版社2019年版。

⑦ ［清］段玉裁注：“道者人所行。故亦谓之行。”段注进一步强调了“道”与“行”的关系。段注见《说文解字注》，中州古籍出版社2006年版，第75页。

“盈而荡，天之道也”的说法中，“天之道”的“道”有道路、轨迹义。这里的“天道”和先秦文献中的“天行”是同一内涵的概念，指“天”的运行轨迹和特点。丁四新考察了“天行”这一概念后指出：

> “天行”，在先秦典籍中，多作为一个固定的概念使用，有两义。其一，指天（自然）的运行、流行，《乾·象》：“天行健，君子以自强不息。”《荀子·天论》：“天行有常。”竹简《文子》：“天行不已，终而复始……天行一不差，故无过矣。”《庄子·天道》：“知天乐者，其生也天行，其死也物化。”《刻意》：“圣人之生也天行，其死也物化。”《管子·白心》：“天行其所行，而万物被其利。”其二，在前一义的基础上，与“天道”的意义相近。《剥·象》：“君子尚消息盈虚，天行也。”《复·象》：“‘反复其道，七日来复’，天行也。”帛书《正乱》：“夫天行正信，日月不处，然不怠。”《春秋繁露·天道无二》：“天之常道，相反之物也。不得两起，故谓之一。一而不二者，天之行也。”当“天行”作“天道”讲时，更强调在自然运动过程中所表现出来的复返性和恒常性。由于天道或天行是仰观俯察的结果，所以在古代常常表现为现象上的规律性，如寒往暑来、日往月来之类。[①]

从上述对“天行”概念的考察可以看出，“天道”这一概念与自然界中天体、四时的往复推移密切相关，甚至二者可以互用。《老子》则将天道往复的规律用于世界从何而来、归于何处这一哲学问题的解答，并对“天道”这一概念作了哲学提升，赋予其更丰富的内涵。如“大曰逝，逝曰远，远曰反”，意在强调“道”是整个世界生化往复的道路，“夫物芸芸，各复归其根”，则强调“道”是万物莫不由之的轨迹和道路。“道路”这一“道”的原始内涵在《老子》中被提升到普遍性的高度，所谓“万物莫不尊道而贵德”[②]。可以说，“老子实际是将原来‘天道’的比较具体的‘天文’含义进一步抽象为‘道’的绝对一般的含义”[③]。

---

① 丁四新：《楚简〈恒先〉章句释义》，《楚地简帛思想研究》（二），湖北教育出版社2005年版，第116页。

② 楼宇烈：《老子道德经注校释》，中华书局2008年版，第137页。

③ 吾淳：《中国哲学起源的知识线索》，上海人民出版社2014年版，第385页。

二十五章“道法自然”的结论在思想来源上应出于对天道运行特点的一种领悟。这种以“自然”对“道”之特性的描述，与七十三章“天之道，不争而善胜，不言而善应，不召而自来，繟然而善谋”的说法相类似。自然界中的日月轮转、四时交替、风雨雷电的兴作等天文现象，皆具有“不召而自来”“不言而善应”的特点，万物赖之生长收藏，此种意义上的“天道”可谓“繟然而善谋”。此种天道规律万物莫逃乎其中，真可谓“不争而善胜”。天道的这一特点总是无心而“自然”的。孔子亦言：“天何言哉？四时兴焉，百物生焉。天何言哉？”[①]孔子的话透露出其对天道、天行的“自然”本性的肯定。这与《老子》中“天道”“天之道”的“自然”色彩具有一致性。老子“道法自然”的命题以及“自然”这一老子哲学的最高价值，当由对天道的领悟而来。

七十七章对“天之道”的描述中，“高者抑之，下者举之”的说法，与日月星辰的升降运动表现出来的特点具有一致性。《老子》实际上是将日月星辰的运作特性同人在张弓射箭时抑高举下的活动相类比。“损有余以补不足”的观念既可由上述“抑高”和“举下”这一天体升降特点而产生，也可与月相盈虚、四时轮转相对应。天体运转、四时交替所表现出来的这种“损不足以奉有余”的特性，在《老子》书中进一步被抽象成为一种天道或“道”的法则。[②]老子正是深感于社会领域中“损不足以奉有余”的现实，从“裒多以益寡”[③]的天道特性出发，使剥削者那种“损不足以奉有余”的“人之道”与“天之道”形成了鲜明的对比，进而强调人道效法天道的必要性。这一方面反映出当时的社会现实，同时也透露出了《老子》思想的用世色彩和现实观照。

总之，《老子》的“道”观念有三个主要来源，即原始宗教、古代思想以及史官对天道的认知。[④]《老子》之“道”的神秘性透露出其与巫文化和原始宗教的亲缘关系；同时，《老子》的“道”本身仍带有原始宗教信仰中神灵的印

---

① ［宋］朱熹：《四书章句集注》，齐鲁书社1992年版，第180页。

② 《文子》指出：“天之道，仰高而举下，损有余补不足。江海处地之不足，故天下归之奉之。”见王利器《文子疏义》，中华书局2000年版，第154—155页。《文子》所说的“仰高而举下”“损有余，补不足”亦是一种抽象的天道法则，不仅指天文、四时现象而言。

③ ［明］焦竑《老子翼》引李息斋注，见焦竑《老子翼》，华东师范大学出版社2011年版，第184页。

④ 此外，《老子》“道”的原型应该也与水原论存在一定的关联。关于这一点，庞朴已经有所说明。见《庞朴文集》第2卷，山东大学出版社2005年版，第32页。

记。不仅如此，《老子》的修养之道、治国之道等思想都可以在老子之前找到渊源或适当的思想发展脉络。此外，史官察识天道的职能，也使得《老子》的“道”论直接以春秋以来的“天道”观为其思想原型。

第二节 “道”之特点

从《老子》书来看，《老子》的“道”以“常”“真”“玄”“大”“虚”“无名”“自然”为基本特点。以下分述之。

一、常

通行本《老子》首章将“道”称为“常道”，帛书甲乙本作“恒道”。高明认为“汉时因避孝文帝刘恒讳，改‘恒’字为‘常’”①。然而，《老子》中还有一个现象往往被忽略了，即通行本十六章“复命曰常”句，帛书甲乙本作“复命常也”②，其中的“常”字未用“恒”字代替。也就是说，即使通行本《老子》首章的“常道”如高明所言是因避讳而改，在帛书《老子》中我们仍可看到具有哲学意蕴的“常”字。这是一个很耐人寻味的现象。帛本与通行本十六章相对应的文字在断句上虽略有不同，但文义一致。这里有必要首先分析《老子》文本中作为哲学概念的“常”字的思想内涵。

以帛书甲本为据③，《道》篇中有如下文字：“各复归于其［根，曰静］。静，是胃（谓）复命。复命，常也，知常，明（明）也；不知常，芇（妄），芇作凶。”④这段文字借助概念的转换，以“复命”释“常”，“复命”即“常”，而“复命”即万物归根的“静”之状态。可见，“静”是“常”的一个重要内

① 高明：《帛书老子校注》，中华书局1996年版，第221页。

② 裘锡圭主编：《长沙马王堆汉墓简帛集成》（四），中华书局2014年版，第41页，第206页。

③ 甲本抄写时间比乙本要早。见高明《帛书老子校注》，中华书局1996年版，第3页；裘锡圭主编《长沙马王堆汉墓简帛集成》（四），中华书局2014年版，第1页。

④ 裘锡圭主编：《长沙马王堆汉墓简帛集成》（四），中华书局2014年版，第41页。“（）”内为随文注出的通假字和异体字。

涵。进一步来看，将《老子》的“复命”理解为“复归本性”[①]是合适的，这样，以“复命”为内涵的“常”又具有了事物本性的内涵，而在《老子》看来，事物的本性就是“自然”。显然，“复命曰常”的“常”又是在“自然”义上使用的[②]，如此，以“静”为重要内涵的“常”又带有“自然”的意味。又从帛本该章中“知常容，容乃公，公乃王，王乃天，天乃道，道乃久”[③]的描述来看，“知常”是达至道境的途径。由此，“常”与“道”有密切的关联，“常”不过是体道论上个体合于“道”的状态。这样，帛本《老子》中的“常”字，就具有“静”“自然”和“道”之状态三义。“常”显然已是一个非常接近于“道”的哲学概念。

“常”作为哲学概念在帛本《老子》中已有“静”“自然”和“道”之状态三种含义。依此，通行本“常道”连称，实际上符合《老子》文本说明“道”的思想逻辑。那么，应如何看待帛本与通行本首章对应的文字作“恒道”而非“常道”这一现象呢?

首先，由于有出土的西汉早期帛本《老子》的支持，“恒道”作为《老子》首章的重要概念，目前来说仍是一个可靠的文本依据而无法撼摇。

其次，应对帛本“恒道”的内涵做准确的理解。在战国中期偏晚的郭店简《老子》[④]中出现了通行本十六章的前半部分内容，其中，有对“恒”的解释:“至虚，亙(恒)也。”[⑤]这说明至迟在当时的《老子》文本中，“恒”就已有“虚”的内涵。简本的“至虚，恒也”，体现的是“修身体道之要”[⑥]，而且从简本来看，作为“至虚”之状态的“恒”，是与简本此章中的“天道”概念密切联系在一起的。简本的这一现象为理解帛本的“恒道”提供了合理的思想线索，帛本“恒道”连称的思想缘由可追溯至简本对“恒”的解释。另在战国晚期的上博楚简《恒先》中亦有对“恒”的描述:“亘(恒)先无有，质、静、

① 苏辙、陈鼓应等皆作此解，详见陈鼓应《老子注译及评介》，中华书局1984年版，第126页。

② 高亨《老子正诂》已指出了这一点，见氏著《老子正诂》，清华大学出版社2011年版，第3页。

③ 裘锡圭主编:《长沙马王堆汉墓简帛集成》(四)，中华书局2014年版，第41页。为方便排版，本文引用时去掉重文符号。

④ 湖北荆门市博物馆:《荆门郭店一号楚墓》，载《文物》1997年第7期，第47页。

⑤ 荆门市博物馆:《郭店楚墓竹简》，文物出版社1998年版，第112页，该书并指出:“恒，常也。”见第116页。

⑥ 丁四新:《郭店楚竹书〈老子〉校注》，武汉大学出版社2010年版，第223页。

虚。质，大质；静，大静；虚，大虚。”[①]《恒先》的“恒”不仅是万有之本原、本体，而且以“大质”“大静”“大虚”即极度的质朴、极度的“虚”、极度的“静”为其特点。这说明，战国时代的道家（或与道家具有亲缘关系）思想文本中，存在着以“虚静”“质朴”释“恒”的现象。从以上文献来看，《老子》“恒道”概念的出现，应是思想史发展中“天道”概念和“恒”概念相结合的产物。将简本《老子》《恒先》有关“恒”的表述以及帛本的“恒道”相结合可以发现，帛本“恒道”的内涵应包括虚静之道、质朴之道在内，且具有很强的本原、本体意味。基于此，将帛本中的“恒道”仅理解为长久之道，是不符合与《老子》相关的早期文本背景的。

基于上述分析，我们应恰当地使用《老子》文本中的“恒道”和“常道”概念。从简本《老子》和《恒先》对“恒”的说明以及帛本《老子》有关“常”的表述来看，以“恒”称“道”和以“常”称“道”都有“虚静”之“道”、“自然”之“道”的内涵。又据《说文》“恒，常也”，“恒”和“常”作恒久、不易义时是相通的，这种意义上的“恒道”即是“常道”，皆指恒常不易之道。但若脱离“恒”在简本《老子》和《恒先》中的特定内涵，单从字义上理解“恒道”，则极易将“恒道”仅理解为恒常不易之道，从而遮蔽了其在早期文本中的特定内涵，这是把握《老子》文本中“恒道”与“常道”两个概念时必须高度重视的一个问题。

从使用习惯上来说，今天看到的《韩非子》的《解老》作“常道”；《庄子·天下》篇对关尹老聃学说也有“建之以常无有，主之以太一”的概括，“常无有”定与《老子》首章有着无法否认的关联；自汉代起解《老》注《老》者亦皆以“常道”为文本依据，故本文仍从通行本，以“常”称“道”。同时，对《老子》文本中“常道”的理解也必须注意“常”在其文本中的特定内涵，而不是仅将“常道”理解为恒常不易之道。

《老子》“常道”的含义可以归结为两个主要方面，一为（虚静）自然之道，一为恒常之道。帛书《老子》出土后，人们多据帛书“恒道”“恒名”的文字含义来强调“常”的“恒常”义，而忽略“常”的“（虚静）自然”义。实际上河上《注》就已指出了“常道”的上述两种含义。《河上》注“非常道”：“非自然长生之道也。常道当以无为养神，无事安民，含光藏晖，灭迹

① 丁四新主编：《楚地简帛思想研究》（二），湖北教育出版社2005年版，第86页。

匿端，不可称道。”[①]河上《注》以治身和治国的视角理解“常道”，治国力求“自然”，治身力求长生，其所说的“长生”有长久存在的意思，显然，其对“常”的理解已包含着“自然”与“恒常”这两个向度。应当说，河上《注》对“常道”的理解是符合《老子》“恒道”的本义的，“常道”是“自然”之道和恒常之道。

“自然”之“道”是《老子》“常道”的一个基本含义，西汉以来的解《老》注《老》者对“常道”之“常”的“自然”义多有揭示。严遵《老子指归》：“故可道之道，道德彰而非自然也；可名之名，功名显而非素真也。”[②]严遵正是以“自然”来理解“常道”的。此外，《淮南子·氾论训》有言：

> 百川异源而皆归于海，百家殊业而皆务于治。王道缺而诗作；周室废、礼义坏而《春秋》作，《诗》《春秋》，学之美者也，皆衰世之造也。儒者循之以教导于世，岂若三代之盛哉！以《诗》《春秋》为古之道而贵之，又有未作《诗》《春秋》之时。夫道其缺也，不若道其全也。诵先王诗书，不若闻得其言；闻得其言，不若得其所以言。得其所以言者，言弗能言也。故道可道者，非常道也。[③]

《氾论训》从“治道”的视角来阐释《老子》的“常道”，其认为《诗》《春秋》所代表的儒家治道是大道破缺的产物，理想的治道应是“弗能言”的大道之全的本然状态。可见，《氾论训》对《老子》“常道”的理解虽从治道切入，但已经透露出其以“本然”“自然”义来理解“常道”之“常”的理路。王弼在注“道可道，非常道；名可名，非常名”时亦言：“可道之道，可名之名，指事造形，非其常也。故不可道，不可名也。”[④]在王弼看来，可道之道和可名之名因其总是带有人为的印记而失“道”之本然。王弼对“常道”之“常”的理解仍是从“本然”“自然”的角度出发的。此外，高亨在《老子正诂》中也指出了“常道”之“常”的“自然”义，他说：“常者，《庄子·骈母》篇：‘天下有常然。常然者，曲者不以钩，直者不以绳，圆者不以规，方

---

① 王卡点校：《老子道德经河上公章句》，中华书局1993年版，第1页。
② 王德有点校：《老子指归》，中华书局1994年版，第123页。
③ 何宁：《淮南子集释》，中华书局1998年版，第922—923页。
④ 楼宇烈：《老子道德经注校释》，中华书局2008年版，第1页。

者不以矩，附离不以胶漆，约束不以纆索。'《庄子》所云常然，与自然固然同意。自然固然者，非人为而然者也。综观《老子》'常'字之义有四，其三与《庄子》相契。一，常为自然之义。本章曰：'道可道非常道。名可名非常名。'"①高亨充分肯定了"常道"之"常"的"自然"内涵。从以上对《老子》"常""常道"的注解中不难发现，西汉的解《老》注《老》者已对《老子》"常道"所包含的"自然"之道的内涵有明确的揭示，对《老子》"常道"的此种卓见为王弼等人所进一步显发。"自然之道"是《老子》"常道"的一个重要内涵。

《老子》"常道"的另一个含义是恒常不变之道。实际上对"常道"的这种理解在战国时期韩非的《解老》中就已存在，《解老》释《老子》"常道"之"常"时指出："夫物之一存一亡，乍死乍生，初盛而后衰者，不可谓常。唯夫与天地之剖判也俱生，至天地之消散也不死不衰者谓'常'。"②《解老》就是把《老子》的"常道"理解为恒常之道。此外，在老学史上，林希逸、苏辙、李息斋、吴澄等人亦以"常道"为恒常不变之道。③这种对"常道"的理解无疑抓住了"常道"具有的恒常之道的内涵。

恒常之道是"常道"的一种内涵，这种恒常之道必然表现为对时间性的超越。"道"的这种恒常性在《老子》中主要体现为两个方面：一是"道"作为"混成"之"物"，其存在是恒久的，"道"之为"道"从来没有发生变化，"道"是"独立不改"的，"不改"正是强调"道"作为实体性存在的不变易性。二是"道"的作用同样亦是恒常不易的。"道"生养万物的功能被称作"谷神不死"，"不死"所强调的正是"道"之作用的超时间性。正是在此意义上，《老子》这样描述"道"生化万有的神妙作用："自古及今，其名不去，以阅众甫。"④

"自然"和"恒常"是《老子》"常道"的两个基本内涵。《老子》的"常

---

① 高亨：《老子正诂》，清华大学出版社2011年版，第3页。

② ［清］王先慎：《韩非子集解》，中华书局1998年版，第148页。

③ 林希逸说"常者，不变不易之谓也"，见林希逸《老子鬳斋口义》，华东师范大学出版社2010年版，第1页。苏辙说"道常不变"，见苏辙《道德真经注》，熊铁基、陈红星主编《老子集成》第3卷，宗教文化出版社2011年版，第1页。吴澄说"常，长久不变也"，见《道德真经吴澄注》，华东师范大学2010年版，第1页。李息斋说"常者，不变之谓也"，见焦竑《老子翼》引，华东师范大学出版社2011年版，第4页。

④ 楼宇烈：《老子道德经注校释》，中华书局2008年版，第52—53页。

道”作为“自然”之道，其意义在于为人的世俗生存显真去蔽。在《老子》看来，人以经验、认知和言诠所把握的“非常道”总是充满了人的自我中心预设下的种种分别和设定。“可名”和“可道”的活动依赖于自我意识的萌生，实际上是对世界及人的本然存在状态的一种剖分，当人陷溺于种种基于自我中心化框架下的“非常道”之中而不知“返”，人和世界的本真状态就远离了人的存在，故而应以“自然”之“常道”召唤人对于自身以及世界本真状态的觉醒意识，从而使人对那已习以为常的以“可名”“可道”为特征的“非常道”加以反省，进而超越“非常道”并确立起“常道”的观念。正是基于这一点，《老子》首章试图通过否定通常的言诠之道以使人契入一种全新的“自然”之“常道”的视界和语境中。

同样，《老子》的“常道”作为恒常之道，乃在于为人的经验生存乃至人之视域下的整个世界奠定形上根基。包括人在内的以“可道”“可名”为特征的整个经验世界皆以相对和变易为特征，陷于此，人的生存将面对相对性和有限性的宿命，由此而带来的焦虑使人对永恒的追求成为一种不灭情结，唯有此种追求，人的生存才能获得根基并确立归属感。《老子》“死而不亡者寿”的感叹、“长生久视之道”的追求都透露着这种消息。《老子》以恒常之“常道”为人的有限性生存确立大本，通过老子的史官身份得到了凸显和放大。作为史官的老子，无疑对于人之经验生存的祸福、生死、盛衰的变易性有着更为敏锐的把握。或许正是基于这种领悟，老子对于恒常和绝对之物才有了更强烈的追求。在通行本五十八章中，《老子》就指出了人们迷失于变易的经验世界中的情形：“祸兮福之所倚，福兮祸之所伏。孰知其极？其无正？正复为奇，善复为妖，人之迷，其日固久。”[①]人总是极易惑于祸福转化无常的世俗世界之中，由此，《老子》对于“常道”的强调和偏好就不难理解了。奉常以处变，守道以知常，正是《老子》对经验生存之相对性深刻领悟后的一种选择。

《老子》的“常道”既是“自然”之道，又是恒常之道。“常道”作为“自然”之道，极易被人的世俗生活所障蔽，从而出现“大道废”的局面。为达至“自然”之道境，必然要求去除人为之“伪”，而去除人为之“伪”也就是达至“真”。在此意义上“自然”之“常道”也就是本真之道。由此就不难理解后来道家、道教借助于“道”之本真自然的特性而发展出“真”的观念。《淮

① 楼宇烈：《老子道德经注校释》，中华书局2008年版，第151—152页。

南子·汜论训》指出："全性保真，不以物累形，杨子之所立也，而孟子非之。"[①]《览冥训》有"全性保真，不亏其身"[②]的说法。《淮南子》"全性保真"的"保真"就是保有人的本然真性，"真"即"自然"。《庄子·大宗师》还出现了"真人"的形象，《庄子》中的"真人""不逆寡，不雄成，不谟士"[③]，即不以微少为小而逆之，不以功成为大而恃之，不以心智谋划世事，这实际上是说任自然而不人为的意思，即"不以心损道，不以人助天"。可见，《大宗师》的"真人"乃是完全与"自然"之"道"相契之人。《盗跖》有言："子之道狂狂汲汲，诈巧虚伪事也，非可以全真也，奚足论哉！"[④]《盗跖》所言"全真"是指保全人之真朴的大道本性。道教称修道为"修真"，"修真"的"真"仍是指本真自然之道及此"道"落实于人的本真之性。全真道"全真者，全其本真也"[⑤]的修道理念，实际上也是基于"自然"之道而发。

如果说"自然"作为《老子》"常道"的一个内涵影响了后来道家道教求"真"的观念，那么，"恒常"作为《老子》"常道"的另一内涵则构成了汉代道教长生不死的仙道追求的重要理论依据。从道教思想史的发展来看，从早期道教肉体不死的理想到后来内丹学性命合一、与道同在的目标，都体现出了恒常之道对道教修道理论的重要引领作用。

本真自然之道与恒常不易之道作为《老子》"常道"的两个特点，其在道家、道教思想发展历程中的凸显，还表现为"真常""真常之道"概念的出现。《太上老君说常清静经》指出："真常之道，悟者自得。"[⑥]李荣《道德真经注》有"知和不死保真常"[⑦]之语，李道纯在《道德会元》中说："夫真常之道，始于无始，名于无名。"[⑧]道教"真常""真常之道"的概念可以说是对《老子》"常道"的两种含义——自然之道和恒常之道加以发展的结果，可以从《老

---

① 何宁：《淮南子集释》，中华书局1998年版，第940页。

② 何宁：《淮南子集释》，中华书局1998年版，第447页。

③ 陈鼓应：《庄子今注今译》，中华书局1983年版，第168页

④ 陈鼓应：《庄子今注今译》，中华书局1983年版，第780页。

⑤ ［元］李道纯：《中和集》，《道藏》第4册，文物出版社、上海书店出版社、天津古籍出版社1988年版，第501页。

⑥ 《太上老君说常清静经》，张继禹主编《中华道藏》第6册，华夏出版社2004年版，第1页。

⑦ ［唐］李荣：《道德真经注》，张继禹主编《中华道藏》第9册，华夏出版社2004年版，第322页。

⑧ ［元］李道纯：《道德会元》，《道藏》第12册，文物出版社、上海书店出版社、天津古籍出版社1988年版，第644页。

子》的“常道”中找到思想源头。

二、真

《老子》的“道”不仅是“常道”，而且还以“真”为其特点。这里的“真”是说“道”的存在和作用具有真实性，“真”是《老子》之“道”的又一重要特征。

《老子》认为“道”是一种真实的存在。《老子》书中对“道”真实性存在的描述主要体现在以下几章中：

> 道之为物，惟恍惟惚。惚兮恍兮，其中有象；恍兮惚兮，其中有物。窈兮冥兮，其中有精；其精甚真，其中有信。自古及今，其名不去，以阅众甫。吾何以知众甫之状哉？以此。[①]（二十一章）
>
> 有物混成，先天地生，寂兮寥兮，独立不改，周行而不殆，可以为天下母。吾不知其名，字之曰道。[②]（二十五章）
>
> 视之不见名曰夷，听之不闻名曰希，搏之不得名曰微。此三者不可致诘，故混而为一。其上不皦，其下不昧，绳绳不可名，复归于无物，是谓无状之状，无物之象。是谓惚恍。迎之不见其首，随之不见其后。[③]（十四章）
>
> 谷神不死，是谓玄牝，玄牝之门，是谓天地根。绵绵若存，用之不勤。[④]（第六章）

“道”虽恍惚，但仍可以“物”称之。“道之为物”“有物混成”，当然不是将“道”等同于经验之物，这种说法不过是强调“道”是一个真实的存在。不仅如此，“道”这个实存之物还含有真实的内容，即“其中有物”“其中有精”“其中有信”，而且“其精甚真”。当然，“道”作为“物”只是说“道”是一个实存的东西，“道之为物”并不同于“道”所产生出来的万物之“物”，借用庄子的话说，“道”是“物物者”的那个“物”。“道”作为实体性的存

① 楼宇烈：《老子道德经注校释》，中华书局2008年版，第52—53页。
② 楼宇烈：《老子道德经注校释》，中华书局2008年版，第62—63页。
③ 楼宇烈：《老子道德经注校释》，中华书局2008年版，第31—32页。
④ 楼宇烈：《老子道德经注校释》，中华书局2008年版，第16页。

在“物”，表明“道”绝不是一个概念式的存在，“道”本身不是逻辑建构的产物[①]，它的存在是真实不虚的。“道”存在的真实性通过上述几章对“道”的描述便不难发现。上述对“道”的种种描述无疑是细致而真切的，如果没有对“道”本身深刻而真实的体悟是难以想象的。

以上是对“道”作为实存物及其具体存在样态的说明。“道”的真实性不仅表现为其具有实存性，而且“道”的作用也是真实不虚的。“道”之作用的真实性主要有以下几点：

首先，“道”之作用的一个重要方面是生化万有，“道”的这种真实的创化作用被《老子》称为“谷神不死”。“谷，养也”[②]，“谷神不死”乃是形容“道”生发万有的奇妙作用无有停息。这就是说，“道”生化万有的神妙作用真实地展现于经验世界展开的全部时间性历程之中，也正是由于此，亦可说“道”的这种作用已超越有限的时间性本身，即“道”生化万有而无有穷尽。具体说来，万物得以产生和存在不过是“道生之，德畜之”的结果，万有皆出于“道”及其属性“德”的生化功能和作用，“道”这种创生万有的作用真可以说是“自古及今，其名不去，以阅众甫”。“以阅众甫”以拟人化的手法凸显了“道”对于万物的本原地位。

其次，“道”还是“道”所创生之万有的真实依据和真正主宰，所谓“道者万物之奥”[③]。“奥”原为房屋的西南角，为主人所居之地，此处引申为主宰之义。在《老子》看来，即使是那些违道背德的“不善人”，也因其作为“道”所产生的万有之一员，而无一例外地保有了“道”及其属性在万物中的展现——德。基于此，《老子》强调“道”亦为“不善人之所保”[④]。只不过对于那些违道背德的“不善人”而言，“道”与“德”处于被遮蔽状态罢了。

---

① 那种将《老子》的“道”视为逻辑概念的观点是对“道”的一种误读，这种观点是受西方哲学观念影响的结果。如冯友兰曾对老子的“道”作了纯逻辑化的理解：“道或无就是万物的共相”，“《老子》第一章讲了三个概念，一个是‘有’，一个是‘无’，一个是‘道’。这是《老子》中最概括，最抽象，最难懂的一部分……黑格尔的《逻辑学》，从三个概念讲起，一个是‘有’，一个是非有，一个是生成，他也是从这三个概念讲起。这并不是说谁抄谁，也不是说他们对这三个概念的理解和用法都完全一致，只可以说，在这一点上，他们所见略同”。见冯友兰《中国哲学史新编》上卷，人民出版社1998年版，第331页，第333页。童书业也认为“老子的客观唯心论类似柏拉图的概念学说和黑格尔的‘绝对精神’学说而又有所不同”。见童书业《先秦七子思想研究》，中华书局2006年版，第133页。

② 王卡点校：《老子道德经河上公章句》，中华书局1993年版，第21页。

③ 楼宇烈：《老子道德经注校释》，中华书局2008年版，第161页。

④ 楼宇烈：《老子道德经注校释》，中华书局2008年版，第161页。

"道"是万物存在的真正依宰，但"道"的这种主宰作用却以"自然"为特点，以"生而不有，为而不恃，长而不宰"的"玄德"形式体现出来。万物若在绝对的意义上离却了"道"与"德"必将丧失其正性。对此《老子》指出："天得一以清；地得一以宁；神得一以灵；谷得一以盈；万物得一以生；侯王得一以为天下正。其致之也，谓天无以清，将恐裂；地无以宁，将恐废；神无以灵，将恐歇；谷无以盈，将恐竭；万物无以生，将恐灭；侯王无以正，将恐蹶。"[①]这就是说，天地、万物和人若无"道"之作用，将丧失其存在的可能性和合理性。

再次，"道"之作用的真实性还表现为万物的存在也必须遵循大道的运作规律和特性。万有产生之后，"返也者，道动"的大道运作规律仍是万物所必须遵循的存在方式，所谓"夫物芸芸，各复归其根，归根曰静，是谓复命，复命曰常"[②]。"复命曰常"就是强调万物在"生"与"返"的运作中要回复到本然状态，人的存在亦须如此。人若违背了大道本性也必会陷入"妄作，凶"的局面。一个具体的表现就是，人若不知敛欲归朴反而厚养生命即所谓"生生之厚"，就会"动之于死地"。不仅如此，"弱者道之用"的大道之作用方式也是万物所当遵循的规律，否则就会陷入"物壮则老"的局面。也就是说，一旦事物用强并恃强自居，就会走向衰亡，这种违背大道作用方式的情形《老子》称为"不道"，即不合于"道"之本性，"不道早已"[③]，是违背大道本性的必然结果。

第四，为形象地说明"道"之作用的真实性，《老子》还借助符合"道"之存在状态与作用特性的事物来晓示"道"之作用的真实不虚。在《老子》看来，"水"就典型地体现了生利万物和"弱者道之用"这两个"道"之特性，通行本第八章对水有一番特别地说明：

> 上善若水。水善利万物而不争，处众人之所恶，故几于道。居善地，心善渊，与善仁，言善信，正善治，事善能，动善时。[④]

---

① 陈鼓应:《老子注译及评介》，中华书局1984年版，第218页。
② 楼宇烈:《老子道德经注校释》，中华书局2008年版，第35页。
③ 楼宇烈:《老子道德经注校释》，中华书局2008年版，第78页。
④ 楼宇烈:《老子道德经注校释》，中华书局2008年版，第20页。

《老子》之所以以“水”喻“上善”，首先是水因其特性和状态而“几于道”。“几于道”的“水”顺势而行，处下无为而不争，善于避高就下，以下为居，故终能成其大，正所谓“江海所以能为百谷王者，以其善下之”[①]，此为“居善地”。水不躁动，动则无心而为之，渊默而不测，此为“心善渊”。水润养万物使之生，此为“与善仁”。水流而有声，犹如人之言，激流则声响，细流则声弱，且水潮涌动皆有应期，此为“言善信”。以水为鉴而正人衣冠，则莫不治，此为“正善治”。关于“事善能”的“能”，丁冰经过考证认为这里的“能”为“顺应之义”[②]，丁说可从。以“能”为“顺”，正与本章中的“不争”相对应。“事善能”，强调的是遇物赋形的“水”具有柔顺不争之德。天地间有时雨必至之常态，且水“冬凝春泮，涸溢不失节”[③]，此为“动善时”。在水的上述特性中，无为、柔弱、不争是其最大特点。水以其柔弱不争之性与“道”的存在方式和作用特点相合，才有了“天下莫柔弱于水，而攻坚强者莫之能胜”[④]的事实。

除“水”之外，《老子》还以婴儿的状态来说明“为道者”所达至的真实境界。五十五章指出：

> 含德之厚，比于赤子。蜂虿虺蛇不螫，攫鸟猛兽不搏。骨弱筋柔而握固。未知牝牡之合而朘作，精之至也。终日号而不嗄，和之至也。[⑤]

“为道”者通过彰显“德”这个“道”落实于个体生命中的本己之性，人的生存就不断地向“道”或“德”返归，这是一个“重积德”的过程。由此，人所获得的以“德”为表现形式的本己性就不断被人在经验生存中实际地占有了，其中，含“德”之深者所达之境界和状态可类比于初生之婴儿：毒虫不咬伤

---

① 楼宇烈：《老子道德经注校释》，中华书局2008年版，第169页。

② 丁冰引《诗·民劳》“柔远能迩”郑玄注、《左传·襄公二十一年》“范鞅以其亡也，怨栾氏，故与栾盈为公族大夫而相能”文句、《左传·昭公元年》“昔高辛氏有二子，伯曰阏伯，季曰实沈。居于旷林，不相能也。日寻干戈，以相征讨”句杨伯峻注，说明“能”为“顺”义。丁冰的观点富有卓见，故采其说。见丁冰《读〈老子〉札记》，载《古籍整理研究学刊》1992年第6期，第12页。

③ ［宋］苏辙：《道德真经注》，见熊铁基、陈红星主编《老子集成》第3卷，宗教文化出版社2011年版，第4页。

④ 楼宇烈：《老子道德经注校释》，中华书局2008年版，第187页。

⑤ 陈鼓应：《老子今注今译》，商务印书馆2003年版，第274页。

他，猛兽和凶鸟不抓击他，未知男女交合之事生殖器却能自动勃起，这是达致“精”之极致的缘故，终日哭号但嗓子却不喑哑，这是达致“和”之极致的表现。《老子》以“赤子”状态作比，无非是想说明人若与“道”相合从而“含德”深厚，自可达致如初生婴儿般的真朴状态。“赤子”无知、无欲、无心而与“道”的无为本性相合，故而呈现出“含德之厚”的境地。从人的生命历程看，“赤子”是人的一个生命阶段，这样，《老子》就把与“道”合一的境界通过“赤子”状态真实地呈现出来了。这说明，“含德之厚”的境界其实并不遥远，它是每个人都曾经真实拥有过的状态，只不过由于人的心智不断向外逐物而渐失“道”之本真。悟知此，人若在生存中通过“重积德”的不断努力，是可以在生存状态上返回那种心智醇和专一的与“道”合一的状态的。

最后，“道”之作用的真实性还表现为人在制器作物活动中对“道”之原理的不自觉运用。第五章指出：“天地之间，其犹橐籥乎？虚而不屈，动而愈出。”[①]《老子》此处虽是以橐、籥[②]比喻“道”在天地间因其“虚”性而生发万物，但就橐、籥本身而言，仍暗含或运用了“道”的特点。橐、籥的运作具有“虚而不屈，动而愈出”的特点，“虚而不屈”和“动而愈出”与“道”的生发机制非常类似，只不过“道”的创化和运作是自然而然的，橐、籥则是人为操作进行的。尽管如此，着眼于“虚而不屈”和“动而愈出”的特点，橐与籥仍可看作是“道”的运作特点的一个具象模型。老子以橐、籥作喻，或许正是看到了这一点。正是由于橐、籥“虚而不屈，动而愈出”的运作特点，橐、籥才得以鼓风和发声。可以说，橐与籥是人们不自觉地模仿了“道”的存在本性和创化机制的产物。除此之外，老子还指出了日常生活中不自觉地运用“道”之原理的情形：

> 三十辐共一毂，当其无，有车之用。埏埴以为器，当其无，有器之用。凿户牖以为室，当其无，有室之用。故有之以为利，无之以为用。（第十一章）[③]

---

① 楼宇烈：《老子道德经注校释》，中华书局2008年版，第14页。

② 文中的“橐籥”当如王弼《注》所言，为二物而非一物。详见丁四新《郭店楚竹书〈老子〉校注》，武汉大学出版社2010年版，第207页。

③ 楼宇烈：《老子道德经注校释》，中华书局2008年版，第26—27页。

车毂因其中空而得以穿插车轴以运转驱驰；以水和土制作陶器，因陶器中空而有盛物之用；穿凿门窗以筑室，因其中空而能纳人以居。所以说，车、器、室等有形之物给人带来了实际的利处，而车、器、室的中空处才使其作用分别得以发挥，此谓“有之以为利，无之以为用”。这里的“有”是指车、器、室等有形之物的实存性，“无”是车、器、室的中空处，即空间不被有形之物所占据的状态。从直观层面看，是“有”即有形的车、器、室给人带来了驱驰、容物、纳人之利；但从深层看，是“无”即车、器、室的中空部分才使其发挥了应有的作用。这种意义上的“有”和“无”当然不是第一章作为“道”之状态的“有”和“无”。但车、器、室之“无”使其“有”发挥作用，却可以看作是“道”之“虚”性的经验式运用，这里的“无”是“道”之“虚”性在空间上的表现。对此，林希逸曾言：“车、器、室，皆实有之利也，而其所以为车、为室、为器，皆虚中之用。以此形容一‘无’字，可谓奇笔。”[①]之所以“当其无，有车之用”“当其无，有器之用”“当其无，有室之用”，是由于人们在制器作物时不自觉地契合了“道”之“虚”性的结果，这里晓示的是“虚”和“无”的实际功用和意义。事实上，按照老子的寓意推展开来，不独车、器、室如此，人的九窍、肠胃等也皆因其中空方能发挥其用。正如冯振所指出的那样：“岂独车、器、室为然哉，万物之生化，莫不然也。”[②]

同时，车、器、室因其“无”而致其功用，还体现和符合了“功成而不居”的“道”之“玄德”本性。车、器、室因其中空之“无”而使物各尽其用；车、器、室之“无”由于不占据空间，因而人们往往更多地注意到了有形的车、器、室之利，而忽视车、器、室之“无”的价值，这正契合了“功成而不居”的“道”之特点。可见，“道”之用就真实地存在于经验日用之中。

以上是对“道”之真实性的说明。《老子》关于“道”的真实性的观点为先秦庄子所进一步发展。《齐物论》出现了“真宰”“真君”的概念，并强调其“有情而无形”。[③]其所言“真君”“真宰”指“道”而言，只不过《齐物论》对绝对之道的朗显，是通过超越建立在相对而偏狭的“成心”基础上的种种是非

① 林希逸：《老子鬳斋口义》，华东师范大学出版社2010年版，第13页。
② 冯振：《老子通证》，华东师范大学出版社2012年版，第21页。
③ 陈鼓应：《庄子今注今译》，中华书局1983年版，第46页。

之争来进行的[①]，“有情而无形”正指出了“道”的真实性。

“道”的真实性使道家、道教的体道论成为可能。《老子》主张“为道”，《庄子》有“体道”之说，道教则借各种“术”以求“得道”。道家与道教的各种体道论无疑都是把“道”的真实存在当作一个自明的前提，并以此为基础强调人与“道”的合一。而体道论得以可能的前提，恰在于“道”的真实性，在道家思想中，对“道”之存在、作用真实性的说明即源于《老子》。

三、玄

“道”还具有“玄”的特点，“玄”是“道”在存在样态上的特征。《诗经·商颂》中有“天命玄鸟，降而生商”[②]的说法，但这里的“玄”只是一个形容词。“玄”在《老子》中已初步成为一个哲学概念，用以指称和描述“道”的存在样态。关于“玄”这种“道”的存在样态，通行本首章指出：

> 道可道，非常道；名可名，非常名。无，名天地之始；有，名万物之母。故常无，欲以观其妙；常有，欲以观其徼。此两者，同出而异名，同谓之玄。玄之又玄，众妙之门。[③]

---

① 参见孙功进《超越相对：试析〈庄子〉的三个悖论》，载《人文杂志》2009年第1期，第35—40页。

② 周振甫：《诗经译注》，中华书局2002年版，第547页。

③ 本章文字引自陈鼓应《老子今注今译》，见氏著《老子今注今译》，商务印书馆2003年版，第73页。关于本章断句，宋代司马光、王安石、苏辙等人从义理层面提出了与河上《注》本、王弼《注》本不同的断句方式。这种不同主要表现在两个方面，即在“名”“欲”之前断句，以及在“名”后“欲”前断句。这样一来本章在断句上就有三种不同。一是在“无名”“有名”后断句，相应的本章其后的文字，则在“常无欲”“常有欲”后断句，帛本、河上《注》本、严遵《指归》、王弼《注》本以及今人蒋锡昌、张松如、许抗生、刘笑敢等是。二是在“名”“欲”之前断句，相应的本章其后的文字则在“常无”“常有”后断句。王安石、高亨、古棣、陈鼓应、董京泉、廖名春等是。三是在“名”后“欲”前断句，司马光、苏辙、范应元、林希逸、释德清、焦竑、朱谦之、胡适、马叙伦、任继愈、郑良树等持此种断法。今人主张在“无名”“有名”后断句的，多以帛书《老子》为据，并引《史记·日者列传》“无名者万物之始”句为证。徐复观据帛本“无欲”“有欲”后皆有“也”字，判断应在“无欲”“有欲”后断句（见徐复观《帛书〈老子〉所反映出的若干问题》，载《中国思想史论集续编》，上海书店出版社2004年版第203页）。高明亦据“也”字在“无欲”“有欲”后断句（见氏著《帛书老子校注》，中华书局1996年版，第225页）。事实上，这种以帛本为代表的断句方式有四点难以理解：一是本章中的“故常无欲，以观其妙”和“常有欲，以观其徼”句，于《老子》书的文义相扞格。《老子》书虽未必成于一人一时之手，但在《老子》的文本范围内，其强调损欲归朴的思想却是一贯的。而且通行本十六章“致虚极，守静笃”的文字已出现于郭店简本中，（转下页注）

“常道”不可道、不可名。为克服此种困惑，首章使用了“玄”这一概念对“道”进行描述。本章在导出“玄”这个概念之前，首先将“道”的存在样态描述为“无”和“有”。

首章的“无”和“有”首先是一种“名”，是用以描述“道”之存在样态

（接上页注）从简本中与十六章相关的文字来看，目前最早的《老子》文本就已经强调虚静无欲是领悟“道”的基本条件。这样，在《老子》的整个文本单元内，以“常无欲”“常有欲”断句就缺乏充分的义理根据。二是以“常无欲”“常有欲”断句与本章的“此两者”相抵牾。从首章的“此两者”来看，“此两者”应指本章中内涵上具有一贯性的两个概念，而“无名”“有名”以及“无欲”“有欲”则是内涵不同的四个概念，这样就难以说是“此两者”。三是《庄子·天下》将关尹、老聃的学术思想概括为“建之以常无有，主之以太一”，“建之以常无有”应与老子的思想特点相对应，无论是将“建之以常无有”的“常无有”理解成“常”“无”“有”还是“常无”和“常有”，以“常无欲”“常有欲”为读，都明显与“建之以常无有”的说法相悖。蒋锡昌《老子校诂》为解决此种阐释疑难曾指出：“《庄子》所谓‘无有’，盖即《老子》八十一章‘圣人不积’之谊。‘常无有’，言常不积耳。”（见蒋锡昌《老子校诂》，成都古籍书店1988年版，第8页。）张松如《老子说解》亦持此种观点（见张松如《老子说解》，齐鲁书社1998年版第6页）。以《庄子·天下》的“常无有”连读，虽与《老子》“圣人不积”义相通，但此种意义上的“常无有”却无法构成《老子》思想的核心观念和基础命题，这样一来，《天下》对老子思想“建之以常无有”的概括就无法成立了。第四，从道家思想的发展来看，《庄子》出现了一些“有”“无”概念，如《天地》“泰初有无，无有无名”，《齐物论》“有有也者，有无也者，有未始有无也者，有未始有夫未始有无也者”，这应是对《老子》“有”“无”范畴的一种哲学发挥，《老子》首章若不在“无”“有”后断句，则“无”“有”在《老子》中就不成为抽象的哲学概念，那么《庄子》书的上述情形就变得很突兀了。从上述四个方面来看，首章在“名”“欲”之后断句就缺乏足够的合理性。这也是帛本出土后众多学者仍选择与帛本不同的断句方式来理解首章思想的最重要原因。需要指出的是，《史记·日者列传》所引“无名者万物之始”出于汉人之手，与帛书《老子》属同一时代，帛本虽是目前所见本章最早的文本，但将其看作立论的不可置疑的证据仍缺乏足够的合理性，因为这样就否认了帛本及《史记》所引内容来自《老子》某个传本的可能性。另外，自苏辙、范应元始在“名”后“欲”前的断句方式是否合理呢？回答依然是否定的。首先，在此种断句中，“常无”“常有”接“无名”“有名”而来，显然应是指“无名”“有名”言，“常无”“常有”就成为“无名”“有名”的省略形式。如此，从“无名”“有名”到“常无”“常有”的概念转换，在行文的衔接性上是不够的，显得很牵强。其次，由于首章中“同出而异名，同谓之玄”句的存在，若依此种断句方式，则“此两者”即“常无”“常有”或“无名”“有名”必指玄妙之“道”言，也就是说，“无名”“有名”皆是对“道”的一种称谓。但从《老子》中“无名”的用法来看，“道常无名”“道隐无名”“无名之朴”的“无名”，实际上是指“道”或事物的一种不可称名的状态或属性，“无名”一词本身并非“道”的代称，在语法上“无名”一词必须借助于另一个名词来进行表达。《老子》“始制有名”的“有名”是指“名”的产生，与此种断句法中首章的“有名”所表达的事物可称名状态并不相同。另从《庄子》“泰初有无，无有无名”“圣人无名”“无名人”“行乎无名”中“无名”的用法来看，《庄子》中的“无名”同样是表示事物属性或状态的一个概念。这样，首章在“名”后“欲”前断句，以“无名”“有名”来称“道”，就缺乏文献支持。可见，苏辙、范应元始的这种首章的断句方式仍缺乏足够的合理性。基于以上几个方面的原因，本文认为，相比而言，着眼于文献依据和文意的贯通，首章在“名”字、“欲”字前断句，在目前已有的《老子》文本来看有最大的合理性。

的两个符号。“无，名天地之始”一句中的“天地之始”四字，帛书本、北大汉简本皆作“万物之始”[①]。又《史记·日者列传》引李忠“无名者万物之始”一语。[②]首章“天地之始”当作“万物之始”。[③]疑作“天地之始”是“天地生万物”的观念出现之后据以修改的结果。[④]从《老子》中我们不难看到，其并不强调“天地”生万物，而是认为“道”生万物，所谓“道生之，德畜之”。虽然第五章说：“天地之间，其犹橐籥乎？虚而不屈，动而愈出。”但这里的“天地之间”只是一个表示场所的概念。“天地之间”之所以“虚而不屈，动而愈出”，在根本上乃是由于以“道”为法的缘故，“虚而不屈”首先应是指“道”的状态。也就是说，第五章的本意仍在强调“道”之冲虚状态所具有的生化能力，是在强调“道”生万物而不是天地生万物。由“道”生万物的思路来看，首章作“天地之始”应是受“天地生万物”观念的影响并把“无”“有”看作两个阶段的结果。事实上，五十二章“天下有始，以为天下母”的说法就已经告诉我们，“始”和“母”的阶段是一不是二。[⑤]明了此，“无，名万物之始”乃是告诉人们，“无”是用来指称万物尚未产生但万物却又潜含于“道”中的状

---

① 见裘锡圭主编《长沙马王堆汉墓简帛集成》(四)，中华书局2014年版，第40页、第204页；《北京大学藏西汉竹书》(二)，上海古籍出版社2012年版，第144页。

② [汉]司马迁：《史记》第10册，中华书局1982年版，第3220页。

③ 马叙伦、蒋锡昌、张舜徽较早持此说。马叙伦、张舜徽的证据除上述帛本《老子》和《史记》所引外，又以王弼注为支撑。蒋锡昌复加之以《老子》第四十章、五十二章经文，第二十一章王弼注，顾欢《道德真经注疏》五十二章所引成玄英疏为证。高明亦认为今本作“天地”者，乃后人所改。郑良树据陈景元《道德真经藏室纂微篇》引严遵《老子指归》，认为自东汉始此文已改作“天地”矣。分别见马叙伦《老子校诂》，古籍出版社1956年版，第31页；张舜徽《周秦道论发微》，中华书局1982年版，第163页；蒋锡昌《老子校诂》，成都古籍书店1988年版，第3—4页；高明《帛书老子校注》，中华书局1996年版，第223页；郑良树《老子新论》，上海古籍出版社2011年版，第21页。

④ 关于“天地生万物”的观念，郭店竹简《语丛一》：“夫天生百物，人为贵。”(见《郭店楚墓竹简》，文物出版社1998年版，第194页。)《管子·宙合》：“天地苴万物。”《礼记·哀公问》引孔子言：“天地不合，万物不生。”《易传》有“天地之大德曰生”“有天地然后有万物”之语。《淮南子·天文训》亦说：“天地未形，冯冯翼翼，洞洞灟灟，故曰太昭。道始于虚廓，虚廓生宇宙，宇宙生气。气有涯垠，清阳者薄靡而为天，重浊者凝滞而为地。清妙之合专易，重浊之凝竭难，故天先成而地后定。天地之袭精为阴阳，阴阳之专精为四时，四时之散精为万物。”《天文训》的上述文字所描写的宇宙生成论是：道(虚廓)→宇宙→气→天地→阴阳→万物，上述图式中天地通过阴阳而生万物，仍然是天地生万物的模式。

⑤ 朱谦之说：“‘始’与‘母’不同字义。《说文》：‘始，女之初也。’‘母’则‘象怀子形，一曰象乳子也。’”朱说以“始”“母”所言为二物，但从五十二章“天下有始，以为天下母”的说法来看，通行本首章“始”与“母”的含义当同。朱说见《老子校释》，中华书局1984年版，第5页。

态，这就是所谓“道冲”的冲虚状态。由于此时万物未形，就“道”所展化而成的万有而言，这种状态可以说无有一物，即处于“无状之状”“无物之象”的状态，故以“无”称之。此时虽以“无”称之，但万物的产生作为一种绝对可能性却已潜含于其中。“无，名万物之始”，在于强调“道”之冲虚状态实已蕴含创化万有的无限可能性。

“无”是指“道”之冲虚的“大象”状态。如果说“无”是就“道”之“虚”性而言，那么必须看到，这种“无”的“道”之状态又并非一无所有的空无，而是具有某种“有”性。[①]这种“道”之“有”性有两个方面的内涵。首先是“道”作为“万物之奥”是真实存在的，“道”虽冲虚无状，但毕竟是有个“东西”在那里。其次，“道”之“有”还突出表现为“道”含有实质性的内容，所谓“其中有物”“其中有象”“其中有精”。“象”“物”“精”作为真实的内容存在于道体之中，并构成万物得以实际产生的“种子”。当然，这里作为“有”的“象”“物”“精”并非具象之物，而是成物的基质。这样，由于“道”还具有“有”性，因而“道”同时又是“有”，所谓“有，名万物之母”。

“无”是指“道”的冲虚状态，“有”则是指“道”之“有”性。“无”和“有”并非一个时间上具有先后关系的状态和序列，相反，二者都是指“道”之存在的同一状态。“无”是就“道”之“虚”而言，“有”则侧重于强调“道”并非不包含任何东西的“至无”[②]。“道”本身的存在状态是既“无”且“有”，既“有”且“无”，此谓“同出而异名”。正是由于“无”和“有”

---

① 对于“道”的这种特性，张岱年在《老子哲学辨微》中说：“老子的道是有与无的统一。……道一方面是无，一方面又是有。……道是无形无状的，却又是客观实在的。”陈鼓应说：“就道的无形质、无限性而言，是‘无’；就道的实存性、含蕴万有而言，是‘有’。”周立升说：“道是无又是有，是无与有的统一。”孙以楷说：“道是有与无的统一，这就是道的本质。”董京泉说：“‘无’和‘有’及‘常无’和‘常有’，都是道的称谓，之所以加以区别，是就道的不同特点而说的。”朱晓鹏指出：“说道本体是‘无’，是因为道作为本体不能是某种具体实在的‘有’；但它又不能是绝对的‘虚无’，不是nothing，因为本体又是确实存在的。”分别见《张岱年全集》第5卷，河北人民出版社1996年版，第245—246页；陈鼓应《老庄新论》，上海古籍出版社1992年版，第70页；周立升《〈太玄〉对“易”“老”的会通与重构》，载《孔子研究》2001年第2期，第84页；孙以楷等《道家文化寻根》，安徽人民出版社2001年版，第89页；董京泉《老子道德经新编》，中国社会科学出版社2008年版，第7页；朱晓鹏《老子哲学研究》，商务印书馆2009年版，第118页。

② 郭象就认为“道”是无任何内容的“至无”。他说：“谁得先物者乎哉？吾以阴阳为先物，而阴阳者即所谓物耳，谁又先阴阳者乎？吾以自然为先之；而自然即物之自尔耳；吾以至道为先之矣，而至道者乃至无也，既以无矣，又奚为先？然则先物者谁乎哉？”见［晋］郭象注，［唐］成玄英疏：《南华真经注疏》，中华书局1998年版，第435页。

不过是立足于不同视角对同一对象——“道”加以审视的结果，故而需要同时从“无”和“有”两个方面才能获得对“道”的领悟，所谓“故常无，欲以观其妙；常有，欲以观其徼”。

“常无”“常有”也就是作为“道”之存在状态的“无”和“有”，之所以以“常”称之，不过是“强调了无和有的永恒性”。[①]奚侗、高亨认为《庄子·天下》“建之以常无有”的“常无有”就是《老子》“常无”和“常有”的简称[②]，可从。“妙”字，帛书作“眇”。《说文》：“眇，一目小也。”段玉裁《说文解字注》于“眇”下称：“引申为凡小之称。引申为微妙之义。”又《周易·履》六三爻辞有“眇能视”之语，《象》曰：“‘眇能视’，不足以有明也。”[③]《庄子·德充符》：“眇乎小哉，所以属于人也。”[④]《释名》：“眇，小也。”据此，“眇”之“小”义当由“目小”引申而来。事实上目小则视物晦暗不明而所见甚微。王弼注“妙者，微之极也”，正通于“眇”之微小义。帛书的“眇”字取微小义，是就所见而言，这种意义上的“眇”字在含义上正合于“道”之“无状之状”“无物之象”“窈兮冥兮”的冲虚状态，因而帛书作“眇”合于《老子》本义。故通行本“以观其妙”作“以观其眇”于义为胜。[⑤]

关于本章的“观”，《说文》卷八见部：“观，谛视也。”“观”有体察义。“故常无，欲以观其眇”就是说，应从“常无”也即“无”的方面来体察“道”的冲虚状态。与此同时，为获得对于“道”的准确理解和精妙领悟，还需“故常有，欲以观其徼”。“徼”字，帛书甲乙本均作“噭”[⑥]，敦煌本作

---

① 董京泉：《老子道德经新编》，中国社会科学出版社2008年版，第11页。

② 高亨说：“《庄子·天下》篇述老聃之术曰：‘建之以常无有。’常无有即此常无常有，特《庄子》省一常字耳。即常无连读，常有连读之明证。此采奚侗说。”见氏著《老子正诂》，清华大学出版社2011年版，第4页。

③ 高亨：《周易大传今注》，齐鲁书社1998年版，第109—110页。

④ ［清］郭庆藩：《庄子集释》，中华书局1961年版，第217页。

⑤ 黄克剑《“有”、“无”之辨——〈老子〉第一章再解读》一文依清人黄生《义府》为据得出结论说：“《老子》‘观其妙‘之‘妙’乃汉人用隶书后由‘眇’所改。”见《哲学研究》2012年第1期，第23页。郑开《〈老子〉第一章札记：两个语文学疏证及哲学阐释》一文指出：“我们怀疑《老子》通行本中的‘妙’字，原本也许作‘眇’；换言之，‘妙’的本字就是‘眇’”，“《老子》以及其他古籍（例如《楚辞》中的‘眇’，具有微细、模糊（客观意义上的），视之不谛、看不清楚（主观意义上）的意思。”见《〈老子〉第一章札记：两个语文学疏证及哲学阐释》，载《清华大学学报》（哲社版）2008年第1期，第85—86页。

⑥ 裘锡圭主编：《长沙马王堆汉墓简帛集成》（四），中华书局2014年版，第40页、第204页。

“曒”[①]。于省吾认为敦煌本首章“‘曒’即‘皦’”，并释“曒”为皦明。[②]朱谦之认为“宜从敦煌本作‘曒’”[③]，又言：“‘常有观其曒’，‘曒’者光明之谓，与‘妙’为对文，意曰理显谓之曒。”[④]于省吾和朱谦之的解读极有见地，朱谦之对首章“徼”字的校注可从。通行本首章的“徼”当为“曒”，通“皦”，帛书“噭”字疑是“曒”字误写所致。“曒”通“皦”，正与“眇”的微眇不明义相对，指“道”因“有”性而具有的实显形态。“常有，欲以观其曒”，是说从“常有”也即“有”的方面来体察和领悟“道”的样态。

人们借助于“无”和“有”这两个名相对“道”之存在样态做了曒眇双观的体察之后，就会进一步对“道”有更深刻的领悟。作为“道”之存在样态意义上的“无”和“有”，并不存在时间上的先后关系。那种将首章的“无”和“有”看作“是表明‘道’由无形质落实向有形质的活动过程”的观点[⑤]，是一种误解。因为这样理解的“有”和“无”是宇宙论意义上具有先后关系的两个环节，如此，“道”之既“无”且“有”的存在样态就被剖割殆尽。持此观点者大多以通行本四十章“天下万物生于有，有生于无”为据。实际上通行本四十章“有”与“无”的内涵仍需做出准确的分析。

王弼本四十章的全部文字如下：

反者，道之动；弱者，道之用。天下万物生于有，有生于无。[⑥]

四十章的文字在帛本、简本中皆有相应的内容，唯简本“有”字下无重文符号[⑦]，而河上《注》本、帛书本、范应元本皆作“有生于无”[⑧]，简本当漏脱一

---

① 见朱大星《敦煌本〈老子〉研究》，中华书局2007年版，第340页。

② 于省吾：《双剑誃老子新证》，中华书局2009年版，第1206页。“常”，于省吾从俞樾，读为“尚”，见同书第1206页。

③ 朱谦之：《老子校释》，中华书局1984年版，第6页。

④ 朱谦之：《老子校释》，中华书局1984年版，第7页。

⑤ 陈鼓应：《老子今注今译》，商务印书馆2003年版，第78页。

⑥ 楼宇烈：《老子道德经注校释》，中华书局2008年版，第110页。

⑦ 简本作：“返也者，道僮（动）也。溺（弱）也者，道之甬（用）也。天下之勿（物）生于又（有），生于亡。”见荆门市博物馆《郭店楚墓竹简》，文物出版社1998年版，第113页。

⑧ 见刘笑敢《老子古今》修订版（上），中国社会科学出版社2006年版，第445页；《老子道德经古本集注》，载熊铁基、陈红星主编《老子集成》第4卷，宗教文化出版社2011年版，第424页。

“有”字[①]。学者据简文无重文符号以证《老子》思想中“无”和“有”的并列对等性[②]，应难以成立。通行本四十章的“天下万物”，简本、帛本皆作“天下之物”[③]，当据改。通行本作“天下万物”可能是受首章“万物之母”句影响的结果。事实上，作“天下万物”和“天下之物”有不同的意蕴。作“天下万物”有推求万有本原的意思，而作“天下之物”就没有那种强烈的推原本始的意味了。

理解“天下之物生于有，有生于无”的内涵，注意并结合本章的整体意境尤为重要。本章的“反者，道之动”和“弱者，道之用”，分别指出了与人的世俗经验相反的两种情况。通常的生存经验也即在相对的“非常道”的世界中，总是以进为动、以强为用，而“道”却以“反（返）”为动、以“弱”为用。在此语境下，“反者，道之动”“弱者，道之用”之后的文字——“天下之物生于有，有生于无”，也必是强调与人的生存经验相反的情形。“天下之物”的“物”当指经验世界中的器物言，“天下之物生于有”应是“埏埴以为器”“凿户牖以为室”“三十幅共一毂”“朴散则为器”之类。陶器由土制成，居室由户牖构成，车毂由辐条组成，木器由朴木加工而成，可以说“天下之物”的产生无不有其相应的原初材质，此即“天下之物生于有”。这里“天下之物生于有”的“有”仍在器物范围之内，其与首章表示“有性”的“有”实是不同的概念。“天下之物生于有”，不过是人们熟知的经验事实，四十章在陈述了这一事实后，笔锋一转，将“无”即“道”这个万物之原引入人的视域之中，提出了“有生于无”的命题。“有生于无”的“无”指产生万有的无名无形之“道”言，“有”则如前所述是构成器物的原初材质，这些构成器物的原初材质及其总和不过是万有的一部分，它们都产生于无名无形之道，此即“有生于无”。由“天下之物生于有”到“有生于无”，旨在打破那种事物由有形的具象之物而产生的世俗观念所带来的思维定式，提示和强调事物的终极

---

① 见荆门市博物馆《郭店楚墓竹简》，文物出版社1998年版，第117页；李零《郭店楚简校读记》增订本，2007年版，第4页；廖名春《郭店楚简老子校释》，清华大学出版社2003年版，第357页；丁四新《郭店楚竹书〈老子〉校注》，武汉大学出版社2010年版，第247—249页。

② 主要见陈鼓应《从郭店简本看〈老子〉尚仁及守中思想》，载陈鼓应主编《道家文化研究》第17辑，生活·读书·新知三联书店1999年版，第78—79页；王中江《初读郭店竹简〈老子〉》，载《中国哲学》第20辑，辽宁教育出版社2000年版，第114页；聂中庆《郭店竹简〈老子〉研究》，中华书局2004年版，第245—246页。

③ 刘笑敢：《老子古今》修订版（上），中国社会科学出版社2006年版，第445页。

来源是无名无形之“道”。如此，就与整章消解“非常道”而昭示“常道”视野的旨趣相一致。这正是“天下之物生于有，有生于无”的真正意蕴所在。那种认为通行本“有生于无”的命题与首章的“有”“无”相矛盾的观点，乃是对“天下之物生于有，有生于无”的一种误解。

在通行本首章中，“道”以“无”和“有”为其存在样态。“无”是指“道”的冲虚状态，此一冲虚状态却含藏着创生万有的一切可能性；“有”是指“道”的“有”性，这种“有”性又不同于具体的有形之物。此“无”不是空无，此“有”亦非具象之“有”。“无”和“有”所表征的这种“道”之特性，首章称之为“玄”，所谓“同谓之玄”。《说文》：“玄，幽远也。黑而有赤色者为玄。”本章所说的“玄”应作“玄”的引申义，有“幽远”“幽玄”义。首章的“玄”既是“无”“有”的任何一者，又是“无”和“有”的统一。将本章的“无”和“有”以“玄”称之，在于强调此“无”此“有”皆非通常意义上的“无”和“有”。

需要指出的是，“同谓之玄”是就“无”和“有”任一方面而言的。“无”和“有”作为“道”的状态，其中任何一者都可以称为“玄”，“无”是“玄”，“有”亦是“玄”。从“道”的本然存在样态来看，实际上是“无”中蕴“有”、“有”中含“无”。但如果从“无”和“有”这两个方面来看，“道”的存在样态又只能是“无”和“有”的统一。若仅从“无”的方面领会“道”，“道”就有被误解为一无所有的“至无”的危险；若仅从“有”的方面来领会“道”，“道”就有可能被误读为具象之物，从而丧失其“冲虚”的“大象”特质，沦为“非常道”。也就是说，如果用“无”和“有”两个方面来指称和言说“道”，“道”必集“有”“无”于一身。在此种情形下，只有从“无”和“有”两个方面同时对“道”进行曒、眇双观，才能获得对“道”之存在状态的正确领悟。“道”这种集“有”“无”于一身的特性可以说是“玄之又玄”。“玄之又玄”，在于强调“道”同时具有“无”和“有”这两个方面的特点。以“玄之又玄”来描述“道”，旨在消解人可能产生的对“道”的误解，强调“无”和“有”是“道”之同一状态的两个方面，二者是一不是二。

这样，在“道”的存在样态上，从“无”和“有”所具体指称的内涵来看，“无”和“有”任何一者皆可称为“玄”，此谓“同谓之玄”。从“无”和“有”两个方面来看，“道”又是“无”和“有”的统一，此谓“玄之又玄”。这个集“有”“无”于一身的“道”作为老子哲学的原点，乃是世界万有和一切奥妙得以发生的根源和门户，正是在此意义上“道”被称为“众妙之门”。

以“无”和“有”为内容的“玄”，是表征“道”之存在样态的概念。作为“道”之存在样态和特性的“玄”，既是“无”又是“有”，还可以说是二者的统一。这样，“玄”在《老子》中已成为一个哲学概念。

《老子》作为哲学概念的“玄”在后来得到了进一步的发展。扬雄在其《太玄》中说：

> 玄者，幽攡万类而不见形者也。资陶虚无而生乎规，攔神明而定摹，通同古今以开类，攡措阴阳而发气。一判一合，天地备矣。天日回行，刚柔接矣。还复其所，终始定矣。一生一死，性命莹矣。①

从“攡万类”“攔神明”“通同古今”“攡措阴阳”来看，扬雄所说的“玄”实际是宇宙本原、本体的代名词。东晋的葛洪则将“玄”作为宇宙大本，并提出了“玄道”的概念：

> 玄者，自然之始祖，而万殊之大宗也。②
>
> 夫玄道者，得之乎内，守之者外，用之者神，忘之者器，此思玄道之要言也。得之者贵，不待黄钺之威。体之者富，不须难得之货。③

葛洪所说的“玄”就是指“道”。“玄道”更倾向于就人和“道”的关系说，带有道教神仙修炼论的色彩。以“玄”或“玄道”来代替道教传统的道论，是“玄”这一概念在道教理论中的地位得以提升的表现。隋唐时期，随着重玄学的兴起，“玄”又成为重玄学的一个重要方法，成玄英说：

> 玄者，深远之义，亦是不滞之名。有无二心，徼妙两观，源乎一道，同出异名。异名一道，谓之深远。深远之玄，理归无滞。既不滞有，亦不滞无。二俱不滞，故谓之玄。④

---

① ［宋］司马光：《太玄集注》，中华书局1998年版，第184—185页。
② 王明：《抱朴子内篇校释》，中华书局1980年版，第1页。
③ 王明：《抱朴子内篇校释》，中华书局1980年版，第2页。
④ ［唐］成玄英：《老子道德经义疏》，《中华道藏》第9册，第234页。

有欲之人，唯滞于有，无欲之士，又滞于无。故说一玄，以遣双执。又恐行者滞于此玄，今说又玄，更祛后病。既而非但不滞于滞，亦乃不滞于不滞。此则遣之又遣，故曰玄之又玄。[①]

成玄英以“玄”为“不滞之名”，强调“有”和“无”要“二俱不滞”，主张通过“不滞于滞”和“不滞于不滞”的所谓“重玄”，来遣除人们对道体的把执。“重玄”在成玄英那里首先是作为方法来使用的，这种作为方法的“重玄”又被重玄学家们称为“双遣”“兼忘”“双绝”等。从重玄学家“重玄之道”“重玄之境”“重玄之域”“契重玄”“造重玄”的说法中我们不难发现，道教重玄学的“重玄”不仅是一种方法，而且还具有本体论、境界论、修养论的含义。重玄学家赋予“玄”的这些内涵可以从《老子》的“玄”中找到源头，可以说是对《老子》以来道家道教“玄”概念的深化和发展。

四、大

除“常”“真”“玄”之外，“道”还以“大”为其特点。通行本二十五章指出：

有物混成，先天地生。寂兮寥兮，独立不改，周行而不殆，可以为天下母。吾不知其名，字之曰道，强为之名曰大。大曰逝，逝曰远，远曰反。故道大，天大，地大，王亦大。域中有四大，而王居其一焉。人法地，地法天，天法道，道法自然。[②]

《老子》书不仅直接以“大”名“道”，而且在道、天、地、王“四大”之中，“道”为“四大”之首。“道大”即是“道”的绝对性。通观《老子》一书，“道”之“大”主要表现在以下几个方面：

其一，“道”之“大”首先表现在“道”的存在特征上。就存在特征而言，“道”超越了时间和空间这两种经验事物的存在方式。六十七章说：“天下皆谓我道大，似不肖。夫唯大，故似不肖。若肖，久矣其细也夫！”[③]“道”

---

① ［唐］成玄英：《老子道德经义疏》，《中华道藏》第9册，第234页。
② 楼宇烈：《老子道德经注校释》，中华书局2008年版，第62—64页。
③ 楼宇烈：《老子道德经注校释》，中华书局2008年版，第170页。

因其大而不类于任何经验之物，故以“无状之状”“无物之象”的形式存在。“迎之不见其首，随之不见其后”，表明以空间性特征对“道”进行把捉是无能为力的。“自古及今，其名不去”，意在说明“道”在时间上还是永恒的。“道”在存在方式上实现了对时间性和空间性的超越，因而以时间和空间这种把握经验事物的方式来测度“道”，注定是无能为力的。从“非常道”的世俗经验立场对“道”加以审视，“道”总是无法把捉的，只能是“视之不见”“听之不闻”“搏之不得”，对“道”的任何描述也只能是“强为之容”了。不仅如此，以名言视之，“道”的存在还是“无名”的。“道”不像经验世界中相对性的事物一样有久暂、有形体、有方所，必难以“名”称之。由此，“道”是不可名的“非常名”，“道”的这个称呼也只能是“强字之”而已。此外，“道”的存在和变化还具有自足性。“道”本身不依赖于任何外在的他者而存在和变化，“道”是“独立不改”的。在“人法地，地法天，天法道，道法自然”这种依次效法的序列中，“道”并不效法自身之外的他者，而是以自身的“自然”本性为其效法的对象，这表现出“道”的绝对性和自足性。此外，从“道”的活动过程来看，“道”的自足性还表现为“道”具有“不为而成”“无为而不为”的特点，这亦表现出“道”自身活动的自足性特征。

其二，“道”之“大”还表现为“道”产生出整个世界。“道”生天地万物，所谓“道生一，一生二，二生三，三生万物”，“道”通过生“一”、生“二”、生“三”渐次产生万有，并由此构成了整个世界。《老子》把“道”的这种巨大创生能力比作“玄牝”，“玄牝之门，是谓天地根。绵绵若存，用之不勤”①，“勤，尽也”②，“道”虽以“无物之象”的方式存在，但其中蕴含着巨大而永不穷竭的创生潜能，整个世界的一切皆源于“道”的生发之功，在此意义上，“道”乃宇宙之源。这是“道大”的一个重要表现。

其三，“道”之“大”还表现为“道”是万物的内在根据，“道”为万有之本。如果说作为宇宙之源，“道”生万物，那么，在万物之本的意义上，“道”成万物而使万物是其所是。对此，《老子》三十九章指出：

---

① 楼宇烈：《老子道德经注校释》，中华书局2008年版，第16页。
② 高亨：《老子正诂》，清华大学出版社2011年版，第14页。

昔之得一者：天得一以清；地得一以宁；神得一以灵；谷得一以盈；万物得一以生；侯王得一以为天下正。其致之也，谓天无以清，将恐裂；地无以宁，将恐废；神无以灵，将恐歇；谷无以盈，将恐竭；万物无以生，将恐灭；侯王无以正，将恐蹶。[①]

上文中的“一”是指“道”的属性。在《老子》看来，包括天、地、神、谷、万物、侯王在内的万物皆因获得“道”之属性而具其应然本性，从而是其所是而成为其自身。离却了“道”之属性，万物将丧失其本然正性，失去其存在的合理性，“道”及其属性乃是万物是其所是的根本依据。也正是在此意义上“道”乃“万物之奥”。高亨说：“奥，帛书甲乙本均作‘注’。《礼记·礼运》郑玄注：‘奥，主也。’注当读为主。”[②]“万物之奥犹言万物之主也。”[③]高说是。道作为“万物之奥”意在强调，“道”及其属性是万物成其应然的主宰和根据。在此意义上“万物莫不尊道而贵德”。当然，于“道”而言，“道”及其属性——“德”对于万物的主宰作用以及由之而带来的道尊德贵的情形并非有意而为，所谓“道之尊德之贵，夫莫之命而常自然”。“道”对于万物而言具有最根本的意义，“道”为“天下贵”。于人而言更是如此，所谓“立天子，置三公，虽有拱璧以先驷马，不如坐进此道”[④]。这是在强调“道”对于人的重要性。从物到人，要想获得与“道”合一的本己性存在，必以“道”为据，这是“道”之“大”的表现。

其四，“道”之“大”还体现在“道”发生作用的特点上。第三十四章有言：

大道泛兮，其可左右。万物恃之以生而不辞，功成而不有。衣养万物而不为主，常无欲，可名于小；万物归焉而不为主，可名为大。以其终不自为大，故能成其大。[⑤]

---

① 陈鼓应：《老子今注今译》，商务印书馆2003年版，第221页。
② 高亨：《老子注译》，清华大学出版社2010年版，第99页。
③ 高亨：《老子正诂》，清华大学出版社2011年版，第93页。
④ 陈鼓应：《老子今注今译》，商务印书馆2003年版，第295页。
⑤ 陈鼓应：《老子今注今译》，商务印书馆2003年版，第203页。

“大道泛兮其可左右”，是说大道发生作用泛普周遍而无所不在[①]，即所谓“周行”，这里“周行”的“周”是周遍义。这与七十三章“天网恢恢，疏而不失”意似，都是强调“道”之作用的周普性。万物须依恃“道”而得以产生和存在，“道”于此不加推辞而成全万物之生，此为“万物恃之以生而不辞”。“道”“生长万物的功已成，而不称为己有”[②]，所谓“功成不名有”。“道”衣养万物而不自为主宰，“道”常处于“无欲”的状态中，可称名为“小”。王弼注“万物归焉而不为主”：“万物归之以生，而力使不知其所由。”[③]高亨释“归”为“依靠”[④]。王弼和高亨对“归”的释义有相近之处，皆不确。王弼将“万物归焉”释为“万物归之以生”，这与本章前文“万物恃之以生而不辞”义重复。《广雅·释言》：“归，反也。”[⑤]三十四章“万物归焉”的“归”字当释为“返”较为妥切。“万物归焉而不为主”，是说万物返归于“道”而“道”不为其主宰，这与前文“万物恃之以生”正相对应，形成一个完整的万物由“道”产生并复归于“道”的过程。万物归返于“道”而“道”不为其主宰，在此意义上可谓“道大”。“道”之“大”乃是以人的立场视之的结果，“道”本“自然”，“道”之“大”亦出于“自然”，于“道”而言本无所谓“大”，所以说“以其终不自为大，故能成其大”。“道”的这种“终不自为大，故能成其大”的作用特点，实即“道”之“玄德”本性的体现。

五、虚

“虚”是“道”的又一特点。“道”之“虚”在通行本第五章中被表述为“道冲”，所谓“道冲而用之或不盈”。“冲”字傅奕本作“盅”。俞樾言“《说文》皿部：‘盅，器虚也。’老子曰：‘道盅而用之。’‘盅’训‘虚’，与‘盈’正相对。作‘冲’者，假字也”，并认为作“盅”“殊胜今本”[⑥]。朱谦之

---

① 《庄子·知北游》发挥了这一思想：“东郭子问于庄子曰：‘所谓道，恶乎在？’庄子曰：‘无所不在。’东郭子曰：‘期而后可。’庄子曰：‘在蝼蚁。’曰：‘何其下邪？’曰：‘在稊稗。’曰：‘何其愈下邪？’曰：‘在瓦甓。’曰：‘何其愈甚邪？’曰：‘在屎溺。’东郭子不应。”《知北游》强调了“道”无所不在的周遍性。引文见陈鼓应《庄子今注今译》，中华书局1983年版，第574—575页。

② 高亨：《老子注译》，清华大学出版社2010年版，第60页。

③ 楼宇烈：《老子道德经注校释》，中华书局2008年版，第86页。

④ 高亨：《老子注译》，清华大学出版社2010年版，第59页。

⑤ ［清］王念孙：《广雅疏证》，中华书局1983年版，第135页。

⑥ 见高明《帛书老子校注》引，中华书局1996年版，第240页。

认为"'盅'即'冲'之古文"[1]。《说文》:"冲,涌摇也,从水,从中,读若动。""冲"有动义,可以表达"道"产生万物的意思,"盅"则形象地说明了道之"虚",二字各有所长。但简本作"大盈若盅",同时,按照俞樾的思路,考虑到本章的"盈"字,此处当采俞樾、朱谦之说,作"道盅",即指"道"之"虚"性而言。

从《老子》书来看,"道"之"虚"表现为两个方面,一是就"道"的存在状态而言,"道"具有"大象无形""大音希声"的特点,"道"是"无状之状","道"并非经验世界中的一个现成化之物,在这一点上可以说"道"的存在具有"虚"性。这种意义上的"虚",是就"道"与经验事物在存在状态上的比较而言。其二,就"道"的存在方式和作用特点而言,"道常无为",即"道"无目的性而纯任"自然"。"道"的这一特性通过"生而不有""为而不恃""长而不宰"的"玄德"品性得到了鲜明体现。在"道"的此一"玄德"品性中,"不有""不恃""不宰",皆是就"道"在存在方式和作用特点上的"虚"性而言。这种意义上的"虚"实际上就是"无为",即无心而为。具体说来,"道"本身没有任何主体意欲的伸张,"道"发生作用时不带有意欲性特征,"道"不对外物施加来自其本身的有目的性的刚性作用。也正是由于此,"道"对于"物"而言并非是一个处于二元对待之中的外在支配者,所谓"夫莫之命而常自然"。"道"的这一作用特点在《老子》中又被称为"弱","弱者道之用",就是对"道"的"无为"也即"虚"性的一种描述。这里的"弱"是就意欲的程度而言的,"弱"所表明的正是"道"对意欲性的消解。与人之世俗生存所带有的强烈主体性意欲不同,"道"在发生作用时,因其"不争"的特性而将主体意欲弱化到了"无为"的程度,"弱"是"无为"的必然表现。可以说,存在方式和作用特点上的"无为"和"弱"仍是"道"之"虚"性的表现。

"道"以"虚"为其特点,"道"之"虚"又产生"虚用"。"道"之"虚用"是说"道"以"虚"为用或因"虚"而成其用。"道"之"虚用"表现在以下几个方面:

其一,"道"在存在状态上具有"虚"性,这种意义上的"虚用"首先表现为"道"因"虚"而生作万有。这一点在通行本第四章和第六章中有所说明:

---

① 朱谦之:《老子校释》,中华书局1984年版,第18页。

道冲而用之或不盈，渊兮似万物之宗。挫其锐，解其纷，和其光，同其尘。湛兮似或存，吾不知其谁之子，象帝之先。（第四章）[①]

谷神不死，是谓玄牝，玄牝之门，是谓天地根。绵绵若存，用之不勤。（第六章）[②]

这两章在文义上颇为接近。第四章所说的“挫其锐，解其纷，和其光，同其尘”，实就“道”之“虚”而言。“挫其锐，解其纷”旨在强调“道”以柔、弱、不争为其存在特点，“和其光，同其尘”则意在说明“道”没有丝毫主体意欲的伸展而与外在世界一体玄同。“湛者，黯不可见之貌。”[③]“湛兮似或存”和“绵绵若存”，同样是在强调“道”的“虚”性。“道”虽冲虚，但其生化之用却无有穷竭，此为“道冲而用之或不盈”，此与“谷神不死”“用之不勤”义同，“‘勤’，‘尽’也”[④]。“道”冲虚而渊深，却生作出整个世界，似是万有之宗主，此为“渊兮似万物之宗”。“道”因其“虚”而具有无限的生作万有之能，故“道”又被称为“玄牝”，即奇妙的创生母体。此“玄牝之门”创生出天地并进而“用之不勤（尽）”地继续化生万有，这是“道”之“虚用”的一个重要方面。

“道”的这种“虚用”特性在通行本第五章中还有形象的表达：

天地不仁，以万物为刍狗；圣人不仁，以百姓为刍狗。天地之间，其犹橐籥乎？虚而不屈，动而愈出。[⑤]

“道”冲虚无为，以“道”为效法对象的天地和圣人也具有同样的特点，此即“不仁”。“不仁”即无有偏爱。“天地不仁”即天地无为，无所用心而任物自然。“刍狗”为用草扎成狗形的祭祷之物。《庄子·天运》：“夫刍狗之未陈也，盛以箧衍，巾以文绣，尸祝齐戒以将之。及其已陈也，行者践其首脊，苏者取

① 楼宇烈：《老子道德经注校释》，中华书局2008年版，第10页
② 楼宇烈：《老子道德经注校释》，中华书局2008年版，第16页。
③ 高亨：《老子正诂》，清华大学出版社2011年版，第10页。
④ 高亨：《老子正诂》，清华大学出版社2011年版，第14页。
⑤ 楼宇烈：《老子道德经注校释》，中华书局2008年版，第13—14页。

而爨之而已。"[1]林希逸言："刍狗之为物，祭则用之，已祭则弃之。"[2]"天地不仁，以万物为刍狗"，强调的是天地虚其心而自然无为；"圣人不仁，以百姓为刍狗"，强调的是体道的圣人亦虚其心而无所用其情。至此，第五章所言天地和圣人之"不仁"，实际上都根源于"道"的"虚"性，因为天地和圣人皆以"道"为效法对象。

第五章还以橐、籥作喻晓示"道"之"虚用"。[3]橐与籥虽然中间空虚，然兴作发动时却可以不断地鼓动风气和产生音声，所谓"虚而不屈，动而愈出"。橐、籥之所以如此，正是符合了"道"的"虚"性。天地之间犹如橐、籥一般，虽虚静冲漠但却具有生作万有的巨大潜能。然而这并不意味着天地产生万物。"天地之间，其犹橐籥乎"句，林希逸、奚侗皆以天地生万物的观念加以解释。林希逸说："橐籥用而风生焉。其体虽虚，而用之不屈，动则风生，愈出愈有。天地之间，其生物也亦然。"[4]奚侗说："天地之生万物，以元气相鼓荡，如'橐籥'然。"事实上如果说现实中的橐、籥由人来操作和鼓动，"天地之间"这个巨型橐、籥的操作者则是"道"本身，只不过于"道"而言这一切皆无心而为之。因而由《老子》第五章并不能得出天地生万物的观念。本章高亨先生已得其旨，他在《老子注译》中说："天地之间，就像个风箱，是空虚的，然而没有穷尽，一动，风云雷电雨雪就出来了；越动，出来的就越多。"[5]然高先生以橐、籥为一物，则是犹有未确处。

其二，"道"在存在状态上的"虚"性而产生的"虚用"，不仅表现在"道"以其冲虚状态而化生万有的宇宙创生过程之中，而且在器物通过"道生之，德畜之"的方式既已被创生之后，"道"之"虚用"仍然对于器物的存在和其功用的发挥具有重要意义。据《老子》，万物是以"负阴而抱阳，冲气以为和"的合乎其正性的方式存在着。"冲气以为和"已经表明，万物保持其"和"态的存在，乃是通过保持构成万物之"气"的冲虚状态来实现的。"冲气"即构成万物之气的冲虚状态，不过是"道"之"虚"性的落实和表现。万物因其所构成之"气"处于冲虚状态而保持其"和"态，归根到底不过是晓示

① 陈鼓应：《庄子今注今译》，中华书局1983年版，第372—373页。
② 林希逸：《老子鬳斋口义》，华东师范大学出版社2010年版，第7页。
③ 《老子道德经河上公注》就将此章题为"虚用"，深合《老子》旨意。
④ 林希逸：《老子鬳斋口义》，华东师范大学出版社2010年版，第7页。
⑤ 高亨：《老子注译》，清华大学出版社2010年版，第23页。

了“道”的“虚”性是万物保持其正性的根本条件。如果说“冲气以为和”表明了“道”之“虚”性对于事物存在的重要性，那么，“道”之“虚”性对于器物功用的发挥同样具有重要意义。关于这一点，第十一章说得好：“三十辐共一毂，当其无，有车之用。埏埴以为器，当其无，有器之用。凿户牖以为室，当其无，有室之用。故有之以为利，无之以为用。”[①]这里的“无”指器物中空部位的空虚处而言，尽管这种意义上的“虚”不同于“道”之“冲虚”，但仍可看作“道”之“虚”性在经验器物层面的落实，而且《老子》也正是在此意义上晓示“道”之“虚”性的实际价值的。器物之所以能发挥其功用，正是契合了“道”之“虚”性的结果。总之，事物的“和”态存在及其功用的发挥皆离不开“道”之“虚”性，这仍然是“道”之“虚用”的表现。

其三，“无为”和“弱”作为“道”在存在方式和作用特点上的“虚”性，其所产生的“虚用”表现为“无为而不为”。“无为而无不为”中的“无为”不过是“道”在存在方式和作用特点上的“虚”性，即无目的性，“无不为”强调的则是“道”因“无为”这一“虚”性而带来的“虚用”。这种“无不为”的“虚用”表现为：“道”创生万有；“道”使万物得其应然正性；在此基础上通过“生之畜之”“长之育之”“成之熟之”“养之覆之”而成为“万物之奥”；万物必须遵循“道”所表现出来的法则，否则便会陷入“不道早已”的局面。这些都是“道”因“无为”而产生的“无不为”的“虚用”的表现。

老子的“道”以“虚”为特点，“虚”又产生“虚用”，这在其后的道家、道教思想中得到了继承和发展。道家后学列子的思想特色就在于“贵虚”，所谓“子列子贵虚”[②]。《庄子·人间世》有“唯道集虚”的说法。《文子·道原》：“虚无者道之舍也。”[③]《淮南子·天文训》：“道始于虚霩，虚霩生宇宙，宇宙生气，气有垠涯。”[④]《天文训》的宇宙论明显吸收并改造了先秦道家“道”具“虚”性的观念。张伯端在《悟真篇》中有言：“道自虚无生一气，便从一气产阴阳。”[⑤]李道纯则将“虚用”贯彻于内丹修炼的全过程：“下手致虚守静笃，虚极又虚元气凝，静之又静阳来复；虚心实腹道之基，不昧虚灵采药时；虚己

① 楼宇烈：《老子道德经注校释》，中华书局2008年版，第26—27页。
② 《吕氏春秋·不二》，见许维遹《吕氏春秋集释》，中华书局2009年版，第467页。
③ 王利器：《文子疏义》，中华书局2000年版，第14页。
④ 何宁：《淮南子集释》，中华书局1998年版，第165—166页。
⑤ 王沐：《悟真篇浅解》，中华书局1990年版，第48页。

应机真日用，太虚同体丈夫儿；采铅虚静无为作，进火以虚为橐籥，抽添加减总由虚，粉碎虚空成大觉。”[①]上述关于“虚”的观念以及将“虚”与“道”密切结合的道论、炼养论，都可以从《老子》对“道”之“虚”性、“虚用”的论述中找到思想源头。

六、无名

“道”还有一个重要的特征，那就是“无名”。三十二章说“道常无名”[②]，四十一章说“道隐无名”[③]。人的经验存在是一个充满名言的世界，“道常无名”所表达的正是以名相对“道”进行言说所面临的尴尬，所谓“道可道，非常道。名可名，非常名”，可言说之道并非“常道”，可命名之名并非“常名”。[④]“道常无名”，那么，“道”何以“无名”呢？“道”之所以“无名”，既有“道”本身的原因，又是由语言的本性决定的。

从“道”自身的特点来看，“道”之不可名，主要有以下几个方面的原因：

首先，“道”之“无名”源于“道”的“自然”本性。“道”的“自然”特性使得“道”与名言的世界有了根本的不同。“道”以本真自然为特点，而“始制有名”已经表明“名”总是人类世界的产物。因而当以名相来指称和言说“道”时，人所把握的“道”就无可避免地带有了人化的印记，这样一来就对“道”的“自然”本性构成损害乃至解构，在此意义上“道”不可名。所谓“字之曰道”“强为之名曰大”，都是《老子》在言说和指称“自然”之“道”

---

① ［元］李道纯：《中和集》，《道藏》第4册，文物出版社、上海书店出版社、天津古籍出版社1988年版，第507页。

② 楼宇烈：《老子道德经注校释》，中华书局2008年版，第81页。

③ 楼宇烈：《老子道德经注校释》，中华书局2008年版，第113页。

④ 有学者指出“道可道”的第二个“道”不应作“言说”讲。如赵汀阳认为“可道”应该是“有规可循”的意思。（见赵汀阳《道的可能解法与合理解法》，《江海学刊》2011年第1期。对此，袁元已提出了反驳意见，见《也说老子的“道可道”——与赵汀阳先生商榷》，《中华读书报》，2015年3月25日15版。）董京泉认为“可道”之“道”作“引导”解，于句意、章旨和老子的思想皆可贯通无阻。（见董京泉《老子道德经新编》，中国社会科学出版社2008年版，第9页。）高海波强调将“道可道”的第二个“道”字理解为“践行”或“行”更加合理，并指出理解老子的名学应从老子超越僵化的礼乐制度和人为规范这一问题意识出发。（见氏文《〈老子〉“道可道”的一种新的可能诠释》，载《中国哲学史》2015年第3期。）本文认为，考察“道可道，非常道；名可名，非常名”的意蕴，结合通行本首章的整体语境非常重要。从“道可道，非常道；名可名，非常名”以下的内容来看，首章其实是在解决如何对不可名的“道”进行言说这一问题，以阐明作者所体悟到的“道”之样态。这样看来，“道可道”的第二个“道”字作“言说”解不误。

时所面临的尴尬。

其次，“道常无名”，还因为“道之为物”根本不同于经验世界中的任何一物，而“名”总是适用于“道”所创生的经验世界中的可名之物，在此意义上，“道”超出了经验认知和言诠的范围，故不可名、不可道。经验世界的感性事物总是有形的，而“道”却是“无状之状”，是“迎之不见其首，随之不见其后”的，是无形的“大象”之物。经验之物总能为人的感官所认知和把握，而“道”却以“视之不见”“听之不闻”“搏之不得”为特点，根本无法成为人的认知所把握的对象。这是“道常无名”的又一个原因。

再次，“道”之“无名”还是因为就“道”的“混成”状态而言，“混成”之“道”含具一切可能性，尚未有定迹可寻，处于非现成化的状态中，故难以以“名”称之。“道”之“混成”状态是无方所而不落行迹的，用韩非的话说就是“无攸易，无定理”[①]。此时的“道”是一整全的状态，而任何对“道”的“名”和“言”的活动总因其把握对象的相对性而陷于一偏，由此就不难理解“道常无名”了。对于这种情形，《淮南子·本经训》指出：

> 著于竹帛，镂于金石，可传于人者，其粗也。五帝三王，殊事而同指，异路而同归。晚世学者，不知道之所一体，德之所总要，取成之迹，相与危坐而说之，鼓歌而舞之，故博学多闻而不免于惑。[②]

《本经训》指出了人们的言论因不识大道之全而陷于一偏的情形，这是对《老子》“道常无名”、“道”不可“道”思想的一种发挥。

最后，“道常无名”，在根本上还是由于“道”的绝对性决定的。“道”的绝对性《老子》称为“道大”。“道”是绝对的，因而对“道”所作的任何命名都意味着绝对之“道”依赖于另外一个他者得到说明，也就是说，一旦对“道”做出一种指称，“道”的绝对性就走向破缺和消解，“道”就由绝对之物落为相对之物。正如何中华先生所指出的那样：“道作为本体，它已经超越了相对性，即所谓‘无待’‘绝对’。这种绝对性同那种以指称关系为基本框架的‘言说’无法兼容。”[③]可见，“道”的绝对性已经注定了“道常无名”。

---

① 高华平等译注：《韩非子》，中华书局2010年版，第211页。
② 何宁：《淮南子集释》，中华书局1998年版，第581页。
③ 何中华：《隐喻与哲学的表征方式》，载《学术研究》2001年第7期，第65页。

"道常无名"，除了"道"自身的原因之外，亦是由人类名言的本性决定的。首先，名言对于事物而言具有外在性。《老子》书中的所谓"字之""为之容""始制有名"，都已经透露出了名相对于事物而言的外在性特征。"道常无名"是就"道"的本然状态而言，在"道"创化世界的过程中，"名"又不可避免的不断被人施设到事物中去。"道生一，一生二，二生三，三生万物"，不仅是对"道"创生万有的过程的说明，如果从名言的角度来看，"一""二""三""万物"又是人施设的名号，"道"展开整个世界的过程同时也是由"无名"到"有名"的过程。而"名"之有必来自人，用庄子的话说就是"物谓之而然"[①]。正是看到了名相的外在本性，故《老子》强调"信言不美，美言不信，善者不辩，辩者不善"[②]。《老子》的话告诉人们，华丽的语言形式以及建立在其上的言辩活动对事物本身可能会造成遮蔽。《老子》对"美言"和言辩采取了否定的态度，这是建立在对名言外在本性的认识基础之上的。由于名相具有人为性、外在性，因而在绝对的意义上"名"之所指总难以把握事物的本真性。在此意义上，真朴之"道"不可"名"。

名相不仅具有外在性，与"道"的绝对性相比，人类的名言又总是相对的。"名可名，非常名"的说法，实际上就已经指明了可名之"名"相对于"常名"而言的相对性和变易性。从名言的角度看，"有无相生，难易相成，长短相较，高下相倾，音声相和，前后相随"的情形，已经向人晓明了名相总处

---

① 陈鼓应：《庄子今注今译》，中华书局1983年版，第61页。关于名相的这种人为性，《尸子》和《无能子》都有所揭示。《尸子》："齐有田果者，命狗曰富，命子为乐。将欲祭也，狗入室，果呼之曰：'富出。'巫曰：'不祥也。'家果大祸，长子死，哭曰：'乐乎！'而不似悲也。"（朱海雷：《尸子译注》，上海古籍出版社2006年版，第98页。）《无能子》："樊氏之族有美男子，年三十，或被发疾走，或终日端居不言。言则以羊为马，以山为水。凡名一物，多失其常名。其家及乡人狂之，而不之录焉。无能子亦狂之。或一日遇于藜翳间，就而叹曰：'壮男子也，貌复丰硕，惜哉病如是。'狂者徐曰：'吾无病。'无能子愕然曰：'冠带不守，起居无常，失万物之名，忘家乡之礼，此狂也，何谓无病乎？'狂者曰：'被冠带，节起居，爱家人，敬乡里，岂我自然哉？盖昔有妄作者，文之以为礼，使人习之至于今，而薄醪固醇酎也，知之而反之者，则反以为不知，又名之曰狂。且万物之名，亦岂自然著哉？清而上者曰天，黄而下者曰地，烛昼者曰日，烛夜者曰月；以至风云雨露，烟雾霜雪；以至山岳江海，草木鸟兽；以至华夏夷狄，帝王公侯；以至士农工商，皂隶臧获；以至是非善恶，邪正荣辱，皆妄作者强名之也。人久习之，不见其彊名之初，故沿之而不敢移焉。昔妄作者或谓清上者曰地，黄下者曰天，烛昼者月，烛夜者日，今亦沿之矣。彊名自人也，我亦人也，彼人何以彊名，我人胡为不可哉？则冠带起居，吾得以随意取拾；万状之物，吾得以随意自名。狂不狂吾且不自知，彼不知者狂之亦宜矣！'"（王明：《无能子校注》，中华书局1981年版，第44—45页。）《尸子》和《无能子》的上述文字是对名相外在本性的深刻揭示。

② 楼宇烈：《老子道德经注校释》，中华书局2008年版，第191页。

于对待之中。名相的这种相对本性使其对以“大”为特征的绝对之“道”的把握必然是无能为力的。

“道”虽“无名”而不可道，但这并不等于取消了以“名”言“道”的必要性。“道”虽不可名，但仍以“道”称之。老子本人虽以“自隐无名为务”，但亦在关令尹喜的请求下“著书上下篇，言道德之意五千余言而去”。人在经验生存中达致对“道”的领悟，“名”与“言”又成为必须利用和超越的手段，离却了“名”和“言”，“常善救人”的“圣人”也就难以让人晓知大道本身，“道”就停留于少数“为道”者的个体内证和体察活动之中，“以道莅天下”就成为一句空话。问题的关键在于：面对不可名、不可道的“道”，应当采取怎样的“名”和“言”的策略，从而避免对“无名”之“道”的误读，让“无名”之“道”借助于无法回避的名与言的活动得以召唤出来。《老子》对此有深刻的领悟，他对不可名、不可道的“道”进行“名”和“言”的活动时，采取了两种应对策略。

《老子》所采取的第一种策略，是从不同视角对“道”进行命名和言说，然后在此基础上进行叠加，在叠加中彰显所名和所言之意。在这种语言策略中，有一种情形是运用相反的名相对“道”进行言说。通行本《老子》首章就运用了这一名言策略，首章指出：

> 道可道，非常道；名可名，非常名。无，名天地之始；有，名万物之母。故常无，欲以观其妙；常有，欲以观其徼。此两者，同出而异名，同谓之玄。玄之又玄，众妙之门。①

通行本首章的内涵可分为两个层次。一是“我”体悟到“道”不可名不可道②，首句“道可道，非常道”“名可名，非常名”与此相对应。二是“我”如何克服“道”之不可名不可道，从而利用名言本身对“道”的状态进行表述，“非常名”之后的文字与此相对应。可以说，“道”与“言”、“道”与“名”的关系是本章的主要内容。

《老子》开篇就强调“常道”不可道、不可名。面对不可名、不可道的

---

① 陈鼓应：《老子今注今译》，商务印书馆2003年版，第73页。
② 河上《注》将本章题为“体道”，实已指出了这种意涵。

“常道”，《老子》首先运用“无”（常无）和“有”（常有）两个名相对“常道”进行剖析。“无”或“常无”对应着“道”的冲虚状态，为防止人们把“道”与“无”这个名相对应起来，首章接着又指出“道”又可以是“有”（常有），“有”或“常有”对应着“道”的非空无状态，即“道”具有“有性”。这里的“有性”是说“道”是真实的存在，用《老子》的话说，是“道”含具“象”“物”“精”。说“道”是“无”，是为了防止将“道”视为具象之物，说“道”是“有”，是为了防止将“道”视作无内容的“至无”。[①]“无”和“有”这两个名相分别从两个视角对“道”作出了规定，在此意义上可以说“道”既“无”且“有”，又非“无”非“有”，此即“同出而异名”。本章中的“无”这个名相并非指称空无，“有”这个名相并非指称具象之物，这样，“无”和“有”这两个名相所指称的状态带有玄妙的特性，即“同谓之玄”。由于在经验运用中，“无”和“有”是两个内涵相反的名相，这样，《老子》在成功地运用“无”和“有”这两个名相对“道”之存在状态作出表述之后，又通过“无”和“有”这两个名相对对方指称内涵的相互消解，并最终借助于“无”和“有”这两个名相“玄之又玄”的叠加，彻底消解了名相的相对性可能带来的弊端。从名言的运用策略上讲，本章是《老子》名言运用艺术的经典之作。

《老子》书中这种运用语言的策略并不少见。与通行本第一章相类似，第三十四章还以“小”和“大”同时指称“道”。三十四章一方面说“常无欲可名于小”，另一方面又指出：“万物归焉而不为主，可名为大。”[②]“道”因无欲，让人感觉不到其存在，故可以“小”称之。然而万物又皆归于“道”而“道”却不自为万物之主，此乃含容至大者，在此意义上又可称为“大”。“大”与“小”相对，却皆可立足于不同角度来指称“道”。三十四章同时以“小”和“大”指称“道”，在让人领悟“道”之特性的同时，也旨在通过“小”和“大”在内涵上的互斥，来消解因名相的执着而产生的对“道”的误解，从而达到对“道常无名”的深刻领悟。

此外，在“大成若缺”“大盈若冲”“大直若屈”“大巧若拙”“大辩若讷”的说法中，“成”与“缺”、“盈”与“冲”、“直”与“屈”、“巧”与“拙”、

---

① 如孙以楷所说：“提出无，是防止把最初的存在理解为有形之有；提出有，是为了防止把无形理解为空虚。”见孙以楷等《道家文化寻根》，安徽人民出版社2001年版，第89页。

② 楼宇烈：《老子道德经注校释》，中华书局2008年版，第85页。

“辩”与“讷”，都是具有相反内涵的名相，《老子》却肯定了这些名言符号的同时共在性，其意图不过是通过上述概念的双显和互斥，来消解借助于名言符号对“道”或合“道”状态做出任何判断的可能性。这种运用名言的策略与第一章的方式仍然是一致的。这种名言策略用《老子》的话说就是“正言若反”。“正言若反”不仅是强调运用语言对“常道”进行描述时所言之“常道”与“非常道”的不同，亦可视为《老子》的一种名言策略。在这种名言策略中，如果“正言”是立，“若反”则是破，“正言若反”就是在名相的互斥和激荡中来消解因“道”之“无名”而带来的言说困境。

以上是《老子》运用第一种语言策略时通过内涵相反的名相的意义对冲和合成来言说“道”的情形。此外，在第十四章中我们还可以看到《老子》运用多种不同的名相进行意义叠加的这种名言策略：

> 视之不见名曰夷，听之不闻名曰希，搏之不得名曰微。此三者不可致诘，故混而为一。其上不皦，其下不昧，绳绳不可名，复归于无物，是谓无状之状，无物之象，是谓惚恍。迎之不见其首，随之不见其后。（十四章）[①]

本章用“夷”“希”“微”三个名相用以指称人的视觉、听觉、触觉对“道”进行把握的结果。“夷”是指“道”之“大象无形”，“希”是指“道”之“大音希声”，“微”是指“道”乃“无物之象”。“夷”“希”“微”表明了人的感官对“道”进行把握时的无能为力。由于“夷”“希”“微”分别构成人的视觉、听觉和触觉的最低限度，因而“道”之“夷”“希”“微”的特性表明：立足于人的感知立场对“道”作进一步的追问已丧失可能性，此即所谓“此三者不可致诘”。“夷”“希”“微”是人们的三种感官分别对“道”进行把握的产物，而事实上“道”本身却是整体和“混成”的，这样就必须对上述作为三种感官感知结果的“夷”“希”“微”进一步叠加，才能“合成”对“混成”之道的完整认识，故而《老子》强调“混而为一”。按照人们的经验常识，上明下暗，前为首，后为尾，但在对“道”所作的“其上不皦，其下不昧”“迎之不见其首，随之不见其后”的描述中，《老子》对上“皦”下“昧”、前“首”后“尾”这

① 楼宇烈：《老子道德经注校释》，中华书局2008年版，第31—32页。

一系列词汇所指称的通常情形又做出了否定性的判断，通过利用、否定并最后超越名言符号的指称功能，十四章进一步凸显了“道”之“混成”性和不可剖分性。

以上是《老子》对“无名”之“道”进行言说的第一种语言策略。在这种语言策略中，《老子》首先从不同视角对“道”加以称名，然后对各种名相进行叠加并在此基础上实现名相的所指在意义上的生成。若执于单一的某种名相，则极易产生对“道”的误解。借助并超越名言本身以达到对“道”的领悟，做到“希言”“贵言”乃至“不言之教”，才是《老子》名言思想的归趋所在。

《老子》运用名言的第二种策略是“象喻”。“象喻”就是以类比的方式将所要类比之物——“道”转换成人们所熟知的类比物。类比物当然不是所要类比的事物本身，但却可以构成领悟所要类比之物的契机和手段。由于所要类比之物和类比物二者不是一回事，所以《老子》对“道”所做的象喻可以说都是一种“强为之容”的说明。《老子》论“道”时使用了不少“象喻”的方式对“道”加以说明，“道”这个名称本身就源于道路，其他如谷神、玄牝、橐与籥、婴儿、张弓、朴、水等都是老子的喻“道”之象。当然，即使是这种“象喻”的言道方式，老子也是不得已而用之，对此，第五章指出：

> 天地不仁，以万物为刍狗；圣人不仁，以百姓为刍狗。天地之间，其犹橐籥乎？虚而不屈，动而愈出。多言数穷，不如守中。[①]

以“刍狗”与“橐”“籥”喻“道”，本是为了说明“道”之“自然”本性与运作情状，但同时也极易使人发生误读，即潜含着将“道”沦为经验之物的危险，所以老子最后强调“多言数穷，不如守中”。“数”，通“速”[②]，“多言数穷”正是道出了名言在诠解大道时的缺陷，即极易遮蔽“道”本身。“多言数穷”，乃是提醒人们，以刍狗、橐、籥喻“道”并非说“道”乃经验之物，并以此来防止和消除因言说而对“道”产生的可能的误读。“守中”与“多言”形成对比，“守中”即持守冲虚之道，在此首先是指“不言”，即回归“悠

① 楼宇烈：《老子道德经注校释》，中华书局2008年版，第13—14页。
② 陈鼓应：《老子今注今译》，商务印书馆2003年版，第95页。

兮其贵言”和“不言之教”的立场，从以名相喻“道”到“守中”，这是一个“名已既有，夫亦将知止”的过程。“多言数穷，不如守中”在于提示人们，相对于言辩而言，持守那“无名”的大道才是最重要的，此即所谓“见素抱朴”。这与《老子》“信言不美，美言不信”的立场是一致的。“信言不美，美言不信”注意到了华丽的语言形式对事物本性的可能遮蔽，这是建立在对语言外在本性的认识基础之上的。

即使是以“象”喻“道”，《老子》仍是立足于某一方面对“道”的特性作出说明。如在说明其最高哲学概念乃“万物莫不由之”的法则和其运作轨迹时，直接用“道”来说明。在说明“道”之“损有余而补不足”的作用特点时，以“张弓”喻“道”，在说明“虚而不屈，动而愈出”的“道”之运作特性时，以“橐”“籥”喻“道”，在说明“道”之本真性时，以“朴”喻“道”，在说明“道”之利物不争的特性时，以水喻道。这些象征物都是从不同方面对“道”进行的类比，目的在于通过类比凸显“道”某一方面的特性或功能。

道家后学庄子进一步发展了老子的“无名”思想，主张“大道不称”“大辩不言”“圣人无名”。庄子还对以言辩著称的惠施等名家思想提出了批评，认为他们是“非所明而明之”。此外，《齐物论》以“天地一指”“万物一马”的命题道出了名相之间的互易性，即天地万物可以用“一指”（一个大拇指或一个指称）或“一马”来称谓，这就凸显出了名相因相对性和外在性所导致的指称悖论。对于名言把握绝对之道所面临的尴尬，庄子有深刻的认识。《齐物论》指出：

> 天地与我并生，而万物与我为一。既已为一矣，且得有言乎？既已谓之一矣，且得无言乎？一与言为二，二与一为三。自此以往，巧历不能得，而况其凡乎！故自无适有以至于三，而况自有适有乎！无适焉，因是已。[①]

在庄子看来，语言的使用注定要陷入对象性关系的纠缠之中。“一”作为超越对象性关系的绝对之“道”，对它所进行的任何言说不仅纯粹多余，同时亦是对整全之道的割裂，所谓“既已为一矣，且得有言乎”。一旦对“一”作出

① 陈鼓应：《庄子今注今译》，中华书局1983年版，第71页。

“谓之一”的表述，“为一”的境界就走向分裂，从此跌入即使“巧历”也无法理清的对象性关系的纠缠之中。所以庄子对于言辩采取了“无适焉，因是已”的态度，即从言辩中抽身而出，回归和因顺大道的本然状态。庄子的上述思想是对老子“道常无名”论的发展。如果说《老子》的名言观是有破有立，即在揭示出“道”不可言说的同时又试图对“道”进行“说不可说”的努力，那么庄子的名言观则是破多立少，即主要借助于揭示名言的局限性而强调名言对于“道”的无能为力。①

王弼曾对名言的相对本性和局限性作过精彩的分析，他说：“名必有所分，称必有所由。有分则有不兼，有由则有不尽；不兼则大殊其真，不尽则不可以名，此可演而明也。”②“名”存在的价值在于区分事物，这决定了“名”总以相对性为其特点，所谓“名必有所分”。人们在言说时也总是出于特定的表达需要，所谓“称必有所由”。名言的这一相对性特点使得名言在表达的同时总以遮蔽为代价，所谓“有分则有不兼，有由则有不尽”。也就是说，名言的本性决定了其总以“偏”为其特点，这种特点使其只能运用于经验之物而无法把握绝对之道。王弼是从名言的特性这一视角对“道”不可名的原因作出深刻揭示的。

不仅如此，《老子》基于“无名”之“道”的名言策略也为后来的言意之辨提供了重要的思想资源。《系辞》的“言不尽意”③，《庄子》的“得意而忘

---

① 一个明显的例子是对“无”和“有”这两个名相的使用上。通行本《老子》首章对“道”之存在样态的描述是借助于“无”和“有”这两个名相来完成的。而《庄子》对“无”和“有”这两个名相的使用则是强调其指称内容的不确定性，以此来凸显超越名言的立场。《齐物论》说：“有有也者，有无也者，有未始有无也者，有未始有夫未始有无也者。俄而有无矣，而未知有无之果孰有孰无也。今我则已有谓矣，而未知吾所谓之其果有谓乎？其果无谓乎？”庄子这段话告诉我们，当我们用“有”和“无”这两个名相符号对宇宙从无到有的过程做出指称性说明时，由于“有”和“无”总是相待而言的，因此在这种追问宇宙起源的发生学视野中，“无”相对于“未始有无”而言就是“有”，“未始有无”相对于“未始有夫未始有无”来说也是一种“有”，这样包括“无”“未始有无”“未始有夫未始有无”在内的任何一个阶段其实都可以看作“有”，这样一来不仅关于宇宙演化状态之“有无”的追问可以无穷地进行下去，而且出现了“名”和“实”之间的矛盾，即“有”既可以指宇宙“有”的状态，也可以同时指“无”“未始有无”“未始有夫未始有无”的状态。名相符号的指称功能由此而陷入混乱。庄子“果有谓乎”“果无谓乎”的双重反问，乃是提醒人们打破名相的执着，从而获得世界的原初真实。引文见陈鼓应《庄子今注今译》，中华书局1983年版，第71页。

② ［魏］王弼：《老子指略》，见楼宇烈《王弼集校释》，中华书局1980年版，第196页。

③ 高亨：《周易大传今注》，齐鲁书社1998年版，第406页。

言”[①]，玄学家的“得意在忘象，得象在忘言”[②]，都与《老子》利用名言又超越名言的立场有着某种关联。正如有学者指出的那样：“言意之辨中的主要命题‘言不尽意’论的渊源是同老子的‘无名论’紧密相关的。”[③]

七、自然

“自然”是《老子》的重要观念。“自然”在通行本《老子》中共出现五次，分别见于十七、二十三、二十五、五十一、六十四章[④]：

> 功成事遂，百姓皆谓我自然。（十七章）
> 希言自然。（二十三章）
> 人法地，地法天，天法道，道法自然。（二十五章）
> 道之尊，德之贵，夫莫之命而常自然。（五十一章）
> 学不学，复众人之所过。以辅万物之自然，而不敢为。（六十四章）

关于《老子》书中“自然”的内涵，学者已多有说明。梁启超说：“‘自然’是‘自己如此’，参不得一毫外界的意识。”[⑤]高亨说：“自然者，本体如是，本性如是，本能如是，而非人为而如是也。”[⑥]胡适说：“自是自己，然是如此，‘自然’只是自己如此。”[⑦]张岱年说：“按《老子》书中‘自然’一词是自己如此之意。”[⑧]陈鼓应说：“‘自然’并不是指具体存在的东西，而是形容‘自己如此’的一种状态。”[⑨]刘笑敢在强调了“自然”的“自己如此”的含义的基础上，又阐发了“自然”的“本来如此”“通常如此”和“势当如

① 陈鼓应：《庄子今注今译》，中华书局1983年版，第725页。
② ［魏］王弼：《周易略例》，见楼宇烈《王弼集校释》，中华书局1980年版，第609页。
③ 宋协立：《“言意之辨”：语言的局限性与文学的重要性》，载《文史哲》1994年第2期，第71页。
④ 以下引文分别见楼宇烈《老子道德经注校释》，中华书局2008年版，第40页，第57页，第64页，第137页，第166页。
⑤ 胡道静主编：《十家论老》，上海人民出版社2006年版，第50页。
⑥ 高亨：《老子正诂》，清华大学出版社2011年版，第24页。
⑦ 胡适：《中国哲学史大纲》，上海古籍出版社1997年版，第40页。
⑧ 见《张岱年全集》第5卷之《老子哲学辨微》，河北人民出版社1996年版，第245页。
⑨ 陈鼓应：《老子今注今译》，商务印书馆2003年版，第49页。

此”的意涵。[①]以“自己如此”或带有特定主语的“如是”来解释“自然”，这是结合“自”“然”二字给出的“自然”的本义，这种对于《老子》“自然”的解释，对于我们今天理解《老子》有关“自然”的命题具有重要的基础性作用。

十七章“百姓皆谓我自然”的“自然”之“自”，是指民众，“自然”之“然”是指“功成事遂”。“功成事遂，百姓皆谓我自然”，是基于施政活动中侯王对于民众的干预性而言的，强调的是民众感觉不到侯王施政的主体意欲和外在影响，与本章开始所言的“太上，下知有之”相应。

二十三章“希言自然”的说法中，“希言”和“自然”应是一个并列结构[②]，二者皆表示一种明确的行为指向，或者说是一种明确的生存论价值取向，这说明“自然”作为哲学概念已经在《老子》中独立存在了。“希言自然”可以说是二十三章的主旨所在，其中，“希言”又是“自然”的表现，“希言”可以理解为“不施加政令”[③]。为强调“希言”的重要性，本章紧接着以天地风雨为例进行说明：“故飘风不终朝，骤雨不终日。孰为此者？天地。天地尚不能久，而况于人乎？”[④]二十三章在这里是以“飘风”和“骤雨”为天地之“言”，“飘风”和“骤雨”作为天地之言，具有“不终朝”“不终日”即“不能久”的特点，在此意义上天地可谓“希言”，侯王当效法天地在施政中做到“希言”。本章在强调了“希言”的原则后，又对“自然”原则做了说明：“故从事于道者，道者同于道，德者同于德，失者同于失。同于道者，道亦乐得之；同于德者，德亦乐得之；同于失者，失亦乐得之。”[⑤]二十三章认为，人们尽管有着“从事于道”的不同态度和方式，即存在着人们合同于“道”“德”或者是失“道”失“德”的不同，但于“道”“德”本身而言，却没有任何目的性而一任“自然”。这实际上是立足于“道”“德”来谈论“自

① 刘说见氏文《老子之自然无为概念新诠》，载《中国社会科学》1996年第6期，第140—141页。

② 池田知久将本章的“希言”和“自然”视为因果结构，见［日］池田知久撰、曹峰译《〈老子〉的形而上学与“自然”思想——以北大简为中心》，《文史哲》2014年第3期，第99页。类似的观点还见于氏著《道家思想的新研究——以〈庄子〉为中心》，中州古籍出版社2009年版，第549—550页。

③ 陈鼓应：《老子今注今译》，商务印书馆2012年版，第164页。

④ 楼宇烈：《老子道德经注校释》，中华书局2008年版，第57页。

⑤ 楼宇烈：《老子道德经注校释》，中华书局2008年版，第57—58页。

然”这一价值法则。二十三章的“自然”，是对“自己如此”这一“自然”的基础义的一种抽象和提升。

二十五章的“道法自然”，处于以“法”字连接的系列递进语序中，这里的“法”是动词，“法”即“效法”[①]。从“人法地，地法天，天法道”的说法来看，“道”也必定有一个效法的对象（尽管是“道”本身），“道法自然”的“自然”应该也是一个名词或名词性的词组，而非形容词[②]。但是，这里作为名词性的“自然”，是指二十三章“希言自然”的“自然”那样指代一种价值法则呢，还是偏向于指“自己如此”这一“自然”的基础含义呢？回答这一问题，注意本章中的一些句式特点将非常重要。本章已经见于竹简本，内容大体相同[③]，以通行本为例，本章的完整内容如下：

> 有物混成，先天地生，寂兮寥兮，独立不改，周行而不殆，可以为天下母。吾不知其名，字之曰道，强为之名曰大。大曰逝，逝曰远，远曰反。故道大，天大，地大，王亦大，域中有四大，而王居其一焉。人法地，地法天，天法道，道法自然。[④]

在二十五章“大曰逝，逝曰远，远曰反”的句式中，“远曰反”的说法，实际上将“道”由“大”到“逝”到“远”的敞显过程做了一种否定和结束，这种否定和结束实际上消解了“道”作单向展开这一生成论思维模式，描述出了“道”的往复运作轨迹。类似的句式在四十章我们还可以看到：“天下万物生于有，有生于无。”[⑤]四十章的上述句式将万物生于有的惯性思维做了一种否定。在二十五章“道法自然”之前的“人法地，地法天，天法道”中，作者依次将人、地、天所效法者加以追问，结合二十五章“大曰逝，逝曰远，远曰

---

① 参阅高亨、任继愈对二十五章的解释。见任继愈《老子绎读》，北京图书馆出版社2006年版，第56页；高亨《老子注译》，《高亨著作集林》，清华大学出版社2004年版，第303页。

② 冯友兰曾认为“道法自然”的“自然”是一个形容词，但他强调“这并不是说，于道之上，还有一个‘自然’，为‘道’所取法”。见冯友兰《中国哲学史新编试稿》，《三松堂全集》第7卷，河南人民出版社2001年版，第254页。

③ 但通行本“道大，天大，地大，王亦大”句，简本作“天大，地大，道大，王亦大”。见荆门市博物馆《郭店楚墓竹简》，文物出版社1998年版，第112页。

④ 楼宇烈：《老子道德经注校释》，中华书局2008年版，第62—63页。

⑤ 楼宇烈：《老子道德经注校释》，中华书局2008年版，第110页。

反”的句式来看，“道法自然”的说法实际上是作者试图将这种追问加以消解，即“道”不效法其外的某个东西，而是“效法它自己”[①]。这样来看，“道法自然”的“自然”之“自”是指“道”，“自然”之“然”是指“道”本身的样状。这对我们准确理解“道法自然”的内涵有重要的意义。

“道法自然”的“自然”是指“道”自己的样状。关于“道”自身的样状，二十五章一开始就进行了描述，指出了“混成”“独立”“周行”“大”这些“道”的样状，而且“道”还处于“逝”“远”“反（返）”的运动中。“混成”是指“道”的整全性，“独立”和“大”指“道”的绝对性，“周行”强调“道”的周遍性，“反（返）”强调的是“道”之“复”的运作特性。从《老子》书来看，“道”的样状还有“常”“玄”“虚”“无名”“无为”等。这样，“道”的“自然”即“道”“自己那样”的样状，其实就是上述“道”所固有的属性和特征的总和，“自然”成为“道”之特性的概括，“自然”和“道”发生了关联。这样，就二十五章的“道法自然”而言，作为“道”之特性、样状总和的“自然”，就有可能在《老子》的整个文本语境中作为“道”的属性而被提炼为一个抽象的概念来使用。

事实上，前述二十三章“希言自然”的“自然”，已经表明《老子》完成了对“自然”的思想提升，“自然”在二十三章中已经被作为一个生存论概念来使用，指人的“自然”追求。这说明，“自然”在《老子》中已经由二十五章中指称“道”之样状、属性的总和的术语，进一步被抽象为“道”之特性的代名词。在此意义上，河上《注》“道性自然，无所法也”[②]，实际上是与《老子》本章的意涵是非常接近的。[③]事实上，按照“人法地，地法天，天法道，道法自然”的人道合一逻辑，在《老子》中，“自然”也只有首先是“道”自身的属性，“自己如此”这一“自然”的本义提升为二十三章“希言自然”的“自然”，即出现作为生存论意义上的价值取向的“自然”，才是可能的。

单就二十五章的语境而言，“自然”是指“道”之属性的总和。二十五章

---

① 任继愈：《老子绎读》，北京图书馆出版社2006年版，第56页。

② 王卡点校：《老子道德经河上公章句》，中华书局1993年版，第103页。

③ 罗安宪认为“道法自然”的“自然”是一种状态，并将二十五章的“道法自然”等同于河上《注》的“道性自然”。见氏文《论老子哲学中的“自然”》，载《学术月刊》2016年第10期，第39页。

“道法自然”的命题，强调的是“道”的终极性，“道”是人、地、天所效法的终极对象。“道法自然”就是通过消解“道”效法他者的可能性来凸显“道”的终极性。“道法自然”王弼注：

> 道不违自然，乃得其性，（法自然也）。法自然者，在方而法方，在圆而法圆，于自然无所违也。自然者，无称之言，穷极之辞也。……道（法）自然，天故资焉。①

王弼对“道法自然”的理解侧重于强调“道”和万物的关系，对此，王中江指出：“王弼说的‘道不违自然’，不是说‘道纯任自己的自然’‘道自己如此’，而是说‘道’纯任‘万物的自然’。”②王弼以“道”不违物之“自然”本性来理解“道法自然”，当是受其本末思想影响的结果，于《老子》二十五章“道法自然”的本意有所偏离。故后世学者多据与《老子》二十五章“道法自然”义相契的河上《注》为来释“道法自然”。如吕惠卿注：“道则自本自根，未有天地，自古以固存，而以无法为法者也。无法也者，自然而已。故曰‘道法自然’。”③冯振说：“道法何物邪？亦法自然而已。道也，自然也，混而为一者也。”④冯友兰说：“这并不是说，于道之上，还有一个‘自然’，为‘道’所取法。……‘自然’只是形容‘道’生万物的无目的、无意识的程序。”⑤童书业说：“所谓‘道法自然’就是说道的本质是自然的。”⑥张岱年认为“道法自然”就是“道以自己为法”。⑦许抗生说：“自然并非‘道’之外一物，而是指‘道’自己而已。此句意思是说，‘道’为天地最后的根源，无有别物再可效法，所以只能法其自己那个自然而然的存在而已。”⑧以上这些对“道法自然”的诸种阐释实际上皆循河上《注》的思路，即以“自然”为

---

① 楼宇烈：《老子道德经注校释》，中华书局2008年版，第64页。

② 王中江：《道与事物的自然：老子“道法自然”实义考论》，载《哲学研究》2010年第8期，第39页。

③ ［明］焦竑：《老子翼》，华东师范大学出版社2011年版，第64页。

④ 冯振：《老子通证》，华东师范大学出版社2012年版，第41页。

⑤ 冯友兰：《中国哲学史新编试稿》，《三松堂全集》第7卷，河南人民出版社2000年版，第254页。

⑥ 童书业：《先秦七子思想研究》，齐鲁书社1982年版，第113页。

⑦ 张岱年：《中国古典哲学概念范畴要论》，中国社会科学出版社1989年版，第80页。

⑧ 许抗生：《帛书老子注译与研究》，浙江人民出版社1985年版，第114页。

“道”的特点和属性。

五十一章“道之尊，德之贵，夫莫之命而常自然”句，帛书甲本作“道之尊，德之贵也，夫莫之爵而恒自然也”[①]。乙本“道之尊”后亦带有“也”字。[②]“也”字的出现在语法上使我们更容易理顺本句的阐释结构，也就是说，“也”字表明本句是将“道之尊，德之贵”作为一个现象本身进行陈述，同时，帛本的“爵”字相较于通行本的“命”字，明显表明了其与“尊”“贵”的相应关系，这说明“莫之爵”的“之”，是指“道之尊，德之贵”言，这样，“恒自然”的主语与“莫之爵”的“之”一样，都是指“道之尊，德之贵”，这样，“道之尊，德之贵也，夫莫之爵而恒自然也”句中的“自然”，是强调道尊德贵非外在力量使然，这里“自然”的“然”，是指“道之尊”和“德之贵”这一现象。乙本在“爵”后又多出一“也”字进行隔断[③]，使得这种意义所指更为明显。五十一章的“自然”虽然以“道”“德”为描述对象，但这里的“自然”强调的是“道”“德”的尊贵这一现象乃“自己使然”“自己如此”，“自然”在通行本五十一章尚没有和“道”“德”发生关联，和“自然”发生关联的是“道之尊”和“德之贵”。至于“道”“德”之“尊”与“贵”具体体现在何处，五十一章其后的内容已经作了回答，此即“生而不有”“为而不恃”“长而不宰”的“玄德”特性。

六十四章“辅万物之自然”的“自然”同“希言自然”的“自然”一样，都已经是一个表示价值取向的概念。这种意义上的“自然”相对于“自己如此”这一“自然”的本义，已相对抽象。从本章“辅万物之自然”前的“复众人之所过”来看，这里的“万物”包括人在内。“辅万物之自然”的说法表明，“自然”是包括人在内的万物的应然存在方式。[④]“以辅万物之自然，而不敢为”，说明在本章中“自然”和“无为”已经发生了思想上的关联，人的“无为”是达至万物“自然”的途径。《老子》又言“道常无为”[⑤]，这说明“无为”亦是“道”的特性，这样，“道法自然”的“自然”作为“道”之特性的总和，

---

① 裘锡圭主编：《长沙马王堆汉墓简帛集成》(四)，中华书局2014年版，第4页。

② 裘锡圭主编：《长沙马王堆汉墓简帛集成》(四)，中华书局2014年版，第195页。

③ 裘锡圭主编：《长沙马王堆汉墓简帛集成》(四)，中华书局2014年版，第195页。

④ 劳思光从事物本性的角度理解这里的“自然”，他认为“此‘自然’乃指万物之本性”。见劳思光《新编中国哲学史》(一)，生活·读书·新知三联书店2015年版，第182页。

⑤ 楼宇烈：《老子道德经注校释》，中华书局2008年版，第90页。

与“无为”其实也是相通的。

以上是对通行本《老子》五处“自然”的具体内涵的分析。这五处“自然”中，“辅万物之自然”和“希言自然”的“自然”，明显是指一种独立的价值取向。其余三处中的“自然”，更多的是在“自己如此”这一“自然”的本义上使用的，是立足于政治活动中侯王和民众的关系而言的，强调侯王施政中“为无为”的重要性。

在《老子》书的思想逻辑中，存在着作为“道”之属性的“自然”是没有问题的。如果“自然”在《老子》中首先是如六十四章的“万物之自然”那样，指物（包括人）之“自然”，那么将无法回答物之“自然”何所从来这一问题，三十九章的“得一”论就将丧失理论上的意义。通观《老子》一书，“自然”乃是“道”、物和人的存在状态或本然、应然正性。并且，“自然”首先是“道”自身的特点和属性，物和人又通过“得一”论而获具了这种“自然”正性。在《老子》中，物如果没有人的“有为”的人化活动的干预，其本身就是“自然”的，是以“负阴而抱阳，冲气以为和”的方式存在着的，作为一种生存论价值取向的人之正性的“自然”，却不能被等于“自己如此”的一种状态，因为人的生物性本能活动也可以是“自己如此”的，但《老子》对“五色”“五味”“五音”的批判，以及“吾所以有大患者，为吾有身，及吾无身，吾有何患”的感叹，已经否认了将本能视为人的“自然”性的任何可能。事实上在《老子》中，“自己如此”的本能活动，不仅不构成人的“自然”性，而且还是必须要被超越掉的对象。因为在《老子》看来，于人而言，人的“自然”正性总因人的经验存在所无法避免的“天门开合”的感官和心灵活动而出现了实然与应然的分野。我们不能据“自己如此”这一“自然”的本义，将《老子》的“自然”仅理解为事物不受干涉的自发性，“圣人”并非完全对人不加“干涉”，问题在于这种干涉是什么意义上的，是破坏事物的“自然”性还是维持、彰显事物的“自然”性。在《老子》中我们看到，圣人要通过“常善救人”的活动，“复众人之所过”，从而“辅万物之自然”，若纯任百姓“自己如此”，则极有可能因“百姓皆注其耳目”的用智活动从而陷入“大道废”的局面，这是《老子》所反对的。

《老子》的“自然”首先是基于“道”的特点和属性而言的，《老子》存在着作为“道”之属性的“自然”，这是理解《老子》“自然”内涵的基本出发点。从《老子》书来看，作为“道”之样态、属性的“自然”，又可概括为两种含义：一是自己而然[①]，一是本然。前者强调的是“道”的自足性，后者强调的是“道”的本真性。

“自己而然”，是说“道”的产生和运作没有外在的动因。这个“象帝之先”“可以为天地母”的“道”以“独立不改”为重要特征，“独立”就是强调“道”之“自己而然”的特性。“道”不是由自身之外的任何东西产生，也不受制于自身之外的任何东西。这个意义上的“自然”就是“自足”。二十五章的“道法自然”就突出强调了“道”的这一自足性特征。

“道”以自足性和绝对性必然成为“万物之奥”而不受制于任何他者，所谓“天下莫能臣”。由此，“道”的自足性同时也就展现为“自由”。“道常无为而无不为”[②]，其中的“无不为”就是说“道”的自由本性。可见，从“自己而然”的角度审视“道”之“自然”，“自然”即“自足”和“自由”。同样，当人的生存活动契合于大道时，人就成为“道”的化身和符号，并因获得“道”的自足性而呈现出人之活动的自由状态，即“不为而成”“不见而明”“不争而善胜”。我们看到，在道家后学庄子那里，就着重发挥了老子“自然”之“道”的“自由”色彩，并将这种“自由”引入精神层面，如庄子就强调“无待”“悬解”，追求“逍遥”之境。庄子的精神境界论与《老子》“自然”义中的“自由”内涵有着密切的关联。

“道”因“自己而然”而自足，又因自足而自由。这种自足、自由的“道”相对于人类名言世界中相对性的“非常道”而言，具有本然性和原初性，由此，“道”之“自己而然”的特性必然产生“本然”的观念，“本然”由此构成《老子》“自然”的另一意蕴。对“常道”的向往和“知常”的生存论要求，是高扬“本然”这一“自然”向度的典型体现。“本然”作为“自然”的一个内涵，亦首先是对于“道”而言的，强调的是“道”的朴真状态，这个意义上的“自然”就是“本来如此”。我们看到，“独立不改”作为“道”的特点，其“不改”即是强调“道”之“本来如此”即“本然”。就“道”而言，“本来如此”或“本然”必然表现为“无为”，就人而言，则要求人的“不妄为”即“无为”。

---

① 前文已经指出，梁启超、胡适、高亨、张岱年、陈鼓应、刘笑敢等人都对《老子》“自然”的内涵做了说明。此处笔者在已有研究基础上将《老子》作为“道”之属性的“自然”概括为“自己而然”和“本然”。关于“自己而然”，罗安宪也做了相关论述。见氏文《论老子哲学中的“自然”》，载《学术月刊》2016年第10期。

② 楼宇烈：《老子道德经注校释》，中华书局2008年版，第90页。

在《老子》中，“无为”首先是“道”之“无为”，“道”之“无为”与人基于心意测度和智识分判的种种背离大道本性的“妄作”不同，强调的是“道”按照自己的本真性进行活动。相对于人的有为而言，“道”的“无为”可以说是“无心而为”，即没有任何主体意欲的伸展，更谈不上有何既定的目的。通行本第二章在描述天道的特点时说：“天地不仁，以万物为刍狗。”天地没有主观感情和偏爱，让万物按其“自然”本性生灭，万物也因此而成全和完成自身，这就是天道的无心而为。“道”的这种无心而为的运作特性也就是五十七章所强调的“生而不有，为而不恃，长而不宰”的“玄德”品性。当“无为”落实为人的价值法则时，强调的就是不对人本身施以违背其本真性和本然性的影响，做到“无欲”“无心”“无事”，剔除一切基于心智考量与算计的主观设定，回到生存的本真状态即“本来如此”的“自然”性中去。这种“无为”的生存法则通过《老子》的人生论、治国论、军事观等诸多层面展现出来，也是《老子》反复强调的。

如果说“自己而然”强调的是“道”没有外在目的，那么“本然”则侧重于强调“道”没有内在目的。五十一章“道之尊，德之贵，夫莫之命而常自然”的说法中，“莫之命”强调的是“自然”内涵中的“自己而然”，“常自然”强调的则是“自然”内涵中的“本然”，即“本来如此”。“自己而然”和“本然”构成《老子》“自然”内涵的两个方面。进一步说，“本然”则是“自己而然”这一“自然”内涵的进一步提炼，也是《老子》“自然”内涵的归宿。在《老子》的哲学思想中，“本然”作为“自然”的重要内涵带有鲜明的价值色彩，既是人的生存活动的应然指向，也是一种境界。《老子》书也更多的是在“本然”的意义上使用“自然”这一概念的。

以“自己而然”和“本然”为内涵的“道”之“自然”特性，的确是对西周以来天命观的改造和否定。这实际上是由带有意志性的“天命”过渡到“自然”的“道”，并以人道合一的哲学模式继续实现着人天合一这个中国文化的根本诉求。这是以“道”为核心观念的理性精神的觉醒方式。与老子不同，先秦儒家在发展过程中，则从德性立场重新阐发了“天命”观，将“天”视为人之仁义价值的来源，并渐次确立起儒家的道德形上学，以德性挺立起人在天地宇宙中的尊严，这是以“仁”为核心观念的理性精神的觉醒方式。道家老子的“自然”和儒家的“仁”，分别代表了两种不同的以人的存在方式为审视对象的哲学觉醒路径。

第三节 “道”与“德”

通行本《老子》共有十六章出现了“德”字，简本《老子》有三章出现了“德”字。以通行本为例，“常德”“孔德”“玄德”“广德”“建德”“上德”“下德”“重积德”“不争之德”等，都是有关“德”的观念和命题。司马迁在为老子作传时认为老子“修道德”，并以“言道德之意”来概括《老子》书的宗旨。《老子》书在流传中又被称作《道德经》，在《道》篇和《德》篇的分布上，帛书老子甲乙本、北大汉简《老子》皆以《德》篇在前。这不仅说明了“德”与“道”的紧密关联，也标示出了“德”在《老子》思想中的重要地位。

一、先秦文献中“德”的基本内涵

这里有必要对“德”字的来源及其早期内涵作一简要的概述。甲骨文中有“徝”（或作徝）字。孙诒让认为“徝字古从彳，左亦从直，当即德之省文”[①]。关于甲骨“徝”字，徐中舒说：“从彳从直，直即直字，象目视悬（悬锤）以取直之形，从彳有行义。故自字形观之，此字当会循行察视之义，可隶定为徝。徝字《说文》所无，见于《玉篇》：‘徝，施也。’甲骨文徝字又应为德之初文。金文德作徝，与甲骨文徝同，后增心作德（毛公鼎），即为《说文》德字篆文所本。”[②]考虑到完整的“德”字并不见于甲骨文，且甲骨“徝”字亦有它释的可能[③]，因而相对于孙诒让将“徝”视作“德”之省文的说法，徐中舒视“徝”为“德”之初文的观点应更为可靠。按照徐中舒的观点，作为“德”之初文的甲骨文“徝”，应构成我们理解“德”之意涵的一个重要的早期参照。

从徐中舒的上述观点来看，作为“德”之初文的甲骨“徝”字有“循行”义。西周及之后“德”字的“行为”内涵应是据此引申而来的。西周金文中

---

① 于省吾主编：《甲骨文字诂林》第3册，中华书局1999年版，第2250页。

② 徐中舒主编：《甲骨文字典》，四川辞书出版社2006年版，第168—169页。

③ 影响较大的观点是闻一多、王襄、饶宗颐释徝为徝（省）。见《闻一多全集》（二），三联书店1982年版，第515页；于省吾主编《甲骨文字诂林》第3册，中华书局1999年版，第2251—2253页。本文从徐中舒说。

已出现了与今天字形相同的“德”字[①]，“行为”是西周“德”的一个重要内涵。王德培考察了《周书》中的“酒德”“暴德”“桀德”“受德”“逸德”后指出，周初的“德”字是在“行为”“作为”的意义上来使用的，主要具有政治措施上的意义。[②]陈来先生也肯定地指出：“德的原初含义与行、行为有关。”[③]此外，《国语·周语》“懋正其德而厚其性”“时序其德”“豺狼之德”“观其政德”“实有爽德”的“德”，也是就行为或施政行为言。“行为”应是“德”的一个较早的内涵。[④]

在“德”之“行为”内涵的基础上，又进一步衍生出了“品性”义以及带有价值色彩的“德行”“德性”义。侯外庐先生曾认为“德”“在西周文献中是指奴隶主贵族所特有的权利，以及由此而反映出的一种品性；它的内容可以概括为下列几点：第一是敬天，即虔诚地崇奉上帝。第二是孝祖，即继承先王、先公的功业。第三是保民，即巩固对人民大众的统治。合乎这样的标准的贵族，就是有‘德’，相反，就是失‘德’”[⑤]。侯先生所说的“权利”与政治行为密切相关，他对西周“德”观念的说明主要是借助于统治者的行为进行的，他所说的“品性”实际上是对奴隶主贵族的行为进行析分之后的结果。侯先生的观点已经反映出了“德”由“行为”义到“品性”义过渡的一种趋向。在《尚书》中，我们可以看到带有“品性”内涵的“德”字。《尚书·吕刑》“惟克天德，自作元命”，孔颖达《正义》：“惟克天德，言能效天为德，当谓天德平均，狱官效天为平均。”[⑥]据此，《吕刑》的“天德”已具有“品性”的内涵。在《国语·晋语》“异姓则异德”“同姓则同德”的说法中，不同族姓“异德则异类”，与此相反的情形是“同德则同心”，这里的“德”也是在品性、品类的意义上使用的。事实上，“德”不仅可由“行为”义过渡到“品性”义，

---

① 刘翔：《由“德”字的本义论周代道德观念的形成》，载《深圳大学学报》(人文社会科学版)1986年第1期，第62—63页。

② 王德培：《〈书〉传求是札记》(上)，载《天津师大学报》1983年第4期，第72页。

③ 陈来：《古代宗教与伦理》，三联书店1996年版，第291页。

④ 此外，西周文献中的“德”有时又直接或间接地同“天命”发生着关联。如《诗经·大雅》“天降滔德”的“德”就更多地带有“天命”的意味。侯外庐先生亦强调在西周文献中，“天命和德这两个观念是有着宗教的兼伦理的联系的”。(见侯外庐《中国思想史纲》上册，中国青年出版社1980年版，第26页。)“德”与“天命”的这种相关性，为后来的儒学完成天人之学的构建，以及道家对“德”的哲学改造和提升，都奠定了重要的思想史前提。

⑤ 侯外庐：《中国思想史纲》(上)，中国青年出版社1980年版，第26页。

⑥ 李学勤主编：《十三经注疏·尚书正义》，北京大学出版社1999年版，第542页。

亦可由“行为”义衍生出“德行”“德性”义。对此，陈来指出：“从西周到春秋的用法来看，德的基本含义有二，一是指一般意义上的行为、心意，二是指具有道德意义的行为、心意。由此衍生出的德行、德性则分别指道德行为和道德品格。”[①]据陈来先生的分析，具有“德行”内涵的“德”字可能在殷商晚期就已出现[②]，“德”的内在意义则在西周初即已出现[③]。应当说，“德”由“行为”义到“品性”义，或由“行为”义到“德行”“德性”义[④]，都是一个不难理解的过程。“品性”“德行”“德性”实际上是对不同“行为”的特点加以概括之后的结果。这样，综观“德”之内涵的演变，由“德”之初文的甲骨“”字的“出行”义到“行为”义，并进而到“品性”义或到“德行”“德性”义，应是“德”之内涵发展的基本方面，这展现出了一个“德”之内涵由外而内衍变的大体脉络。

从现有文献来看，先秦的“德”之“性”义正是在“德”具有了内在的“品性”义之后才得以凸显的。李玄伯曾着眼于文化人类学中的图腾现象，认为“德是一种天生的事物，与性的意义相似”[⑤]。侯外庐也认为“德字的原义是事物的属性”[⑥]。然而从《诗经》《尚书》等早期文献中的“德”字来看，将“德”的原义视为“性”或“属性”是缺乏基本的文献支持的。“德”的最早内涵更可能如陈来先生所言与“行”“行为”相关。[⑦]“德”的“性质”义应是在对人的不同行为特点进行判分之后，由人“性”而普遍化为物类之性以后才出现的。

在《国语·楚语》中我们可以看到作为“性质”义的“德”的用法：

---

① 陈来：《古代宗教与伦理》，三联书店1996年版，第291页。

② 陈来先生分析了《舜典》中“玄德升闻”“舜让于德”的内涵，指出其中的“德”字表示有美德或有美德者，并认为从《尧典》和《舜典》有关“德”的论述来看，其可能是在殷商晚期后流传的。陈来还指出了《周书》中的“敬德”“行德”“明德”所具有的“德行”内涵。见陈来《古代宗教与伦理》，三联书店1996年版，第292页，第294页。

③ 陈来：《古代思想文化的世界》，三联书店2009年版，第361页。

④ 先秦“德”的德行、德性义主要体现于儒家经典中。《论语》《孟子》中的“德”多与德行、德性相关。郭店楚简《六德》《尊德义》中的“德”字仍指德行、德性言。德行、德政、德性是自孔子始的儒学“德”论得以生长的基点。

⑤ 李玄伯：《中国古代社会新研》，（台湾）开明书店1948年版，第184页。

⑥ 侯外庐：《中国思想史纲》（上），中国青年出版社1980年版，第26页。

⑦ 对此，李德龙也强调“‘德’的本义可以用行为来概括，但最主要的当指为政者旨在惠民利民的政治行为”。见李德龙《先秦时期“德”观念源流考》，吉林大学博士论文，2013年，第71页。

> 于是乎有天地神民类物之官，是谓五官，各司其序，不相乱也。民是以能有忠信，神是以能有明德，民神异业，敬而不渎，故神降之嘉生，民以物享，祸灾不至，求用不匮。及少皞之衰也，九黎乱德，民神杂糅，不可方物。[①]

文中“神是以能有明德”的“明德”，当指神灵之特性言。理解“九黎乱德”的“德”字需察上下文语境。从“民神杂糅，不可方物”以及前文“民神异业”来看，“九黎乱德”的“德”当指由“类”“性”的合理区分而衍生的秩序义。“九黎乱德”是说九黎之族打破了民神的区分，以致无法方别事物。这样，“九黎乱德”的“德”就与“类性”有着密切关系。可以说，上文中的两处“德”字实际上均含有“性”义。

先秦的“德”之“性”义可以更多地在道家思想中看到。高亨对《老子》中的“德”作精密考析后认为，“老子所谓德即万类之本性”[②]。无独有偶，徐复观亦指出：“《老子》书虽无‘性’字，然其所谓‘德’实即‘性’。”[③]《庄子》中有很多关于“德”的论述[④]，其中的“德”多与“性”义相关。对此，高亨亦有详论。[⑤]《齐物论》中的“八德”的“德”指种类、类别而言，与“性”的内涵接近。《徐无鬼》中的“狸德”“鸡德”的“德”明显指“性质”而言，“狸德”即狸性，“鸡德”即鸡性[⑥]。《在宥》和《骈姆》中，“性”“德”对文并用，已足见“德”与“性”同义。[⑦]但《在宥》和《骈姆》中的“德”是指“自然”的“道”性而言，其所说的“德”是与“道”在内涵上相同的概念。与此相类，《天道》篇“天德而土宁”中的“德”亦指“天”之“自然”本性而言。

不仅《老子》《庄子》书中的“德”多有“性”“类别”义，《管子·四时》中的五方之“德”及作为其具体表现的“星德”“日德”“岁德”“辰德”“月德”中的“德”字皆有“性质”义[⑧]。《荀子·不苟》“变化代兴，谓之天德”的

---

① 金良年导读《国语》，上海世纪出版集团2008年版，第262页。
② 高亨：《老子正诂》，清华大学出版社2011年版，第31页。
③ 徐复观：《中国人性论史》，华东师范大学出版社2005年版，第253页。
④ 主要见于《齐物论》《徐无鬼》《庚桑楚》《在宥》《骈姆》《天道》篇。
⑤ 见高亨《老子正诂》，清华大学出版社2011年版，第26—29页。
⑥ 高亨：《老子正诂》，清华大学出版社2011年版，第27页。
⑦ 高亨：《老子正诂》，清华大学出版社2011年版，第28页。
⑧ 郑开：《德礼之间——前诸子时期的思想史》，三联书店2009年版，第380页。

"德"也是在"属性"的意义上使用的。邹衍"五德终始"说的"德"除具有"天命"意味外，亦有性质义[①]。"德"的类性、属性内涵在老庄、黄老、阴阳家以及受道家影响的天道观中的出现，应与这些思想所带有的"自然"色彩及宇宙论特征有关。具体说来，作为道家思想核心观念的"自然"，其一个重要的内涵便是"本然"[②]，由此就不难理解道家以及受其影响的思想形态在"自然"视野观照下对事物本性的强调了。从宇宙论来看，先秦的宇宙论推原于《老子》的"道"论，而"道"论又脱胎于春秋以来的天道观念。[③]从根源上看，春秋时期的天道观念来源于早期史官对天道的体察[④]，而掌握天文数度之学的早期阴阳家也孕育于史官群体之中[⑤]。史官对天道的体察以实然的天体运行及其规律为重要特征。史官体察天道的这一实然视角构成道家"自然"论的重要观念来源，《老子》的"自然"道论又进一步影响了其后的先秦天道观。由于先秦的宇宙论以"道"或天道为主要内容，因而在此种宇宙论观念中，对天地日月星辰之"德"即天地日月星辰本性的强调就是顺理成章的事情了。

先秦文献中，"德"之"性"义有时还表现为一种生作之性。《庄子·天地》："物得以生，谓之德。"[⑥]《管子·心术》："虚无无形谓之道，化育万物

---

① 郑开：《德礼之间——前诸子时期的思想史》，三联书店2009年版，第380页。

② 刘笑敢说："从《老子》对自然观念的运用中，我们可以分析出自然的几层意思，这就是自己如此、本来如此、通常如此和势当如此几层意含。"据此，"本来如此"即"本然"是"自然"内涵的一个方面。刘文见《老子之自然无为概念新诠》，载《中国社会科学》1996年第6期，第140—141页。

③ 任继愈在20世纪50年代就已经指出，老子"道"概念的形成"确实吸取了当时的天文学的科学成就，充实了他的唯物主义"。吾淳说："老子实际是将原来'天道'的比较具体的'天文'含义进一步抽象为'道'的绝对一般的含义。"分别见任继愈《春秋时代天文学和老子的唯物主义思想》，载《北京大学学报》(人文科学版)1959年第4期，第16页；吾淳《中国哲学起源的知识线索》，上海人民出版社2014年版，第385页。

④ 从《国语·周语》《左传·昭公三十二年》《周礼·春官宗伯》的一些记载来看，春秋时期的不少史官具有察知天文数度的职能。吾淳指出："伴随着占星术或天文学的快速发展，人们对于天数的认识取得了重大的发展，这些天数知识正是'天道'观念的基础。"见吾淳《中国哲学起源的知识线索》，上海人民出版社2014年版，第291页。

⑤ 萧萐父先生据《庄子·天下》指出："古代'道术'体现于数度方面的学问，由世代相传的史官掌握而保存尚多。……所谓'数度'之学，可以说就是早期阴阳家言。……'数度''阴阳'正是早期阴阳家研究的主要内容。"见萧萐父《〈周易〉与早期阴阳家言》，载《江汉论坛》1984年第5期，第14页。

⑥ 陈鼓应：《庄子今注今译》，中华书局1983年版，第309页。

谓之德。”[①]《黄帝四经·十六经》：“刑德皇皇。”[②]以上的“德”字皆有生作、生养义。此外，“德”的这种生作之性还往往与“得”联系起来进行说明。如《管子·心术》就在义理上明确以“得”释“德”：“德者道之舍，物得以生生，知得以职道之精。故德者得也，得也者，其谓所得以然也。”[③]《心术》立足于“德”与事物之产生、存在的关系上对“德”进行说明，认为事物因得“德”而产生并成其所以然，其所说的“德”是一个具有本体色彩的哲学概念。《心术》的这种阐释是在思想义理层面进行的[④]，与文字上“德”通“得”的情形并不相同。[⑤]

二、《老子》的“德”是“道”的展现和作用

从《老子》书来看，“德”应是“道”的表现、落实和施用。对于《老子》中“道”与“德”的这种关系，历代解老者多有论述。韩非子《解老》就有“德者道之功”[⑥]的说法。“德者道之功”，实际上是将“德”看作“道”的功用。《解老》对“德”还有一番说明：

> 德者，内也；得者，外也。上德不德，言其神不淫于外也。神不淫于外则身全，身全之谓得。得者，得身也。凡德者，以无为集，以无欲成，以不思安，以不用固。为之欲之，则德无舍，德无舍则不全。用之思之则不固，不固则无功，无功则生有德。德则无德，不德则有德。故曰：“上德不德，是以有德。”[⑦]

---

① 姜涛：《管子新注》，齐鲁书社2009年版，第293页。

② 裘锡圭主编，河南省博物馆、复旦大学出土文献与古文字研究中心编纂：《马王堆汉墓简帛集成》(四)，中华书局2014年版，第161—162页。

③ 姜涛：《管子新注》，齐鲁书社2009年版，第296页。

④ 后来的《淮南子·齐俗训》则进一步结合“得”与“性”来阐释“德”：“率性而行谓之道，得其天性谓之德。”《淮南子》“得其天性谓之德”的“天性”是指“自然”的“道”之本性。

⑤ “德”字可通作“得”。如：《墨子·备城门》“行德计谋合”，孙诒让《墨子间诂》：“德，当为得，古通用。”《墨子·节用上》“民德不劳”，孙诒让《墨子间诂》：“德与得通。”《楚辞·天问》“夜光何德”句中，闻一多认为“得德古通”。上引文分别见宗福邦等《故训汇纂》，商务印书馆2003年版，第764页；《闻一多全集》(二)，三联书店1982年版，第328页。

⑥ [清]王先慎：《韩非子集解》，中华书局2018年版，第141页。

⑦ [清]王先慎：《韩非子集解》，中华书局2018年版，第138—139页。

从《解老》的上述论述来看，韩非是将“德”看作个体生命合于“道”的内在状态。从“德”“以无为集，以无欲成”来看，韩非《解老》所说的“德”以“道”及其特性为内容。陆德明《老子道经音义》言：“德，道之用也。”①苏辙说：“道无形也，及其运而为德，则有容矣，故德者道之见也。”②严灵峰说：“‘德’是‘道’的显现”③，“道是体，德是用”④。车载认为“道就体说，德就用说”⑤。陈鼓应认为“‘道’的显现与作用为‘德’”⑥。任继愈说：“德与得通用，有得于道，叫作有德。”⑦以上对于“道”与“德”的阐释尽管在内容上并不相同，但在把“德”看作“道”的展现、落实和作用这一点上却是一致的。

三、《老子》的“德”与“一”

《老子》中的“德”是“道”的展现和作用，深入理解《老子》“德”与“道”的关系，需要对《老子》中“德”的内涵做出进一步的阐释。高亨先生就曾对《老子》中“德”的内涵做过精密的考析。高先生认为《老子》的“德”就是万类的本性。他说：“老子所谓德，虽非玄名奥理，然亦难骤晓其真谛。今详审老氏之书，略稽庄生之言，而予以定义曰：德者万类之本性也。”⑧无独有偶，徐复观亦指出：“《老子》书虽无‘性’字，然其所谓‘德’实即‘性’。”⑨徐复观亦指出了《老子》书中“德”作为性质的这一内涵。李存山说：“此自然之‘道’不仅是世界的始源，而且是天地万物（包括人）所赖以存在的根据、本性。老子将此本性称为‘德’。”⑩除高亨所列《老子》书中与物类之性相关的“德”外，我们还可在通行本《老子》三十九章看到“德”之“性”义的端倪：

---

① ［唐］陆德明：《经典释文》，中华书局1983年版，第356页。
② ［明］焦竑：《老子翼》，华东师范大学出版社2011年版，第53页。
③ 严灵峰：《老庄研究》，台湾中华书局，1979年版，第97页。
④ 严灵峰：《老庄研究》，台湾中华书局，1979年版，第84页。
⑤ 车载：《论老子》，上海人民出版社1962年版，第85页。
⑥ 陈鼓应：《老子注译及评介》，中华书局1984年版，第148页。
⑦ 任继愈：《老子新译》，上海古籍出版社1985年版，第141页。
⑧ 高亨：《老子正诂》，清华大学出版社2011年版，第26页。
⑨ 徐复观：《中国人性论史》，华东师范大学出版社2005年版，第253页。
⑩ 李存山注译：《老子》，中州古籍出版社2004年版，第31页。

昔之得一者：天得一以清，地得一以宁，神得一以灵，谷得一以盈，万物得一以生，侯王得一以为天下贞。[①]

三十九章"一"的内涵颇耐人寻味。从其描述来看，"一"的内涵实际上包括两个层面。首先，"一"使天地、神、谷、万物、侯王各得其本然正性从而是其所是，"一"是事物正性的赋予者。其次，"一"又内在于事物之中，即"一"为事物所"得"而展现为事物之正性，这种内在于事物之中并为事物所含具的"一"就是事物各自之性，即天之清、地之宁、神之灵、谷之盈、物之生、侯王之贞（正）。《老子》三十九章的描述已给出了这两种"一"之间的关系，即内在于事物之中并构成事物之性的"一"又以事物本性赋予者的"一"作为共同的来源。这个作为万物本性赋予者的"一"，历代注家多以"道"解之[②]。事实上关于"道"和"一"的关系，四十二章中已明确指明"道生一"，即"一"为"道"所"生"。故而从《老子》文本来看，三十九章的"一"不宜被直接解读为"道"本身。

那么三十九章"得一"之"一"的准确内涵是什么呢？如果借助于道家思想文本来加以参证的话，《管子·心术上》和《庄子·天地》的两段文字可以为我们找到某种线索。[③]《管子·心术》有一段关于"德"的论述值得注意：

德者道之舍，物得以生生，知得以职道之精。故德者得也，得也者，

---

① 楼宇烈：《老子道德经注校释》，中华书局2008年版，第105—106页。

② 林希逸认为"一者，道也"。《老子鬳斋口义》，华东师范大学出版社2010年版，第43页。苏辙说"一，道也，物之所以得为物者，皆道也"。见苏辙《道德真经注》，熊铁基、陈红星主编《老子集成》第3卷，宗教文化出版社2011年版，第17页。高亨认为三十九章中"此诸一字即道之别名也"。见《老子正诂》，清华大学出版社2011年版，第65页。在《老子注译》中，高亨认为"一，道的别名，即宇宙的本体"。见《老子注译》，清华大学出版社2010年版，第69页。冯振认为："夫一犹道也"。见《老子通证》，华东师范大学出版社2012年版，第63页。许抗生认为："这里的'一'指'道'而言，得一即得道。老子的'一'有二义：一是指道，一是指道所产生的最原初的物质。老子说：'道生一，一生二，二生三，三生万物。'其所谓一即指后一种意义。"许抗生：《帛书老子注译与研究》，浙江人民出版社1982年版，第8页。古棣《老子校诂》亦认为三十九章的"一"是指"道"，见古棣《老子校诂》，吉林人民出版社1999年版，第298页。

③ 许地山认为《天地》篇大抵成于秦汉之际，为秦汉儒家化的庄子学。见许地山《道教史》，上海古籍出版社1999年版，第78页。刘笑敢认为《天地》篇为庄子后学中的黄老派作品，成于先秦，见氏著《庄子哲学及其演变》，中国社会科学出版社1988年版，第299页。故本文将《心术上》列于《天地》篇之前进行叙述。

其谓所得以然也。[①]

仔细研读《心术》的上述文字，便可发现其与《老子》三十九章在义理上有很大的相似之处，二者当存在义理上的关联。《心术》“得也者，其谓所得以然也”的说法，与《老子》三十九章天、地、神、谷、万物、侯王“得一”而成其所应然的意涵具有一致性。不过《心术》并没有出现“一”的概念，而是借用了“德”进行说明。如果着眼于从《老子》到稷下道家[②]的思想发展历程，由《心术》的说法加以推测，《老子》三十九章的“一”即相当于《心术》所说的“德”。

此外，《庄子·天地》有一段关于“无”“一”“德”的论述：“泰初有无，无有无名；一之所起，有一而未形。物得以生，谓之德。”[③]透过《天地》篇的上述文字我们至少可以肯定的是，《天地》认为“一”起于“无有”“无名”的“无”，万物借助于“一”而得以生成，此即所谓“德”。《天地》已将“一”释为“德”。当然，上述《天地》所言之“德”乃是本体之“德”，即“无”本身，它不过是“无”所具有的一种生化万有的属性和功能。《天地》的这段论述是《老子》之后的道家对“一”与“德”关系的明确说明。

从上述《老子》之后的道家文献中关于“一”与“德”的论述来看，我们可以初步得出结论：《老子》三十九章的“一”应是指“德”。具体说来，在三十九章中，“一”作为“德”首先是赋予事物正性的形上之“德”。不仅如此，“一”作为形上之“德”又落实于事物之中并为事物所“得”而构成其本性，此为形下之“德”，即在物之“德”。严复释三十九章“得一”时说：“是各得之一，即道之散见也，即德也。”[④]严复就是将“一”理解为“德”。李顺连亦指出：“道在物中，便是物的本性，可称为物之德。”[⑤]准确地说，严

① 姜涛：《管子新注》，齐鲁书社2009年版，第296页。

② 学界多将《管子四篇》视为稷下道家或稷下黄老学的作品。见郭沫若《十批判书》，东方出版社1996年版，第144—145页；《蒙文通文集》第1卷，巴蜀书社1987年版，第281页；冯友兰《中国哲学史新编》(上)，人民出版社2001年版，第508页；裘锡圭《稷下道家精气说的研究》，《道家文化研究》第2辑，第168页；李存山《〈内业〉等四篇的写时间和作者》，载《管子学刊》1987年第1期，第37页；陈鼓应《管子四篇诠释》，商务印书馆2006年版，第17—24页。

③ 陈鼓应：《庄子今注今译》，中华书局1983年版，第309页。

④ 严复：《老子评语》，王栻主编：《严复集》第4册，中华书局1986年版，第1092页。

⑤ 李顺连：《道论》，华中师范大学出版社2003年版，第8页。

复和李顺连所说的“德”是指在物之“德”。在三十九章中，这个在物之“德”即在物之“一”又是通过形上之“德”即赋予事物本性的那个“一”来展现的。三十九章所说的“一”即“德”首先是“道”的属性，此为生物之“德”。作为“道”之属性的“一”即“德”又落实于事物之中构成其本性，此为在物之“德”。生物之“德”落实到在物之“德”，即《老子》“德畜之”之义。总之，我们可以说，《老子》三十九章的“一”实际上是指“德”而言，具体说来又包括形上的本体之“德”和形下的在物之“德”两个方面。

即使不通过《管子·心术上》的上述文字与《老子》三十九章进行意义对比，从哲学层面而言，《老子》三十九章的“一”作为万物本性的赋予者，实已具有终极本体意味。在老子的哲学系统中，除了“道”这个终极本体之外，满足此种条件的只能是“德”。当然，这里所说的“德”是指作为“道”之属性和功用的“德”。以高亨先生关于“德”的阐释作为参照，以“德”为“道”的本性是“德”之内涵的应有之意。以“德”为“道”的本性，就其实质而言，这种意义上的“德”仍然不过就是“道”本身，“德”与“道”实质上是一不是二。但以“德”称之，乃在于强调和凸显“道”的特性和功能。由此，“德”成为老子哲学中仅次于“道”的一个概念，《老子》一书以《道德经》为名，亦应出于“德”在《老子》哲学中的这一地位。

三十九章的“一”实即“德”。作为事物性质之赋予者的“一”和为事物所得并作为事物本性的“一”，都是“德”的内涵，前者可称为形上之“德”，后者可称为形下之“德”。形上之“德”是对“道”之功用和属性的一种称谓，形下之“德”内在于事物之中。形下之“德”是形上之“德”的落实和展现，从形上之“德”到形下之“德”，万物得以产生并得其正性，这是一种本体论的哲学路向。《老子》的这一哲学路向要远早于儒家。在先秦儒学中，《中庸》的“天命之谓性”解决的是天道与人性的问题，其仅局限于说明天道和人的关系，至于天道和万物的关系则语焉不详。不容忽视的是，《老子》在三十九章中所表达出来的哲学路向实际上构成中国哲学本体论传统的重要渊源。

三十九章的“一”就是“德”，我们还可以找到其他一些佐证。首先，值得注意的是，通行本三十九章的文字在包括王弼本、帛书本、《河上》本、北大汉简本、傅奕本在内的诸本中，均被放于《德》篇或《上经》中，章序上仅次于“上德不德”章。在这种编排次序构成的文本中，如果说《道》篇或《下经》以“道”为核心，侧重于“道”论的探讨，那么《德》篇或《上经》就以“德”论为中心，侧重于谈论“道”展开过程中所表现出来的具体特性和功用。通行本三十九章这种无一例外的编排次序应该不是偶然的，它在义理上透露出了三十九章的哲学思想与老子“德”论的内在关联。其次，《道德经》第五十一章有“道生之，德畜之”[①]的表述。所谓“德畜之”，就是指“德”养护万物从而使其获得本己性并成为其自身。“德畜之”的命题与通行本三十九章对于“一”和“得一”的说明形成呼应。这里“德畜之”的“德”，包括了通行本三十九章的本体之“德”和在物之“德”。

由上可见，通行本三十九章中作为老子哲学概念的“一”就是指“德”而言。其中，作为本体的“一”或“德”是对“道”之属性、功用的一种称谓。在万物尚未产生即形上之“德”尚未落实于事物中时，本体之“德”只是作为一种生化万物的趋向和可能性在存在着，但宇宙万有的全部可能性已含藏于其中。当“德”中的这种可能性展现出来，万物各获其正性，整个世界也就产生了。因此，对于“德”的谈论实际上总是面向或立足于“道生”的视野，由此，在对“道”展开自身以创生世界的哲学描述中，“德”必然构成“道”之生化过程的逻辑拐点，这就是四十二章所说的“道生一”。

也就是说，三十九章作为万物本性赋予者的那个形上之“一”，同样就是四十二章“道生一”的“一”。四十二章“道生一”的“一”同三十九章赋予万物本性的形上之“一”应为同一所指，皆指形上之“德”而言。将三十九章带有本体意味的“一”同四十二章“道生一”的“一”区别开来，是对老子“道生一”的一种误读。造成这种误读的原因，是由于将“道生一”这一命题中的“生”看作发生学意义上那种时间先后关系上的“生”。实际上“一”作为“德”不过是对“道”之属性和功用的指称，并非与“道”之间存在着一种时间上的先后关系，而是与“道”同在的。也正是由于这种同在性，三十九章才可能对作为“德”的“一”作一种本体论的阐发。这种阐发不过是立足于道生论的视野将“道”的功用——“德”的具体作用揭示出来而已。四十二章将由“道”到“德”的过程称为“道生一”，乃是基于对“道”由本然状态向化生万有这一过程作一逻辑阐释的需要。由“道”到“德”，只是表明“道”并非空无一物的存在，而是有着生化万有的无穷潜能，此种生发功能又被称为

① 楼宇烈：《老子道德经注校释》，中华书局2008年版，第136页。

"玄牝之门"。

需要指出的是，虽然以上分析认为《老子》的"德"即三十九章和四十二章的"一"，但《老子》中的"一"并非皆为哲学概念。这是谈论《老子》的"一"时必须注意的。除第三十九章、四十二章外，第十章、十四章、二十二章亦论及了"一"[①]：

载营魄抱一，能无离乎？（第十章）
此三者不可致诘，故混而为一。（第十四章）
是以圣人抱一，为天下式。（第二十二章）

准确理解第十章"载营魄抱一"的"一"之内涵，"载"字极为重要。关于"载营魄抱一"的"载"字，注家主要有两种解释，一为无实义的语助词，一为承载之载。[②]"载营魄抱一，能无离乎"之后还有"专气致柔""涤除玄览"与之相并列，"专气致柔"的"专"以及"涤除玄览"的"涤除"皆为动词，由此来看，"载"亦应为动词，"载"应为承载之载。"营魄"即魂魄，"载营魄抱一"表达的是魂魄和形体合一不离的思想，"载营魄抱一"的"一"是合一而不离的意思。[③]同样，十四章"混而为一"的"一"也非哲学概念，而是指一体不可剖分之意，这种意义上的"一"与"载营魄抱一"的"一"在内涵上是非常接近的，都有整体、一体的意思，并非哲学概念，其与三十九章和四十二章的"一"在内涵上是不同的。

与第十章、十四章不同，二十二章所说的"抱一"的"一"则是指落实

---

① 以下引文见楼宇烈《老子道德经注校释》，中华书局2008年版，第22页，第31页，第56页。

② 林希逸说："载，犹车载物也。"见林希逸《老子鬳斋口义》，华东师范大学出版社2010年版，第11页。焦竑说："而此云载者，知七情无体，四大本空，如人载于车，舟载于水，其实一耳。"见焦竑《老子翼》，华东师范大学出版社2011年版，第26页。释德清说："载，乘也。"见释德清《道德经解》，华东师范大学出版社2009年版，第45页。陆希声、张默生则认为第十章的"载"为语助词，见陈鼓应《老子译注及评介》引，中华书局1984年版，第96页。

③ 高亨在《老子正诂》中指出："一谓身也。抱一，犹云守身也。"其在《老子注译》中则说："一，指道。"分别见高亨《老子正诂》，清华大学出版社2011年版，第18页；高亨《老子注译》，清华大学出版社2010年版，第27页。《老子正诂》将"一"解为"身"，虽引《庄子·徐无鬼》"吾相狗也，上之质若亡其一"，以及"吾相马也，天下马有成材，若恤若失，若丧其一"为证，但这种解释成立的前提是将"载"理解为发语词。

于圣人这一理想王者中的道德之性。“抱一”是说侯王对“一”的持守，圣人抱持这一内在的道德之性而成为天下之正，并进而与大化之本、万有之原的“道”“德”相契合，成为“道”与“德”的符号和化身。

三十九章的“得一”，强调“一”落实并内在于事物之中从而成其正性，四十二章的“一”则是“道”创生万有的一个逻辑环节。并且从思想关联上看，四十二章和三十九章都指明了“一”和事物产生、存在的关系，二十二章的“抱一”和三十九章的“得一”都强调了事物秉守“一”的意义，而且，“抱一”在逻辑上又须以“得一”为前提。可见，这三章的“一”实际上有着较为紧密的关系。这三章均不见于竹简本。这样，这三章在来源上无论是属于简本之前的某个传本[①]，还是简本之后对《老子》文本加以增益的结果，都不影响我们将其视为一组具有共时存在的文本单元，并以此为基础对其进行审视所得出的上述结论的可靠性。

通过以上的分析，我们可以对《老子》中“德”与“道”的关系做如下总结：首先，“德”是“道”的属性和功用。就“德”是“道”的属性、功用而言，“德”就是“道”本身，是“道”所涵具的展开自身以生化万有的能力、属性和作用。这种意义上的“德”就是《老子》三十九章“得一”的“一”，亦是四十二章“道生一”的“一”。所谓“常德”“孔德”“玄德”“广德”“建德”“上德”“不争之德”等，皆是对“道”之属性的不同侧面的描述。“常德”强调“道”的本真性[②]，“孔德”是盛赞“道”的创生之功，“玄德”“不争之德”强调“道”的“无为”和“自然”性，“广德”“建德”强调“道”虽

---

① 简本《老子》出土后，更多的学者否认了简本为完本的观点。见李学勤《荆门郭店楚简所见关尹遗说》，载《中国哲学》第20辑，辽宁教育出版社1999年版，第164页；王博《关于郭店楚墓竹简〈老子〉的结构与性质》，载陈鼓应主编《道家文化研究》第17辑，三联书店1999年版，第158—162页；丁四新《郭店楚墓竹简思想研究》，东方出版社2000年版，第36页；王中江《郭店竹简〈老子〉略说》，载《中国哲学》第20辑，辽宁教育出版社1999年版，第107页；裘锡圭《郭店老子简初探》，载陈鼓应主编《道家文化研究》第17辑，三联书店1999年版，第27页；沈清松《郭店楚简〈老子〉的道论与宇宙论》，载《中国哲学》第21辑，辽宁教育出版社1999年版，第177页；黄钊《关于研究出土简帛文献的方法论思考》，载《中国哲学史》2001年第3期。

② 《老子》二十八章：“知其雄，守其雌，为天下溪。为天下溪，常德不离，复归于婴儿。知其白，守其黑，为天下式。为天下式，常德不忒，复归于无极。知其荣，守其辱，为天下谷。为天下谷，常德乃足，复归于朴。”见楼宇烈《老子道德经注校释》，中华书局2008年版，第73—74页。

“虚”“弱”“无为”却又广大而“无不为”。其次，作为“道”之属性和功用的“德”又内在于其所生化的万物之中，即万物通过得于“德”而涵具起其本然正性，这是在物之“德”，所谓“德者，物之所得也”[①]。这种意义上的“德”就是本体之“德”所具体展化出的物之本然正性，就是三十九章所说的万物所得之“一”。“德”的这两种内涵使万物与“道”“德”发生着深度关联，万物既由“道”(德)而创生，又秉含“道”(德)性。由此，“万物莫不尊道而贵德”就成为其本然的存在方式。同时，必须看到，老子哲学宇宙论、本体论旨趣的确立，也正是通过其重要的哲学概念——“德”而得以完成的。

第四节 “道”之运作

“道”在被抽象成哲学概念之前，“道路”是其重要的意涵。《老子》的“道”作为高度哲学性的概念，并非纯粹静止不动的存在，“道”总要展开、完成自身并表现出相应的法则。也就是说，“道”之运作亦有其路径和特点。具体来说，“道”之运作包括两个方面。首先是“道”本身作为实存之“物”的运作。“返也者，道动也”[②]和“远曰反”[③]，是老子对“道”之运作特点的基本描述。其次，“道”之运作还表现为“道”以其“万物之奥”的至上性，通过决定万物的存在方式，使万物的运作表现出不可移易的法则，这就是万物以“兴作——归根”的往复运动为其本然存在方式。这是“道”以“常”的法则的形式表现出来的运作特点。在“道”的这两种运作方式中，前者是就“道”本身而言，后者是就“道”的法则义即“道”内在于万物存在方式中的必然性而言。

一、“道”自身的运作特性：道生和道返

从《老子》来看，“道”自身的运作由两个环节构成，即道生和道返。“道生”是指“道”由冲虚状态化用无穷以产生万有，“道返”是万有向“道”本

① 楼宇烈：《老子道德经注校释》，中华书局2008年版，第137页。
② 荆门市博物馆：《郭店楚墓竹简》，文物出版社1998年版，第113页
③ 楼宇烈：《老子道德经注校释》，中华书局2008年版，第63页。

身或“道”之本然状态回归。“道生一，一生二，二生三，三生万物”，“返也者，道动也”，“大曰逝，逝曰远，远曰反”，都是对“道”之运作的描述。

在“道”的回环运作中，“道”由冲虚状态化生万有的道生论，《老子》论之甚详。第四章和第六章就肯定了“道”的无限创化能力：

> 道冲而用之或不盈，渊兮似万物之宗。挫其锐，解其纷，和其光，同其尘。湛兮似或存，吾不知谁之子，象帝之先。[①]
>
> 谷神不死，是谓玄牝，玄牝之门，是谓天地根。绵绵若存，用之不勤。[②]

“道”虽冲虚却“用之或不盈”，即“谓道虚而用之或不尽也”[③]。“用之或不盈”的最大表现便是“渊兮似万物之宗”。如果说“冲”“渊”在于强调“道”包含的创生万物的无限可能性，那么“万物之宗”则在于说明“道”和万物的生成关系。“道”虽含藏一切可能性，其本身却又处于无形而不可把捉的混一、自然的状态中，所谓“锉其锐，解其纷，和其光，同其尘”。对此，冯振指出“圭角已除，色相斯灭，是道之体无从识之矣”[④]，冯说可谓精当之论。“‘湛’，深暗不可见之貌”[⑤]，“湛兮似或存”是说“道”若有若无，从其真实的创化之功而言是“有”，从其无形而言又是“无”。“吾不知谁之子，象帝之先”表明，当以发生学视野去追溯“道”本身，“道”无法被还原为一个更为原始的东西。“道”不仅从来没有被产生，而且还以其无穷的生物之能创生整个世界，就连人们曾经通常所认为的宇宙之主宰——天帝，亦由“道”而产生，“道”乃天帝之祖。

与第四章相类似，第六章以形象的手法再次强调了“道”生发万物的神妙功能。关于“谷神”，河上《注》：“谷，养也。”[⑥]高亨《老子正诂》考证谷、榖通用，认为“谷神者生养之神”[⑦]。可见，“谷神”旨在强调“道”生发万物

---

① 楼宇烈：《老子道德经注校释》，中华书局2008年版，第10页。

② 楼宇烈：《老子道德经注校释》，中华书局2008年版，第16页。

③ 高亨：《老子正诂》，清华大学出版社2011年版，第10页。

④ 冯振：《老子通证》，华东师范大学出版社2012年版，第10页。

⑤ ［魏］王弼《注》，见楼宇烈《老子道德经注校释》，中华书局2008年版，第10页，第13页。

⑥ 王卡点校：《老子道德经河上公章句》，中华书局1993年版，第21页。

⑦ 高亨：《老子正诂》，清华大学出版社2011年版，第13页。

的奇妙力量。在此意义上老子又形象地称之为“玄牝”。“牝”本为雌性的生殖器，“玄牝”的说法乃是形容“道”产生天地万物的神妙功用。“道”作为“玄牝之门”是天地的根源，所谓“玄牝之门，是为天地根”。“勤，尽也”[①]，“用之不勤”和第四章“用之或不盈”的内涵一致，都是强调“道”的无限创生能力。

在明确了“道”的无限创生能力之后，《老子》又指出了道生万物的具体过程。四十二章说：

> 道生一，一生二，二生三，三生万物。万物负阴而抱阳，冲气以为和。[②]

“道”产生“一”，“一”产生“二”，“二”产生“三”，“三”产生万物，由于《老子》并未明言“一”“二”“三”何所指，因而四十二章这段文字的内涵历来众说纷纭。

最早直接解释这段话的是汉代的《淮南子》，其言：“道曰规始于一，一而不生，故分而为阴阳，阴阳合和而万物生，故曰‘道生一，一生二，二生三，三生万物’。”[③]《淮南子》主要是立足于阴阳范畴来解释《老子》的“一”“二”“三”的，其所说的“一”是指阴阳未分的一种状态，“二”指阴阳，“三”指阴阳和合的作用机制。河上《注》释《老子》“一”“二”“三”：“道始所生者一也。一生阴与阳也。阴阳生和、清、浊三气，分为天地人也。天地人共生万物也。天施地化，人长养之。”[④]《河上》以“一”为“道始所生者”，并未对“一”的内涵做出明确说明，其以阴阳为“二”，以和、清、浊三气及其表现形态——天地人为“三”。后世对《老子》此章“一”“二”“三”的理解，大多受到了《淮南子》、河上《注》的上述阐释以及《易传》“易有太极，是生两仪”的命题的影响。如奚侗认为“道与易异名同体。此云

---

① 高亨：《老子正诂》，清华大学出版社2011年版，第14页。

② 楼宇烈：《老子道德经注校释》，中华书局2008年版，第117页。本章文字不见于简本，《庄子·天下》在叙述关尹、老聃的学术特点时曾有“以本为精，以物为粗”之语，《天下》“本”“物”并举，从“本”与“物”的观念出发对其学术进行概括，其“以本为精，以物为粗”的观念应包含着宇宙生成论的思想，“本”即宇宙本原。据此推测，若《天下》成于战国末期，则通行本四十二章有关宇宙生成论的文字至少应在《天下》成书的战国末期就已经出现。

③ 何宁：《淮南子集释》，中华书局1998年版，第244页。

④ 王卡点校：《老子道德经河上公章句》，中华书局1993年版，第168—169页。

一，即太极，二即两仪，谓天地也。天地气合而生和，二生三也。和气合而生物，三生万物也。”[①]高亨《老子正诂》认为“一者天地未分之元素”，老子的“一”即《庄子·天下》“主之以太一”的“太一”，亦即“易有太极”的“太极”，“二者天地也。三者阴气阳气和气也”。[②]冯友兰认为“一就是气，二就是阴阳二气，三就是阴阳二气之和气”。[③]董京泉认为“‘一’是道之体所虚义转化的‘太极’，‘二’是指由太极所分化的纯阴、纯阳，‘三’是指纯阴、纯阳及其相互交感激荡或对立面的斗争同一关系，以及阴、阳居间联系的环节即亦阴亦阳、非阴非阳的‘中介’”[④]。林安梧参以《易传》，将“一”“二”“三”释为“总体义”“对偶义”“和合义”[⑤]。姜生说：“‘三’乃是一种介乎阴阳两种要素之间的振荡或波动状态，一种永远持续不停的‘张弓’过程。在这过程中，阴阳在一体之中互相结合、互为消长，‘冲气’因此在它们之间浮现，系统的生命力就这样得到维持。”[⑥]不难发现，上述包括《淮南子》在内的对四十二章“一”“二”“三”的理解尽管存在差异，但却有一个共同的倾向，即都忽视乃至脱离《老子》文本以求解。应当说，这种诠释理路与《老子》本义存在一定差距，也掩盖了《老子》的宇宙本体论在先秦道家思想中的承续脉络。

前文在谈论“德”与“道”的关系时已经指出，四十二章“道生一”的“一”作为哲学概念，就是作为“道”之属性和功用的“德”。“一”作为“德”，着重强调“道”所内蕴的创化能力。四十二章的“一”不同于第十章、十四章作为“整体”意涵的“一”[⑦]，但却与三十九章赋予万物正性的“一”无疑皆属形而上的层次，二者为同一所指，皆指形上之“德”而言。

从逻辑上看，在“道生一”的命题中，“道”和“一”构成逻辑上的先后

---

① 奚侗：《老子集解》，熊铁基、陈红星主编《老子集成》第13卷，宗教文化出版社2011年版，第18页。

② 高亨：《老子正诂》，清华大学出版社2011年版，第70—71页。

③ 冯友兰：《中国哲学史新编》（上），人民出版社1998年版，第335—336页。

④ 董京泉：《老子道德经新编》，中国社会科学出版社2008年版，第107页。

⑤ 林安梧：《关于〈老子道德经〉中的“道、一、二、三”问题之探讨》，载《湖北社会科学》2009年第9期，第113页。

⑥ 姜生：《冲气以为和——〈道德经〉四十二章“三”的过程解释》，载李宗贤主编《崂山论道》，宗教文化出版社2007年版，第324页。

⑦ 《老子》第十章：“载营魄抱一，能无离乎？”第十四章：“此三者不可致诘，故混而为一。”见楼宇烈《老子道德经注校释》，中华书局2008年版，第22页，第31页。

关系。但就事实层面而言，“一”作为“德”并未从“道”中分离出来，真可谓“道与德无间”[①]。因而在“道生一”的命题中，“一”作为“德”并非与“道”之间存在着时间上的先后关系，而是与“道”同在的。这种同在性并不表明《老子》哲学出现了两重本体或者思想上的矛盾，因为这不过是立足于道生论的视野对“道”之功用——“德”的具体作用所作的揭示而已。

“道生一”的“一”是“德”，那么“一生二”“二生三”的“二”和“三”的内涵又分别是什么呢？对此，《老子》实际上已经做出了回答。二十一章指出：

> 孔德之容，惟道是从。道之为物，惟恍惟惚。惚兮恍兮，其中有象；恍兮惚兮，其中有物。窈兮冥兮，其中有精；其精甚真，其中有信。自古及今，其名不去，以阅众甫。吾何以知众甫之状哉？以此。[②]

本章首先谈到了“孔德”。王弼注“孔德之容，惟道是从”：“孔，空也。惟以空为德，然后乃能动作从道。”[③]王弼对“孔”的理解当非，“孔”字当从河上《注》：“孔，大也。”[④]从王弼“动作从道”的注释来看，王弼以“动作”来理解“容”的倾向是很明显的。“孔德之容”的“容”字，高亨说：“容疑借为搈，动也。”[⑤]从二十一章的描述来看，本章是阐述“道”及其属性“德”展开自身以创化万有的过程。[⑥]据此，王弼和高亨以“动作”“动”释“容”为是。这里的“容”有兴作之义，“孔德之容”即为大“德”之动，即“德”之运作。“大”乃盛赞之词，以“大”称“德”是对“德”创生万物的盛大而神妙之功的一种赞叹。由于“德”是立足于道生论的视野对“道”之本性

---

① 《管子·心术上》，见梁翔凤《管子校注》，中华书局2004年版，第770页。

② 楼宇烈：《老子道德经注校释》，中华书局2008年版，第52—53页。

③ 楼宇烈：《老子道德经注校释》，中华书局2008年版，第52页。

④ 王卡点校：《老子道德经河上公章句》，中华书局1993年版，第86页。

⑤ 高亨：《老子正诂》，清华大学出版社2011年版，第37页。

⑥ 四十二章的“道生一，一生二，二生三，三生万物”，与二十一章的描述在思想上都属于对“道”创生万有的宇宙论阐发。这种“道”生化万物的过程，在五十一章中又被表述为“道生之，德畜之：长之、育之、亭（成）之、毒（熟）之、养之、覆之”。五十一章描述的重点已不再像四十二章那样对“道”的创化过程做一逻辑上的剖判，也不像二十一章那样对“道”的创化过程作具体的阐释，而是着重强调“道”对万物的生养之功。

和功用的一种称谓，因而就其实质而言，“德”之“动”所描述的就是“道”展开自身的过程，故而《老子》称为“孔德之容，惟道是从”。从《老子》宇宙论的环节来考察，以“道”与“德”为言说对象的“孔德之容，惟道是从”一句所表达的，实际上和四十二章的“道生一”存在着思想上的对应关系，它不过是“道生一”的另一种表达罢了。

在“道”展开自身的过程中，作为“道”之属性的“德”构成“道”之创化过程中“道”与世界之间的逻辑拐点。需要注意的是，就“德”这一“道”的生化功用而言，其虽包含了万有的全部可能性，但斯时之“德”仍是一片混沌，所谓“道之为物，惟恍惟惚”。但“惟恍惟惚”的状态又非空无，而是含有实际的内容。“道”在“恍惚”之中又可进一步显化自身为“象”和“物”，所谓“惚兮恍兮，其中有象；恍兮惚兮，其中有物”。如果说“孔德之容，惟道是从”与“道生一”相对应，那么“惚兮恍兮，其中有象；恍兮惚兮，其中有物”，就指明了“一生二”的内容。“二”即指“象”与“物”。这里的“象”是“大象”，“大象”虽无具象之物，但却昭示和规约着“道”所产生万物的全部可能性；“其中有物”的“物”并非具体的经验之物，而是成物之质。

在“道”及其属性“德”显化自身的过程中，“象”和“物”这两者又进一步聚合为“精”，这就是“二生三”的“三”，所谓“窈兮冥兮，其中有精”。这里的“三”并非指三种事物，而是一种序数词，是“道”或“德”显化自身所表现出来的第三种形态。事实上从言说方式上看，《老子》对“象”和“物”的描述运用的是“惚兮恍兮”和“恍兮惚兮”，而对“精”的描述却是“窈兮冥兮”。在二十一章的这种描述手法中，通过用词的不同使得其所描述的对象得以区分开来。也就是说，“象”“物”和“精”在二十一章的文本语境下实际上是就不同层面而言的。这是理解四十二章的“二”和“三”的一个很重要的参照。

“精”是“道”显化自身的第三种形态。二十一章还对“精”的基本特点和状态做了进一步的说明，所谓“其精甚真，其中有信”。“其精甚真”的“其”是指称“精”的代词，“其中有信”的“其”字亦承上文而来，指“精”言。“其精甚真”表明“精”是一种真实的存在。从本章与“其中有信”并列的“其中有象”“其中有物”“其中有精”来看，“其中有信”的“信”应是一个名词。王弼释“其中有信”的“信”为“信验”：“信，信验也。物反窈冥，则真精之极得，万物之性定，故曰‘其精甚真，其中有信’也。”[①]王弼是从以物合道的角度来解释“其中有精”“其中有信”的。在王弼看来，当万物返归于与“道”相合的“窈冥”之本然状态时，万物的本真之质和本真之性就会真实不虚地呈现出来，所谓“真精之极得，万物之性定”。但王弼的这种解释显然与《老子》二十一章的本意并不相符，因为二十一章强调的是“道”通过其属性和功能——“德”的创生活动渐次显化自身的过程，而不是如王弼那样意在说明事物返归其本然之真。更为重要的是，王弼所理解的“信”已不再如二十一章那样专指“精”的特点。

与王弼不同，高亨在《老子注译》中所理解的“信”是就“道”本身的特点而言的：“信，道的运行有规律，应时而验，就是信。”[②]张松如对“信”字的解释与高亨相类似，强调“信”的规律义：“‘信’即征信，以其有规律可寻，如潮信然，义甚晓畅，不必辗转引申作神，反形隐晦矣。”[③]高亨、张松如对“信”的解释较贴近《老子》原意。二十一章“其中有信”的“信”字有“兆迹”义。[④]“兆迹”即“精”运作的迹象，这符合本章所描述的“道”由“德”而“象”“物”“精”的渐次显化过程。后来的道教内丹学更是以实证的形式在内丹修炼的“采药”（采精）阶段凸显了“精”的这一“兆迹”含义。所谓“欲得真精，须知真信。故其中先有信焉，浩浩如潮生，溶溶如冰泮。修士于此，候其信之初至，的当是精，即行伏之、擒之。时刻无差，金仙有分矣”[⑤]。所谓“真信”就是指内丹修炼中“精”之生作的兆迹而言的。这实际上是将《老子》二十一章所描述的“道”之显化过程具体呈显于修道者的丹道逆炼之中，是对“道”之显化过程的一种实证化运用。

这样，从《老子》文本来看，“道生一”是由“道”而“德”，“一生二”是由“德”而显化出“象”与“物”，“二生三”是由“象”“物”而生“精”。必须指出的是，“道”由“一”到“二”“三”的过程，并不具有一种时间上的先后关系，“德”和“象”“物”以及“精”作为“一”“二”“三”，

---

① 楼宇烈：《老子道德经注校释》，中华书局2008年版，第52页。

② 高亨：《老子注译》，清华大学出版社2010年版，第42页。

③ 张松如：《老子说解》，齐鲁书社1998年版，第126页。

④《太玄·应》：“阳气极于上，阴信萌乎下。”《太玄》的“阴信”与“阳气”对文，“信”字当为名词。二十一章“其中有信”的“信”字当和《太玄》的用法一致。引文见刘韶军点校《太玄集注》，中华书局1998年版，第85页。

⑤ 徐兆仁主编：《东方修道文库·涵虚秘旨》，中国人民大学出版社1990年版，第129页。

仍“混而为一”并内在于“道”中。所谓“道生一，一生二，二生三”，仅是对“道”所涵具之质所作的一种逻辑剖判，这种剖判揭示出了“道”化生万有的可能性及其逻辑过程。其中，“三生万物”即“精”生万物才构成《老子》宇宙论的最本质环节。二十一章在指出了“精”的特点之后强调“自古及今，其名不去，以阅众甫”。“甫，始也”[①]，“众甫，物之始也”[②]，“阅，犹出也”[③]，“以阅众甫”不过是强调“道”生万物之功。由于“道”之“混成”性，“精”本身也就仍内在于“道”中，因而“道”生万物的所谓“以阅众甫”的过程，乃是通过其显化自身的最后一个逻辑环节——“精”来实现的，“道”生万物实即“精”生万物。《老子》四十二章的“道生一，一生二，二生三，三生万物”，和二十一章的“孔德之容”同属于宇宙论阐述，前者实际上是对二十一章所描述的“道”创生万有的宇宙论的一种概括，其中的“三生万物”即“精”生万物是“道”创化万有的关键环节。后来稷下道家的精气说正承接《老子》“三生万物”的思想而来。《管子·内业》指出：“精也者，气之精者也”[④]；“凡物之精，此则为生，下生五谷，上为列星。流于天地之间谓之鬼神；藏于胸中谓之圣人”[⑤]。这实际上是把“精”（精气）看作万物得以产生和存在的根由。陈鼓应指出：“稷下道家之于老子形上之道的继承，可称之为‘创造性的继承’，将原本抽象渺远之道具象化而为精气。”[⑥]准确地说，《内业》以精气为本原的思想与其说是对《老子》之“道”的转化，毋宁说直接就是承《老子》而来。《老子》“三生万物”即“精”生万物的命题，对于《内业》的上述思想有直接的启领作用，《内业》的精气本原说是对《老子》“三生万物”思想的进一步阐发。从《老子》的“三生万物”到《心术》的“精气”说，我们可以窥见先秦道家宇宙论、本体论发展的一个较为清晰的线索。

以上详细阐述了“道”之运作的一个方面，即道生。在“道”自身的运作中，“道”创生万有之后，“道”所展开的万有之世界又以“道”自身的本然状态为归趋指向。由此，“道返”便构成这一往复运作过程的另一个重要方面。

① 王卡点校：《老子道德经河上公章句》，中华书局1993年版，第87页。
② 楼宇烈：《老子道德经注校释》，中华书局2008年版，第53页。
③ 高亨：《老子正诂》，清华大学出版社2011年版，第39页。
④ 陈鼓应：《管子四篇诠释》，商务印书馆2006年版，第100页。
⑤ 陈鼓应：《管子四篇诠释》，商务印书馆2006年版，第89—90页。
⑥ 陈鼓应：《管子四篇诠释》，商务印书馆2006年版，第51页。

《老子》关于“道返”的经典表述，便是“返也者，道动也”。

这里有必要对“返也者，道动也”中“返”的内涵作概要的说明。简本出土前，王弼本作“反者，道之动”[①]，对于“反者，道之动”的“反”字，历代注家主要有三种训释：复返，相反，兼取相反和复返义。王弼的《注》实际上倾向于释为“返”[②]，林希逸、王力、高亨、陈鼓应，皆释为“返”[③]。至于将“反”理解为相反，持此观点者有魏源、张松如、刘笑敢等。[④]此外，还有学者则兼取相反和复返二义，如车载、董京泉等。[⑤]

---

① 楼宇烈：《老子道德经注校释》，中华书局2008年版，第110页。

② ［魏］王弼《注》：“高以下为基，贵以贱为本，有以无为用，此其反也。动皆知其所无，则物通矣。故‘反者，道之动也’。”对王弼的这一注语，楼宇烈指出：“‘知’字道藏集注本作‘之’。‘之’，往也。”楼先生又依据王弼所注二十八章、三十章、十六章，认为王弼“此句意当为，如果万物动作而能返还其根本，居处于无，就可以包通万物了。此义似更长。”楼先生的结论是很有说服力的，即使抛开王弼的《老子》二十八章、三十章、十六章《注》，他在上文中所说的“高以下为基，贵以贱为本，有以无为用”，表面上是说高下、贵贱、有无是相反的两个方面，实际上强调的是回到“基”和“本”，强调的是“返”而不是“反”。据此，王弼所理解的“反”字，实取返还之“返”，而非相反之“反”。引文见楼宇烈《老子道德经注校释》，中华书局2008年版，第110页。

③ 见林希逸《老子鬳斋口义》，华东师范大学出版社2010年版，第45页；王力《老子研究》，上海书店出版1992年版，第1—2页；高亨《老子注译》，清华大学出版社2010年版，第71页；陈鼓应《老子今注今译》，商务印书馆2006年版，第226页。

④ 魏源的《老子本义》指出：“黄老静观万物之变，而得其阖辟之枢，惟逆而忍之。静胜动，牝制牡，柔胜刚。欲上先下，知雄守雌。外其身而身存，无私故能成其私。所谓‘反者道之动，弱者道之用也’。后人以急功利之心，求无欲之体不可得，而徒得其相反之机，以乘其心之过不及，欲不偏不弊，得乎？”魏源的解释主要是就老子“弱者道之用”而发，强调柔弱不争，他所说的“反”是指采取与世俗的一般常识相反的态度，所谓“逆而忍之”。“反”的主体是人而不是“道”，而老子“反者，道之动”的主体却是“道”，因此，魏源的理解实已脱离了《老子》四十章的文本。张松如将“反者道之动”译为“向着相反的方向变化，是‘道’的运动”，并指出：“反者，道之动。这表明老子认识到宇宙间的事物都具有矛盾性，在它们内部各有其对立面，对立面又是经常互相转化的，这就形成为事物的运动变化。”按照这种解释，实际上就存在两个“动”的主体，分别是“道”和事物。而“反者，道之动”这一命题明已经明确表明了“道”是动的主体。据此，张说不确。上引文见魏源《老子本义》，华东师范大学出版社2010年版，第6页；张松如《老子说解》，齐鲁书社1998年版，第232—233页。此外，刘笑敢亦取相反义，见氏著《老子古今》修订版（上），中国社会科学出版社2006年版，第450页。

⑤ 车载指出：“老子书说‘反’，含有两层意思：第一层意思，指相反的‘反’说；第二层意思，指反复的‘反’说。前者含有对立否定的意思，后者含有返本复初的意思”，“老子书以对立否定的作用，说明反的涵义；更以返本复初的作用，说明反的另一涵义”。见车载《论老子》，上海人民出版社1962年版，第114页，第119页。董京泉说：“‘反者，道之动’这一命题的涵义有两个方面，一是揭示道的运动趋势，此与二十五章所说的‘周行而不殆’和‘大曰逝，逝曰远，远曰反’义同；二是说明事物的对立面之间相反对立的关系、从对立到统一的关系，以及向对立面转化的关系，是推动事物发展变化的内在的、根本的力量。”见董京泉《老子道德经新编》，中国社会科学出版社2006年版，第84页。

通行本“反者，道之动”一语，竹简本与之相对应的文字作“返也者，道动也”①。这一无可辩驳的早期文本证据，说明将“反者，道之动”的“反”字，理解为回返之“返”，是正确的，取相反义来解释四十章的“反”，非老子本义。诚如丁四新所言：“受西洋辩证法‘对立统一’律熏习，喜将‘反’释为‘相反’‘对反’之义，殆失古义。”②实际上，编入《老子》《德》篇部分的“反者，道之动”一语有其特定的思想内涵。它是立足于“道”所产生的经验万有这一视野，对世界向“道”之本然状态复归的一种描述，由于此种运动是“道”自身固有的必然趋势，且以“道”之未展开状态为归趋，故称为“道之动”。

“反者，道之动”，是“道返”论的典型表述。在《老子》思想中，“道”创生万有的道生论与“反者，道之动”的道返论，构成了完整的“道”之运作。在二十五章中，道生和道返这一“道”之往复运作过程又被描述为“大曰逝，逝曰远，远曰反”③。“大”指“道”的未展开状态，“逝”与“远”指“道”的展开和伸张阶段，“反”即“返”，指“道”所生之物向“道”之本然状态的回返。二十五章的描述，实际是将道生和道返这一“道”的往复运作过程分为了三个阶段。

总之，“道”之往复运作是就“道”与世界的关系而言的。“道生”是“道”通过生“一”生“二”生“三”以创生万有的所谓“以阅众甫”的过程，此即二十一章所说的“孔德之容”，即大“德”之动，此可以称为“德之动”。这里的“德”作为“道”之属性强调“道”的生化功能。“道返”是万有向自己由以产生的源头——“道”的回归运动，《老子》称为“道之动”。可以说，“德之动”和“道之动”构成了完整的“道”之往复过程。图示如下：

德之动（道生）：道→万有

道之动（道返）：万有→道

这个由“德之动”和“道之动”构成的“道”之往复过程构成了道家观念

① 荆门市博物馆：《郭店楚墓竹简》，文物出版社1998年版，第113页。

② 丁四新：《郭店楚竹书〈老子〉校注》，武汉大学出版社2010年版，第244页。

③ 楼宇烈：《老子道德经注校释》，中华书局2008年版，第63页。

中的大化流行。[1]道生和道返构成了“道”的内在结构。在“道生”的过程中，万物生成，经验世界得以敞显，在“道返”的运动中，一切经验事物又绝不会久居不化，这是“疏而不失”的天道规律，即使天地也“尚不能长且久”，万物皆终归于“道”本身。这个由“生”和“返”构成的大化流行的过程将万物的生死之化涵具于其中，构成了一幅万有由“道”产生并进而向“道”之原初状态复归的宏大图景。

二、物之运作具有的“道”之法则：兴作与归根

“道生”和“道返”构成了“道”本身的运作过程。据通行本三十九章，“道”展开自身而创化万有之后，“道”所创化的万物须通过“得一”即禀受“道”之属性——“德”方能成为其自身。由此，在《老子》看来，万物在存在方式上就无一例外地具有了类似“道”的运作特点，这时，“道”的往复运作特性就变成了万物必须遵循的存在方式和法则。《老子》对此一点的阐发主要是通过十六章的“归根复命”论进行的：

> 致虚极，守静笃，万物并作，吾以观复。夫物芸芸，各复归其根。归根曰静，是谓复命。复命曰常，知常曰明，不知常，妄作，凶。知常容，容乃公，公乃王，王乃天，天乃道，道乃久，没身不殆。[2]

第十六章告诉我们，当人的心灵契入虚静的“道”之本然状态，也即进入虚极静笃而无所用其心的无知无欲的境地时，心灵就回复到其应然状态，此即心与“道”合。由此便可以大道之智慧洞观万物，并进而领悟到万物在存在方式上的运作特性。在心灵的虚极静笃中，人们体悟到“并作”的芸芸万物有其本然的存在方式，此即万物必然会由兴作状态回复到归根复命的本然状态中，所谓“夫物芸芸，各复归其根。归根曰静，静曰复命”。“复命”即复

① 与此不同，战国时期的《易传》更加强调生化过程中“生”的方面，所谓“生生之谓易”“天地之大德曰生”。从中可以窥见儒道宇宙论、本原论的差异。在《庄子》中我们看到其通过发挥这个大化周流过程中的个体生死之化来晓示其哲学意蕴，这种个体生死之化的过程《庄子》称为“万物皆出于机，皆入于机”，《庄子》借此一“自然”过程晓示人们应当超越欣生恶死的世俗观念，达至“以生为附赘县疣，以死为决疣溃痈”的透彻领悟，并以此为契机忘生死而化入逍遥的道境。

② 楼宇烈：《老子道德经注校释》，中华书局2008年版，第35—37页。

其本性[①]，在《老子》看来，与芸芸万物之“作”相对应的“静”，乃是万物的本性，也即其本然的“自然”状态。于物而言，通过“归根”“复命”而回到“静”这一本然状态，万物方能获得其本己和不可违逆的本性，所谓“复命曰常”。同时，“复命曰常”亦在晓示人们，“归根复命”乃是宇宙万物所必然遵循的存在方式。至此，十六章告诉我们，万物在兴作过程中又以归根复命的回返运动为其本然存在方式，人的心灵在活动过程中亦以归根复命的回返运动作为其应然的存在方式。明了包括万物以及人的心灵在内的或本然或应然的存在方式，人就要在生存中警惕那种“不知常”而“妄作”的情形，遵循“复命”这一万物存在的不易法则，做到“知常”而不“妄作”，由此就可以渐次达至“容”“公”“王”“天”的境界并最终与大道合一。

万物的“归根复命”是合于大道本性的必然要求和恒常法则，在此意义上，万物以“兴作——归根”的往复过程为其存在方式，并在归根复命中获其本性，乃是万物在存在方式上体现出来的“道”的法则和内在要求。十六章对万物运作方式的说明，是借助于两个概念——“作”和“静”来完成的。

除第十六章外，在第九章、三十六章、七十四章中我们仍可看到有关万物以“兴作——归根”的往复为其存在方式的描述。第九章说：“功遂身退，天之道。”[②]以“功遂”和“身退”作为天道的内容，不过是在阐述万物本然的运作特性和规律。“功遂”是天道兴作过程的完成，“身退”是天道由兴作状态向本然状态的回归。三十六章说：“将欲歙之，必固张之；将欲弱之，必固强之；将欲废之，必固兴之；将欲夺之，必固与之，是谓微明。”[③]此章本意并不在于讲人道，正如高亨所言：“此诸句言天道也，或据此斥老子为阴谋家，非也。”[④]高亨的观点深得《老子》旨意，本章是以拟人化手法阐述一种无法抗拒的万物“兴作—归根”的本然存在方式。如果说“歙”“弱”“废”“夺”是在描述万物的“归根”运动，那么“张”“强”“兴”“与”就是在说明万物的兴作过程。万物的这种归根运动在七十四章中又被称为“常有司杀者

① 陈鼓应认为这里的“复命”即复归本性，意指回复虚静的本性。见氏著《老子注译及评介》修订增补本，中华书局2009年版，第124页。

② 楼宇烈：《老子道德经注校释》，中华书局2008年版，第21页。

③ 楼宇烈：《老子道德经注校释》，中华书局2008年版，第88—89页。

④ 高亨：《老子正诂》，清华大学出版社2011年版，第58页。

杀”[1]。这里的“司杀者”，高亨先生同样认为是指天道而言[2]，诚为当论，其与三十六章“将欲歙之”“将欲弱之”“将欲废之”“将欲夺之”所表达的思想相同，都包含着对天道运作方式及其特点的揭示。

以上是对“道”之运作特点的说明。“道”之运作包括“道”作为真实存在者展开自身又回敛自身的往复运动，又包括“道”作为必然不易的法则通过万物之“兴作—归根”这一存在方式体现出来的特性。其中，《老子》书对“道”本身运作特性的领悟和描述，应与对天体运行的观察以及蕴于其中的赢虚转化观念有关，后来的阴阳消息思想正是在这一观念的基础上衍生而来，只不过阴阳观念在《老子》中尚未成为核心范畴罢了。

---

① 楼宇烈：《老子道德经注校释》，中华书局2008年版，第183页。

② 高亨：《老子注译》，清华大学出版社2010年版，第115页。

第三章 《老子》的生存论

生存论就是人之生存的基本法则和应然指向。关于《老子》的生存论，一言以蔽之，就是以“道”作为人之经验生存的根本法则。从理论上说，《老子》生存论的首要问题，是解决以“道”为人之生存法则的必要性和可能性的问题。

人的经验生存活动有何必要效法大道呢？这是因为“道”创生出了一个宇宙世界，人作为大道所创生的整体宇宙中的一员，同生活于其中的经验世界打交道是一种无可回避的生存宿命，如此，人必然会陷入一个“可名”的“非常道”的世界之中。这样一来，人之所由来的大道就可能会在人的经验生存中被遮蔽和遗忘，“生生之厚”，“大道甚夷，而民好径”①，皆是人的生存远离大道的表现。因而以“道”为指向并以之来统摄人的生存活动就是必要的。这就是生存论上以“道”为法的必要性问题。

处于经验世界中的人有必要以“道”为法并实现人道合一。那么，人以“道”为法有无可能呢？或者说人效法大道的可能性依据是什么？统观《老子》一书，人在生存论上之所以能以“道”为法则，从根本上说是因为万物皆秉含“德”这一“道”的属性。三十九章指出：

> 昔之得一者：天得一以清，地得一以宁，神得一以灵，谷得一以盈，万物得一以生，侯王得一以为天下贞。②

前文已经指出，三十九章的“一”就是作为“道”之属性的“德”。“一”即“德”作为“道”的属性和具体展现形式落实于万物之中，“德”规定着由

---

① 楼宇烈：《老子道德经注校释》，中华书局2008年版，第141页。

② 楼宇烈：《老子道德经注校释》，中华书局2008年版，第105—106页。

“道”所产生出来的万物的正性，构成万物是其所是的依据。这样一来，包括人在内的万物无一例外地都秉含着“德”，因而在本然的意义上万物和“道”及其属性之间有着深刻的同一性。正是这种同一性使得人对“道”的效法成为可能。尽管在实然的意义上处于经验生存中的人们对于大道的态度不尽相同，但就人与大道的那种本始的亲缘性而言，大道从未离人而去。正所谓“道者，万物之奥，善人之宝，不善人之所保”①。“道”是万物存在的终极法则，“善人”是善于法道之人，“不善人”是违道背德之人，“善人”因对“道”的深刻领悟和认同而主动珍视大道，将其奉为大宝，“不善人”因对“道”的无知而在生存活动中疏远了“道”，但就其与“道”的本然关系而言，“不善人”仍然保有着大道本身，只不过大道对于“不善人”的生存活动而言有待唤醒罢了。也就是说，人同“道”之间有着某种本然同一性，只不过很多时候这种本然同一性被人的经验生存塞绝了，所谓“大道甚夷，而民好径”②。人与大道之间这种本然同一性的存在，使得生存论上人效法大道成为可能。把这种被人的经验生存活动障蔽了的人与大道之间的本然同一性呈显出来，无疑构成了生存论的全部指向。《老子》中的“圣人”就是这种使命的承担者，所谓“圣人常善救人，故无弃人”。“善救人”就是矫正、引领人的生存，挽救人的世俗生活对大道的迷失，使人的生存回归大道之途。正是基于此，《老子》充分肯定了世俗生活中人道合一的可能性：

> 故道大，天大，地大，王亦大。域中有四大，而王居其一焉。人法地，地法天，天法道，道法自然。（二十五章）③

“道”“天”“地”和“王”是“域中”即人之生存世界中最主要的四个要素。这里的“王”是体道、合道的圣王。人在圣王的引领下，完全可以通过效法地和天并最终和“道”建立起直接的同一性，做到人道合一。“人法地，地法天，天法道，道法自然”的命题，正是对人道合一可能性的说明。

以上分别说明了生存论上以“道”为法的必要性和可能性问题。《老子》

---

① 楼宇烈：《老子道德经注校释》，中华书局2008年版，第161页。
② 楼宇烈：《老子道德经注校释》，中华书局2008年版，第141页。
③ 楼宇烈：《老子道德经注校释》，中华书局2008年版，第64页。

第二十三章还对这种必要性和可能性作了整体性的说明：

> 故从事于道者，同于道；德者，同于德；失者，同于失。同于道者，道亦乐得之；同于德者，德亦乐得之；同于失者，失亦乐得之。[①]

二十三章指明了生存论上人与“道”“德”关系的两种可能的情形。人的生存活动可以与“道”“德”合同，也可以失“道”失“德”。合“道”合“德”与失“道”失“德”的分野，正凸显了人的生存活动以“道”为趋归的必要性。同时，由于“从事于道者同于道”，“同于道者，道亦乐得之；同于德者，德亦乐得之”，因而人又可以并能够通过生存活动实现与“道”“德”的合同，这实际上表明了人与“道”“德”合同的可能性问题。

既然人在世俗生存中与“道”“德”的合同既可能又必要，那么如何使人的生存效法大道呢？这就是生存论的具体内容。关于这一点，《老子》第十章实际上已经向人晓示出了基于“道”的生存论的不同层面：

> 载营魄抱一，能无离乎？专气致柔，能如婴儿乎？涤除玄览，能无疵乎？爱民治国，能无为乎？天门开阖，能为雌乎？明白四达，能无知乎？[②]

第十章以六个设问的形式试图引发人在世俗生存中对于“道”的哲学觉醒。同时，通过六个有明确答案的设问，第十章已将“道”之“无为”特性确立为人之生存诸层面一个基本的法则。具体说来，“载营魄抱一”句是强调修养身心的总纲，“专气致柔”句则重在说明修身之方，“涤除玄览”句则指明了修心之途。无论是修养身心的总原则还是对修身与修心的说明，都属于《老子》生存论中体道论的内容。第十章“爱民治国”句，则是以“道”之无为特性施用于治国论上的表现。“天门”意指感官等心灵活动[③]，“天门开阖”句强调感官和心灵活动通过因循大道，做到应物而无心，强调的是“无心”。“明白四达”句

---

① 陈鼓应：《老子注译及评介》，中华书局1984年版，第157页。

② 陈鼓应：《老子今注今译》，商务印书馆2003年版，第108页。

③ 范应元说：“天门者，以吾之心神出入而言也。”见范应元《老子道德经古本集注》，张继禹主编：《中华道藏》第11册，华夏出版社2004年版，第505页。高亨说：“天门，盖谓耳目口鼻也。”见高亨《老子正诂》，清华大学出版社2011年版，第19页。

是说人与“道”合一之后，大道的自足性智慧因离智绝学而得以彻底朗显，强调的是“无知”。“无心”和“无知”都属于《老子》生存论中的人生论。这样，第十章实际上已经包含着《老子》生存论的三个层面，即体道论，以“无为”为原则的治国论。以无心、无知为内容的人生论。以下将对《老子》的生存论作具体的说明。

第一节 体道论

“体道”即对“道”的体认和领悟。注重体证而不是纯粹的理论建构是中国哲学区别于西方哲学的最大特点。“体道”在《老子》那里又被称为“为道”。《老子》的体道论主要表现为对“道”之特点的体认、具体的体道之方以及体道者的状态三个方面。

一、对“道”之特点的体认

在《老子》中，我们看到对“道”之特点的描述如“混成”“周行”“无名”“大”“寂”“寥”等，无一不是对“道”加以体认的结果。这主要体现在《老子》第一章、十四章、二十一章、二十五章中：

道可道，非常道；名可名，非常名。无，名天地之始；有，名万物之母。故常无，欲以观其妙；常有，欲以观其徼。此两者，同出而异名，同谓之玄。玄之又玄，众妙之门。（第一章）①

视之不见名曰夷，听之不闻名曰希，搏之不得名曰微。此三者不可致诘，故混而为一。其上不皦，其下不昧，绳绳不可名，复归于无物，是谓无状之状，无物之象。是谓惚恍。迎之不见其首，随之不见其后。执古之道，以御今之有。能知古始，是谓道纪。（十四章）②

孔德之容，惟道是从。道之为物，惟恍惟惚。惚兮恍兮，其中有象；

---

① 陈鼓应：《老子今注今译》，商务印书馆2003年版，第73页。

② 楼宇烈：《老子道德经注校释》，中华书局2008年版，第31—32页。

恍兮惚兮，其中有物。窈兮冥兮，其中有精；其精甚真，其中有信。自古及今，其名不去，以阅众甫。吾何以知众甫之状哉？以此。（二十一章）[①]

有物混成，先天地生，寂兮寥兮，独立不改，周行而不殆，可以为天下母。吾不知其名，字之曰道，强为之名曰大。大曰逝，逝曰远，远曰反。故道大，天大，地大，王亦大。域中有四大，而王居其一焉。人法地，地法天，天法道，道法自然。（二十五章）[②]

首章指出了“常道”不可道、不可名，并对“道”之存在样态——“无”与“有”做出了描述。十四章用“夷”“希”“微”“无状之状”“无物之象”说明“道”不能以经验之物视之。二十一章的“惟恍惟惚”“窈兮冥兮”，是说“道”非空无而涵具“象”“物”“精”这些真实的内容。二十五章主要是对“道”之运作特性的领悟。上述对“道”的描述明显是建立在对“道”本身加以体认的基础之上的，而非出于主观的理论设定，这是理解《老子》之“道”时必须注意的一点。

二、具体的体道之方

在体认到“道”的真实存在及其特点之后，《老子》还提出了具体的体道方法，这主要包括五个方面，即“守静观复”“载营魄抱一”“专气致柔”“涤除玄览”和“我贵食母”。

（一）守静观复

关于“守静观复”，十六章有言：

致虚极，守静笃。万物并作，吾以观复。夫物芸芸，各复归其根。归根曰静，是谓复命。复命曰常，知常曰明，不知常，妄作，凶。知常容，容乃公，公乃王，王乃天，天乃道，道乃久。没身不殆。[③]

就本然状态而言，“道”以冲虚无象为特点，故而老子认为，人可以通过心灵上的“虚”来达到人道合一。“致虚极”就是让心灵活动达至无可把执的

① 楼宇烈：《老子道德经注校释》，中华书局2008年版，第52—53页。
② 楼宇烈：《老子道德经注校释》，中华书局2008年版，第62—64页。
③ 楼宇烈：《老子道德经注校释》，中华书局2008年版，第35—37页。

极致状态，这样就会达到心灵的高度宁静，守持这种心灵的静寂状态达至深厚的程度，人的心灵就从“万物并作”的纷扰的现象世界回复到了“道”的状态，这是人的心灵之“复”，是心灵的“归根”。“观复”就是首先让自己的心灵复返于“道”的状态，与“道”合一，并加以体察，这是“观心之复”。

当人的心灵与“道”相契合，人基于“道”的自足性智慧便会呈显出来，所谓“不出户，知天下，不窥牖，见天道”[①]。由此便进入“观物之复”的阶段。“观物之复”，就是由“观心之复”而进一步领悟到处于兴作状态中的万物也以“归根”为基本存在方式和趋向，即万物也都通过“并作”和“归根”而达到一个“生”与“返”的完整过程。在此一过程中，如果说万物的“芸芸”“并作”的兴作状态是万物之“动”，那么万物归根之后则是万物之“静”。万物所归之“根”在“动”和“静”的回环中既是起点又是终点，因此，于万物的存在状态而言，万物所归之“根”既是本然又是应然，在此意义上，《老子》称此种归根为“复命”和“常”。“复命”，即回复到事物的存在本性和本然状态上去[②]，这种本然状态相对于事物的变动状态而言就是“常”，所谓“复命曰常”。此即“观物之复”。“观心之复”和“观物之复”都是在“致虚极”“守静笃”的状态下完成的，致虚守静是“观复”的手段。

“观心之复”和“观物之复”构成“观复”的两个方面。其中，万物之归根复命是万物存在所必然遵循的本然之则，自发地在起着作用。人之心灵的归根复命则是建立在对“复命”（常）的领悟之上的一种高度自觉，所谓“知常曰明”。之所以如此，是因为人的心灵活动使人的生存有了“复”与“不复”两种可能。在此意义上，于人而言，归根复命既是应然指向，又是本然状态。在人的现实生存活动中，仍然存在着背离“归根复命”这一本然、应然之则的行为和现象，此即所谓“不知常”的“妄作”。与此相反，当人通过“观心之复”领悟了归根复命这一人之生存的应然和本然状态，并进而通过“观物之复”领悟万物存在的本然之则后，“归根复命”就成为通达于万物和人的一种“无所不包通”[③]的“道”之运作规律。明晓此运作规律则可容通万物，此

① 楼宇烈：《老子道德经注校释》，中华书局2008年版，第126页。

② 陈鼓应认为这里的“复命”即复归本性，意指回复虚静的本性。见陈鼓应《老子注译及评介》，中华书局2015年版，第119页。

③ 王弼注“容乃公”：“无所不包通，则乃至于荡然公平也。”见楼宇烈《老子道德经注校释》，中华书局2008年版，第36页。

即“知常容”。明了了“归根复命”作为本然之则的普遍性，则不容任何私意妄为，此为“容则公”。剔除了私意妄为而达至“公”之境界后，便如那些可寄托天下的作为“道”在人世间化身的真正的王者那样因任自然而浑朴无为，此即“公则王”。因任“自然”而合于天道，此即“王则天”。合于天道自会保持长久之生命力而与“道”同在，是为“道则久”。如此，个体存在已达至“没身不殆”的境地。

老子“守静观复”的体“道”之法对其后的道家和道教产生了重要影响。首先，致虚守静所作为老子“观复”的方法，深刻影响了后来的道教炼养思想。这首先表现在致虚守静的清静修养论几乎贯穿到所有的道教炼养术之中，正所谓“吾道以虚无清净为本”①，“得悟道者，常清静矣”②。我们从道教史上诸多道门人士对《太上老君说常清静经》的注解和推崇中就不难发现道教对“虚静”的重视。道教内丹学中的清修派更是注重虚静、清静在内丹炼养中的重要。王重阳说“夫修行者，常清静为根本大乘之法”③，李道纯则将“虚静”的功夫论贯穿到内丹修炼的全过程：“下手致虚守静笃，虚极又虚元气凝，静之又静阳来复；虚心实腹道之基，不昧虚灵采药时；虚己应机真日用，太虚同体丈夫儿；采铅虚静无为作，进火以虚为橐籥，抽添加减总由虚，粉碎虚空成大觉。”④总之，道教对老子致虚守静思想的继承和发展，主要是将虚静作为方法和原则熔铸到炼养实践中去，据此发展出形形色色的修炼方术。其次，老子的“归根复命”思想也为道家和道教所继承。《庄子·缮性》就提出了“反性”“复初”的命题：“文灭质，博溺心，然后民始惑乱，无以反其性情而复其初。”⑤这里的“反其性情”与“复其初”，都是指返归到恬淡本真的“道”之本然状态，这与老子“归根复命”的含义相同。不仅如此，道教内丹术“后天”返“先天”的逆修则直接依据于老子的归根复命。内丹术通过炼精化气、炼气化神、炼神还虚的过程，实现“精”“气”“神”三者由三归二，由二归

---

① 田诚阳：《道教格言集》，华夏出版社2005年版，第261页。

② 《太上老君说常清静经注》，《道藏》第17册，文物出版社、上海书店出版社、天津古籍出版社1988年版，第142页。

③ 《重阳真人金关玉锁诀》，《道藏》第25册，文物出版社、上海书店出版社、天津古籍出版社1988年版，第799—800页。

④ ［元］李道纯：《中和集》，《道藏》第4册，文物出版社、上海书店出版社、天津古籍出版社1988年版，第507页。

⑤ 陈鼓应：《庄子今注今译》，中华书局1983年版，第405页。

一，由一归“道”，最终返还到“道”的原初状态，这可以看作是对老子“归根复命”思想的一种实证化发挥。

（二）载营魄抱一

“载营魄抱一”，也是《老子》体道论的重要内容。《老子》所说的“载营魄抱一”表达的是形神相合不离的思想。“道”的原初状态具有“混成”的特点，精神和形体是人的生存活动所必须面对的两个基本方面，人要效法大道，精神和形体也应是相抱而不离的，这就是“载营魄抱一”的形神相合论。第十章指出：“载营魄抱一，能无离乎？”这里的“载营魄抱一”虽以反问的语气出现，但却表达了《老子》所肯定的修身体道的一个基本原则。“载营魄抱一”的“营魄”当为“魂魄”。[①]“载营魄”的说法亦见于《楚辞·远游》，其文曰“载营魄而登霞兮”，王逸《楚辞章句》注：“抱我灵魂而上升也。”王逸释“载”为“抱”。关于“载营魄”之“载”主要有两种解释。一是将“载”理解为动词。如林希逸说：“载，犹车载物也。”[②]王安石：“载，乘也。”[③]焦竑、释德清同。[④]冯振《老子通证》引高延第曰：“载即其车既载之载。”[⑤]又魏源《老子本义》：“载即是抱。”[⑥]刘师培《老子斠补》亦释“载”为“抱”。[⑦]另一种解释是将“载”理解为无实义的助语词。[⑧]从紧接“载营魄抱一”后的“专气致柔”“涤除玄览”“爱民治国”来看，“专气”“涤除”“爱民治国”三个连续的词语都是动词，而且它们都省略了一个共同的主语，即“人”。从这一点考虑，将“载”理解为动词更为恰当，这样才能和“专气致柔”“涤除玄览”“爱民治国”句相对应。又从“载营魄抱一”的说法来看，若释“载”为

---

① 河上《注》释“营魄”为“魂魄”。高亨说：“然则营魄即魂魄，亦即灵魄矣。”魏源说：“营读为魂。”见王卡点校《老子道德经河上公注》，中华书局1993年版，第34页；《老子正诂》，清华大学出版社2011年版，第18页；魏源《老子本义》，华东师范大学出版社2010年版，第29页。

② 林希逸：《老子鬳斋口义》，华东师范大学出版社2010年版，第11页。

③ 罗家湘辑校：《王安石老子注辑佚会钞》，华东师范大学出版社2013年版，第32页。

④ 见［明］焦竑《老子翼》，华东师范大学出版社2011年版，第22页；释德清《道德经解》，华东师范大学出版社2009年版，第45页。

⑤ 冯振：《老子通证》，华东师范大学出版社2012年版，第18页。

⑥ ［清］魏源：《老子本义》，华东师范大学出版社2010年版，第30页。

⑦ 高亨《老子正诂》引，见《老子正诂》，清华大学出版社2011年版，第18页。

⑧ 一说“载”为“夫”，见陈鼓应《老子注译及评介》注释，中华书局2015年版，第89—90页；一说“载”用作“哉”字，属第九章“天之道后”。说见《册府元龟》唐玄宗天宝五载诏，见任继愈《老子绎读》引，北京图书馆出版社2006年版，第21页。

"抱"，则与下文"抱一"之"抱"重复，故不取。"载营魄抱一"的"载"当为乘载之载。"乘载"是一个形象的说法，是说人以其身体载持魂魄之义。"抱一"的"一"，高亨说"一谓身也。抱一，犹云守身也"，又说："灵魂外驰，神与身离，道家大忌。故曰：'载营魄抱一，能无离乎！'"[①]高亨将"载营魄抱一"理解为人的魂魄与身体不相离，是正确的，但若释"载"为承载之载，则"载营魄"已经包含了人的身体与魂魄不相离之义，故在释"载"为承载之"载"的情况下，"抱一"的"一"不宜释为"身"。"抱一"应是强调混一不离，"一"有"合一"[②]"一体"之义。"载营魄抱一"，就是强调人的魂魄不为外物牵引，从而保持与身体相合的状态，表达的是形神相合的思想。

《老子》这种形神相合的思想在《庄子》那里被表述为"神将守形，形乃长生"[③]，后来的道教炼养理论特别注重形神合一的原则。《太平经》指出："人有一身，与精神常合并也。形者乃主死，精神者乃主生。常合即吉，去则凶。无精神则死，有精神则生。常合即为一，可以长存也。"[④]其后道教内丹学"性命双修"的理念仍是传统道教形神相合思想的延续和发展，这通过一些内丹学家以"身""心"论性命就可以得到很好的说明。如宋元时期的李道纯就以"身"和"心"论述性命学："真铅真汞，身心是也。"[⑤]这里的"身"和"心"其实就是内丹学的"先天"性命，但以"身""心"称"性命"，却是来自道家、道教形神合一不离的传统。可以说，《庄子》以及后来道教形神合一的修养理念，都可以从《老子》"载营魄抱一"的形神相合论中找到源头。

（三）专气致柔

《老子》的修养论还表现为"专气致柔"的修身论。"道"具有"柔""弱"的特点，"弱者，道之用"，就是强调"道"发生作用的基本样态和方式是柔弱而非刚强。七十六章指出："人之生也柔弱，其死也坚强。万物草木之生也柔脆，其死也枯槁。故坚强者死之徒，柔弱者生之徒。"[⑥]《老子》以人和草

---

① 高亨：《老子正诂》，清华大学出版社2011年版，第18页。

② 见林希逸《老子鬳斋口义》，华东师范大学出版社2010年版，第12页；任继愈《老子绎读》，北京图书馆出版社2006年版，第21页。

③ 《庄子·在宥》："目无所见，耳无所闻，心无所知，汝神将守形，形乃长生。"见陈鼓应《庄子今注今译》，中华书局1983年版，第279页。

④ 王明：《太平经合校》，中华书局1960年版，第716页。

⑤ ［元］李道纯：《中和集》，《道藏》第4册，文物出版社、上海书店出版社、天津古籍出版社1988年版，第492页。

⑥ 楼宇烈：《老子道德经注校释》，中华书局2008年版，第185页。

木的生死为例，说明柔弱之物因合于“道”的柔弱特性而具有生命力。既然“道”以“弱”为用，“柔”与“弱”是具有强大生命力的表现，故而“致柔”成为体道的一个重要目标。

第十章“专气致柔，能婴儿乎”[①]，表达了老子对这一目标的向往。关于“专气致柔”的“专气”，高亨说：“《管子·内业》篇：‘抟气如神。万物备存。’尹注：‘抟谓结聚也。’《老子》之‘专气’与《管子》之‘抟气’同。气者，人之精神作用也。”[②]又说：“婴儿之精神作用不分驰于物，且骨弱筋柔，故曰‘专气致柔，能婴儿乎！’”[③]这里有必要首先注意“专气”的“气”字。从四十二章“万物负阴而抱阳，冲气以为和”来看，“气”可以说是构成万物的内在基础。又《庄子·达生》有“纯气之守”[④]的说法，结合《达生》的“纯气之守”，《老子》第十章“专气”的“专”不宜释为“结聚”，当释为专纯、精一，而且人为的结气、聚气也不符合“自然”“无为”的原则，相反，却与“心使气曰强”同类，不可能做到“专气至柔”。故“专气”应是使“气”专纯、精一。之所以人能使“气”专纯、精一，是因为做到了“载营魄抱一”而形神合，即“专气”是神不外驰的结果。对此，林希逸言：“婴儿未有闻见，则其气专。”[⑤]“未有闻见”则心智愚朴而神不逐物，如此“则其气专”。“专气致柔，能婴儿乎”，就是使人身之气因其精神内守而纯一，从而像婴儿一样具骨弱筋柔之特征。相对于“涤除玄览”，“专气至柔”主要是讲修身论。这样，人通过“专气致柔”，就将“道”的雌柔特性通过一己之身呈现出来，从而在修身论上实现了对“道”的体证。

（四）涤除玄览

如果说“专气致柔”是强调修养论中的修身，那么“涤除玄览”则侧重于说明修养论中的修心。关于“涤除玄览”，《老子》第十章指出：“涤除玄览，能无疵乎？”文中的“览”字，帛书乙本作“监”[⑥]，高亨认为“‘览’读为

① 楼宇烈：《老子道德经注校释》，中华书局2008年版，第22页。

② 高亨：《老子正诂》，清华大学出版社2011年版，第18页。

③ 高亨：《老子正诂》，清华大学出版社2011年版，第18页。

④ 《庄子·达生》：“子列子问关尹曰：‘至人潜行不窒，蹈火不热，行乎万物之上而不栗。请问何以至于此？’关尹曰：‘是纯气之守也，非知巧果敢之列。’”见陈鼓应《庄子今注今译》，中华书局1983年版，第467—468页。

⑤ 林希逸：《老子鬳斋口义》，华东师范大学出版社2010年版，第12页。

⑥ 裘锡圭主编：《长沙马王堆汉墓简帛集成》（四），中华书局2014年版，第205页。

‘鉴’，览、鉴古通用”[①]。又说：“玄鉴者，内心之光明，为形而上之镜，能照察事物，故谓之玄鉴。”[②]由此可知，“玄览”意指心灵与道合一的状态。“涤除玄览”就是剔除种种“有为”的智巧、欲望和心识对心灵本然状态的障蔽，保持无为大道在心灵中的澄明，即所谓“无疵”。在此意义上，“涤除玄览”和“致虚极”“守静笃”的含义是一致的。不同的是，在老子那里，“致虚极”“守静笃”指向的是“观复”，而“涤除玄览”强调的是心灵之无知、无欲、无心状态，这是一种注重心灵修养的体道方法。“无知”，就是取消认知的态度而归于心灵的浑朴，做到“塞其兑，闭其门”。“无欲”，就是敛损经验生存带来的欲望，因为过分扩张欲望带来的结果只能是“金玉满堂，莫之能守，富贵而骄，自遗其咎”[③]。为了从根本上消弭人的生存欲望，就必须按照“啬”与“损”的原则消解自我观念，做到“常无心”。无知、无欲、无心都不过是心灵上“涤除玄览”的结果。

在老子之后道家道教的思想发展历程中，我们仍可以看到其所受“涤除玄览”思想的重要影响。庄子“堕肢体”“黜聪明”“离形去智”“同于大通”的“坐忘”之法，“虚者心斋”的“心斋”之术以及泯绝物我的“丧我”追求，皆是对老子“玄览”的发展，借以达到所谓心灵的“以明”状态。隋唐的道教学者注重通过对“坐忘”的阐发来确立道教心本论和心性论。[④]在《太上升玄消灾护命妙经颂》中，司马承祯提出了“心源”的概念：“心源是元始，更无无上道。”[⑤]“心源”已有明显的“心”本论意味。晚唐的道教重玄学家杜光庭则从修养论的角度使道教的炼养理论彻底转到道心论上来。他说：“人之难伏，惟在于心，所以教人修道即修心也，教人修心即修道也。”[⑥]杜光庭已明确将“修道”等同于“修心”。道教心性论的转向固然受到了佛教的刺激和影响，

① 高亨：《老子正诂》，清华大学出版社2011年版，第18页。

② 高亨：《老子正诂》，清华大学出版社2011年版，第18—19页。

③ 楼宇烈：《老子道德经注校释》，中华书局2008年版，第21页。

④ 如司马承祯的《坐忘论》在术的层面将“坐忘”发展成具体的修心之方，从“信敬”“断缘”“收心”“简事”“真观”“泰定”“得道”七个方面对修心之术做了论述，其中以“收心”为最：“所以学道之初，要须安坐收心，离境住无所有，因住无所有，不著一物，自入虚无，心乃合道。”见《道藏》第22册，文物出版社、上海书店出版社、天津古籍出版社1988年版，第893页。

⑤ 《太上升玄消灾护命经颂》，《道藏》第5册，文物出版社、上海书店出版社、天津古籍出版社1988年版，第775页。

⑥ 杜光庭：《道德真经广圣义》，《道藏要籍选刊》第2册，上海古籍出版社1989年版，第47页。

但道家老子所开启的“涤除玄览”的修心之方，却作为重要的思想资源对道教心性论的形成起了重要作用。之后的宋元内丹学同样重视心性的炼养，如石泰强调内丹修炼要“定志求铅汞，灰心觅土金”[①]，马丹阳也指出：“凡学道之人，切须法天之道，斡旋己身中造化，十二时中，常清、常静，不起纤毫尘念，则方是修行。”[②]上述这些内丹学的心性炼养思想，强调虚静人的心念和欲望，并以之作为内丹炼养的开始，这仍与老子“涤除玄览”的修心体道论一脉相承。

（五）食母

“食母”亦是《老子》的重要体道之法。如果说“守静观复”是基于对万物运作特性的领悟，“涤除玄览”是心灵契合大道的方法，“食母”则是整体上对“道”加以依恃和体认的方法。《老子》第二十章指出：“我独异于人，而贵食母。”[③]对“食母”的理解主要有两种，一是将“食母”看作一个名词词组，如王弼说：“食母，生之本也。人皆弃生民之本，贵末饰之华，故曰‘我独欲异于人’。”[④]吴澄说：“玄德者，万物资之以养，所谓万物之母也，故曰‘食母’。”[⑤]二是将“食母”看作动宾词组，如《河上》释为：“食，用也，母，道也。我独贵用道也。”[⑥]蒋锡昌认为“依河上训‘食’为‘用’，尚不如据《庄子》训‘食’为‘养’之尤合古谊”“老子‘食母’与庄子‘食于天’谊同，皆谓养于道也”。[⑦]上述对“食母”的两种解释在思想实质上是一致的，其中尤以蒋锡昌的训释最具说服力，以“食母”为“养于道”，即是指将人的活动整体收摄和化入大道之中，这是一种将个体生存活动整体性融入大道之中的体道方法。

受《老子》“食母”思想的影响，后来的道教发展出了具体的炼养之方。道教的“胎息”就是与“食母”相类似的修行方法。关于“胎息”，葛洪言：

---

① 《还源篇》，《道藏》第24册，文物出版社、上海书店出版社、天津古籍出版社1988年版，第214页。

② 《丹阳真人语录》，《道藏》第23册，文物出版社、上海书店出版社、天津古籍出版社1988年版，第705—706页。

③ 楼宇烈：《老子道德经注校释》，中华书局2008年版，第48页。

④ 楼宇烈：《老子道德经注校释》，中华书局2008年版，第48页。

⑤ 吴澄：《道德真经吴澄注》，华东师范大学出版社2010年版，第26页。

⑥ 王卡点校：《老子道德经河上公章句》，中华书局1993年版，第82页。

⑦ 蒋锡昌：《老子校诂》，成都古籍书店1988年版，第141页。

“得胎息者，能不以鼻口嘘吸，如在胞胎之中。”[①]道教的“胎息”是对老子“食母”思想的方术化发挥。

三、体道者的状态

《老子》的体道论除了对“道”之特点的体认和具体的体道之方外，还对体道者的状态做了描述。十五章指出：

> 古之善为士者，微妙玄通，深不可识。夫唯不可识，故强为之容：豫兮若冬涉川；犹兮若畏四邻；俨兮其若客；涣兮其若释；敦兮其若朴；旷兮其若谷，混兮其若浊；孰能浊以静之徐清；孰能安以动之徐生。保此道者，不欲盈。夫唯不盈，故能蔽而新成。[②]

“善为士者”，简本、河上《注》本、王弼本同，帛书甲乙本、傅奕本作“善为道者”。[③]简本文句内容与通行本基本相同。也就是说，从简本开始十五章的上述文字就已经是一个独立的单元。从本章“保此道者，不欲盈”的叙述来看，十五章所说的“士”以保“道”不失为其重要特征。从实质上看，十五章的“善为士者”同时也就是“善为道者”，其与六十五章“善为道者”应为同一所指。十五章的“善为士者”表现出了“微妙玄通”的境界。具体说来，“善为士者”顺“自然”而不敢有为，所谓“豫兮若冬涉川”；与“道”合一，消泯自己的主体性而挫锐解纷，唯恐他人察知“我”之存在，所谓“犹兮若畏四邻”；谦退处下，严肃拘谨，不敢为先而为客，所谓“俨兮其若客”；因物之“自然”变化而不加私意干涉，所谓“涣兮其若凌释”；处本真浑朴之状态，所谓“敦兮其若朴”；心灵冲虚无朕，所谓“旷兮其若谷”；混同尘世，所谓“混兮其若浊”；为道者于经验生存中又能使心灵抱道归根，所谓“浊以静之徐清”，这里的“浊”是指心灵在经验世界中的兴作并与外物相接，“清”指心灵以“道”为归趋的“归根”；为道者的虚静之心灵状态又能展发、通达于世俗世界中而应物无方，所谓“安以静之徐生”；持守大道之人以虚为

---

① ［晋］葛洪：《抱朴子·释滞》，《道藏要籍选刊》第5册，上海古籍出版社1989年版，第205页。

② 陈鼓应：《老子今注今译》，商务印书馆2003年版，第129页。

③ 见刘笑敢《老子古今》修订版（上），中国社会科学出版社2006年版，第219—220页。

贵，虽不求自满而丰赡自足，清虚自然而又因时处化，所谓“保此道者，不欲盈。夫唯不盈，故能蔽而新成”。正是由于“为道”之士守道抱朴，从而在外在状态上与那些陷溺于世俗生存欲望而背道离德之人形成了鲜明的对比，对此，《老子》指出：“众人熙熙，如享太牢，如春登台。我独泊兮其未兆，如婴儿之未孩。儡儡兮若无所归。众人皆有余，而我独若遗。我愚人之心也哉！沌沌兮！俗人昭昭，我独昏昏；俗人察察，我独闷闷。澹兮其若海，飂兮若无止。众人皆有以，而我独顽似鄙。”①

以上是《老子》体道论的主要内容。与《老子》的“为道”相类，《庄子》明确提出了“体道”的概念：“夫体道者，天下之君子所系焉。”②这里的“体道者”是指表现“道”之特质的人，或者说就是“道”之意蕴的化身。《庄子》又将“体道”称为“执道”“治道”，如“执道者德全”③，“有人治道若相放”④。《庄子》的“执道”“治道”和老子的“为道”意义相近。

源于《老子》的体道论对后世道教产生了深远的影响。其中最突出的表现是它塑造了道教以术证道、术道合一的特点。道教将“为道”“执道”等哲学命题实证化，将之作为修道的原则和目标，并以此开出了丰富的修炼方法。可以说，道门中的一切方术都不过是试图对终极之道进行体证的手段而已。这样，道教以“得道”为究竟，以“体道”为手段，使自身表现出强烈的实证意味，正如陈撄宁所指出的那样“道家工夫，首重效验”⑤，以术证道也由此而成为道教的鲜明特色。道教这种以术证道的特点可以从《老子》的体道论中找到理论根源。

第二节　人生论

人生论是《老子》生存论哲学的重要内容。简言之，《老子》的人生论就是将人的全部经验生存奠基于自然无为的大道之上，以“道”作为人的经验生

---

① 楼宇烈：《老子道德经注校释》，中华书局2008年版，第46—48页。
② 陈鼓应：《庄子今注今译》，中华书局1983年版，第578页。
③ 陈鼓应：《庄子今注今译》，中华书局1983年版，第319页。
④ 陈鼓应：《庄子今注今译》，中华书局1983年版，第312页。
⑤ 田诚阳：《道教格言集》，华夏出版社2005年版，第332页。

存的“稽式”。具体说来,《老子》的人生论包括“无欲”“无知”“无心”“守柔”“动善时”“知子守母”等几个方面。[①]

“道”以“自然”“无为”为基本特点。以人的立场视之,“道”之“自然”“无为”特性可以说是无欲、无知、无心。“无欲”“无知”“无心”,实际上是从人的视角对“道”的“自然”“无为”特性进行审视的结果,而这也正是人生论上契入“道”的方式。人在经验世界中要保持人道合一,首先就要从心灵上保持住“道”之“虚”“柔”“弱”的状态,“无知”“无欲”“无心”,就是《老子》人生论上心灵契于“道”的基本要求,同时又是人生论所达至的境界。

一、无欲

关于“无欲”,《老子》三十四章指出:“大道氾兮,其可左右。万物恃之而生而不辞,功成不名有,衣养万物而不为主。常无欲,可名于小。”[②]这里的“无欲”即“自然”。这就是说,“道”生养万物的作用乃是出于本然而非带有某种目的性。“无欲”作为“自然”是“道”的本性,人的世俗生存要效法大道,心灵上的“无欲”便是人生论上的应有之义。

处于一个感性的经验世界中,人的世俗生存又总面临着欲望萌发和开张的可能。其中,《老子》特别指出了人之欲望的三个层面的表现。

首先,是人作为肉体存在所具有的感官欲望,所谓“五色令人目盲,五音令人耳聋,五味令人口爽”。“五色”“五音”“五味”,分别对应人的目、耳、口三种最基本的感官。人的感官极易因其对特定对象诸如五色、五音、五味的本能活动而落入对欲望的追逐之中,并最终带来诸如“目盲”“耳聋”“口爽”等对人之生存的戕害。

其次,人的欲望还进一步表现为心灵上的恣情纵欲。关于这一点,《老子》以“驰骋畋猎”的活动加以说明。十二章指出:“驰骋畋猎,令人心发狂。”“驰骋畋猎”作为一种畅情恣欲的活动,可使心灵中的欲望得到高度伸张和宣发,然而在《老子》看来,这种宣畅欲望的活动却极易使人的心灵陷入迷狂的境地从而背道离德。

---

① 胡适在《中国哲学史大纲》中曾将老子的人生哲学概括为“无知无欲”和“不争主义”。见氏著《中国哲学史大纲》,上海古籍出版社1997年版,第47—48页。此处将老子的人生哲学概括为六个方面。

② 楼宇烈:《老子道德经注校释》,中华书局2008年版,第85页。

再次，人的生存欲望还表现为行为上对名利的追逐。如果说“名”侧重于心灵上的自我满足，“利”则多指向那些能给人带来实际功利的有形之物。关于“名”，第三章批判了人对“贤名”的偏爱，强调“不尚贤”的重要。十七章所列举的治世状态中，民众对王者加以美名的所谓“誉之”的君民关系，《老子》认为并非理想的状态，这也透露出《老子》对于美名的拒斥态度。关于“利”，《老子》指出了人们对于“难得之货”的竞逐。人对名和利的追逐行为达到一定程度必然会导致“争”的局面，“不尚贤，使民不争”，“不贵难得之货，使民不为盗”，正是基于人们对名利的争夺态度提出的对策。不仅如此，这种争夺态度还表现为统治者对于民利的剥夺，所谓“损不足以奉有余”。这种基于欲望扩张的争夺态度甚至还表现为国与国之间的兵争，兵争不过是生存欲望的极端化表现。为凸显名与利对人之生存而言的非本己性，《老子》不无感慨地指出：“名与身孰亲？身与货孰多？得与亡孰病？是故甚爱必大费，多藏必厚亡。知足不辱，知止不殆，可以长久。”[①]显然，名与利对于生命来说是外在的和非本己性的，这种外在的名利的得与失因条件而变化。因此，以欲望的无限伸张、缠绕为旨归的爱名和藏利之举，最终构成对名利本身的自我解构，所谓“甚爱必大费，多藏必厚亡”。正确的人生态度是敛欲归朴，做到知足、知止，所谓“知足不辱，知止不殆”。

当人们的感官、心灵和行为陷入生存欲望的无限扩张，人们就通过各种手段来满足自己的欲望，人生就成为竞逐欲望的过程。在《老子》看来，这种靠欲望的满足而实现的对外在形体生命的养护，实则构成对生命本身的贼害，所谓“益生曰祥”。“益生”就是违背自然大道而去助益人的生存欲望，也就是五十章所说的“生生之厚”。“益生曰祥”告诉人们，这种助益欲望以厚养生命的做法只能使人陷入灾殃的境地。

欲望戕害生命，那么怎样才能做到“无欲”呢？对此，《老子》指出了“贵身”的原则和“无身”的目标。关于“贵身”，《老子》十三章指出：

> 宠辱若惊，贵大患若身。何谓宠辱若惊？宠为上，辱为下[②]。得之若

---

① 楼宇烈：《老子道德经注校释》，中华书局2008年版，第121—122页。

② 此处文字，王弼本作“宠为下”，河上《注》本作“辱为下”，高亨据《景福碑》、陈景元本、李道纯本增为“宠为上、辱为下”，今从高亨说。高说见氏著《老子正诂》，清华大学出版社2011年版，第23页。

> 惊，失之若惊，是谓宠辱若惊。何谓贵大患若身？吾所以有大患者，为吾有身，及吾无身，吾有何患！故贵以身为天下，若可寄天下；爱以身为天下，若可托天下。[①]

人因受生存欲望的支配，在审视和计度外在事物时，总以能否满足人的欲望作为考量的基本出发点，这种考量的结果反映在心灵状态上就是所谓“宠辱若惊”。以人之欲望的满足与否作为衡量的准则，得宠和失辱都是人们想要的，是为“宠为上，辱为下”。与此相反，失宠和得辱则是人们不愿看到的。人之追逐欲望的心灵在面临得宠和得辱这两种不同的结果时，会表现出相同的状态——惊。得宠之“惊”是惊喜之惊，得辱之“惊”则是惊吓之惊。得宠意味着欲望的满足，得宠之“惊”是欲望的满足所引起的心灵惊喜；得辱意味着利益的剥夺和欲望的不可满足，得辱之“惊”是因欲望无法满足而带来的心灵惊吓。此为“得之若惊”。同理，人的心灵在面临失宠和失辱之时，也因生存欲望的满足与否表现出同样的“惊”之状态，只不过失宠之“惊”为惊吓之“惊”，失辱之“惊”为惊喜之“惊”，此为“失之若惊”。“宠”和“辱”的得与失直接关乎人之生存欲望的满足与否，因此，人之追逐欲望的心灵在“宠”与“辱”的得失面前难以保持平静，这就是《老子》所说的“得之若惊，失之若惊，是谓宠辱若惊”。

在《老子》看来，人们之所以会出现“宠辱若惊”的心灵状态，是由于“身”的存在。《老子》所谓的“身”，是指人的形体存在以及由此而产生的自我观念。[②]人的肉体存在以及由此而产生的自我观念对应着人的经验生存层面，是处于世俗世界中的人产生欲望的源泉。也正是由于此，《老子》强调“贵大患若身”。“贵大患若身”即“贵身若大患”[③]，就是要高度重视和警惕人的肉体存在以及由此而产生的自我观念对生存欲望的持续激发，将其看作人之生

---

① 高亨：《老子正诂》，清华大学出版社2011年版，第22—23页。

② 关于这里的“身”，高亨认为“有己即有身也。有身则自私。自私之极，则杀身覆宗亡国，故曰‘大患有身’”。高先生的观点实际是将“有身”理解为“有我”，有卓见处。本文认为这里的“身”包括人的形体和因此而产生的自我观念。高说见《老子正诂》，清华大学出版社2011年版，第22页。

③ 王道言：“‘贵大患若身’，当云贵身若大患。”陈鼓应赞同这种观点。本文采此说。说见王道《老子亿》，载熊铁基、陈红星主编《老子集成》第6卷，宗教文化出版社2011年版，第233页；陈鼓应《老子今注今译》，商务印书馆2006年版，第121页。

存的“大患”。之所以如此，是因为人的肉体存在和个体观念会使人陷入欲望的无限缠绕之中，这是人的生存背离朴真之道的深刻根源。正是在此意义上《老子》强调“吾所以有大患者，为吾有身”。这是将人的肉体存在和个体观念看作人在经验生存中背道离德的最大隐患。只有“贵身若大患”，“自然”之“道”在人之生存层面的敞显才是可能的。

值得注意的是，在《老子》那里，十三章篇首的“宠辱若惊”和“贵大患若身”构成一种逻辑关系。“宠辱若惊”，是人基于“身”的观念而陷溺于生存欲望之状态的真实写照。正是由于人的生存疏远了大道而落入“宠辱若惊”的状态，才有必要做到“贵大患若身”。这是解读十三章时需要注意的一点。

如果说“贵身”是理念和原则，那么“无身”则是目标和境界。“无身”并非对肉体存在的否定。因为对于一个处于经验世界中的人来说，肉体存在根本无法拒斥，拒斥肉体存在也就等于拒斥生命本身。肉体存在无法拒斥，但却可以超越之。《老子》的“无身”就是指超越肉体存在以及由肉体存在而产生的个体观念所带来的生存欲望。

“无身”的首要内容，就是要超越人因肉体存在而引发的欲望。为此，就要以“味无味”①的态度对待生存欲望，做到“为腹不为目”②。“味无味”当然不是要否定“味”本身，而是以“无味”为“味”，强调的是“无味”的态度。“为腹”是一种向内敛守的回归朴真本性的生活方式。“为目”则是一条向外伸张的“妄作”的欲望扩张之路。对于超越人因肉体存在而引发的生存欲望，《老子》五十章有一段集中的阐发：

> 出生入死。生之徒，十有三；死之徒，十有三；人之生，动之于死地，亦十有三。夫何故？以其生生之厚。盖闻善摄生者，陆行不遇兕虎，入军不被甲兵；兕无所投其角，虎无所用其爪，兵无所容其刃。夫何故？以其无死地。③

五十章首句“出生入死”的内涵有多种解释，而这直接关系到对本章意蕴的解

---

① 楼宇烈：《老子道德经注校释》，中华书局2008年版，第164页。
② 楼宇烈：《老子道德经注校释》，中华书局2008年版，第28页。
③ 陈鼓应：《老子今注今译》，商务印书馆2003年版，第256页。

读。首句的“出”与“入”在先秦当有特定的内涵。《韩非子·解老》：“人始于生而卒于死。始之谓出，卒之谓入。故曰：‘出生入死。’”[①]高亨说：“《庄子·大宗师》篇：‘其出不䜣，其入不距。’义与此同。”[②]“出”和“入”当指人的生死而言。[③]可见，“出“入”在这里当指生死言，出则为生，入则为死。既如此，那么引起生与死的原因又有哪些呢？具体说来，引发人的肉体生存欲望的基本要素是“十有三”，即有十三个方面。关于“十有三”，韩非《解老》：“人之身三百六十节，四肢九窍，其大具也。”[④]河上《注》：“言生死之类各有十有三，谓九窍与四关也。其生也，目不妄视，耳不妄听，鼻不妄嗅，口不妄言，舌不妄味，手不妄持，足不妄行，精不妄施。其死也反是。”[⑤]关于“十有三”，当从《解老》和河上《注》的注解。耳、目、口、鼻、舌以及手足四肢因人的生存活动极易陷入对欲望的追逐中，陷溺其中则身死，超拔其外则致生，这就是所谓“生之徒，十有三；死之徒，十有三”。“生之徒”和“死之徒”，分别道出了对以上十三个方面的不同态度所导致的两种截然相反的结果。现实中还有一种情形，就是人本欲长生，却因违背大道的自然本性而在行为上不自觉地落入了生存欲望的陷阱之中，所谓“人之生，动之于死地，亦十有三”。这种情形的出现是因为过分厚养生命的缘故，即所谓“生生之厚”。“生生之厚”就是以欲养身。为说明出离人的肉体生存欲望的重要性，《老子》又以理性化的语言指出：“盖闻善摄生者，陆行不遇兕虎，入军不被甲兵；兕无所投其角，虎无所用其爪，兵无所容其刃。夫何故？以其无死地。”“摄，养也”[⑥]，“摄生”即养护生命，善于养生者不陷溺于人的肉体生存层面的欲望之中，也不以欲望的舒张来厚养生命本身，而是实现了对人的感性肉体生命所带来的生存欲望的超越，以朴性养身，从而与“道”同在，故而出现了“无死地”的生命存在状态。

---

① ［清］王先慎：《韩非子集解》，中华书局1998年版，第149页。

② 高亨：《老子正诂》，清华大学出版社2011年版，第77页。

③ 《河上》注“出生入死”：“出生谓情欲出于五内，魂定魄静，故生。入死谓情欲入于胸臆，精劳神惑，故死。”见王卡点校《老子道德经河上公章句》，中华书局1993年版，第191页。河上《注》是从养生的角度解释“出生入死”的。《老子》此处的“出”“入”当参以《解老》《庄子》所言“出”“入”为是。

④ ［清］王先慎：《韩非子集解》，中华书局1998年版，第149页。

⑤ 王卡点校：《老子道德经河上公章句》，中华书局1993年版，第192页。

⑥ 王卡点校：《老子道德经河上公章句》，中华书局1993年版，第192页。

不仅如此，“无身”还要求超越人的自我观念。这就要做到“虚其心”，从而与物“玄同”。在《老子》看来，要达至“无身”的境地，“损”的方法非常重要。“损”就是减损人的生存欲望以及基于各种欲望的有为活动，“损”的结果是“道”及其具体展现——“德”的不断呈现和增长，即所谓“重积德”。当“损之又损，以至于无为”，即不以私意和欲望去妄为，也就做到了“无身”。当人超越了因肉体存在和自我观念对生存欲望的引发，人的现实生存就通过“少私寡欲”[①]达至“不欲以静”[②]，“无欲”即“自然”的朴真生存状态就会在经验生存中渐次敞显开来，正是在此意义上《老子》感叹道：“及吾无身，吾有何患！”

以“贵身”为理念，以“无身”为旨归，方能达致“无欲”。值得注意的是，战国时期另一道家人物杨朱[③]有“重生”的思想。关于杨朱的思想，比较可信的材料主要见于《孟子》《韩非子》《吕氏春秋》《淮南子》中[④]：

> 杨子取为我，拔一毛而利天下，不为也。（《孟子·尽心》）
>
> 今有人于此，义不入危城，不处军旅，不以天下大利易其胫一毛，世主必从而礼之，贵其智而高其行，以为轻物重生之士也。（《韩非子·显学》）
>
> 阳生贵己。（《吕氏春秋·不二》）
>
> 全性保真，不以物累形，杨子之所立也，而孟子非之。（《淮南子·氾论训》）

顾实认为《吕氏春秋》所说的“阳生”即杨朱[⑤]，今从其说。准确把握上述材料中杨朱的思想特点，找到以上材料中对杨朱思想所作描述的共同点应是相

---

① 《老子》的“无欲”是指“自然”的状态，是人生论所要趋归的目标。“寡欲”是基于“损”的原则而达此境地的手段和方法，二者谈论的角度是不一样的。

② 楼宇烈：《老子道德经注校释》，中华书局2008年版，第91页。

③ 顾实认为杨朱系老子门下弟子，许地山也认为杨朱是老子之后的道家人物，分别见顾实《杨朱哲学》，岳麓书社2011年版，第17页；许地山《道教的历史》，北京工业大学出版社2007年版，第43页。

④ 以下引文分别见朱熹《四书章句》，齐鲁书社1992年版，第196页；高华平等译注《韩非子》，中华书局2010年版，第729页；许维遹《吕氏春秋集释》，中华书局2009年版，第467页；何宁《淮南子集释》，中华书局1998年版，第940页。

⑤ 见顾实《杨朱哲学》，岳麓书社2011年版，第9页。

对可靠的。研读上述材料我们不难发现，《韩非子》认为杨朱“不以天下大利易其胫一毛”的说法，与《淮南子》“不以物累形”的内涵是一致的，都是主张形体生命不为外物所役，即所谓“轻物重生”，这与孟子对杨朱的概括——“拔一毛而利天下，不为也”的“为我”特点是一致的。这是上述材料中杨朱思想的共同点。同时，从《淮南子》“不以物累形”的描述来看，《淮南子》所说的“全性保真”应是指保持生命的真实本性。总之，由以上材料我们可以看出杨朱的思想特点是“重生”。这样，杨朱的“重生”似乎就和《老子》的“贵身”在字面上有相似之处，然而二者的含义却是不同的。《老子》的“贵身”是一个高度哲学化的命题，强调的是对人的肉体存在以及由此而引发的自我观念的超越，“贵身”指向的是“道”。而杨朱的“重生”却更多的是生命哲学或者自处之道，指向的是生命本身。前者是“无己”，后者是“有己”。这是二人的根本不同。

同时需要指出的是，超越自我观念作为《老子》“无身”思想的应有内涵，其对庄子“吾丧我”的命题产生了影响。“丧我”就是消泯自我观念并由此而进入“天地与我并生，而万物与我为一”①的齐同境界，“丧我”实际上是对《老子》“无身”思想的一种继承和发展。另外，《老子》对“无死地”的生存状态的描述，与《庄子》笔下“入水不溺”“入火不焦”的“真人”形象也有很大的相似性。

二、无知

作为人生论的“无欲”，是对处于“非常道”的经验世界中的人们的生存活动加以审视的结果。要想做到“无欲”，根本的途径在于做到“无知”。“无知”就是不用“智”或不采取认知的态度。这是因为人的心灵一旦采取认知的态度，就会用智识对事物去加以分判、取舍和谋划，从而陷入心物二元对待的格局之中，这是对绝对、浑朴、自然之“道”的消解。对此，《老子》第二章指出：

> 天下皆知美之为美，斯恶已；皆知善之为善，斯不善已。故有无相生，难易相成，长短相较，高下相倾，音声相和，前后相随。是以圣人

① 陈鼓应：《庄子今注今译》，中华书局1983年版，第71页。

处无为之事，行不言之教，万物作焉而不辞，生而不有，为而不恃，功成而弗居。夫唯弗居，是以不去。[①]

第二章指出了人因用智而带来的自我遮蔽及拯救之道。人类生活中的“美”与“美之为美”、“善”与“善之为善”依赖于人的“知”，即是人用“智”的结果。当人们立足于自我中心立场用智识去判断、分别、确立和追求美、善等各种价值标准时，这种基于心智而对人之生存的种种自我设定就会在竞逐心智的生存活动中产生异化，最终落入美与恶、善与不善相对待的局面之中。此即“天下皆知美之为美，斯恶已；皆知善之为善，斯不善已”。由此，大道的自足状态和无为本性就被打破，从而陷入一个无休止的二元对待的相对世界中，所谓“有无相生，难易相成，长短相形，高下相倾，音声相和，前后相随”。《老子》用“有无相生”“难易相成”“长短相形”“高下相倾”“音声相和”“前后相随”，来揭示这一相对世界中价值判断的不确定性。超越这种相对世界的不确定性，就要“处无为之事”“行不言之教”。这里的“无为之事”首先是指取消用智的认知态度，不以心智去做种种分判。这里的“不言之教”，就是从用智所剖分的相对世界中抽身而回，不以基于人之心智谋划和设定的种种名相作为言辨的对象，做到“绝智弃辩”[②]，保持一种无为自然的状态。然而，这种因用智而带来的自我遮蔽，对于那些疏远大道的人来说又总是难以领悟，故而《老子》不无感慨地说：“不言之教，无为之益，天下希及之。”[③]

诚如《老子》第二章所言，用智的直接后果是落入知识论的相对视野之中，从而使得绝对和自足之道对人之生存活动的统摄丧失可能性。对于知识论视野下的用智活动，《老子》主要提到了“前识”“为学”和言说。“前识者，道之华而愚之始”[④]，“前识”就是以智识对人的生存做种种先行谋划。“前识”作为用智活动的突出表现，带有强烈的人为性和现成化特点，这恰是真朴无为之“道”的虚华和愚蠢的开始。《老子》又进而指出了“为学”这

① 楼宇烈：《老子道德经注校释》，中华书局2008年版，第6—7页。
② 荆门市博物馆：《郭店楚墓竹简》，文物出版社1998年版，第111页。
③ 楼宇烈：《老子道德经注校释》，中华书局2008年版，第120页。
④ 楼宇烈：《老子道德经注校释》，中华书局2008年版，第93页。

一用智活动的特点："为学日益，为道日损。损之又损，以至于无为。"[①]"为学"就是以认知的态度获取对外物的认识，这是一个"吾生也有涯，而知也无涯"[②]的"日益"过程。随着智识的扩张，大道的自足性智慧也就与人的生存愈来愈远。与此相反，"为道"却是要减损包括用智在内的一切有为的活动，最终与大道的无为本性合一。"为学"和"为道"作为两种截然相反的生存活动，形成了鲜明的对比。不仅如此，言说也是建立在用智之上的一种生存活动。言说以有名之物为对象，而"有名"的世界本身就是人以认知的态度对外在世界加以剖判的产物。任何一个言说活动总包括言说者和言说对象两个方面，因此，言说活动总处于二元对待的相对视野之下。这样一来，作为用智活动的"前识""为学"和言说，均处于知识论的相对视野之下，而此一视野又进一步加剧了疏远和迷失大道的可能。当人的生存深陷于诸如"前识""为学"和言说等用智活动时，人就对大道愈发无知。对此，《老子》指出："言者不知。"[③]这就是说，执于言辩之人恰恰对大道缺乏深刻的领悟。当人在生存中对智识高度依恃时，就会出现"不知知，病"[④]的局面。"不知"是对大道的无知，"知"是自以为知。不知而自以为知，是"用智"的极端化表现。

对"道"的无知恰是人的智识加以扩张的结果。当人因用智而无知于大道，就表现出了对于大道的不同态度，对此，《老子》指出：

> 上士闻道，勤而行之；中士闻道，若存若亡；下士闻道，大笑之，不笑不足以为道。（四十一章）[⑤]

"下士"之所以闻道而"大笑之"，是因为用智之人总是惯于以心智做种种测度，而大道已完全超出了人之经验认知的范围，故大笑之而不信其真。事实上大道恰恰与人们所认知到的经验事物的特点相反，正所谓"明道若昧；进道若退；夷道若颣。上德若谷；大白若辱；广德若不足，建德若偷；质真若渝。

① 楼宇烈：《老子道德经注校释》，中华书局2008年版，第127—128页。
② 陈鼓应：《庄子今注今译》，中华书局1983年版，第94页。
③ 楼宇烈：《老子道德经注校释》，中华书局2008年版，第147页。
④ 楼宇烈：《老子道德经注校释》，中华书局2008年版，第178页。
⑤ 楼宇烈：《老子道德经注校释》，中华书局2008年版，第111页。

大方无隅；大器晚成，大音希声；大象无形。道隐无名”[①]。正是由于此，当人以心智去把捉大道，必然导致对“道”的错置和误读，所谓“大道甚夷，而民好径”[②]。

智识的扩张使人离道背德，去智抱朴的“无知”才是合于大道的生存方式。那么，怎样才能做到“无知”呢？对此，五十六章指出：

> 知者不言，言者不知。塞其兑，闭其门，挫其锐；解其分，和其光，同其尘，是谓玄同。故不可得而亲，不可得而疏；不可得而利，不可得而害；不可得而贵，不可得而贱，故为天下贵。[③]

“知者不言”，真正领悟大道之人不执于建立在“用智”基础上的言辩活动。这实际上是对知识论视野的一种消解。具体说来，就是取消人之感官的认知态度，所谓“塞其兑，闭其门”，这样才能“终身不勤”，“‘勤’借为‘瘽’。《说文》曰：‘瘽，病也。’”[④]“终身不勤”意指取消感官的认知态度之后，人的生存就不会产生对“道”的迷失。当彻底消泯了认知的态度，挫去因运用心智带来的“我”之锋芒，消解因用智而带来的“我”与外界的纷扰，和敛因智识带来的“我”之显扬和光耀，就不再对外在世界用心智去区分和推度，此前以智识做种种判设的外在世界就会从人的心灵中遁去，从而出现了“我”与外界和尘玄同的一体境界。在“我”与外界一体玄同的此一境界中，从前基于“我”之心智而进行的种种价值判定诸如亲疏、利害、贵贱就会消于无形，所谓“不可得而亲，不可得而疏；不可得而利，不可得而害；不可得而贵，不可得而贱”。这样，大道之境就得以在人的生存中呈现出来。

“塞其兑”“闭其门”，就是要取消用智的知识论立场，并最终使大道在人的经验生存中敞显。如果说《老子》所说的“无知”是为了获得对“道”的领悟，那么，《老子》还特别强调对“道”的悟知本身也要注意防止智识之心的产生，正是在此意义上《老子》主张“知不知”。这里的“知”是对于“道”

---

① 楼宇烈：《老子道德经注校释》，中华书局2008年版，第111—113页。

② 楼宇烈：《老子道德经注校释》，中华书局2008年版，第141页。

③ 楼宇烈：《老子道德经注校释》，中华书局2008年版，第147—148页。

④ 马叙伦：《老子校诂》，中华书局1974年版，第463页。

的悟知，“不知”强调的是不自以为知。当人获得对“道”的领悟之后，如果自以为知“道”，那么实际上仍是用心智对“我”和“道”的关系作了一种判识，这样就再次跌入知识论的陷阱之中。只有“知不知”即知“道”却又无任何“知心”，才是“无知”的最佳状态。

《老子》“无知”的人生论对《庄子》产生了重要影响。《应帝王》中“混沌之死”的寓言即承接《老子》“无知”的思想而来：

> 南海之帝为倏，北海之帝为忽，中央之帝为浑沌。倏与忽时相与遇于浑沌之地，浑沌待之甚善。倏与忽谋报浑沌之德，曰：“人皆有七窍以视听食息，此独无有，尝试凿之。”日凿一窍，七日而浑沌死。①

“浑沌”代指浑朴无知之“道”。“浑沌”对于外物本无认知的态度，“日凿一窍”就是让“浑沌”对外物采取认知的态度，结果“浑沌”却因此而死。“浑沌”之死表明，“道”才是人最本己的生存方式，这与《老子》“塞其兑”“闭其门”的“无知”思想是一致的。

此外，《老子》的“无知”论还对《庄子》的“齐物”思想产生了影响。《齐物论》中取消是非判断、是非一齐的思想，是对《老子》“无知”论的发展，《老子》“塞兑闭门”所达到的“玄同”道境也是《庄子》“恢诡谲怪，道通为一”的齐同境界的重要来源之一。

三、无心

以上是人生论中的“无欲”和“无知”。“无知”和“无欲”的境界就是“无心”。“无心”就是去掉欲望之心和用智之心，保持心灵的浑朴状态。在道、天、地、人中，作为人直接效法对象的天地就具有“无心”的特点，对此，第七章指出：

> 天长地久，天地所以能长且久者，以其不自生，故能长生。②

① 陈鼓应：《庄子今注今译》，中华书局1983年版，第228页。
② 楼宇烈：《老子道德经注校释》，中华书局2008年版，第19页。

天地因其“不自生”而能长久。“不自生”就是不有心而生，也就是说天地的运作不是有心而为。天地之所以以“无心”为特点，是因为天地所效法的对象——“道”是“无心”的。“道”的这种无心而为的特点又被称为“玄德”，所谓“生而不有，为而不恃，长而不宰，是谓玄德”[①]。“不有”“不恃”“不宰”，都是说“道”之作用无心而“自然”。

对于“道”的这种“玄德”特性，《老子》三十四章又作出了类似的描述：

> 大道氾兮，其可左右。万物恃之而生而不辞，功成不有，衣养万物而不为主。常无欲，可名于小；万物归焉而不为主，可名为大。以其终不自为大，故能成其大。[②]

万物之生、成、养、归，皆依赖于“善贷且成”的“道”，但这一切对于“道”而言却是无心而为之。大道“以其终不自为大”的“无心”品性而获得了“万物莫不尊道而贵德”的尊贵地位，成为域中“四大”之首。

人直接效法的对象——天地，以及作为人和天地所效法的终极依据——“道”，皆具有“无心”的特点。推天道以明人事，人的生存也应与天地和大道相应，做到“无心”。在此意义上，作为“道”之“无心”特性表现的“道”之“玄德”，也就成为那些与道合一的体道者所具有的品性。七十七章指出：“是以圣人为而不恃，功成而不处，其不欲见贤。”[③]七十七章所说的“圣人”品性与“道”的“玄德”特性是一致的，“圣人”的品性不过是“道”之“玄德”的个体化表现。圣人效法大道，将道的“玄德”特性通过生存活动体现出来，如此则必能达至“不自见故明，不自是故彰，不自伐故有功，不自矜故长”[④]的生存佳境。

此外，《老子》还对圣人的这种“无心”状态作了更为直接的说明：

> 圣人常无心，以百姓心为心。善者，吾善之；不善者，吾亦善之；德善。信者，吾信之；不信者，吾亦信之；德信。圣人在天下，歙歙焉，

① 楼宇烈：《老子道德经注校释》，中华书局2008年版，第24页。
② 楼宇烈：《老子道德经注校释》，中华书局2008年版，第85—86页。
③ 楼宇烈：《老子道德经注校释》，中华书局2008年版，第186页。
④ 楼宇烈：《老子道德经注校释》，中华书局2008年版，第56页。

为天下浑其心，百姓皆注其耳目，圣人皆孩之。[1]

“圣人”作为法道之人，其心灵常处于自然无为的“无心”状态中。“圣人”的此种“无心”状态因其心灵与“道”完全契应而冲虚无为，没有任何现成化的指向，此与“圣人不仁”义同。然而，“圣人”的“无心”状态并非是说其心灵没有任何内容，相反，“圣人”之心灵在与外在世界交接时，又能因应民众之心而呈显出基于“道”之特性的具体内容。《老子》着重谈到了两种“圣人”之心的呈显形式：即“善”之心和“信”之心。对于民众中的“善者”和“不善者”，圣人皆以“善”心待之，圣人因此而呈显出“善”德；对于民众中的“信者”和“不信”者，圣人皆以“信”心待之，圣人因此而呈显出“信”德。“善”心和“信”心是“圣人”之心灵因应民众之心而呈显出的具体内容，但此种呈显于“圣人”而言乃无心而为之。“‘歙’，收敛，指收敛主观的意欲”[2]，“圣人在天下，歙歙焉”，就是说圣人在面对整个生存世界时，敛欲去智而无所用其心。“为天下”即临治天下，“为天下浑其心”强调的是“圣人”以浑朴之心临治天下。与此相反，民众于世俗生活中若皆争相用智，即所谓“百姓皆注其耳目”，这就与“俗人察察”以用智争夺的情形相同。面对百姓用智的生存状态，“无心”的圣人对包括“善者”“不善者”和“信者”“不信者”在内的民众之具体情状丝毫不加分别，皆以孩童之心临之，此即所谓“圣人皆孩之”。可以说，整个四十九章都是在讲“无心”的状态及其在社会治理上的具体表现。

《老子》的“无心”思想在《庄子》那里得到了更为具体的表达，《庄子·达生》篇“呆若木鸡”的寓言就是对“无心”状态的一种说明：

纪渻子为王养斗鸡。十日而问：“鸡可斗已乎？”曰：“未也，方虚憍而恃气。”十日又问，曰：“未也，犹应向景。”十日又问，曰：“未也，犹疾视而盛气。”十日又问，曰：“几矣。鸡虽有鸣者，已无变矣，望之

① 陈鼓应：《老子今注今译》，商务印书馆2003年版，第253页。本章首句中河上《注》本、王弼本、傅奕本作“圣人无常心”，顾欢本、敦煌本、景龙碑本作“圣人无心”，帛书乙本作“圣人恒无心”，北大汉简本同于帛书乙本，陈鼓应《老子今注今译》作“常无心”。今据文义及敦煌本、汉简本等观之，宜作“常无心”而非“无常心”。

② 陈鼓应：《老子今注今译》，商务印书馆2003年版，第254页。

似木鸡矣，其德全矣，异鸡无敢应，见者反走矣。”[1]

“呆若木鸡”的寓言晓示人们，人的精神应收敛锋芒，“损”去“我”的种种欲念，进入浑朴忘我、自然无为、与“道”合一的“无心”状态之中。在《达生》篇看来，恰恰是这种“夫唯不争”的“无心”状态，方能达至“天下莫能与之争”的境界。

《老子》的“无心”思想在稷下道家那里，被发展成为认识论上“因”的观念，《管子·白心》指出：

是故有道之君子，其处也，若无知；其应物也，若偶之，静因之道也。[2]

虚者，无藏也。故曰去知则奚率求矣？无藏则奚设矣？无求无设则无虑，无虑则反覆虚矣。[3]

因也者，无益无损也。[4]

因也者，舍己而以物为法者也。感而后应，非所设也；缘理而动，非所取也。[5]

上述文字认为，心灵上的“无藏”“无虑”即没有主观成见的状态是认识事物的重要条件。如此，人的认识就能因循事物的本来面目即“以物为法”，从而不因人的主观观念而对事物的真实内容有所损益，此即“静因之道”。这实际上是将《老子》“无心”的人生论转变为认识论上的要素。

以上是《老子》人生论中的“无欲”“无知”“无心”。需要指出的是，“无欲”“无知”“无心”，既是大道统摄下的人生论法则，同时又是人生论所应达至的境界。做到“无欲”“无知”“无心”，人的生存便可彻底“损”去种种心智机巧、主观设定以及建立在二者基础上的种种非本真性的生存欲求，从而与大“道”高度契合，进入“无为”“自然”的大道生存状态之中。

---

① 陈鼓应：《庄子今注今译》，中华书局1983年版，第485页。
② 陈鼓应：《管子四篇诠释》，商务印书馆2006年版，162页。
③ 陈鼓应：《管子四篇诠释》，商务印书馆2006年版，第142页。
④ 陈鼓应：《管子四篇诠释》，商务印书馆2006年版，158页。
⑤ 陈鼓应：《管子四篇诠释》，商务印书馆2006年版，第164页

四、守柔

除“无欲”“无知”“无心”之外，“守柔”也是《老子》人生论的一个重要内容，《吕氏春秋》即称“老聃贵柔”[①]。关于“柔”字，《说文·木部》：“柔，木曲直也。”“柔”原出于木之曲直特性。木之“柔”表现为其可曲可直，任外力以成形。在此意义上可以说“柔”类似于“道”之“无为”的特性。《老子》对“柔”性之物的推崇正是基于此。四十三章指出：

> 天下之至柔，驰骋天下之至坚，无有入无间，吾是以知无为之有益。不言之教，无为之益，天下希及之。[②]

王弼注“天下之至柔，驰骋天下之至坚”：“气无所不入，水无所不经。”[③]吕惠卿说：“天下之至柔，驰骋天下之至坚，观于物则水是也。无有入于无间，观于物则气是也。”[④]王弼以“气”与“水”为例释《老子》的“至柔”，吕惠卿以“水”释“至柔”，以“气”释“无有”。从《老子》“天下莫柔弱于水，而攻坚强者莫之能胜”的说法来看，四十三章的“天下之至柔”应是就“水”而言。“水”本无形，因物而成形，可谓“无有”，即不执于一定之形。然而正是“水”的至柔无为本性才能使其穿山贯石而驰骋于山岭大地之间，此为“无有入无间”，可见“柔”的力量之大。四十三章作为“天下之至柔”的“水”，其实只是一种言说的手段，“无为”才是四十三章的理论归宿。“无为”作为四十三章的理论旨归，是通过对“柔”的论说进行的，“柔”不过是大道“无为”本性的具体表征。

“柔”具“道”之“无为”的本性，“弱”则是“道”发挥作用时表现出来的外在样态，所谓“弱者，道之用”。此处的“弱”绝非力量弱小之弱，而是消解用强、逞强的刚性状态之后呈现出来的无欲不争的状态。对此，高亨曾指出：“道善利万物而不争，是以弱为用也。”[⑤]《老子》正是在无欲不争的意义

---

① 许维遹：《吕氏春秋集释》，中华书局2009年版，第467页。
② 楼宇烈：《老子道德经注校释》，中华书局2008年版，第120页。
③ 楼宇烈：《老子道德经注校释》，中华书局2008年版，第120页。
④ ［明］焦竑：《老子翼》引，华东师范大学出版社2011年版，第112页。
⑤ 高亨：《老子正诂》，清华大学出版社2011年版，第67页。

上强调“弱者，道之用”的。类似的说法还有“常无欲，可名于小”。这里的“小”当然也非力量弱小之“小”，“小”仍是无欲不争的“弱”之态势的另一种说法而已。

弱则不争，这种不争的“弱”之态势的一个重要表现就是“处下”。《老子》在以“水”喻“上善”时曾指出：“上善若水。水善利万物而不争，处众人之所恶，故几于道。”①水“利及万物，而不争为之以为功”②，常处于卑下污秽之地，可以说接近于“道”的特性。“水”具“处下”的品性，积众“水”而成之江海更是以宏观的形式展示了“水”之“处下”这一“几于道”的特点，所谓“江海所以能为百谷王者，以其善下之，故能为百谷王”③。江海之所以能为百川所归往，就是因其“善下之”即能“处下”的缘故。“处下”不过是“弱”之态势或“道”之本性的一个具体表现。

“柔”与“弱”是“道”之特性或样态的展现形式。“柔”侧重于从本性上讲，“弱”侧重于从外在态势上说。既然如此，那么具有“柔”“弱”之特性的事物也因与“道”性相合而获得了旺盛的生命力。对此，《老子》指出：

> 含德之厚，比于赤子。蜂虿虺蛇不螫，攫鸟猛兽不搏。骨弱筋柔而握固。未知牝牡之合而朘作，精之至也。终日号而不嗄，和之至也。（五十五章）④
>
> 人之生也柔弱，其死也坚强。草木之生也柔脆，其死也枯槁。故坚强者死之徒，柔弱者生之徒。是以兵强则灭，木强则折。强大处下，柔弱处上。（七十六章）⑤
>
> 勇于敢则杀，勇于不敢则活。此两者，或利或害。天之所恶，孰知其故？（七十三章）⑥

最能使人直观感受柔弱之益处的，是每个人都要经历的人生的初始阶段——婴儿时期。婴儿因心智未向外开张，无知无欲，故而最大程度地保有着“道”之

---

① 楼宇烈：《老子道德经注校释》，中华书局2008年版，第20页。
② 冯振：《老子通证》，华东师范大学出版社2012年版，第16页。
③ 楼宇烈：《老子道德经注校释》，中华书局2008年版，第169页。
④ 陈鼓应：《老子今注今译》，商务印书馆2003年版，第274页。
⑤ 陈鼓应：《老子今注今译》，商务印书馆2003年版，第332页。
⑥ 楼宇烈：《老子道德经注校释》，中华书局2008年版，第181页。

特性，所谓“含德之厚”。婴儿的身体也因之呈现出柔弱的特点，同时也是最富于生命力的存在状态。婴儿在此一状态下，虽骨弱筋柔却能“握固”，其身体处于精纯与冲和的极致状态。由人的婴儿时期进一步放眼体察人之生死和天地中其他事物的生死，则会发现：人活着的时候身体是柔软的，死了的时候身体就变得僵硬了；草木有生命力的时候是柔软的，死亡的时候就干枯了。由此我们可以领悟到：坚硬和刚强总是与“死”为类，而柔弱总是与“生”为伍。自然界和人类社会总是存在着这样一个基本的事实，即“木强则折”“兵强则灭”，所谓“坚则毁矣，锐则挫矣”[①]，这些经验事实无一例外地证明了柔弱的价值。由此，我们可以得出一个基本的结论：“强大处下，柔弱处上。”外在态势上处于强大的事物实际上处于劣势，因为“物壮则老，是为不道，不道早已”；外在态势上处于柔弱的事物却是一种最佳的存在状态，这种最佳状态因其合于“道”的无为不争特性而蕴含“无不克”的力量，所谓“不争而善胜”“柔弱胜刚强”。当我们进一步追问柔弱则生、刚强则死即“勇于敢则杀，勇于不敢则活”这一基本法则的原因时，就会发现天道恶强贵弱乃出于“自然”，并无特定之原因，所以七十三章感叹道：“此两者，或利或害。天之所恶，孰知其故？”[②]

柔弱是符合“道”的存在样态。因而柔弱的态势在人生论上就变成一种应然指向，这就是守柔处弱。基于此，《老子》五十二章提出了“守柔曰强”的理念。在《老子》那里，人生论上的守柔处弱通过两个方面表现出来：一是心灵状态上，一是生存态势上。

心灵状态上的守柔处弱就是要“虚其心”“弱其志”，让心灵无托寄之物，保持浑朴的状态而不指向外物，从而不形成欲望和心智。心灵上的守柔处弱也即无知、无欲。生存态势上的守柔处弱就是不用强、不恃强、不逞强，做到“取后”[③]，“后其身”，“为而不争”，“常宽于物，不削于人”[④]。

对于人生论上这种守柔处弱的思想，《老子》有专门的论述：

---

① 《庄子·天下》所引“老聃曰”。见陈鼓应《庄子今注今译》，中华书局1983年版，第881页。

② 楼宇烈：《老子道德经注校释》，中华书局2008年版，第181页。

③ 语出《庄子·天下》引“老聃曰”。见陈鼓应《庄子今注今译》，中华书局1983年版，第881页。

④ 语出《庄子·天下》引“老聃曰”。见陈鼓应《庄子今注今译》，中华书局1983年版，第881页。

我有三宝，持而保之。一曰慈，二曰俭，三曰不敢为天下先。慈，故能勇；俭，故能广；不敢为天下先，故能成器长。今舍慈且勇；舍俭且广，舍后且先，死矣！夫慈，以战则胜，以守则固，天将救之，以慈卫之。[①]

“慈”“俭”“不敢为天下先”，是《老子》推崇的“三宝”。这里的“慈”应为柔慈。[②]从六十七章对“三宝”的描述来看，“不敢为天下先”和“成器长”、“俭”和“广”，都是意义反对词，因此作为“三宝”之一的“慈”与“勇”亦应是一组意义反对词。如果将“慈”释为“慈爱”[③]，就无法和“勇”构成意义反对，从而破坏本章的整体文意结构，也与《老子》“天地不仁”“圣人不仁”的观念产生冲突。将“慈”释为柔慈，则“慈”“俭”“不敢为天下先”就和“勇”“广”“成器长”构成完整的三组意义反对词。故“慈”当释为柔慈。“慈”为“柔慈”，实即“守柔”。

作为“三宝”之一的“俭”为敛约、节制之义[④]。“俭”根本上是对欲望的收敛，在此意义上“俭”首先是心灵状态上的守柔处弱。不仅如此，“俭”又可展现为“为腹不为目”的生活方式和态度。“三宝”中的“不敢为天下先”就是“处下”，实际上是守柔处弱的人生论在生存态势上的表现。

“慈”“俭”“不敢为天下先”作为《老子》“持而宝之”的“三宝”，是合于“道”的三个法则。“慈”即柔慈，其表面上看来虽“弱”，实际上却蕴含着巨大力量，所谓“慈故能勇”。柔慈反而能强勇而“无不克”，这是说“柔弱胜刚强”的大道之理。寡欲以俭约首先是心灵向内收敛的状态，却具有“广”而向外展发之功。事实上，“俭故能广”的大道之理，既可以通过显而

① 楼宇烈：《老子道德经注校释》，中华书局2008年版，第170页。

② 《淮南子·本经》“父慈子孝”高诱注：“慈，柔。”见宗福邦等《故训汇纂》，商务印书馆2003年版，第809页。兰喜并《老子解读》也将“慈”释为“柔慈”，见兰喜并《老子解读》，中华书局2006年版，第237页。

③ 高亨、陈鼓应都将此处的“慈”释为“慈爱”。见高亨《老子注译》，清华大学出版社2010年版，第108页；陈鼓应《老子注译及评介》，中华书局1984年版，第320页。

④ 《说文·人部》：“俭，约也。”王弼释“俭故能广”：“节俭爱费，天下不匮，故能广也。”吴澄释“俭”为“寡小节约而不侈肆”；高亨《老子注译》释“俭”为“节俭”。分别见楼宇烈《老子道德经注校释》，中华书局2008年版，第170页；黄曙辉点校《道德真经吴澄注》，华东师范大学出版社2010年版，第97页；高亨《老子注译》，清华大学出版社2010年版，第108页。

易见的生存体验如“智士俭用其财则家富，圣人宝爱其神则精盛，人君重战其卒则民众”[①]体现出来，又可以通过“冬日之闭冻也不固，则春夏之长草木也不茂”[②]的天道规律展现出来，还可以表现为心灵上敛欲归朴从而与“道”之“大”同在，达致“莫知其极”的广大境界。当然，六十七章所说的“俭故能广”的“俭”强调的首先是心灵上对欲望的一种损敛态度。正是基于这种对欲望的损敛态度，《老子》才有了“持而盈之，不如其已，揣而锐之，不可长保”以及“金玉满堂，莫之能守，富贵而骄，自遗其咎”的感叹。作为“三宝”之一的“不敢为天下先”，强调的是处下不争的人生态度。这种“处下”的态度就是三十九章所说的“不欲琭琭如玉，珞珞如石”[③]。“琭琭，玉美貌，珞珞，石恶貌”[④]，“玉貌碌碌，为人所贵，石形落落，为人所贱”[⑤]。“不欲琭琭如玉，珞珞如石”，就是“不要求琭琭晶莹像宝玉，而宁愿珞珞坚硬像山石”[⑥]，这和侯王自称“孤”“寡”“不穀”一样，都是讲处下的道理。

“慈”“俭”“不敢为天下先”，都是“道”之法则在人生论上的要求和表现。“舍慈且勇”“舍俭且广”“舍后且先”，讲的是去慈取勇、去俭取广、去后取先，这时的“勇”“广”“先”皆是欲望和目的支配下的人之行为状态，是用强之“勇”、“妄作”之“广”和争先之“先”。这种意义上的“勇”“广”“先”已经失去了来自“道”之本性的深厚根基，如此则人的生存就会陷入背道离德的“死地”之中。

在“慈”“俭”“不敢为天下先”这“三宝”中，柔慈之“慈”实际上是“三宝”的总纲，所谓“有一慈即三宝在其中矣”[⑦]。故而六十七章章末再次借兵事来凸显“慈”的重要：“夫慈，以战则胜，以守则固。”以柔慈而战，则“柔弱胜刚强”而“无不克”；以柔慈而守，则无为任势而“无以易之”。柔慈乃是合于天道的根本法则，为杜绝人生论上背道离德的局面，远离生存中的“死地”，必须持守慈柔之道，此为“天将救之，以慈卫之”。

---

① 语出《韩非子·解老》，见王先慎《韩非子集解》，中华书局1998年版，第151页。
② 语出《韩非子·解老》，见王先慎《韩非子集解》，中华书局1998年版，第151页。
③ 高亨：《老子正诂》，清华大学出版社2011年版，第67页。
④ 高亨：《老子正诂》，清华大学出版社2011年版，第67页。
⑤ 高亨引《后汉书》李贤注，见氏著《老子正诂》，清华大学出版社2011年版，第67页。
⑥ 张松如：《老子说解》，齐鲁书社1998年版，第225页。
⑦ 冯振《老子通证》引徐固卿说，见冯振《老子通证》，华东师范大学出版社2012年版，第109—110页。

守柔处弱作为人生论的原则，在根本上是从“道”的“无为”“自然”特性引申出来的，是“道”之特性的必然要求。一切恃强、用强的行为皆是悖“道”的“妄作”。“守柔”，就是将人的行为矫正到合“道”状态，从而达致“为而不争”“不争而善胜”的境地。

五、动善时

“动善时”也是《老子》人生论的内容之一。《老子》在以“水”喻“上善”时，认为人的行为应当像“水”那样做到“动善时”。“利万物而不争”的“水”，“冬凝春泮，涸溢不失节，善时也”。[①]据此，人应效法“几于道”的水，做到因时而动。《史记》载孔子往见老子，老子曾对孔子说过“君子得其时则驾，不得其时则蓬累而行”的话，这实际上也是讲因时而动的道理。事实上，从《老子》的“道”之运作特性来看，“道生”“道返”以及万物以“兴作——归根”为特性的运作方式，就已体现出了动态的“时”义。可以说，“时”是《老子》道论的应有之义。“动善时”的人生论在根本上源于《老子》的“道”之运作体现出的“时”义。至于如何做到“动善时”，《老子》主要论及了两点，即“善始”和“知几”，二者都是针对人的现实生存中的重要时段或时点来谈论怎样守道不失。“善始”强调“为道”之初的入手点，“知几”则侧重于强调把握事物化变的关键时点以做到守“道”不失。

“善始”一词并未出现于《老子》中，是根据其思想做出的一种概括。[②]“善始”，就是善于在“为道”之初在生存活动中找到守“道”不离的入手点。对此，《老子》六十三章指出：

> 为无为，事无事，味无味。大小多少。报怨以德。图难于其易，为大于其细。天下难事必作于易，天下大事必作于细，是以圣人终不为大，故能成其大。夫轻诺必寡信，多易必多难，是以圣人犹难之。故终无难矣。[③]

---

① 苏辙：《道德真经注》，熊铁基、陈红星主编：《老子集成》第3卷，宗教文化出版社2011年版，第4页。

② 河上《注》将六十三章题为“恩始”，本文受其启发，以“善始”作为老子“动善时”的人生论的内容之一。

③ 楼宇烈：《老子道德经注校释》，中华书局2008年版，第164页。

首句“为无为，事无事，味无味”，意指无为而为，无事而事，无味而味。“为”“事”“味”都是动词，“无为”“无事”“无味”，则是“为”“事”“味”的方式。从“为无为”“事无事”到“味无味”，实际上有一个意涵渐次具体化的过程，“为无为”是目标，“事无事”和“味无味”则是具体的落实途径。其中，“味无味”的“味”作为动词是指“辨别滋味，引申为辨别之意”①。可以说，这里的“味”既可以指具体意义上对“五味”的分辨，也可以指对抽象事物的辨识，实都基于心灵的判识活动。六十三章中的“味无味”实际上更多的是一种譬喻，意指心灵的辨识活动。

在人生论上要做到“为无为”，就要做到“事无事”，而要做到“事无事”，最根本的则在于取消心灵的认知和判识活动，即做到“味无味”。“为无为，事无事，味无味”提示人们，要从“味无味”入手渐次而至“无为”。如果说“为无为”是大的目标，“事无事”和“味无味”则是具体的入手点，其中又以“味无味”最为具体。这种具体的“小”的入手点，对于“为无为”的“大”目标来说具有重要意义，此即《老子》所说的“大小多少”。

关于“大小多少”，历来说法不一。从其后与其具有文意连贯性的“报怨以德”来看，“大小多少”同“报怨以德”一样，都是指与世俗观念相反的情形。按照通常的观点，小、大、多、少的区分是显而易见的。与此种世俗观点相反，只能是以小为大、以少为多，或者说是“大其小”和“多其少”②。这里“大其小”的“大”和“多其少”的“多”都是动词，体现的是对“小”和“少”的重视。之所以重视“小”和“少”，有三个方面的原因。首先是累小可以成大，积少可以成多，所谓“大必生于小，多必起于少”③。其次是小事易成，大事难作，故而《老子》强调“图难于其易，为大于其细；天下难事必作于易；天下大事必作于细”。再次，如果在小事或“为道”的具体入手点上不注重保持与“道”相合不离，人道合一也将丧失可能性。高亨说：“大小者，大其小也，小而以为大也，多少者，多其少也，少而以为多也。视星星之火，谓将燎原。睹涓涓之水，云将漂邑。即谨小慎微之意。”④高亨所说的“谨小

① 兰喜并：《老子解读》，中华书局2006年版，第224页。

② 高亨先生在《老子正诂》中持这种观点。高说见《老子正诂》，清华大学出版社2011年版，第94页。

③ 严灵峰：《老子达解》，（台湾）华正书局有限公司2008年版，第325页。

④ 高亨：《老子正诂》，清华大学出版社2011年版，第94页。

慎微”，就是强调对具体生存活动所出现的离道背德的现象应高度重视。重视“小”和“少”，就是强调在人的生存活动中要“善始”，即在具体的生存活动中应从小处入手做到守道不失。河上《注》将本章题为“恩始”，就很准确地体现了本章的旨趣。正是强调由“小”到“大”，由“少”到“多”，“是以圣人终不为大，故能成其大”。“圣人终不为大”，强调的就是“圣人”从生存活动的细小处入手以抱道不失。

以生存活动中的小事、易事入手作为“为道”之始，做到“图难于其易”“为大于其细”，从而使生存活动不离失大道，积之既久，便可达致“为无为”的境地。但面对生存活动中的小事和易事，人们往往会生起易作之心，骄气外露，如此则不仅不能审慎地将具体生存活动作为通达大道的契机，而且也与守柔处弱的抱道立场相悖，从而导致“多易必多难”局面的出现。这里的“多易”是心灵上面对易作之事的一种掉以轻心的状态。正确的态度是：即使面对易作之事，也须以“犹难之”的心态来面对。“圣人”就是以“犹难之”的心态面对易作之事，如此则不仅能像对待难事一样在易事和小事上贯彻人道合一的法则，而且也与守柔处弱的大道立场相契，最终出现了一种无往而不克的“终无难矣”的理想局面。至此，“善始”作为“动善时”的一个内容的重要性，便清晰地表达出来。

在《老子》“动善时”的人生论中，除“善始”外，还有“知几”。同“善始”一样，“知几”亦是针对人的生存活动中特定时点上的应对策略。“知几”一词最早见于《易传》：“子曰：知几其神乎？君子上交不谄，下交不渎，其知几乎。几者，动之微，吉凶之先见者也。君子见几而作，不俟终日。”[①]“知几”即知微，故而《易传》又言：“君子知微知彰，知柔知刚，万夫之望。”[②]《易传》的“知几”不仅是以“上交不谄，下交不渎”的形式表现出来的知人道之“几”，更是对天地人三才之道的知微察幽。《老子》虽未明确提出“知几”的概念，但“几”字已在《老子》中出现，如通行本六十四章“其微易散”的“微”郭店简本作“几”。[③]陈鼓应据此指出：“‘几’成为先秦哲学重要概念，或本于《老》学。”[④]

① 高亨：《周易大传今注》，齐鲁书社1998年版，第431页。
② 高亨：《周易大传今注》，齐鲁书社1998年版，第431页。
③ 荆门市博物馆：《郭店楚墓竹简》，文物出版社1998年版，第112页。
④ 陈鼓应：《老子今注今译》，商务印书馆2003年版，第302页。

同时亦须指出的是，《老子》虽未提出“知几”的命题，但却已经有了“知几”的思想，这种“知几”的思想是立足于“道”与人的生存的关系这一视角提出来的。对此，《老子》六十四章有言：

> 其安易持，其未兆易谋，其脆易泮，其微易散。为之于未有，治之于未乱。合抱之木，生于毫末；九层之台，起于累土；千里之行，始于足下。为者败之，执者失之。是以圣人无为，故无败，无执，故无失。民之从事，常于几成而败之。慎终如始，则无败事。是以圣人欲不欲，不贵难得之货，学不学，复众人之所过，以辅万物之自然，而不敢为。[①]

本章首先借人的基本生活经验指出了“几”对于事物发展的重要意义。事物处于安稳状态时易于把持，所谓“其安易持”。当此之时，“几”对于事物发展的重要性尚未显露。然而，事物不会始终处于安稳状态，总是要处于变动之中，这时事物变化之“几”对于事物的发展就具有重要意义，所谓“其未兆易谋”“其脆易泮”“其微易散”。这就是说，事物未呈现征兆时易于谋划，处于脆弱状态时易于剖分，处于微弱状态时易于消散。“未兆”“脆”“微”，就是事物化变过程中出现的“几”。河上《注》将本章题为“守微”，深得本章旨趣。

“几”对于事物发展的重要性，同样适用于以抱朴守道为旨归的人生论乃至治国活动。为避免人生论上“大道废”局面的出现，就要及时察知并对治人的心灵和行为上种种偏离大道的倾向，所谓“为之于未有，治之于未乱”，做到“见小曰明”。在《老子》看来，人的活动中种种失道背德的倾向和萌动不可不引起高度重视，只有时时察知并对治此种失道背德的倾向，无为自然的大道之境的获得才是可能的，所谓“合抱之木，生于毫末；九层之台，起于累土；千里之行，始于足下”。细小的幼芽、一筐土和脚下移动的距离，对于“合抱之木”“九层之台”“千里之行”来说虽微不足道，但却包含着相应的可能性，故不可被忽视。“为之于未有，治之于未乱”，是为了在人生论乃至治国论上守持住大道，而人生论上合顺于大道必然要求超越种种“有为”的举动而以“无为”为法则，故而《老子》强调“为者败之，执者失之。是以圣人无为，故无败，无执，故无失”。如果说“为之于未有，治之于未

① 楼宇烈：《老子道德经注校释》，中华书局2008年版，第165—166页。

乱”是知“始”之“几”，那么“民之从事，常于几成而败之”则道出了知“终”之“几”。事情将成之际，往往会因为一些细微的因素而致功亏一篑，故而对事物发展中的“终”之“几”同样需高度重视，做到“慎终如始”，如此“则无败事”。

“圣人”作为守道不失的典范，已达致“无欲”“无知”的境界，以“不欲”为欲，以“不学”为学，其通过“为之于未有，治之于未乱”的说教来挽救众人离道背德之举。圣人此举的目的只有一个，即是使包括人在内的宇内万物顺乎自然本性而至于无为，这就是本章最后的结论：“是以圣人欲不欲，不贵难得之货，学不学，复众人之所过，以辅万物之自然，而不敢为。”

以上是《老子》“动善时”的人生论的基本内容。《老子》“动善时”的观点对其后的先秦道家乃至先秦思想都产生过重要影响。先秦道家人物范蠡就反复强调“时”的重要性，强调“守时”①“随时以行”②“得时无怠”③。范蠡认为“圣人之功，时为之庸”④，并指出：“臣闻从时者，犹救火、追亡人也，蹶而趋之，唯恐弗及。”⑤这些都是对《老子》“动善时”思想的继承和发展。《管子·心术》主张“时适”⑥，《白心》强调“以时为宝”⑦“知时以为度”⑧等。《黄帝四经》也重视“时”：“《四经》一书‘时’的概念多达六十五见。”⑨《黄帝四经》强调“因天时”⑩“当天时”⑪“静作得时”⑫，反对“动静不

① 《国语·越语下》，见徐元诰《国语集解》，中华书局2002年版，第575页。

② 《国语·越语下》，见徐元诰《国语集解》，中华书局2002年版，第575页。

③ 《国语·越语下》，见徐元诰《国语集解》，中华书局2002年版，第584页。

④ 《国语·越语下》，见徐元诰《国语集解》，中华书局2002年版，第586页。

⑤ 《国语·越语下》，见徐元诰《国语集解》，中华书局2002年版，第584页。

⑥ 《管子·心术上》：“‘其应物也，若偶之’，言时适也，若影之象形，响之应声也。”见陈鼓应《管子四篇诠释》，商务印书馆2006年版，第164页。

⑦ 《白心》：“建当立有，以靖为宗，以时为宝，以政为仪，和则能久。”见陈鼓应《管子四篇诠释》，商务印书馆2006年版，第187—188页。

⑧ 《管子·白心》：“不可常居也，不可废舍也，随变断事也，知时以为度。”见陈鼓应《管子四篇诠释》，商务印书馆2006年版，第194页。

⑨ 陈鼓应：《黄帝四经今注今译》，商务印书馆2007年版，第15页。

⑩ 《黄帝四经·经法·四度》：“因天时，伐天毁，谓之武。”见裘锡圭主编《长沙马王堆汉墓简帛集成》（四），中华书局2014年版，第138页。

⑪ 《黄帝四经·十六经·观》：“毋乱民功，毋逆天时”，“当天时，与之皆断”。见裘锡圭主编《长沙马王堆汉墓简帛集成》（四），中华书局2014年版，第152页。

⑫ 《黄帝四经·十六经·姓争》：“静作得时，天地与之”，“静作失时，天地夺之”。裘锡圭主编《长沙马王堆汉墓简帛集成》（四），中华书局2014年版，第162页。

时”[1]。《易传》更是具有鲜明的“时”的观念，提出了与“动善时”相类似的观点——“与时偕行”，并强调“随时”“趋时”“因时”，还揭橥了卦爻之“时义”与“时用”[2]。这些以“时”为特征的哲学观念，都直接或间接地受到了《老子》“动善时”思想的影响。

六、知子守母

除“动善时”外，“知子守母”也是《老子》人生论的重要内容。关于“知子守母”，五十二章指出：

> 天下有始，以为天下母。既得其母，以知其子；既知其子，复守其母，没身不殆。塞其兑，闭其门，终身不勤。开其兑，济其事，终身不救。见小曰明，守柔曰强。用其光，复归其明，无遗身殃；是为袭常。[3]

当人对生活于其中的经验世界何所从来这一问题加以哲学追问并作以回答，此一世界必有一个逻辑上的起点，这一起点可以说是天下万物之“母”，此谓“天下有始，以为天下母”。以“道”为其核心概念的《老子》当然将“天下始”和“天下母”归于“道”，诚如高亨所说：“母者，道也。”[4]“道”作为万物之母，以其“用之不勤”的奇妙生发功能创生出整个世界，这就是“既得其母，以知其子”。“子者，天下也，谓物也”[5]，“子”就是包括人在内的整个经验世界的总和。这个经验世界的存在是人的生存无法回避的事实，人的生存不在于取消和回避这个经验世界，而在于怎样回应它。回应这一经验世界的基本前提是承认它，而“知子”正是表明了这样一个基本的立场。

在“知子”的基础上，如何回应这个经验世界呢？《老子》提出了“既知其子，复守其母”的命题。“守其母”，就是在人的生存中守道抱朴。“知子”

---

① 《黄帝四经·经法·四度》：“动静不时谓之逆。”见裘锡圭主编《长沙马王堆汉墓简帛集成》(四)，中华书局2014年版，第138页。

② 《易传》特别揭示了《豫》《随》《颐》《大过》《坎》《遁》《睽》《蹇》《解》《姤》《革》《旅》十二卦所内蕴的“时”之内涵，以及此种内涵对社会人生的启示和大用。

③ 陈鼓应：《老子今注今译》，商务印书馆2003年版，第265页。

④ 高亨：《老子正诂》，清华大学出版社2011年版，第79页。

⑤ 高亨：《老子正诂》，清华大学出版社2011年版，第79页。

以“守母”，就是在经验生存中返本归道。如果说“既得其母，以知其子”是宇宙生成论的视野，强调的是“知子”；那么，“既知其子，复守其母”则是生存论的态度，强调的是“守母”。“子”作为经验世界的总和，人生存于其中必将面对欲望和心智的萌动，从而可能导致对“道”的迷失。因此，若只“知子”而不“守母”，大道将会从人的生存中隐遁而去。在此意义上，正是“知子”才产生了“守母”的必要性问题。反之，若只“守母”而不“知子”，则将意味着对经验世界的拒斥和否定。

至此，《老子》以母子关系为喻，指出了两种视野的融合。“母”是“道”的视野，“子”是“非常道”即经验世界的视野，得“母”以知“子”和知“子”以守“母”，分别体现出了对这两种视野的肯定。“知子”强调的是对经验世界的肯认和面对，“守母”则强调对“道”的守持和复归。“知子”产生了“守母”的必要性和可能性问题，“守母”则要在所知之“子”即经验世界中完成。

“知子”以“守母”，那么如何“守母”呢？五十二章在提出“既知其子，复守其母”之后，紧接着指出了“塞其兑，闭其门”的“守母”之方。《易传·说卦》：“兑为口。”①高延第说：“‘兑’，口也，口为言所从出。”②口主言说，“塞其兑”实际上强调的是“贵言”和“不言”。至于“闭其门”的“门”字，即第十章的“天门”之“门”。高亨说：“天门，盖谓耳目口鼻也。……盖耳为声之门，目为色之门，口为饮食言语之门，鼻为臭之门，而皆天所赋予，故谓之天门也。”③高亨以“天门”为感官的作用，并强调“天门”之活动受心灵的影响。据此，“闭其门”就是强调感官不向外用事以逐物。需要指出的是，“塞其兑”“闭其门”当然不是说要人在经验生存中闭口不言或者不视听食息，而是指一种对待感官的态度。言说总是建立在心智对外物分别和判识的基础上，而视听食息活动亦是如此，故而“塞其兑”“闭其门”指向的是一种“无知”“无心”的态度，这种态度不是要取消包括言说在内人的任何感官活动，而是“无心”于人的感官活动，将感官活动建立在“母”即“道”的宰制之上。“无心”亦即“虚其心”，体现的是对冲虚之道的效法。这种不

① 高亨：《周易大传今注》，齐鲁书社1998年版，第473页。

② 陈鼓应《老子注译及评介》引，见《老子注译及评介》，中华书局1984年版，第266页。

③ 高亨：《老子正诂》，清华大学出版社2011年版，第19页。

否定人的感官活动但却“无心”于感官活动的态度，就是所谓“用其光，复归其明”。

“光”与“明”的本意都与光照有关。《说文解字》卷十火部：“光，明也。从火在人上，光明意也。”关于“明”，贾晋华说：“先秦至西汉文献中，对明字的解说实多本于日月。”①《左传·昭公二十八年》有“照临四方曰明”②。《易传·系辞》有“日月相推而明生焉”③。《孟子·尽心上》：“日月有明。”④《史记·历书》“日月成，故明也。”⑤“日、月之外，星辰亦发光，与日月合称‘三明’或‘三光’。”⑥“明”为日月星辰之光照，这是“明”之本义。由此本义衍生出以下推衍义：一是人的目视效果和目视能力，如《洪范》“视曰明”⑦，《韩非子·解老》：“聪明睿智，天也；动静思虑，人也。人也者，乘于天明以视，寄于天聪以听，托于天智以思虑。”⑧二是辨察义，如《韩非子·难三》：“知微之谓明。”⑨邵雍亦有“耳目聪明男子身”的诗句。⑩三是彰明义。如《乾·文言》：“天下文明。”⑪四是指人的心灵状态和精神作用，往往以“神明”一词的形式出现。如《荀子·解蔽》：“心者，形之君也，而神明之主也。”⑫《黄帝内经·素问》：“心者，君主之官也，神明出焉。”⑬

就“明”的本义和衍生义而言，五十二章中的“见小曰明”可有多种理解。若取“明”之本义，“见小曰明”是指光照明亮而能见微物。若取衍生义中的目视能力，“见小曰明”是说人的眼睛可视微物。若取辨察义，则“见小曰明”是指明察事物之几微，韩非子《喻老》和《淮南子·道应训》对“见小

① 贾晋华：《神明释义》，载《深圳大学学报》（人文社会科学版）2014年第3期，第8页。
② 杨伯峻：《春秋左传注》修订本（四），中华书局2009年版，第1495页。
③ 见高亨《周易大传今注》，齐鲁书社1998年版，第427页。
④ ［宋］朱熹：《四书章句集注》，中华书局1983年版，第356页。
⑤ ［汉］司马迁：《史记》第4册，中华书局1982年版，第1255页。
⑥ 贾晋华：《神明释义》，载《深圳大学学报》（人文社会科学版）2014年第3期，第8页。
⑦ 李民、王健：《尚书译注》，上海古籍出版社2004年版，第220页。
⑧ 高华平等译注：《韩非子》，中华书局2010年版，第197页。
⑨ ［清］王先慎：《韩非子集解》，中华书局1998年版，第383页。
⑩ 郭彧整理：《邵雍集》，中华书局2010年版，第435页。
⑪ 高亨：《周易大传今注》，齐鲁书社1998年版，第53页。
⑫ ［清］王先谦：《荀子集解》，中华书局1988年版，第397页。
⑬ 姚春鹏译注：《黄帝内经》，中华书局2010年版，第50页。

曰明”的理解即取此义。[①]若取“明”之彰明义和察辨义的综合，“见小曰明”则是指大道的澄明以及因之而达至的察微洞幽之能，《老子》“知常曰明”的说法，就是剔除种种有为的自我设定之后大道在人之心灵中的澄明，所谓“不自是，故明”。“不自是，故明”，乃是“道”在心灵上的澄明，而这恰恰是“明”作为心灵状态或精神作用的衍生义。

如果抛开文本背景，以上各种对“见小曰明”的理解均是合理的。但结合“塞兑闭门”这一具体的“守母”之方来看，由于“塞兑闭门”强调的是一种“无心”于感官活动的态度，是一种“明白四达”而能“无知”的状态，因而“见小曰明”的“明”以及“用其光，复归其明”的“明”就有特定的含义，应是指“心”之虚静明通的状态。这一点类似于《庄子·齐物论》的“以明”，《齐物论》有言：

> 道隐于小成，言隐于荣华。故有儒墨之是非，以是其所非而非其所是。欲是其所非而非其所是，则莫若以明。[②]
>
> 是亦一无穷，非亦一无穷也。故曰莫若以明。[③]
>
> 是非之彰也，道之所以亏也……是故滑疑之耀，圣人之所图也。为是不用而寓诸庸，此之谓以明。[④]

《齐物论》“以明”“莫若以明”的命题均源于对言辩是非的批判。《齐物论》认为言辩是非会因其相对性而陷入“彼亦一是非，此亦一是非”[⑤]的悖论之中。之所以如此，是因为言辩是非总是建立在偏狭的主观成见即“成心”的基础之

① 《韩非子·喻老》：“昔者纣为象箸而箕子怖。以为象箸必不加于土铏，必将犀玉之杯；象箸玉杯必不羹菽藿，则必旄象豹胎，旄象豹胎必不衣短褐而食于茅屋之下，则锦衣九重，广室高台。吾畏其卒，故怖其始。居五年，纣为肉圃，设炮烙，登糟邱，临酒池，纣遂以亡。故箕子见象箸以知天下之祸。故曰：‘见小曰明。’”见王先慎《韩非子集解》，中华书局1998年版，第162—164页。《淮南子·道应训》：“鲁国之法，鲁人为人妾于诸侯，有能赎之者，取金于府。子赣赎鲁人于诸侯，来而辞不受金。孔子曰：‘赐失之矣！夫圣人之举事也，可以移风易俗，而受教顺可施后世，非独以适身之行也。今国之富者寡而贫者众，赎而受金，则为不廉，不受金，则不复赎人。自今以来，鲁人不复赎人于诸侯矣。’孔子亦可谓知礼矣。故老子曰：‘见小曰明。’”见何宁《淮南子集释》，中华书局1998年版，第842—843页。

② 陈鼓应：《庄子今注今译》，中华书局1983年版，第50页。

③ 陈鼓应：《庄子今注今译》，中华书局1983年版，第54页。

④ 陈鼓应：《庄子今注今译》，中华书局1983年版，第66—67页。

⑤ 陈鼓应：《庄子今注今译》，中华书局1983年版，第54页。

上，所谓“未成乎心而有是非，是今日适越而昔至也”[①]。《齐物论》据此强调要超越建立在“成心”之上的各种言辩是非之争而回归大道之明，所谓“为是不用而寓诸庸”就是要不加任何主观评判而顺物之自然功用，这就是“莫若以明”。“以明”是对“成心”的超越，因而必定与人的心灵状态有关。劳思光释“以明”为“以虚静之心观照”，将“明”理解为心灵的观照作用。[②]陈鼓应肯定劳思光的看法，认为“‘以明’当是从‘心’上下去障去蔽的工夫”，并释“莫若以明”为“不如用明静之心去观照”。[③]陈鼓应将“明”理解为“心”合于“道”的状态是恰当的，“明”是摒弃心智活动即“滑疑之耀”后达到的心道合一的状态。

值得注意的是，这种心道合一的状态在《齐物论》中又被称作“葆光”：

> 故知止其所不知，至矣。孰知不言之辩，不道之道？若有能知，此之谓天府。注焉而不满，酌焉而不竭，而不知其所由来，此之谓葆光。[④]

《齐物论》对“葆光”的说明是借助于“天府”这一概念进行的。“天府”具有“注焉而不满，酌焉而不竭”的特点。从《齐物论》的描述来看，“天府”是指心灵的自足状态，这种状态和“知”“言”有关。准确地说，“天府”是心灵对“知”和“言”加以超越的结果，是“不言之辩，不道之道”所达致的境界，而这种境界正是“以明”。“葆光”则是对“天府”或“以明”的另一种说明，“葆光”即“潜藏的光明”[⑤]。很明显，在对“葆光”的描述中，“葆光”（潜藏的光明）与心灵“不知其所由来”的状态存在着对应关系，这种对应关系告诉我们，“葆光”的“光”在此是指“知”，即心智之光，“葆光”的实质是对包括语“言”在内的一切心智活动的消解。“天府”和“以明”依赖于“葆光”而获得，达致“天府”和“以明”的境地须敛藏心智之光。在《齐物论》中，“天府”和“以明”是境界，“葆光”则是手段。

在《齐物论》中，“葆光”则“以明”。而《老子》五十二章在强调“塞

---

① 陈鼓应：《庄子今注今译》，中华书局1983年版，第49页。
② 陈鼓应《庄子今注今译》引，见氏著《庄子今注今译》，中华书局1983年版，第53页。
③ 陈鼓应：《庄子今注今译》，中华书局1983年版，第53页。
④ 陈鼓应：《庄子今注今译》，中华书局1983年版，第74—75页。
⑤ 陈鼓应：《庄子今注今译》，中华书局1983年版，第77页。

其兑”“闭其门”之后提出了“用其光，复归其明”的命题。并且“塞其兑”“闭其门”和“葆光”“以明”的内涵实际上是一致的，都是对“言”和“知”的超越。这样，借助于《齐物论》“以明”“葆光”命题中“光”“明”的内涵，五十二章“用其光，复归其明”的内涵就变得清晰起来。从《老子》到《齐物论》这一道家思想的发展来看，五十二章的“用其光，复归其明”，不过是对“塞其兑，闭其门”的一种说明，是指虽不废绝心智活动但却以与“道”相合的心灵境界为依归的一种状态。也就是说，五十二章的“塞兑闭门”和“用其光，复归其明”之间有着一种内在的对应关系，可以说，“塞其兑”“闭其门”即“用其光，复归其明”。[①]“用其光，复归其明”，则人的生存就会“无遗身殃”，如此就做到了因袭恒常之“道”，用《老子》的话说，“是谓袭常”。

以上是对《老子》人生论中的“知子守母”及“塞其兑”“闭其门”的“守母”之方所做的简要说明。“塞其兑”和“闭其门”，是心灵和感官上的“知子守母”，是“知子守母”的最重要内容。《老子》“知子守母”的人生论并没有否定人的经验生存，而是以“守母”即抱道不失的方式来回应人的经验生存，反对“知子”而不知“守母”即离道背德的生存状态。

除五十二章外，二十六章亦对“知子守母”的人生论中做了阐述：

> 重为轻根，静为躁君。是以君子终日行不离辎重，虽有荣观，燕处超然。[②]

人们在日常生活中会有一个基本的经验：“重”是“轻”的根本，“静”是“躁”的主宰。如树木的根部重而树干轻，这是“重为轻根”，河道中的水在相对静止的两岸中流动和蜿蜒，这是“静为躁君”。六十一章的“牝常以静

① 河上《注》释“塞其兑”时指出：“兑，目也。”以“兑”为目与《说卦》“兑为口”的说法并不一致。《河上》以“目”释“兑”是出于“用其光，复归其明”的解释需要，并无依据。“目”和“光”“明”虽有联系，如《洪范》“视曰明”，《审视瑶函·目为至宝》“神光者，谓目中自然能视之精华也”，但结合《老子》及《齐物论》“以明”“葆光”命题的内涵，《老子》五十二章的“光”和“明”应是针对心灵状态而言。所引《审视瑶函》见傅仁宇《审视瑶函》，人民卫生出版社2006年版，第25页。

② 陈鼓应：《老子今注今译》，商务印书馆2003年版，第176页。

胜牡”，也是说“静为躁君”的道理。“有蓬壁的车叫辎重”[①]，多指运载兵器粮食等重要物资的车[②]。故而“君子终日行不离辎重”是说“重”的重要。“燕，安也”[③]，《说文》卷七宀部：“安，静也。”显然，“虽有荣观，燕处超然”是说“静”的重要。“君子终日行不离辎重”和“虽有荣观，燕处超然”，是对大道和人之生存的关系的一种喻示。这里的“重”和“静”皆指大道言。“重为轻根，静为躁君”，则譬喻大道为事物之根本和主宰。“君子终日行不离辎重”，在于喻示人的经验生存要守持而不能离失“道”这一大本。“虽有荣观，燕处超然”，则是喻示人在生存活动中要使心灵安于大道，不为外物所役所扰。“君子终日行不离辎重”和“虽有荣观，燕处超然”，都是强调以“道”来统摄和主宰人的全部经验生存活动，这不过就是五十二章所说的“知子守母”的人生论。

在“知子守母”的人生论中，“知子”强调人们必须正视经验世界这一无法回避的生存宿命，“守母”则强调对“道”的守持。“知子守母”所表达的是超越之“道”和人之生存的经验性这两种视野的融合，亦即“常道”视野与“非常道”视野的融合，强调将人的经验生存置于大道的主宰和统摄之下。《老子》“知子守母”的观念还被表述成“知其雄，守其雌”“知其白，守其黑”[④]，这不过都是“知子守母”的人生论的不同表达形式。

第三节　治道论

治道论是老子生存论哲学的重要内容。《老子》对治道的重视，与老子作为史官群体的身份有关。据林晓平整理的《春秋战国史官职名及活动一览表》一文，其中所列史官70人，“这些史官所从事的各种活动共95项次，其中，涉及政治方面的活动达51项次，占总项次的53.6%，可见，史官一职具

① 高亨：《老子注译》，清华大学出版社2010年版，第48页。

② 蒋锡昌说：“辎重一名为重，一名为辇，军中载器物粮食之车也。”见蒋锡昌《老子校诂》，成都古籍书店1988年版，第175页。

③ 林希逸：《老子鬳斋口义》，华东师范大学出版社2010年版，第29页。

④ 楼宇烈：《老子道德经注校释》，中华书局2008年版，第73—74页。

有相当突出的政治功能”[①]。《汉书·艺文志》论道家：“道家者流，盖出于史官，历记成败存亡祸福古今之道，然后知秉要执本，清虚以自守，卑弱以自持，此君人南面之术也。”[②]《艺文志》所说的“道家”虽侧重于黄老，但其将源出于史官的道家思想归于“君人南面之术”，仍是对道家思想的现实政治关怀给予的一种高度肯定。高亨亦指明了《老子》书的政治哲学意蕴：“故《老子》书实侯王之宝典，《老子》哲学实侯王之哲学也。”[③]对于《老子》的治道论，以下从《老子》的圣王观、国家观、治国方略三个大的方面进行阐述。

一、圣王观

1. 先秦文献中的“圣”与“王”

“圣”字繁体为“聖”。关于“聖”，《说文解字·耳部》：“通也。从耳呈声。”据《说文》，“圣”字形从耳，与耳听之能相关，并有“通”义。以“通”释“圣”是汉代的重要观念。《白虎通·圣人》：“圣人者何？圣者，通也，道也，声也。道无所不通，明无所不照，闻声知情，与天地合德，日月合明，四时合序，鬼神合吉凶。”[④]《尚书·洪范》“睿作圣”孔《传》：“于事无不通谓之圣。”[⑤]《白虎通》和孔安国《传》都强调了“圣”具有的“通”义。

从“圣”的内涵变衍来看，是因“听”而“通”。那么何以能由“听”而“通”呢？这从《洪范》“思曰睿，睿作圣”的说法中可以发现线索。据《洪范》篇，心灵明睿方为“圣”，这里的“睿作圣”，是就人之心灵的解悟能力和解悟状态而言。“圣”的这种解悟能力在成书于《孟子》之前的竹简《五行》[⑥]中有明确表达：“闻而知之，圣也”[⑦]，“闻君子道而不知其君子道也，

① 林晓平：《春秋战国时期史官职责与史学传统》，载《史学理论研究》2003年第1期，第60页。

② ［汉］班固：《汉书》第6册，中华书局1962年版，第1732页。

③ 高亨：《老子正诂》，清华大学出版社2011年版，第44页。

④ 陈立：《白虎通疏证》，中华书局1994年版，第334页。

⑤ 黄怀信整理：《十三经注疏·尚书正义》，上海古籍出版社2007年版，第454页。

⑥ 关于竹简《五行》的成书时间，见李学勤《先秦儒家著作的重大发现》、邢文《〈孟子·万章〉与楚简五行》，载《中国哲学》第20辑，辽宁教育出版社1999年版，第15页，第241页。

⑦ 刘钊：《郭店楚简校释》，福建人民出版社2005年版，第80页。

谓之不圣”[①]。《五行》所言的“闻而知之”，是指人因听闻而具有的解悟能力，这与上述《白虎通》以“闻声知情”解“圣”有一致之处。

将《说文》、《洪范》、竹简《五行》中关于“圣”的解释结合起来考察，可以得出的结论是：从逻辑上看，“耳听”是“圣”的原初义，进而变衍为人“闻而知之”的解悟能力，再到“通”义。这是一个内涵逐渐抽象的过程。实际上，“圣”所包含的解悟能力最早是指对于神意的领悟。《诗经·小雅·正月》：“召彼故老，讯之占梦。具曰‘予圣’，谁知乌之雌雄？”[②]这里的“圣”与梦占联系在一起，显然是指对于神意的晓知和领悟。《国语·楚语下》：“古者民神不杂。民之精爽不携贰者，而又能齐肃衷正，其智能上下比义，其圣能光远宣朗，其明能光照之，其聪能听彻之，如是则明神降之，在男曰觋，在女曰巫。”[③]《国语》中的“圣”与“智”“明”“聪”一起，作为“明神”降临以为巫觋的一种材质或能力。从文中其与“聪”分而言之来看，《楚语》所说的“圣”亦是指人的解悟能力，而且这种解悟能力显然与神灵、神意密切相关。

“圣”由心灵解悟能力这一内涵逐渐衍生出“通”义是很自然的，事实上对神意的晓悟亦可说是通于神意。[④]在蜕去神学色彩之后，“圣”之“通”义变成对神道、天道、人道乃至万类之情的通晓，这一点通过作为“圣”之人格化形式的“圣人”表现出来：

> 故圣人之德，盖总乎天地者也。（《墨子·尚贤中》）[⑤]
>
> 圣人以治天下为事者也。（《墨子·兼爱上》）[⑥]
>
> 圣人以神道设教，而天下服矣。（《易·观·彖》）[⑦]
>
> 昔者圣人之作《易》也，将以顺性命之理，是以立天之道曰阴与阳，立地之道曰柔与刚，立人之道曰仁与义。（《说卦》）[⑧]

---

① 刘钊：《郭店楚简校释》，福建人民出版社2005年版，第80页。

② 周振甫：《诗经译注》，中华书局2002年版，第296页。

③ 徐元诰：《国语集解》，中华书局2002年版，第512—513页。

④ 白欲晓说：“‘圣’人原初的身份应为巫觋”；“在中国上古宗教中，‘圣’乃是指巫觋通神的能力”。见白欲晓《圣、圣王与圣人——儒家崇圣信仰的渊源与流变》一文，载《安徽大学学报》（哲学社会科学版）2012年第5期，第17页、第18页。

⑤ 吴毓江：《墨子校注》，中华书局1993年版，第79页。

⑥ 吴毓江：《墨子校注》，中华书局1993年版，第154页。

⑦ 高亨：《周易大传今注》，齐鲁书社2003年版，第163页。

⑧ 高亨：《周易大传今注》，齐鲁书社2003年版，第455页。

圣人以此洗心，退藏于密，吉凶与民同患。神以知来。知以藏往。其孰能与此哉！古之聪明睿知神武而不杀者夫！（《系辞上》）[①]

圣人者，原天地之美而达万物之理。（《庄子·知北游》）[②]

以天为宗，以德为本，以道为门，兆于变化，谓之圣人。（《庄子·天下》）[③]

所谓大圣者，知通乎大道，应变而不穷，辨乎万物之情性者也。（《荀子·哀公》）[④]

从上述“圣人”的特征来看，“圣人”不仅通于“神道”，而且于天、地、人、阴阳、人事之治、万物性命之理皆无不通晓、无所不能。“圣人”实乃通天彻地之人。

先秦“王”的观念与“圣”“圣人”密切相关，往往“圣王”连称：

夫民，神之主也，是以圣王先成民而后致力于神。（《左传·桓公六年》）[⑤]

卜筮者，先圣王之所以使民信时日、敬鬼神、畏法令也；所以使民决嫌疑、定犹与也。（《礼记·曲礼上》[⑥]

古者圣王必以鬼神为其务，其务鬼神厚矣。（《墨子·明鬼下》）[⑦]

此必上利于天，中利于鬼，下利于人。三利无所不利，故举天下美名加之，谓之“圣王”。（《墨子·天志上》）[⑧]

圣王之用也：上察于天，下错于地，塞备天地之间，加施万物之上；微而明，短而长，狭而广，神明博大以至约。（《荀子·王制》）[⑨]

---

① 高亨：《周易大传今注》，齐鲁书社2003年版，第401—402页。
② 陈鼓应：《庄子今注今译》，中华书局1983年版，第563页。
③ 陈鼓应：《庄子今注今译》，中华书局1983年版，第855页。
④ 梁启雄：《荀子简释》，中华书局1983年版，第402页。
⑤ 杨伯峻：《春秋左传注》修订本（一），中华书局2009年版，第111页。
⑥ 王文锦：《礼记译解》，中华书局2001年版，第31页。
⑦ 吴毓江：《墨子校注》，中华书局1993年版，第340页。
⑧ 吴毓江：《墨子校注》，中华书局1993年版，第296页。
⑨ 梁启雄：《荀子简释》，中华书局1983年版，第110页。

从以上材料对“圣王”的描述来看，“致力于神”“敬鬼神”“以鬼神为其务”“利于鬼”，这些“圣王”的活动特征与“圣”具有的早期含义——通达神意具有一致性。这说明“王”与“圣”是紧密关联在一起的。[①]如果说“圣王”与“圣人”有所不同的话，那就是“圣王”的活动具有更为显明的以“民”“人”“物”为指向的内容。

此外，先秦文献中还有“先王”的称呼：

> 古者，先王既有天下，又崇立上帝、明神而敬事之，于是乎有朝日、夕月以教民事君。(《国语·周语上》)[②]
>
> 故先王以土与金木水火杂，以成百物。(《国语·郑语》)[③]
>
> 雷出地奋，《豫》。先王以作乐崇德，殷荐之上帝，以配祖考。(《易·豫·象》)[④]
>
> 风行地上，《观》。先王以省方观民设教。(《易·观·象》)[⑤]
>
> 雷在地中，《复》。先王以至日闭关，商旅不行，后不省方。(《易·复·象》)[⑥]
>
> 天下雷行，物与，《无妄》；先王以茂对时育万物。(《易·无妄·象》)[⑦]

从以上材料来看，“先王”具有事神、作乐、教化、创制、应时[⑧]、创化万物之功。这里的“先王”与“圣王”的内涵很接近，不同之处在于“先王”与“圣王”相比，其活动内容更加细化，有了更多的人间具体事务的内容。

---

① 对于“圣”和“王”的这种关联，《韩非子·五蠹》指出：“上古之世，人民少而禽兽众，人民不胜禽兽虫蛇；有圣人作，构木为巢，以避群害，而民悦之，使王天下，号之曰有巢氏。民食果蓏蚌蛤，腥臊恶臭而伤害腹胃，民多疾病；有圣人作，钻燧取火，以化腥臊，而民说之，使王天下，号之曰燧人氏。”《韩非子》明确表示“圣人”就是“王”。引文见王先慎《韩非子集解》，中华书局1998年版，第442页。

② 邬国义等：《国语译注》，上海古籍出版社1994年版，第29页。

③ 邬国义等：《国语译注》，上海古籍出版社1994年版，第488页。

④ 高亨：《周易大传今注》，齐鲁书社1998年版，第142页。

⑤ 高亨：《周易大传今注》，齐鲁书社1998年版，第163页。

⑥ 高亨：《周易大传今注》，齐鲁书社1998年版，第183页。

⑦ 高亨：《周易大传今注》，齐鲁书社1998年版，第187页。

⑧ “先王以茂对时育万物”“先王以至日闭关，商旅不行，后不省方”，皆是因应卦所召显的特定天时而采取的相应行为。其中“至日”指冬至日。

由上所列“圣”“圣人”“圣王”“先王”的特点来看，“圣”与“王”、“圣人”与王者具有很大程度的同一性，而“圣”或“圣人”又于天地人神之道无所不通。这样，诚如刘泽华所说，天、道、圣、王具有四合一的一体性。[①]圣人与理想的王者皆是天道的符号和化身。“圣”与“王”的这种一体关系，在《庄子·天下》中被称为“内圣外王”：

> 天下之治方术者多矣，皆以其有为不可加矣。古之所谓道术者，果恶乎在？曰：“无乎不在。”曰：“神何由降？明何由出？”“圣有所生，王有所成，皆原于一。”
>
> 不离于宗，谓之天人。不离于精，谓之神人。不离于真，谓之至人。以天为宗，以德为本，以道为门，兆于变化，谓之圣人。以仁为恩，以义为理，以礼为行，以乐为和，熏然慈仁，谓之君子。以法为分，以名为表，以参为验，以稽为决，其数一二三四是也，百官以此相齿，以事为常，以衣食为主，以蕃息畜藏为意，老弱孤寡皆有以养，民之理也。
>
> 古之人其备乎！配神明，醇天地，育万物，和天下，泽及百姓，明于本数，系于末度，六通四辟，小大精粗，其运无乎不在。其明而在数度者，旧法世传之史，尚多有之。其在于诗书礼乐者，邹鲁之士搢绅先生，多能明之。其数散于天下而设于中国者，百家之学时或称而道之。
>
> 天下大乱，贤圣不明，道德不一，天下多得一察焉以自好。譬如耳目鼻口，皆有所明，不能相通。犹百家众技也，皆有所长，时有所用。虽然，不该不徧，一曲之士也。判天地之美，析万物之理，察古人之全，寡能备于天地之美，称神明之容。是故内圣外王之道，暗而不明，郁而不发，天下之人各为其所欲焉以自为方。悲夫，百家往而不反，必不合矣！后世之学者，不幸不见天地之纯，古人之大体，道术将为天下裂。[②]

整体上看，《天下》是立足于“古之所谓道术”的角度提出“内圣外王”

① 刘泽华：《论天、道、圣、王四合一》，载《南开学报》（哲学社会科学版）2013年第3期。
② 以上引文见陈鼓应《庄子今注今译》，中华书局1983年版，第855—856页。

之道的，甚至可以说，《天下》所说的“内圣外王”之道就是“古之所谓道术”。在回答“神何由降”“明何由出”的问题时，《天下》的作者做出了“圣有所生，王有所成，皆原于一”的回答。[①]从其后以“天人”“神人”“至人”“圣人”“君子”“百官”“民”为描述对象的叙述来看，“圣”之所生、“王”之所成的内容皆包含于其中。显然，《天下》篇认为“圣”与“王”作为“神”降“明”出的结果，其所生所成“皆原于一”。这里的“一”据文意来看应是指整全未分的“古之所谓道术”。其中，因“一”所生之“圣”又因与“道”或“道术”相契应层面的不同，而被分为“天人”“神人”“至人”“圣人”四种。其中，“圣人”位列“天人”“神人”“至人”之后。然此四者皆是对于“一”即“道”或“道术”有不同层面、不同程度的神妙契合与深刻体悟者。“王有所成”，包括王者由教化成就起大众的君子人格，王者参验名法以设官职名分从而使社会处于有序化状态，以及王者确立民众的生息日用之理三个方面的内容。这三个方面的内容之成就，亦不离“一”即“古之所谓道术”。至此，《天下》的作者指出了在“古之道术”于社会领域的分殊中，即自“圣”之生而到“王”所成的过程，皆不能离于“一”，在此意义上可以说古之道术“无所不在”。这种“道”或“道术”在社会领域的分殊实际上是历史发展的一种必然，也非《天下》的作者所反对的。

《天下》继而又从学术转移和分殊的角度指出了“古之所谓道术”中的阴阳家和六经学说的流散情形。按照肖箑父的观点，“旧法世传之史”的“数度”之学即早期阴阳家的思想。[②]阴阳数度之学和六经之学分殊的实际后果，是“天下多得一察焉以自好”，即造就了众多“不能相通”的“一曲之士”。针对这种“不见天地之纯”“道术将为天下裂”的学术局面，《天下》的作者强烈呼吁“内圣外王之道”的复归。结合文意，这里的“内圣”是指对整全之“道术”的通晓、领悟和契合，这里的“外王”是指基于对整全“道术”之领悟并由之而进一步向外通显的活动，这种活动包括教化、审验、导民等，实由王者来完成。此即《天下》所说的“内圣外王之道”。这种“内圣外王之道”

① 这说明《天下》篇所说的“神”“明”与“圣”“王”有密切关联，甚至可以说“神”“明”与“圣”“王”存在着某种对应关系。

② 肖箑父指出：“《庄子·天下》篇把‘旧法世传之史’所讲求的‘数度’之学，看作儒、墨之前出现的学术派别而列于首位，是符合先秦思想发展的历史实际的。所谓‘数度’之学，可以说就是早期阴阳家言。”见肖箑父《〈周易〉与早期阴阳家言》一文，载《江汉论坛》1984年第5期，第14页。

是“古之道术”在人之生存层面上内外两个方面的开显。当然，《天下》对“圣”“王”同一性加以阐发的“内圣外王”的命题，是立足于战国晚期的学术背景和思想氛围作出的。

2. 老子的“圣”“王”观

“圣人”在《老子》书中三十余见。高亨认为《老子》中的“圣人”“皆有位之圣人，而非无位之圣人也”[①]，即认为《老子》中的“圣人”同时又是王者。徐复观则认为“圣人”是著《老子》者对老聃的称呼。[②]通行本《老子》第三章、四十九章、六十六章有“圣人之治”“圣人在天下”“圣人处上而民不争”之语，同时结合先秦文献对“圣人”“圣王”的描述来看，高亨的观点确为当论。

细究之，《老子》书中的“圣人”又有如下特点：

首先，其所谓“圣人”有些是实有所指。如五十七章和七十八章有“圣人云”之语：“故圣人云：我无为而民自化，我好静而民自正，我无事而民自富，我无欲而民自朴”[③]；“是以圣人云：受国之垢，是谓社稷主；受国不祥，是为天下王”[④]。从表达形式来看，这两章中的“圣人”皆非泛泛之语，明显有其特定的指称对象。

其次，《老子》书中的“圣人”又是合“道”之人，甚至可以说是“道”的化身。这一点从“圣人”所具有的“玄德”品性就可以得到体现。“玄德”首先是“道”发生作用的特点，所谓“道生之，德畜之：长之、育之、亭之、毒之、养之、覆之。生而不有，为而不恃，长而不宰，是谓玄德”[⑤]。“道”生养万物却对万物不占有、不依恃、不主宰。“道”生养万物是“玄德”的应有之义，“圣人”亦“常善救物，故无弃物”。“道”的“玄德”特性亦可成为合“道”之“圣人”的品性。六十五章说：“古之善为道者，非以明民，将以愚之。民之难治，以其智多。故以智治国，国之贼；不以智治国，国之福。知此两者亦稽式。常知稽式，是谓玄德。玄德深矣，远矣，与物反矣，然后乃至

① 高亨：《老子正诂》，清华大学出版社2011年版，第44页。

② 徐复观：《有关老子其人其书的再检讨》，见氏著《中国思想史论集续编》，上海书店出版社2004年版，第192页。

③ 楼宇烈：《老子道德经注校释》，中华书局2008年版，第150页。

④ 楼宇烈：《老子道德经注校释》，中华书局2008年版，第187页。

⑤ 楼宇烈：《老子道德经注校释》，中华书局2008年版，第137页。

大顺。”[①]六十五章的“古之善为道者”，应归入《老子》中的“圣人”之列。六十五章告诉人们，知“稽式”的“圣人”因合于“道”而亦表现出了“玄德”之性。七十七章更是明确指明了“圣人为而不恃，功成而不处”[②]的“玄德”品性。“圣人”之活动表现出同于“道”之“玄德”品性，这说明《老子》中的“圣人”实乃“道”的人格化形式。

再次，《老子》书中的“圣人”有些要早于老子所处的时代。二十八章指出：“朴散则为器，圣人用之则为官长。故大制不割。”[③]朴木经剖分加工而为器物，此即“朴散则为器”。与“朴散则为器”的过程相类，经验世界由本原之“道”而诞生亦无可避免。圣人正是顺应大道的这一敞开过程，于社会领域创设官长。这种创设官长的“圣人”自然要处于人类文明的早期。司马迁在《史记·历书》中说：“盖黄帝考订星历，建立五行，起消息，正闰余，于是有天地神祇物类之官，是谓五官。”[④]司马迁以推测的语气认为王官之设起于黄帝。《淮南子·汜论训》说：“神农无制令而民从，唐虞有制令而无刑罚。”[⑤]“无制令”则不可能有官长之设，“有制令”方有官长，《淮南子》认为“制令”和“官长”之设的时间是在尧舜时期。《史记》和《淮南子》的上述说法虽反映了汉人的观念，但结合起来看，《老子》书中创设官长的“圣人”亦应早出。此外，六十章说：“以道莅天下，其鬼不神。非其鬼不神，其神不伤人；非其神不伤人，圣人亦不伤人。夫两不相伤，故德交归焉。”[⑥]这里以“圣人”和鬼神并言，鬼神和“圣人”都不伤人，则大道之“德”交相归于天下，鬼神、圣人和人各得其正，各安其所，处乎“和”中。这种与鬼神并言的“圣人”，透露出早期巫文化的影子。亦可说是《老子》中“圣人”原型早出的一个例证。

除“圣人”外，《老子》书还有“王”和“侯王”的称呼。其中，“王”是合于“道”之本性的应然性的王者。《老子》关于“王”的观点主要包括两个方面，即“公乃王”和“王大”。

---

① 楼宇烈：《老子道德经注校释》，中华书局2008年版，第167—168页。
② 楼宇烈：《老子道德经注校释》，中华书局2008年版，第186页。
③ 楼宇烈：《老子道德经注校释》，中华书局2008年版，第74页。
④ ［汉］司马迁：《史记》第4册，中华书局1982年版，第1256页。
⑤ 何宁：《淮南子集释》，中华书局1998年版，第928页。
⑥ 楼宇烈：《老子道德经注校释》，中华书局2008年版，第157—158页。

关于“公乃王”，十六章说：

> 致虚极，守静笃，万物并作，吾以观复。夫物芸芸，各复归其根。归根曰静，是谓复命。复命曰常，知常曰明，不知常，妄作，凶。知常容，容乃公，公乃王，王乃天，天乃道，道乃久。没身不殆。[①]

在本章中，“为道者”通过观万物之“复”而获知万物所遵循的“各复归其根”的法则，并进而领悟此法则中万物通过“归根”向本然处复归而保持其本性的所谓“复命曰常”，通过“知常”而明悟万物之应然本性和状态。借此种明悟，人可容通万物而不遗，此谓“知常容”。容通万物，依万物本性而动，则“自然”而无有私意，此谓“容乃公”。这里的“公”，用《老子》的话说就是“不有”“不恃”“不宰”，是一种无有私意妄作、“为无为”的“自然”状态。老子认为，达此状态方为名副其实的王者，即所谓“公乃王”。[②]这里的“王”显然是应然意义上的。王者与“天”“道”同在，成为“天”“道”在人世间的感性的符号，所谓“王乃天，天乃道”。

“王”在社会中的重要性，《老子》称为“王大”。二十五章说：“故道大，天大，地大，王亦大。域中有四大，而王居其一焉。”[③]“王亦大”[④]，王弼注：“天地之性人为贵，而王是人之主也，虽不职大，亦复为大，与三匹。故曰‘王亦大’也。”[⑤]注“而王居其一焉”：“处人主之大也。”[⑥]如王弼所言，“王大”首先是指王者作为人主之“大”，即在社会中的地位和权势而言。其次，“王大”还是由于王者因能达至“公”之境界而成其为“王”，并因“公”而“天”而“道”，成为“道”在世俗世界中的感性存在。王者与“道”同在，是“道”的化身，故亦可称“大”。再次，“王大”还表现为其职责之“大”。王者效法大道，不仅生养万物以“辅万物之自然”，做到“常善救物”而“无

---

① 楼宇烈：《老子道德经注校释》，中华书局2008年版，第35—37页。

② 《庄子·应帝王》：“汝游心于淡，合气于漠，顺物自然而无容私焉，而天下治矣。”从“无容私”来看，这段文字已经透露出王者与“公”的关系。引文见陈鼓应《庄子今注今译》，中华书局1983年版，第215页。

③ 楼宇烈：《老子道德经注校释》，中华书局2008年版，第64页。

④ 竹简本、帛书本、河上本、《淮南子·道应》所引皆作“王亦大”。由竹简本知，应为“王亦大”。

⑤ 楼宇烈：《老子道德经注校释》，中华书局2008年版，第64页。

⑥ 楼宇烈：《老子道德经注校释》，中华书局2008年版，第64页。

弃物”，而且还要对民众负起责任，做到“常善救人”而“无弃人”。这是从职责上言“王大”。

如果说《老子》中的“王”是统治者的理想形象，“侯王”则是指现实的统治者。“侯王”一词在通行本《老子》中出现五次，计有“侯王若能守之，万物将自宾”，“侯王若能守之，万物将自化”，“侯王得一以为天下贞”，“侯王无以贵高将恐蹶”，“是以侯王自谓孤寡不穀”。[①]从“若能守”“将恐蹶”来看，“侯王”是指现实中的王者。这种意义上的“侯王”在《老子》书中有时又被称为“我”与“吾”。高亨认为《老子》“言‘我’言‘吾’者凡十许处，皆侯王之自称，而非平民之自称也”[②]。事实上“我”与“吾”在《老子》中并非尽指现实的统治者即“侯王”，还可指百姓和作为“道”之化身的“圣人”[③]。“吾”则较为复杂，有些是指《老子》的作者本人[④]，有一处是《老子》引言中的人物[⑤]，其余则多与侯王相关。结合老子的史官身份，《老子》以“我”“吾”称侯王而谈治道，恰与史官劝诫统治者从而为其提供治世方略和南面之术的职能相合。[⑥]

《老子》书中用以指称侯王的“我”“吾”是以双重身份出现的，“我”“吾”既是体道者，又是现实社会中的侯王。而且，以“我”“吾”为称的现实的统治者——侯王正是通过对“道”加以深刻体认和领悟方成为名副其实的王者的。“我”“吾”的体道者形象在二十章中有明确的表述：

---

① 楼宇烈：《老子道德经注校释》，中华书局2008年版，第81页，第91页，第106页。

② 高亨：《老子正诂》，清华大学出版社2011年版，第44页。

③ 如十七章：“百姓皆谓我自然。”这里的“我”指百姓。五十七章：“故圣人云，我无为而民自化；我好静而民自正，我无事而民自富，我无欲而民自朴。”五十七章的“我”指圣人。见楼宇烈《老子道德经注校释》，中华书局2008年版，第4页，第150页。

④ 如第四章：“道冲而用之或不盈，渊兮似万物之宗。挫其锐，解其纷，和其光，同其尘。湛兮似或存，吾不知谁之子，象帝之先。”二十一章：“自古及今，其名不去，以阅众甫。吾何以知众甫之状哉？以此。”二十五章：“有物混成，先天地生，寂兮寥兮，独立不改，周行而不殆，可以为天下母。吾不知其名，字之曰道，强为之名曰大。”第七十章：“吾言甚易知，甚易行。天下莫能知，莫能行。”见楼宇烈《老子道德经注校释》，中华书局2008年版，第10页，第52—53页，第62—63页，第175页。

⑤ 六十九章：“用兵有言：吾不敢为主而为客，不敢进寸而退尺。”此处的“吾”指用兵者而言。见楼宇烈《老子道德经注校释》，中华书局2008年版，第173页。

⑥《国语·周语上》：“故天子听政，使公卿至于列士献诗，瞽献曲，史献书，师箴，瞍赋，矇诵，百工谏，庶人传语，近臣尽规，亲戚补察，瞽、史教诲，耆、艾修之，而后王斟酌焉，是以事行而不悖。”文中的“史献书”“瞽、史教诲”表明，史官有参与政治活动并提供建议、劝诫的职能。引文见邬国义等《国语译注》，上海古籍出版社1994年版，第6页。

众人熙熙，如享太牢，如春登台。我独泊兮其未兆，如婴儿之未孩。儽儽兮若无所归。众人皆有余，而我独若遗。我愚人之心也哉！沌沌兮！俗人昭昭，我独昏昏；俗人察察，我独闷闷。澹兮其若海，飂兮若无止。众人皆有以，而我独顽似鄙。我独异于人，而贵食母。[①]

从二十章来看，“我”“吾”这些现实社会中的统治者，需要具有常人所无的对于“道”的深刻领悟和自觉践行。唯有如此，“侯王”才能“得一以为天下贞”，成为合于大道应然本性的真正王者。通行本十六章在论述“公乃王”时，也正是从对“复”这一内在于万物中的“道”之法则的领悟和体察开始的。“吾”通过“知常”而“容”而“公”而“王”，正说明了“侯王”通过体道活动而成为应然性王者的过程。这说明，《老子》中作为侯王之称的“吾”“我”还是以体道者的形象出现的。

依据抱朴守道程度的不同，《老子》还将在位者划分为不同的种类：

太上，下知有之。其次，亲而誉之。其次，畏之。其次，侮之。[②]

“太上”，河上《注》：“太上谓太古无名之君也。”[③]王弼《注》：“太上，谓大人也。大人在上，故曰‘太上’。大人在上，居无为之事，行不言之教，万物作焉而不为始，故下知有之而已。言从上也。”[④]从本章中的三个“其次”来看，这里的“太上”首先是指表示程度和等级的概念。[⑤]本章中的“之”明显指人君而言。[⑥]故将“太上”释为“至德之世”“太古至治之极”的观点难以成

① 楼宇烈：《老子道德经注校释》，中华书局2008年版，第46—48页。
② 楼宇烈：《老子道德经注校释》，中华书局2008年版，第40页。
③ 王卡点校：《老子道德经河上公章句》，中华书局1993年版，第68页。
④ 楼宇烈：《老子道德经注校释》，中华书局2008年版，第40页。
⑤ 蒋锡昌说：“‘太上’者，古有此语，乃最上或最好之谊。《魏策》：‘故为王计：太上，伐秦；其次，宾秦；其次，坚约而详讲与国，无相离也。’谓最好，伐秦也。襄二十四年《传》：‘太上，有立德；其次，有立功；其次，有立言。’谓最上，有立德者也。《吕览·孟秋纪·禁塞》：‘凡救守者，太上，以说；其次，以兵。’谓救守者，最好，以说也。《有始览·谨听》：‘太上，知之；其次，知其不知。’谓最好，知之也。《孝行览·遇合》：‘凡举人之本，太上，以志；其次，以事；其次，以功。’谓凡举人之本，最好，以志也。《先识览·察微》：‘凡持国，太上，知始；其次，知终；其次，知中。三者不能，国必危，身必穷。’谓持国，最好，知始也。皆其证也。”见蒋锡昌《老子校诂》，商务印书馆1937年版，第107—108页。
⑥ 见丁四新《郭店楚竹书〈老子〉校注》，武汉大学出版社2010年版，第370页。

立。[①]本章的“太上”应指完全按照“道”的原则来治理社会的人君。这种意义上的“太上”未必就如河上《注》所释，一定是“太古无名之君”，但却可以包括在内。尽管《老子》本章的“太上”也可能以“太古无名之君”为原型，但这里的“太上”，已在语义上成为指代那种完全契合大道而具备“玄德”品性的至德之君的一种称谓。王弼《注》中的“大人”也正是在这种意义上使用的，因而其相对于河上《注》更为合理。“太上”之君以“道”治国，“贵言”无为，不干扰民众的“自然”生存状态，故而在下位之民众仅“知之”。这样的“太上”之君是《老子》理想的王者形象。当然，在《老子》看来，现实中的在位者只要守“道”而行，也完全可能成为这样的王者。

相较于“太上”之君，次一等的统治者便是那些民众对其“亲而誉之”的在位者。这种在位者当指行仁义之君。需要注意的是，在竹简《老子》丙组1号简中，除包含有与通行本十七章在内容上相对应的文字外，简文末尾还以“故”字开始行文连接通行本十八章“大道废，有仁义”的内容。[②]从内容上看，《老子》所描述的“大道废，有仁义”的社会状态，应与这种下民“亲而誉之”的在位者的统治存在对应关系。行仁义之君由于偏离无为大道，“其德可见，恩惠可称，故亲爱而誉之”[③]。这样的在位者是偏离无为之“道”而以有为之仁义治世者。次于行仁义之君的是民众对其“畏之”的在位者，这种统治者是指“设刑法以治之”[④]，这就是七十四章所说的对“为奇者”“执而杀之”的在位者。这样的在位者靠威压维持其统治，恃强用刑，社会治理的“有为”性更加强烈，也在根本上背离了“道”之柔弱不争的原则。相对于以刑罚治世之君，还有更次之者，那就是民众对其“侮之”的在位者。在这种统治者治理的社会环境中，民众已“不畏死”，“以死惧之”的刑罚作为社会治理的手段已丧失效力，其统治局面已无法维持。

从“太上”之君到民众“侮之”之君，构成了一个从“抱朴”到失道的序列。这一方面透露出老子对“大道废”局面的忧虑，同时也从侧面反映出当时出现的社会阶级关系和统治者所面临的社会治理困局。

---

① 蒋锡昌以“太上”为“最好之世”“至德之世”，朱谦之认为“太上”是指“太古至治之极”，二人都将“太上”理解为历史时段。见蒋锡昌《老子校诂》，商务印书馆1937年版，第108页；朱谦之《老子校释》，中华书局1984年版，第69页。

② 见丁四新《郭店楚竹书〈老子〉校注》，武汉大学出版社2010年版，第365页。

③ 王卡点校：《老子道德经河上公章句》，中华书局1993年版，第68页。

④ 王卡点校：《老子道德经河上公章句》，中华书局1993年版，第68页。

二、理想的国家模型

《老子》理想的国家模型是通行本八十章所描述的“小国寡民”的社会：

> 小国寡民，使有什伯之器[①]而不用，使民重死而不远徙。虽有舟舆，无所乘之；虽有甲兵，无所陈之；使人复结绳而用之。甘其食，美其服，安其居，乐其俗。邻国相望，鸡犬之声相闻，民至老死不相往来。[②]

可以说，“此章盖老子无为而治之理想国家也”[③]。这种理想的国家样态其实并不难从《老子》思想中得到理解。应当说，“小国寡民”的国家模型与“道”的“柔”“弱”本性存在着义理上的关联。从《老子》所主张的“守柔则强”和“弱者，道之用”的理念来看，“小国寡民”即“国小民少”[④]的国家样态，实际上不过是“柔”“弱”这一“道”之特性的对象化而已。

八十章这种基于“道”之“柔”“弱”特性所构设的理想社会，其主要特征是“使有什伯之器而不用”“使民重死而不远徙”“使人复结绳而用之”。这难以说是反文明的，正如冯友兰先生所言，“用《老子》的表达方式，应该说是知其文明，守其素朴”[⑤]。本章中的“使”字应引起注意。从“使民复

① 文中的“什伯之器”，帛书甲乙本作“十百人之器”，河上《注》本作“使（民）有什伯，人之器而不用”，王弼本、傅奕本、范应元本作“什伯之器”。先秦、秦汉的文献中，见有“什伯”，未见有“什伯人”的说法。故本处仍作“什伯之器”。马叙伦、高亨、朱谦之亦作“什伯之器”。分别见高明《帛书老子校注》，中华书局1996年版，150页；王卡《老子道德经河上公章句》，中华书局1993年版，第303页；王德有点校《老子指归》，中华书局1994年版，第117页；楼宇烈《老子道德经注校释》，中华书局2008年版，第190页；刘笑敢《老子古今》（上），中国社会科学出版社2006年版，第772页；马叙伦《老子校诂》，古籍出版社1956年版，第197页；高亨《老子正诂》，清华大学出版社2011年版，第108页；朱谦之《老子校释》，中华书局1984年版，第307页。

② 楼宇烈：《老子道德经注校释》，中华书局2008年版，第190页。

③ 冯振：《老子通证》，华东师范大学出版社2012年版，第123页。

④ 姚鼐以八十章“小国寡民”的“小”和“寡”为使动用法：“故老子欲小其国，寡其民。”张腾宇撰文着重阐述了这一点，认为这里的“小”和“寡”即“使……小（化）使……寡（化）”。这种理解有其合理性，这种意义上的“小国寡民”最终仍是达到国小民寡的一种社会状态。故此处仍以“国小民少”来说明此种社会状态。姚说、张说分别见姚鼐《老子章议》，熊铁基、陈红星主编《老子集成》第9卷，宗教文化出版社2011年版，第788页；张腾宇《〈老子〉“小国寡民”之义辨正》，载《哲学研究》2017年第12期，第61页。

⑤ 冯友兰：《中国哲学史新编》（上），人民出版社1998年版，第347页。

结绳而用之”来看，这里的“使”字不能作“即使”讲，并且也不能用作王者的“指令”“引导”义，因为这明显不符合“自然”“无为”的内涵。这里的“使”当为“致使”义，“使”字起领的诸句应是“小国寡民”所导致的结果。“使”的这种内涵表明，作为“道”之对象化的“小国寡民”的社会状态，与“使有什伯之器而不用”“使民重死而不远徙”“使民复结绳而用之”的社会状态之间存在着因果关系。[①]先秦以至秦汉文献中的“什佰”约有两义，一是表示数量、倍数义[②]，二是与行伍有关[③]。从“小国寡民”和“使有什佰之器”的因果推导关系来看，“什伯之器”应作兵器解[④]，如此，则“使有

---

① 奚侗注意到了“小国寡民”和“使有什伯之器而不用”的关系。他说：“国小民寡，生事简约，故虽有什伯之器，亦无所用之也。”见奚侗《老子集解》，熊铁基、陈红星主编：《老子集成》第13卷，宗教文化出版社2011年版，第29页。冯振注意到了“小国寡民”与“使有什伯之器而不用”“使民重死而不远徙”的关联。他说：“国小民寡，家给人足，则虽有十倍百倍之器，无所用之矣；人不竞利，不思远徙，则虽有舟车，无所乘之矣；国不相争，则虽有甲兵，无所陈之矣。”见冯振《老子通证》，华东师范大学出版社2012年版，第123页。

② 如《孟子·滕文公上》：“‘夫物之不齐，物之情也；或相倍蓰，或相什伯，或相千万……’”《管子·七臣七主》：“时有春秋故谷有贵贱。而上不调淫，故游商得以什伯其本也。”见朱熹《四书章句集注》，齐鲁书社1992年版，第72页；姜涛《管子新注》，齐鲁书社2009年版，第378页。

③ 《淮南子·兵略训》：“正行伍，连什伯。”《史记·秦始皇本纪》：“蹑足行伍之间，而倔起什伯之中。”《论衡·量知》：“不晓什伯之阵，不知击刺之术者，强使之军，军覆师败，无其法也。”何宁《淮南子集释》，中华书局1998年版，第1058页；司马迁《史记》第1册，中华书局1982年版，第281页；黄晖《论衡校释》，中华书局1990年版，第550页。

④ 李荣《道德真经注》：“圣人理国，用无为之道，所有军戎器械或少或多，若伯若千皆悉不用。”李荣是以“什伯之器”为兵器。俞樾说：“按‘什伯之器’，乃兵器也。《后汉书·宣秉传》注曰：‘军法，五人为伍，二五为什，则共其器物，故通谓生生之具为什物。’然则什伯之器，犹言什物矣。其兼言伯者，古军法以百人为伯。《周书·武顺篇》：‘五五二十五曰元卒，四卒成卫曰伯。’是其证也。什伯皆士族部曲之名。《礼记·祭义篇》曰：‘军旅什五。’彼言‘什五’，此言‘什伯’，所称有大小，而无异义。徐锴《说文系传》于人部‘伯’下引‘《老子》曰：有什伯之器，每什伯共用器，谓兵革之属’，得其解矣。”高亨《老子正诂》：“俞解什伯之器为兵器是也。《文子·符言》篇：‘天下虽大，好用兵者亡。国家虽安，好战者危。故小国寡民，虽有什伯之器而不用。’正解什伯之器为兵器也。《淮南子·兵略》篇：‘正行伍，连什伯。’《史记·秦始皇纪》：‘蹑足行伍之间而倔起什伯之中。’皆‘什伯’与‘行伍’对言，亦什伯为士卒部曲之名之证。”李荣、俞樾、高亨皆以“什百之器”为兵器。上引文分别见《中华道藏》第9册，华夏出版社2004年版，第333页；俞樾《诸子平议》，中华书局1954年版，第161页；高亨《老子正诂》，清华大学出版社2011年版，第108页。另胡适说：“什是十倍，伯是百倍。文明进步，用机械之力代人工。一车可载千斤，一船可装几千人。这多是什伯人之器。”古棣、郑良树从之。胡适之说过于迂阔，此不取。胡适、古棣、郑良树之说分别见：胡适《中国哲学史大纲》，上海古籍出版社1997年版，第45—46页；古棣、周英《老子通》（上），吉林人民出版社1991年版，第582—584页；郑良树《老子新论》，上海古籍出版社2011年版，第287页。

什伯之器而不用”是说不用兵战。之所以会出现“使有什伯之器而不用”的情形，是因为“小国寡民”则无力侵凌他国，强用兵则国必灭。这是从国家形态设计上消弭战争之患，亦透露出老子对于当时国家间兼并战争的厌恶。不仅如此，国小民寡亦无力侵伐他国，如此则无有扩充疆土、远徙民众之事，故而说“使民重死而不远徙”。“远徙”，即指因开疆拓土而产生的徙民言。这样，“小国寡民”和“重死而不远徙”之间也存在着因果关系。八十章中的“使民重死而不远徙”“使有什伯之器而不用”，与下文的“虽有舟舆，无所乘之”“虽有甲兵，无所陈之”分别与构成对应关系[①]，后者是对前者的说明。“使民复结绳而用之”李荣注：“古者书契未作，结绳为政。”[②]高亨指出：“‘使民复结绳而用之’，谓废书契也。”[③]国小民寡则事约而不繁，故可不用书契，“复结绳而用之”。据此，废书契以结绳而用之，同样亦可以从“小国寡民”的社会状态中找到原因。这样，作为“道”之特性对象化的“小国寡民”，就与“使有什伯之器而不用”“使民重死而不远徙”“使民复结绳而用之”均构成因果关系。实际上，八十章中的三个“使”字就已经透露出了“小国寡民”与上述三者之间的关系，“使”字指明了“小国寡民”的社会状态所导致的结果。

如果说“小国寡民”是“柔”“弱”之“道”的对象化形式，那么“道”的自足本性亦体现在“小国寡民”的社会理想中。《老子》将“道”的自足性落实于“小国寡民”这一社会状态下人的生存方式之中，所谓“甘其食，美其服，安其居，乐其俗。邻国相望，鸡犬之声相闻，民至老死，不相往来”。八十章所描述的这一自足社会场景不过是“道”之自足本性的一种社会学表达。在此种生存状态下，“道”与人的生存完全契合，人人皆化入大道之中。对此，李荣给出了精彩的注解：“两国为邻，望之在目，鸡鸣狗吠，听之耳闻。从始至终，以少及老，不相往来，人人皆自足，家家俱有。故曰人相忘道

---

① 关于这种对应关系，俞樾已经指出：“‘使有什伯之器而不用，使民重死而不远徙’两句一律。下文云‘虽有舟舆，无所乘之，虽有甲兵，无所陈之’，‘舟舆’句蒙‘重死而不远徙’而言，‘甲兵’句蒙‘什伯之器不用’而言，文义甚明。”高亨亦认为“什佰之器”与“虽有甲兵，无所陈之”互相应和。分别见俞樾《诸子平议》，中华书局1954年版，第161页；高亨《老子注译》，清华大学出版社2010年版，第122页。

② 李荣：《道德真经注》，《中华道藏》第9册，华夏出版社2004年版，第333页。

③ 高亨：《老子正诂》，清华大学出版社2011年版，第108页。

术，鱼相忘于江湖，其斯之谓者也。”①李荣的注解正是立足于“道”之自足性在人的生存方式中的内化而言的。

八十章“小国寡民”的社会理想，亦可视为立足于“复”“返”的观念在社会层面向人类社会早期状态的回归。对于八十章的宗旨，吕惠卿言：“三代以来，至于周衰，其文弊甚矣。民失其性命之情，故老子之言，救之以质，以反太古之治。”②释德清说：“老子所言，疾当时之弊皆有为用智，刚强好争，尚利自私，奉己而不恤于民。故国乱民贫，而愈难治。所以治推上古，道合无为，全篇所论，不出乎此，盖立言之本旨也。”③吕惠卿和释德清所说的“反太古之治”和“治推上古”，表明了《老子》“小国寡民”的社会理想和早期社会状态的关系。

当然，《老子》对“小国寡民”这一理想社会场景的描述，是从“道”的视野着眼的，有其强烈的现实关切，其更多的意义在于矫正时弊。关于这一点，刘笑敢说：“从原文的语气上来看，本章只是提出一种假设的可能，所表达的不过是作者对现实的一种不满和愿望，并非一个明确的蓝图或方案。”④“小国寡民”意在强调在人的生存中持守住大道本性，其中的“虽有甲兵，无所陈之”，可以说是凸显“不争”的理念，“使民复结绳而用之”，强调的则是“绝圣弃智”的思想，其所表达的都是去智、无欲的思想。对此，释德清说：“不尚争，故虽有甲兵无所陈”；“不用智，故可使结绳而用之如太古”。⑤冯振也指出：“‘使民无知’，即‘复结绳而用之’之义。‘无欲’，即甘食、美服、安居、乐俗之义。”⑥可见，“小国寡民”这一社会理想的意义在于以“道”及其本性为人的生存确立起应然指向，只不过这种指向是以国家模型和社会状态的形式表现出来罢了。

三、治国方略

在《老子》的治国思想中，还包含着具体的治国方略。这主要包括无为

---

① 李荣：《道德真经注》，《中华道藏》第9册，华夏出版社2004年版，第333页。

② 见［明］焦竑《老子翼》，华东师范大学出版社2011年版，第189页。

③ 释德清：《道德经解》，华东师范大学出版社2009年版，第148页。

④ 刘笑敢：《老子古今》修订版（上），中国社会科学出版社2006年版，第780页。

⑤ 释德清：《道德经解》，华东师范大学出版社2009年版，第148页。

⑥ 冯振：《老子通证》，华东师范大学出版社2012年版，第123页。

以治的总原则、处理国与国关系的“处下”原则，以及“兵者不祥之器”的战争观。

（一）无为以治的原则

1. 无为以治的可能性

“无为”就是按照“自然”的本性去活动而不“妄作”。“妄作”对应于“不知常”而言，是指违背“自然”本性去活动。“无为”论是老子政治哲学的标志性特征。人们往往习惯于以“无为而治”来概括老子治国论的基本原则。那么，在《老子》那里无为以治的可能性依据是什么呢？它是否是一种缺乏合理性根据而过于理想化的政治方略呢？关于这一问题，《老子》五十四章做出了回答：

> 善建者不拔，善抱者不脱，子孙以祭祀不辍。修之于身，其德乃真；修之于家，其德乃余；修之于乡，其德乃长；修之于邦，其德乃丰；修之于天下，其德乃普。故以身观身，以家观家，以乡观乡，以邦观邦，以天下观天下。吾何以知天下然哉？以此。①

“善建者不拔，善抱者不脱，子孙以祭祀不辍”一句的内涵不容忽视。“子孙以祭祀不辍”中的“祭祀”当非平民祭祀活动，而是指宗庙祭祀。以此观之，“善建”“善抱”的内涵并非泛指，而应是针对邦国而言。与此相对应，“不拔”“不脱”，亦首先是就侯王在邦国之位的长久性而言的。侯王若要守国不失，须在根本上按照“道”的法则来进行治理活动。因而“善建”“善拔”之“善”，在根本上就体现为对“道”的守持上，这正与五十九章的“有国之母，可以长久”构成对应关系。“有国之母”的“母”即指“道”而言。以“道”之特性作为国家政治活动的根本原则，将治国原则建立在“道”的根基之上，则国运长久不衰，此为“有国之母，可以长久”。五十四章的“善建者不拔，善抱者不脱，子孙以祭祀不辍”，所表达的亦是以“道”作为立国之大本的思想。

以“道”治国可使侯王守国长久。“道”的最大特点便是“自然”和“无为”，因而以“道”治国即是强调无为以治。“无为以治”从王者的治理方

---

① 陈鼓应：《老子今注今译》，商务印书馆2003年版，第271页。

式上指明了治国的方略。在指出了“自然”“无为”这一治国的总原则后，五十四章进而对无为以治这一治国原则的可行性做了说明。这种说明又包括两个环节，首先是对“道”落实于社会领域的可能性的说明。“修之于身，其德乃真”，是说以“道”修于己身，“道”的具体展现——“德”便会真实无伪的为个体所占有，人所涵具的大道之“德”得以真实呈显。这里的“德”是指“道”的属性在具体事物中的落实。“修之于家，其德乃余”，是说修“道”于一家，则于家而言其“德”无不足。“修之于乡，其德乃长”，是说修“道”于一乡，则其乡之“德”盛长。“修之于邦，其德乃丰”，是说修道于邦国，则其邦国之“德”丰大。“修之于天下，其德乃普”，是说修“道”于天下，天下之“德”便可周普。这样一来，一己之身、一家、一邦、乃至天下，皆可因“道”的充斥不离而成就起应然的理想状态。同时，在此一过程中，作为“道”之具体落实和展现的“德”之“真”“余”“长”“丰”还构成了一个不断扩充的过程。[①]准确地说，上述五个排比句式所表达的只是一种假设性陈述，这种假设性陈述强调的是“道”落实于社会领域的可能性，它指明了“道”在不同社会单元和范围落实后的具体结果，其中，“修之于天下，其德乃普”则是以“道”治国所要达到的目标。

“道”及其特性和法则可以在社会领域中得以落实。在此基础上，五十八章进而指出了达至无为以治这一目标的可能性：“故以身观身，以家观家，以乡观乡，以邦观邦，以天下观天下。”[②]关于五十四章的以上诸句，林希逸说：“即吾一身而可以观他人之身，即吾之一家而可以观他人之家，即吾之一乡而可以观他人之乡。推之于国于天下皆然，言道之所用皆同也。”[③]林希逸得此

---

① 《庄子·让王》有如下文字：“故曰：道之真以治身，其绪余以为国家，其土苴以治天下。由此观之，帝王之功，圣人之余事也，非所以完身养生也。”这段文字与《老子》五十四章表面上有相似之处，但强调的却是不以天下为事的思想，与《老子》五十四章的内涵并不相同。

② 《管子·牧民》言：“以家为乡，乡不可为也。以乡为国，国不可为也。以国为天下，天下不可为也。以家为家，以乡为乡，以国为国，以天下为天下。毋曰不同生，远者不听。毋曰不同乡，远者不行。毋曰不同国，远者不从。”高亨认为《管子》上文与五十四章的大旨相同。王淮说：“实则管子此文除‘文法’与老子此文相同外，‘大旨’有何相同，实未易见。”王说是，高说误。《管子·牧民》与《老子》五十四章文句相似的部分在于强调施政原则和施政对象的相应性，与《老子》五十四章的文义并不相同。高说见《老子正诂》，清华大学出版社2011年版，第83页；王说引自刘笑敢《老子古今》修订版（上），中国社会科学出版社2006年版，第562页。

③ 林希逸：《老子鬳斋口义》，华东师范大学出版社2010年版，第59页。

句正解。[①]之所以要"以身观身"，是因为我身修"道"而"德"真，所谓"修之于身，其德乃真"，他人之身与我身同，皆为"道"之大化中"得一"而成为自身者，故他人之身亦可通过修养和持守"道"而达至"其德乃真"的状态。由此推开，"道"修于一家而"德"有余足，他人之家与我之一家同为由众人之身组成的群体性存在，故他人之家亦可通过"道"之修养持存而使其家之德有余。同理，可"以乡观乡，以国观国，以天下观天下"。这里的"天下"应是表示比文中的"邦"大一级的概念，是指由诸多邦国构成的侯王统治的范围，实即就大邦或大国而言。相对于其后"吾何以知天下然哉"中的"天下"的范围要小，后者中的"天下"是指整个天下。"以天下观天下"，即是以我之"天下"观他人之"天下"，若我之"天下""德普"，他人之"天下"亦可如是。"以天下观天下"，不过是更大范围内的"以国观国"而已。"吾何以知天下然哉"的"然"字，当指本章开篇所说的"善建者不拔，善抱者不脱，子孙以祭祀不辍"，即以"道"治国而天下"德普"，从而国运恒久。

五十四章所"知"的"天下"是一种可能的应然性蓝图。从自身出发并通

① 《韩非子·解老》解"修之于身"以下诸句："身以积精为德，家以资财为德，乡国天下皆以民为德。今治身而外物不能乱其精神，故曰：'修之身，其德乃真。'真者，慎之固也。治家者，无用之物不能动其计，则资有余，故曰：'修之家，其德有余。'治乡者行此节，则家之有余者益众，故曰：'修之乡，其德乃长。'治邦者行此节，则乡之有德者益众，故曰：'修之邦，其德乃丰。'莅天下者行此节，则民之生莫不受其泽，故曰：'修之天下，其德乃普。'修身者以此别君子小人，治乡治邦莅天下者各以此科适观息耗，则万不失一。故曰：'以身观身，以家观家，以乡观乡，以邦观邦，以天下观天下，吾奚以知天下之然也？以此。'"见王先慎《韩非子集解》，中华书局1998年版，第154—155页。韩非此文将"德"理解为形而下层面的具体事物，与《老子》五十四章中作为"道"之属性的"德"并不相同，而且韩非对于此段文字的理解是从君王之术的角度出发的，有失《老子》本义。严遵《老子指归》解"以身观身"至"以天下观天下"句："是故，我身者，彼身之尺寸也；我家者，彼家之权衡也；我乡者，彼乡之规矩也；我国者，彼国之准绳也；人主者，天下之腹心也；天下者，人主之身形也。故天下者与人主俱利俱病、俱邪俱正。主民俱全，天下俱然。家国相保，人主相连。苟能得已，天下自然。故，可以知我者，无所不知；可以治我者，无所不治；便于我者，无所不可；利于我者，无所不宜。不可于我而可于彼者，天下无之。"见王德有点校《老子指归》，中华书局1994年版，第54页。《指归》强调彼我之间的贯通性，尤其强调人主在身、家、国、天下中的示范作用和在施政活动中的重要性。《指归》的这种解读实际上折射着西汉大一统的政治观念。此种解读与老子的"观"义有隔。河上《注》亦强调"观"义中的双方，《河上》注"故以身观身"至"以天下观天下"："以修道之身，观不修道之身，孰亡孰存也。以修道之家观不修道之家也。以修道之乡观不修道之乡也。以修道之国观不修道之国也。以修道之主观不修道之主也。"见王卡点校《老子道德经河上公章句》，中华书局1993年版，第208页。河上《注》是紧扣五十四章开篇"善建者不拔，善抱者不脱，子孙以祭祀不辍"的句义来阐释的，于本章其余文字的解读不足，未整体凸显本章旨趣。

过“以身观身，以家观家，以乡观乡，以国观国，以天下观天下”的类比递推，是“知天下”的方法论。[①]“以此”的“此”，当指“修之于身”至“以天下观天下”诸句。“此”包含了“道”落实于社会领域的可能性和以“道”治天下即无为而治的可能性两个方面。通过对这两方面的说明，《老子》最终使无为以治在理论上成为可能。这种无为以治的治国方略之所以可能的一个重要的前提，就是他人、他家、他乡、他邦亦同样如“吾”那样，按照“无为”这一“道”的本性去活动。

2.“我无为”的侯王之道

无为以治的目标要求统治者做到“我无为”。因而在无为以治的原则下，“无为”即“自然”而“不妄作”就成为侯王的基本行为法则。在《老子》看来，侯王“以身轻天下”的“有为”之政只会导致“民之难治”的局面，故而反对侯王用背道的种种有为之法来治理天下，所谓“将欲取天下而为之，吾见其不得已。天下神器，不可为也。为者败之，执者失之”[②]。这里的“取天下而为之”，即是“有为”视野下对“天下神器”的一种对象化的态度。以对象化的态度通过种种有为之政来治理天下，非治国正途。为此，《老子》强调侯王要做到“以无事取天下”“清净为天下正”，强调“为无为，则无不治”。可以说，“我无为”是侯王治国的一个基本法则。《老子》对“我无为”这一侯王法则的说明，主要是通过侯王所效法的理想的王者形象——“圣人”来进行的。

“我无为”就是要使侯王的活动遵循“道”的“自然”本性。而欲使侯王的活动遵循“道”之“自然”本性，从整体上看就是要使其行为合乎“玄德”。“生而不有，为而不恃，长而不宰”的“玄德”本是“道”的属性，此一“玄德”也可以说是“道常无为而不为”，即“道”之运化出于“自然”，无心而为。作为理想的王者形象的“圣人”，则是体现“道”之“玄德”属性的化身。第二章指出：“是以圣人处无为之事，行不言之教，万物作焉而

---

① 这种类比递推的方法论应亦是四十七章“不出户，知天下”的方法论。对此，王弼已经注意到了，王弼注“吾何以知天下然哉？以此”：“此，上之所云也。言吾何以得知天下乎？察己以知之，不求于外也。所谓不出户以知天下者也。”冯振亦指出：“本经曰：‘不出户，知天下。不窥牖，见天道。’此即‘以身观身，以家观家，以乡观乡，以邦观邦，以天下观天下，吾何以知天下然哉？以此’之义。”分别见楼宇烈《老子道德经注校释》，中华书局2008年版，第144页；冯振《老子通证》，华东师范大学出版社2012年版，第87—88页。

② 楼宇烈：《老子道德经注校释》，中华书局2008年版，第76页。

不辞，生而不有，为而不恃，功成而弗居。夫唯弗居，是以不去。”[①]圣人之“玄德”不过是“无为”法则的具体表现。侯王作为现实的在位者须如“圣人”那样将“玄德”通贯到自己的活动中去，所谓“道常无为而无不为，侯王若能守之，万物将自化”[②]。与此相反，侯王以有为施政则会出现“难治”的情形：“民之难治，以其上之有为，是以难治。”[③]“道”以及“圣人”的“玄德”品性为侯王活动提供了基本参照，侯王的行为符合“玄德”，是侯王做到“我无为”的总要求。

“玄德”是对侯王“我无为”所提出的整体性要求。在此整体性原则之下，《老子》还阐明了“我无为”的具体途径。一切有为活动皆源于人的欲求，因而“无欲”就是达至“我无为”的基本途径。在《老子》看来，侯王做到“无欲”是民众得以保持朴真本性的可能条件，所谓“我无欲而民自朴”[④]。这里的“无欲”是一个宽泛的概念，一切不合于“道”之本性的有为活动亦属于“有欲”的范围，“无欲”则是对一切有为活动及其欲求的消解。人的欲求之最显见者，是人因肉体存在而带来的生存欲望。《老子》谴责了在位者奢侈纵欲而背离大道的情形：

> 朝甚除，田甚芜，仓甚虚。服文彩，带利剑，厌饮食，财货有余；是谓盗夸。非道也哉！（五十三章）[⑤]
>
> 民之饥，以其上食税之多，是以饥。民之难治，以其上之有为，是以难治。民之轻死，以其求生之厚，是以轻死。夫唯无以生为者，是贤于贵生。（七十五章）[⑥]

五十三章指出了在位者奢欲背道的情形，同样，七十五章的“上之有为”主要是就在位者生存欲望的扩张而言。在位者为满足一己之欲而表现出来的“食税之多”“求生之厚”等活动，不仅严重背离了大道本性和侯王之“德”，而且必会招致“难治”“民之轻死”的局面。故而《老子》对侯王“贵生”即厚

① 楼宇烈:《老子道德经注校释》，中华书局2008年版，第6—7页。
② 楼宇烈:《老子道德经注校释》，中华书局2008年版，第90—91页。
③ 楼宇烈:《老子道德经注校释》，中华书局2008年版，第184页。
④ 楼宇烈:《老子道德经注校释》，中华书局2008年版，第150页。
⑤ 楼宇烈:《老子道德经注校释》，中华书局2008年版，第141—142页。
⑥ 楼宇烈:《老子道德经注校释》，中华书局2008年版，第184页。

养生命[①]的行为提出了批评，强调敛欲归朴而“无以生为”，即不以厚养生命为事，做到“见素抱朴，少私寡欲”，亦即坚持“三宝”中的“啬”之原则。如果在位者不守道抱朴而以厚养生命为事，其结果只能是“金玉满堂，莫之能守；富贵而骄，自遗其咎”。侯王扩张自己的欲望达到一定的程度，甚至会出现“民不畏死，奈何以死惧之”的在位者与民众之间紧张对峙的无奈局面。与那种无限扩张自己欲望的在位者相反，“守一”而“见素抱朴”的侯王，不但不损民之利以适一己之欲，而且还能“以有余奉天下”。“以有余奉天下”即做到了“不积”：“圣人不积，既以为人己愈多，既以与人己愈有。”[②]之所以如此，是因为作为理想王者的圣人广施于人而无私利之心，所谓“圣人执左契而不责于人”。“‘圣人执左契而不责于人’即施而不求报也”[③]，“圣人”这种施而不求报的行为实已与大道的“玄德”本性相契。以上都是强调侯王“无欲”的重要性，强调侯王应敛损生存欲望从而符合“玄德”品性。

“无欲”落实在为治道方面，还要求侯王杜绝“以智治国”。《老子》六十五章指出：

> 古之善为道者，非以明民，将以愚之。民之难治，以其智多。故以智治国，国之贼；不以智治国，国之福。知此两者，亦稽式。常知稽式，是谓玄德。玄德深矣，远矣，与物反矣，然后乃至大顺。[④]

六十五章认为，“古之善为道者”不以智识的开张为治民之则，而是要保持民众的浑朴之心，即“非以明民，将以愚之”。以“古之善为道者”为指向，侯王亦须杜绝“以智治国”。为此，就要常知“以智治国，国之贼”和“不以智治国，国之福”这两种“稽式”。“稽式”，河上《注》本作“楷式”，高亨《老子正诂》说：“稽读为楷。《广雅·释诂》：‘楷，法也。’《说文》：‘式，法也。’稽、楷古通用。《庄子·大宗师》篇：‘狐不偕。’《韩非子·说疑》篇作‘狐不稽’。即其左证。此两者亦稽式，言‘以智治国国之贼，不以智治国

① 陈鼓应释七十五章中的“贵生”为“厚养生命”。见陈鼓应《老子注译及评介》，中华书局1984年版，第340页。

② 楼宇烈：《老子道德经注校释》，中华书局2008年版，第192页。

③ 高亨：《老子正诂》，清华大学出版社2011年版，第107页。

④ 楼宇烈：《老子道德经注校释》，中华书局2008年版，第167—168页。

国之福’二者，乃治国之法则也。”[①]蒋锡昌认为“‘稽’为‘楷’之借字”[②]。高、蒋二说可从。“以智治国，国之贼”和“不以智治国，国之福”这两种“稽式”，实际是对侯王治国活动的一种警诫之语，其与十九章“绝圣弃智”、五十八章“其政闷闷，其民淳淳，其政察察，其民缺缺”的说法相呼应[③]，都在强调闭绝民众的智识扩张之心而返归浑朴之道。“与物反矣”的“反”当释为“返”。[④]“物”秉含其“德”而存在，并因其自在本性而本然的处于“自然”状态中，人却往往因用智而偏离淳朴之心。“与物反矣”，强调的是人与万物同返于“道”的状态。“与物反矣，然后乃至大顺”，强调的是“不以智治国”，如此，则侯王所治理的“天下”才能与万物一起返于大道，达至人、物悉皆和顺于“道”“德”的“大顺”之境。

以智治国的一个重要表现是侯王为民众的生存标举起种种现成化的指向。现成化指向的有为性与无为以治的原则相悖离，是对“以约为纪”[⑤]即以简约为纲纪的大道法则的破坏，因而受到了《老子》的抨击。三十八章说：

上德不德，是以有德；下德不失德，是以无德。上德无为而无以

---

① 高亨：《老子正诂》，清华大学出版社2011年版，第96页。

② 蒋锡昌：《老子校诂》，成都古籍书店1988年版，第399页。蒋锡昌说：“‘稽’‘楷’一声之转。《广雅·释诂一》：‘楷，法也。’是‘稽式’即法式，三十八章王注所谓‘模则’也。‘知此两者，亦稽式也’，言人主知贼与福两者之利害，而定取舍乎其间，亦可谓治国之模则也。”见同书第399—400页。

③ 王弼注“其政闷闷，其民淳淳，其政察察，其民缺缺”：“言善治政者，无形、无名、无事、无政可举。闷闷然，卒至于大治，故曰‘其政闷闷’也。其民无所争竞，宽大淳淳，故曰‘其民淳淳’也。立刑名，明赏罚，以检奸伪，故曰‘察察’也。殊类分析，民怀争竞，故曰‘其民缺缺’。”高亨说：“闷闷，傅奕本作闵闵。闷、闵均借为潣。潣潣，水混浊。其政潣潣，是说国家的政治混混沌沌，没有制度、法律、教育、文化、不辨善恶，不用赏罚”；“淳淳，朴厚”；“察察，水清明。其政察察，是说国家的政治清清明明，有制度、法律、教育、文化，辨善恶，行赏罚”；“缺，帛书乙本同，甲本作‘夬’。缺夬均借为‘狭’。狭与狯同，狡诈也。老子主张愚民，六十五章：‘古之善为道者，非以明民，将以愚之。’民之难治，以其智多。故以智治国国之贼；不以智治国国之福。所以认为‘其政闵闵，其民淳淳，其政察察，其民缺缺’。”王弼、高亨的注释揭示出了“其政闷闷，其民淳淳，其政察察，其民缺缺”句所包含的以智治国的内涵。王注见楼宇烈《老子道德经注校释》，中华书局2008年版，第151页，高说见《老子注译》，清华大学出版社2010年版，第93页。

④ 王弼释“与物反矣”为“反其真也”，即以“返”释“反”。吕惠卿亦释为“返”。吕注：“‘与物反本，无所于逆。”见楼宇烈《老子道德经注校释》，中华书局2008年版，第168页；焦竑《老子翼》引，华东师范大学出版社2011年版，第160页。

⑤ “以约为纪”，见于《庄子·天下》的“老聃曰”。见陈鼓应《庄子今注今译》，中华书局1983年版，第881页。

为[①]，下德为之而有以为。上仁为之而无以为，上义为之而有以为，上礼为之而莫之应，则攘臂而扔之。故失道而后德，失德而后仁，失仁而后义，失义而后礼。夫礼者，忠信之薄而乱之首。前识者，道之华而愚之始。是以大丈夫处其厚，不居其薄；处其实，不居其华。故去彼取此。[②]

河上《注》将“上德”“下德”“上仁”“上礼”分别释为“太古无名号之君”“号谥之君”“行仁之君”“上礼之君”。[③]严遵《老子指归》将“上德”“下德”“上仁”“上义”“上礼”释为“上德之君”“下德之君”“上仁之君”“上义之君”“上礼之君”。[④]王弼释“上德”为“上德之人”。[⑤]陈鼓应将“上德”“下德”“上仁”“上义”“上礼”分别看作具备相应特性的人。[⑥]这种对“上德”“下德”“上仁”“上义”“上礼”的理解应符合《老子》原意，尤以河上《注》和严遵的说法于义为切。“上德”“下德”“上仁”“上义”“上礼”，应主要是就人君及其治术而言。

“上德”之人于“德”而无心，不自以为有“德”，此即“上德不德，是以有德”。这种“上德”之君已与大道相契，“上德”实际上就是“玄德”[⑦]，“上德”之君即是行道之君。[⑧]“下德”之君执“德”而有心为之，终将偏离“德”之本性，此即“下德不失德，是以无德”。如果说“上德无为而无以为”中的“无为”指出了展现“德”的外在行为方式，那么“无以为”则是就

---

① “上德无为而无以为”句，韩非《解老》引作“上德无为而无不为”。傅奕本作“上德无为而无不为”。帛书本、河上《注》本、王弼本作“上德无为而无以为”。联系下文“下德为之而有以为”“上仁为之而无以为”“上义为之而有以为”的句式来看，应从帛书本、河上《注》本、王弼本。

② 楼宇烈：《老子道德经注校释》，中华书局2008年版，第93页。

③ 王卡点校：《老子道德经河上公章句》，中华书局1993年版，第147—149页。

④ 王德有点校：《老子指归》，中华书局1994年版，第4—6页。

⑤ 楼宇烈：《老子道德经注校释》，中华书局2008年版，第93页。

⑥ 陈鼓应：《老子注译及评介》，中华书局1984年版，第212—216页。

⑦ 冯振说：“本经曰：‘道之尊，德之贵，莫之命而常自然。故道生之，德畜之，长之育之，亭之毒之，养之覆之。生而不有，为而不恃，长而不宰，是谓玄德。’此即‘上德不德，是以有德’之义。”冯振此说得“上德”之要。冯说见《老子通证》，华东师范大学出版社2012年版，第60页。

⑧ 王弼注“上德不德”时指出：“是以上德之人，唯道是用，不德其德，无执无用，故能有德而无不为。”王弼以“唯道是用”描述“上德之人”，可见在他看来，上德之人即行道之人。王文见楼宇烈《老子道德经注校释》，中华书局2008年版，第93页。

内在心灵状态而言[①]。在“上德无为而无以为”的说法中，“无为”作为“德”的特性与“无以为”这一展现“德”的主体内在心灵状态完全契应，这是“德”的最佳状态，故称“上德”。“上德无为而无以为”，是说“上德”之君以无为之心、无为之行来展现“无为”之“德”，概而言之，即是以无为的方式对待无为之“德”。“下德为之而有以为”，是说“下德”之君以有为之心、有为之行展现被有为化了的“德”，概而言之，即是以有为的方式对待“无为”之“德”，这是对“德”之无为本性的偏离，故称为“下德”。[②]三十八章中的“上德”和“下德”指出了对待“德”的两种不同方式。

尽管“下德”已偏离“德”之本性，但就其将“德”作为一种目标而言，仍可以“德”称之。与无为之“德”不同，“上仁”之君、“上义”之君、“上礼”之君所行之“仁”“义”“礼”皆是一种现成化的指向，带有鲜明的“有为”性。“仁”“义”“礼”与“德”是不同的层次。[③]“上仁为之而无以为”，是说上仁之君以“无为”之心、“有为”之行展现“有为”之仁，即以“无为”之心行“有为”之仁。“仁”“义”“礼”皆以“有为”为其特性，故对其而言便不存在“无为而无以为”或“无为而有以为”的问题。同理，“上义为之而有以

---

① 王淮说：“‘无为’就处事言，此‘上德’与‘下德’之所同也。‘无以为’与‘有以为’就居心言，此‘上德’与‘下德’之所异也。”王淮对“上德无为而无以为”的理解具有启发性，但其认为“上德”与“下德”皆以“无为”为处事特征则非，“下德”当以“有为”为其行为特点。王说引自陈鼓应《老子注译及评介》，中华书局1984年版，第214页。

② “下德为之而有以为”句帛书甲乙本无。高明说：“据帛书甲、乙本分析，德仁义礼四者的差别非常整齐，逻辑意义也很清楚。今本衍‘下德’一句，不仅词义重叠，造成内容混乱，而且各本衍文不一，众议纷纭。如王弼诸本衍作‘下德为之而有以为’，则同‘上义为之而有以为’相重；傅奕诸本衍作‘下德为之而无以为’，则同‘上仁为之而无以为’相重。由此可见，‘下德’一句在此纯属多余，绝非老子原文所有，当为后人妄增。验之韩非子解老篇，亦只言‘上德’‘上仁’‘上义’‘上礼’，而无‘下德’，与帛书甲、乙本相同，足证老子原本即应如此，今本多有衍误。”见高明《帛书老子校注》，中华书局1996年版，第3页。《解老》未言“下德”，说明韩非所据本当无与“下德”相关语句。但高明以王弼本“下德为之而有以为”句与“上义为之而有以为”句意义相重则欠妥。从三十八章来看，“德”与“义”的本性一为“无为”，一为“有为”。“下德”和“上义”虽皆以“为之而有以为”为其特征，但“为之而有以为”的主体却是不同的，一为“德”，一为“义”，“下德为之而有以为”和“上义为之而有以为”二句在三十八章中实际上有不同的内涵。

③ 王弼于本章注中指出：“凡不能无为而为之者，皆下德也，仁义礼节是也。”见楼宇烈《老子道德经注校释》，中华书局2008年版，第94页。王弼将仁、义、礼归于“下德”欠妥。“德”是“道”的属性，“无为”是其特征，“下德”只是用“有为”的方式行“无为”之“德”，并不能等同于“为之而无以为”的“上仁”和“为之而有以为”的“上义”以及“为之而莫之应”的“上礼”。

为”，是说“上义”之君以有为之心行有为之义。至于“上礼”之君，其所行之“礼”的有为性得到了突出的强化，所谓“上礼为之而莫之应，则攘臂而扔之”。“攘臂而扔之者谓攘臂以引人民使就于礼也”[①]，这表明“礼”已带有强制性的色彩。

这样，从侯王的施政法则来看，从“上德”到“上礼”的过程，自然无为这一大道本性渐次趋于弱化和遮蔽，从而形成了一个“失道而后德，失德而后仁，失仁而后义，失义而后礼”的过程。其中，带有外在性特征的“礼”则是忠信的浇薄和祸乱的端首，所谓“夫礼者，忠信之薄而乱之首”。在《老子》看来，造成疏远“道”“德”的根源在于以智治国，这就是所谓“前识”。“前识者，前人而识也”[②]，“犹言早智，谓明见利害于未然者”[③]。人君施政中的“下德”“上仁”“上义”“上礼”皆是以心智求之，其试图为民众的生存提供现成化指向，从而造成了朴真之“道”在生存中的障蔽。这样一个渐次远离大道的过程“所以愈流愈下者，乃用智之过也”[④]。因而一切用智的“前识”皆是失却大道本真的“道”之虚华和鄙愚之始[⑤]，所谓“前识者，道之华而愚之

① 高亨：《老子正诂》，清华大学出版社2011年版，第64页。

② 楼宇烈：《老子道德经注校释》，中华书局2008年版，第94页。

③ 释德清：《道德经解》，华东师范大学出版社2009年版，第90页。

④ 释德清：《道德经解》，华东师范大学出版社2009年版，第90页。

⑤《庄子·应帝王》对《老子》所批判的“前识”作了进一步的发挥：“郑有神巫曰季咸，知人之生死存亡，祸福寿夭，期以岁月旬日，若神。郑人见之，皆弃而走。列子见之而心醉，归，以告壶子，曰：‘始吾以夫子之道为至矣，则又有至焉者矣。’壶子曰：‘吾与汝既其文，未既其实，而固得道与？众雌而无雄，而又奚卵焉！而以道与世亢，必信，夫故使人得而相汝。尝试与来，以予示之。’明日，列子与之见壶子。出而谓列子曰：‘嘻！子之先生死矣！弗活矣！不以旬数矣！吾见怪焉，见湿灰焉。’列子入，泣涕沾襟以告壶子。壶子曰：‘乡吾示之以地文，萌乎不震不止。是殆见吾杜德机也。尝又与来。’明日，又与之见壶子。出而谓列子曰：‘幸矣，子之先生遇我也！有瘳矣，全然有生矣！吾见其杜权矣。’列子入，以告壶子。壶子曰：‘乡吾示之以天壤，名实不入，而机发于踵。是殆见吾善者机也。尝又与来。’明日，又与之见壶子。出而谓列子曰：‘子之先生不齐，吾无得而相焉。试齐，且复相之。’列子入，以告壶子。壶子曰：‘乡吾示之以太冲莫胜。是殆见吾衡气机也。鲵桓之审为渊，止水之审为渊，流水之审为渊。渊有九名，此处三焉。尝又与来。’明日，又与之见壶子。立未定，自失而走。壶子曰：‘追之！’列子追之不及，反，以报壶子曰：‘已灭矣，已失矣，吾弗及已。’壶子曰：‘乡吾示之以未始出吾宗。吾与之虚而委蛇，不知其谁何，因以为弟靡，因以为波流，故逃也。’然后列子自以为未始学而归，三年不出。为其妻爨，食豕如食人。于事无与亲，雕琢复朴，块然独以其形立。纷而封哉，一以是终。”《应帝王》通过季咸之术和壶子之道的对比，表达了对“前识”的否定态度，其深意在于强调“无为谋府”“无为知主”社会治理之道，这与《老子》反对以智治国的态度是一致的。《应帝王》中“浑沌之死”的寓言亦表达了同样的内涵。所引文字见陈鼓应《庄子今注今译》，中华书局1983年版，第220—221页。

始”。与此相对应，三十八章再次强调了“处其厚，不居其薄”“处其实，不居其华”的立场，这里的“厚”“实”指“上德”即“道”，“薄”“华”指包括“下德”“上仁”“上义”“上礼”在内的因用智而产生的背离“道”之“朴”性的种种“有为”的设定和指向。

除“下德”“上仁”“上义”“上礼”外，刑罚亦是以智治国的产物。《老子》对此亦采取了否定的态度。七十四章说：

> 民不畏死，奈何以死惧之！若使民常畏死，而为奇者吾得执而杀之，孰敢？常有司杀者杀。夫代司杀者杀，是谓代大匠斫。夫代大匠斫者，希有不伤其手矣。[①]

本章实际指出了社会治理的三个层次。首先，“民不畏死，奈何以死惧之”，道出了侯王和民众皆用强的大道废绝的社会局面。民众用强而“不畏死”是迫于生计而冒死犯上，侯王用强而“以死惧之”是以暴制暴，这是最糟糕的一种治理状态。其次，是民众畏死而在位者以刑罚对行奇邪者“执而杀之”，从而震慑广大民众以维持统治局面的状态。这种以刑罚治世的治术虽可一时维固统治，但在《老子》看来亦属偏离大道的有为之举。第三种社会治理的状态，便是在位者无为以治、“常有司杀者杀”的理想状态。“常有司杀者杀”的“司杀者”当指天道言，即文中的“大匠”。万物无可逃地处于“道”之生、返运动中，在“道”的此一运动中，万物当生则生，当杀则杀。在这个完全“自然”的过程中，“道”乃“司杀者”。这代表了一种无为以治的理想状态。

七十四章更多地谈到了前两种社会治理的层次和状态。在《老子》看来，七十四章的第二种社会治理层次正是由于在位者不依“道”之“自然”本性而行，进而设立强力威吓的刑罚，通过对违逆者“执而杀之”以换得统治的安稳，这是有为的“代大匠斫”治理模式。这种脱离大道本性的刑诛之政自会危及其统治地位，所谓“夫代大匠斫者，希有不伤其手矣”。这实际上表明了七十四章对刑罚的否定立场。在七十四章看来，侯王应将社会治理建立在“道”的根基之上而不是背离之。由于刑罚是心智设计的产物，因而对刑罚的

---

① 楼宇烈：《老子道德经注校释》，中华书局2008年版，第183页。

批判亦可以说是“不以智治国”的表现。

“无欲”还要求侯王不破坏民众的“自然”生存状态。第五章说：“圣人不仁，以百姓为刍狗。”“刍狗”作为祭品，“祭则用之，已祭则弃之”[1]，其生灭一任自然。老子以“刍狗”为喻在于晓示人们，理想的王者应当充分尊重民众的“自然”生存状态，不以主观偏好对民众加以任意干预。依“自然”本性而生存是民众的最佳状态，正是在此意义上《老子》强调“治大国若烹小鲜”，即侯王不要通过频繁的政令使民众的“自然”生存状态受到破坏。不扰民之“自然”的侯王应做到“希言自然”“悠兮其贵言”。这里的“言”可以视为政令。[2]由此，“希言”和“贵言”，即指少发政令而任民之“自然”。侯王不扰民之“自然”，最基本的是要做到“无狎其所居，无厌其所生”[3]。“狎”，河上《注》本作“狭”。[4]帛书整理者作“狎”。[5]“狎”字，朱谦之、高明亦作“狭”。[6]奚侗说：“狭，即《说文》陕字，隘也。隘有迫谊。厌《说文》：笮也，此言治天下者无狭迫人民之居处，使有能安舒；无厌笮人民之生活，使不能顺适。”[7]高亨、陈鼓应从之。[8]“狎”当作“狭”，奚侗对“狭”的理解可从。“无狎其所居，无厌其所生”，是使民众依“自然”本性生存得以可能的基本前提。这样一个基本前提如果得不到满足，不仅民众的“自然”生存状态将丧失可能性，而且整个社会还会陷入“民不畏威，则大危至”的危险局面。

侯王“无欲”的最高境界是心无欲求，即所谓“无心”。四十九章借“圣人”的形象向在位者晓明了“无欲”的最佳状态：

---

① 林希逸：《老子鬳斋口义》，华东师范大学出版社2010年版，第7页。

② 蒋锡昌说：“老子‘言’字，多指声教法令而言，如二章‘行不言之教’，五章‘多言数穷’，十七章‘悠兮其贵言’，均是。”见蒋锡昌《老子校诂》，成都古籍书店1988年版，第156页。

③ 楼宇烈：《老子道德经注校释》，中华书局2008年版，第179页。

④ 见王卡点校《老子道德经河上公章句》，中华书局1993年版，第279页。

⑤ 裘锡圭主编：《长沙马王堆汉墓简帛集成》（四），中华书局2014年版，第6页，第197页。

⑥ 见朱谦之《老子校释》，中华书局1984年版，第285页；高明《帛书老子校注》，中华书局1996年版，第182页。

⑦ 奚侗：《老子集解》，见熊铁基、陈红星主编《老子集成》第13卷，宗教文化出版社2011年版，第27页。

⑧ 见高亨《老子正诂》，清华大学出版社2011年版，第101页；陈鼓应《老子注译及评介》，中华书局1984年版，第331页。

圣人常无心[①]，以百姓心为心。善者，吾善之；不善者，吾亦善之，德善。信者，吾信之；不信者，吾亦信之，德信。圣人在天下，歙歙焉，为天下浑其心，百姓皆注其耳目，圣人皆孩之。[②]

“圣人”因合“道”而“虚其心”，心无欲求，无世情区别之心。此无欲求之心因不同情境而又可具体展发为“善”之德、“信”之德。“善”之德和“信”之德皆为同一圣人之心的流露。对于百姓万民中的“善者”“不善者”和“信者”“不信者”，“圣人”一律不加区分而分别以同一浑朴“道”心对待之，并因之而成就起“善”之“德”和“信”之“德”。“歙歙”意谓“收敛侵占的意欲”[③]，“为天下”即治理天下，“为天下浑其心”，是指圣人以浑朴之心临治天下。[④]百姓争相用智以争名夺利，“圣人”则皆以孩童之心临之而无有分别[⑤]，此为“无欲”的最高境界——“无心”，达此境界的侯王即是合乎“玄德”之君。

达至“无欲”“无心”合乎“玄德”的侯王自然能“处上而民不重，处前而民不害，是以天下乐推而不厌”[⑥]。这样的侯王因其“无欲”“无心”，在“善利万物而不争”的同时，总能“处下”而“不敢为天下先”。如此之侯王又因其“处下”总能含容一国之垢乃至天下之不祥，并因此而成为与大

① 河上《注》本、王弼本、傅奕本作“无常心”，帛书本作“恒无心”。刘笑敢说：“众多证据显示，古本原作‘恒无心’，而不是‘无常心’。”见刘笑敢《老子古今》修订版（上），中国社会科学出版社2006年版，第515页。应从帛书本作“无心”。从本章文义来看，圣人之心真朴而无有世情区别之心，圣人若“无常心”，则与最后“圣人皆孩之”的“皆”字在语义上不衔接，故知作“常（恒）无心”为胜。

② 陈鼓应：《老子今注今译》，商务印书馆2003年版，第253页。

③ 陈鼓应：《老子注译及评介》修订增补本，中华书局2009年版，第247页。

④ “为天下浑其心”王弼注：“意无所适莫也。”由此观之，王注是将“浑其心”看作圣人“为天下”的状态。从前文“圣人在天下，歙歙焉”来看，“浑其心”应与“歙歙焉”义同，皆指圣人的无欲、无心状态。故当从王说。王注见楼宇烈《老子道德经注校释》，中华书局2008年版，第130页。

⑤ “圣人皆孩之”王弼注：“皆使和而无欲，如婴儿也。”苏辙注：“彼方注其耳目，以观圣人之予夺，而吾一以婴儿遇之，于善无所喜，于恶无所嫉。”陈鼓应释“圣人皆孩之”：“圣人孩童般看待他们。”陈鼓应亦从苏注，当以苏注为佳，如此则本章文义贯通。若从王注，则与本章“善者，吾善之；不善者，吾亦善之”“信者，吾信之；不信者，吾亦信之”义不相接。故从苏注。上引文见楼宇烈《老子道德经注校释》，中华书局2008年版，第129页；熊铁基、陈红星主编：《老子集成》第3卷，宗教文化出版社2011年版，第21页；陈鼓应《老子注译及评介》修订增补本，中华书局2009年版，第248页

⑥ 楼宇烈：《老子道德经注校释》，中华书局2008年版，第169页。

道高度契应的真正的王者，所谓“受国之垢，是谓社稷主，受国不祥，是为天下王”①。

3. 辅万物之自然

“道”不仅自身法“自然”而具有自然无为的特点，而且还通过“生之”“畜之”“长之”“育之”“亭之”“毒之”“养之”“覆之”即“道”产生、蓄养、成熟、覆护万物的功能，成就起“生而不有、为而不恃，长而不宰”的“玄德”品性。侯王须以“道”及其属性为法式方能在施政活动中得其应然，真正做到“侯王得一以为天下贞”。同“道”相应的侯王除自身应做到“我无为”外，亦须同“道”那样相应地承担起对包括人在内的万物的责任，这就是“辅万物之自然”②，也即辅助包括人在内的万物按其“自然”正性存在和发展。

在《老子》看来，“万物得一以生”，即万物因秉含“道”及其属性“德”而得以存活并成为其自身。这样，万物亦因含“一”而皆具“道”之“自然”本性，此一“自然”本性是万物的正性。万物的应然存在方式就是依此“自然”本性存在和发展。通观《老子》一书，万物的这种“自然”本性可以从静态和动态两个方面予以简要概括。“万物负阴而抱阳，冲气以为和”，就是万物的“自然”性在静态上的表现。万物以“负阴抱阳”为其存在方式并处于“和”态之中，这就是万物“自然”本性的具体展现。作为“自然”本性之表现的“和”，亦可从个体生命的幼年时期得到经验。《老子》对“赤子”的状态进行描述时就指出：“终日号而不嗄，和之至也。”③婴儿整日哭号但嗓子却不会喑哑，这表明婴儿的生命处于“和”的最佳状态中。由此看来，“和”乃是人与物的“自然”正性。除从静态上对万物的“自然”本性做出说明外，《老子》亦从万物的运作方式上对其做出揭示。“夫物芸芸，各复归其根”，就是万物的“自然”本性在动态运作方式上的表现，即万物皆以“兴作——归根”的往复运动为其本然存在方式。这亦是万物“自然”本性的一个重要表现。

---

① 楼宇烈：《老子道德经注校释》，中华书局2008年版，第187页。

② 王弼《注》本“辅万物之自然”句，韩非《喻老》引作“恃万物之自然”。焦竑言：“‘恃’，作‘辅’，非。既曰自然矣，而又辅之，非自然也。今从韩非本。”检之竹简本，作“辅万物之自然”，可知焦说非。《喻老》所引见王先慎《韩非子集解》，中华书局1998年版，第166页，焦说见《老子翼》，华东师范大学出版社2011年版，第156页。

③ 楼宇烈：《老子道德经注校释》，中华书局2008年版，第145页。

然而，人与物的“自然”正性却往往因人的生存活动而被打破。这正是在位者“辅万物之自然”的必要性所在。人在“道”所诞生的世界中出现之后，因其心灵活动以及由之而带来的心智、欲望的不断萌发与扩张，人的行为往往偏离大道本性而陷入“非常道”的生存格局中，所谓“大道甚夷，而民好径”。人甚至因陷溺于“众人熙熙”的经验生存中而难以晓悟“自然”这一万物的本然正性，由此就不难理解《老子》的感叹：“吾言甚易知，甚易行，天下莫能知，莫能行。”①于事物而言，其“自然”本性亦会因人的干预而发生偏离和破坏。对此，五十五章指出：“物壮则老，谓之不道，不道早已。”②这里的“物”非自在之物，而是人的活动干预下的事物。“物壮”是说人违反事物的“自然”本性或“和”态而使事物盛壮作强，如此则与大道本性相背即所谓“不道”，其结果必然是使事物失去生命力而走向衰亡。上述“物壮则老”的“物”亦可包括人在内。专于人而言，人的“自然”本性亦由于“贵生”“心使气”“贵难得之货”“尚贤”“前识”等种种背离大道的理念和行为而受到障蔽。具体说来，人的生命因“益生”“贵生”等生存欲望的扩张而导致灾殃或受到戕害，因“心使气”而使生命之“和”态及合于“道”性的“柔弱”状态受到破坏。人的存在因社会“尚贤”“贵难得之货”的导向而陷入对名利的争夺之中，因在位者以“前识”来规约人的活动而陷入鄙愚之中。这一切都可以使人及人生活于其中的社会陷入“大道废”的局面。

面对可能或已经出现的“大道废”的局面，在位的侯王须“辅万物之自然”从而“以道莅天下”。《老子》对侯王“辅万物之自然”的说明亦是以理想的王者——“圣人”为例进行的，六十四章说：“是以圣人欲不欲，不贵难得之货。学不学，复众人之所过。以辅万物之自然，而不敢为。”③侯王应当效法“圣人”这一理想的王者，以“不欲”为欲，以“不学”为学，以损欲去智的行为和相应的治国理念，矫正众人违背“自然”本性的行为，辅助万物回归其应然正性。这种辅助行为亦只是因物之“自然”而并非于事物的“自然”正性之外强加干预。为警醒和防止侯王在“辅物之自然”时走向对事物“自

---

① 楼宇烈：《老子道德经注校释》，中华书局2008年版，第175页。
② 楼宇烈：《老子道德经注校释》，中华书局2008年版，第146页。
③ 楼宇烈：《老子道德经注校释》，中华书局2008年版，第166页。

然”性的破坏，《老子》继“辅万物之自然”后特别强调“不敢为”。唯有如此，侯王的这种辅助行为才符合“道”的本性。

侯王“辅万物之自然”的行为不是以人的需要为导向，而是使万物按其“自然”本性存在为目的。对于这种意义上的“辅万物之自然”，二十七章有具体的说明：

> 善行无辙迹，善言无瑕谪，善数不用筹策，善闭无关楗而不可开，善结无绳约而不可解。是以圣人常善救人，故无弃人；常善救物，故无弃物，是谓袭明。故善人者，不善人之师；不善人者，善人之资。不贵其师，不爱其资，虽智大迷，是谓要妙。①

王弼注“善行无辙迹”数句：“顺自然而行，不造不施，故物得至，而无辙迹也。顺物之性，不别不析，故无瑕谪可得其门也。因物之数，不假形也。因物自然，不设不施，故不用关楗、绳约，而不可开解也。此五者，皆言不造不施，因物之性，不以形制物也。”②王弼《注》得此章前五句精义。“善行无辙迹，善言无瑕谪；善数不用筹策；善闭无关楗而不可开，善结无绳约而不可解”，皆是强调因物性之“自然”而达致的神化之功。

二十七章在强调了因顺物性之“自然”后，进而过渡到理想的王者——圣人对于保持人和物的“自然”正性所应承担的责任，这就是“善救人”和“善救物”。“善救人”是指善于矫正人对大道的迷失从而使人回复到“自然”性上去。“无弃人”，则是“善救人”的具体表现，指不弃众人的“自然”正性，即强调王者勿对民众施以种种有为之政而破坏民众的“自然”生存状态。虽然“善救人”侧重于强调王者的行为目的，“无弃人”侧重于强调王者的行为法则，但二者在“自然”这一指向上却是一致的。“常善救物，故无弃物”中的“善救物”，即是善于使物回归到“自然”性上去，“无弃物”是指不弃万物之“自然”性，即强调对物不加以人为的干涉。这里的“善救人”“无弃人”“善救物”“无弃物”，皆是就保持人和事物的“自然”本性而言。具体说来，“善救人”就是要求侯王“不尚贤”“不贵难得之货”“不见可

---

① 楼宇烈：《老子道德经注校释》，中华书局2008年版，第70—71页。

② 楼宇烈：《老子道德经注校释》，中华书局2008年版，第70—71页。

欲"[①]，通过"绝仁弃义""绝巧弃利"，以及"绝圣弃智""非以明民，将以愚之"的方略和施政行为，使民众无有夺名争利之欲和好智之心，并及时"复众人之所过"，以导民归朴。"无弃人"，则主要是指不破坏民众的"自然"生存状态。为此，侯王须"悠兮其贵言"，即不以繁苛政令扰民而顺民之"自然"，做到"治大国若烹小鲜"。"善救物"和"无弃物"，则是要充分因循万物的"自然"本性而不加以破坏，遵循"或行或随；或嘘或吹；或强或羸；或培或堕"[②]的物性之"自然"而不强为。

在"善救人""无弃人"和"善救物""无弃物"中，《老子》更多谈到的是"善救人"和"无弃人"。六十四章甚至还指出了"善救人"的策略：

> 其安易持，其未兆易谋，其脆易泮，其微易散。为之于未有，治之于未乱。合抱之木，生于毫末；九层之台，起于累土；千里之行，始于足下。为者败之，执者失之。是以圣人无为，故无败；无执，故无失。民之从事，常于几成而败之。慎终如始，则无败事。是以圣人欲不欲，不贵难得之货。学不学，复众人之所过，以辅万物之自然，而不敢为。[③]

当民众背离其"自然"本性，整个社会就会陷入"乱"的局面之中。对治因民众背离其"自然"本性而引发的社会乱局，宜及早防察。"其安易持，其未兆易谋，其脆易泮，其微易散"，皆是以世俗生活经验所作之譬喻，可以将其看作是对"救人"之道的一种晓示。"其安""其未兆""其脆""其微"，是指事物的安静、未呈显征兆、脆弱、微小的状态，这些状态皆处于事物的初始阶段。对治民众对"自然"本性的偏离并由此而引发的社会乱局，亦当于初始阶段入手，所谓"为之于未有，治之于未乱"。在民众偏离"自然"本性之初就应及时进行矫正，此时乱局未成而事易。否则，当民众偏离自然本性之时，若加以放纵而不"善救"之，就如同"合抱之木，生于毫末；九层之台，起于累土；千里之行，始于足下"那样，终致社会大乱。"合抱之木，生于毫末；九

① 王弼注"是以圣人常善救人，故无弃人"："圣人不立形名以检于物，不造进向以殊弃不肖，辅万物之自然而不为始，故曰'无弃人'也。不尚贤能，则民不争；不贵难得之货，则民不为盗；不见可欲，则民心不乱。常使民心无欲无惑，则无弃人矣。"王弼指出了"善救人""无弃人"的具体内涵。王注见楼宇烈《老子道德经注校释》，中华书局2008年版，第71页。

② 陈鼓应：《老子今注今译》，商务印书馆2003年版，第188页。

③ 楼宇烈：《老子道德经注校释》，中华书局2008年版，第165—166页。

层之台，起于累土；千里之行，始于足下”亦是譬喻。然而，在位者对治民众对“自然”本性的偏离和“治之于未乱”之法，同样须以“自然”“无为”作为根本原则，否则便会陷入偏失而难以济事。所谓“无为故无败；无执故无失”。由于“民之从事，常于几成而败之”，所以在位者导民归朴须“慎终如始”，如此方能“无败事”。为做到“慎终如始”，王者就要时时为民众作出表率，所谓“圣人欲不欲，不贵难得之货；学不学，复众人之所过，以辅万物之自然，而不敢为”。这样才能使民众以“自然”大道为其生存根基，王者亦可成就起“善救人”这一“辅万物之自然”的使命。

按照二十七章的说法，“圣人”做到“善救人”而“无弃人”、“善救物”而“无弃物”，就可称为“袭明”。关于“袭明”的“袭”，高亨指出：“《广雅·释诂》：‘袭，重也。’”[①]释德清说：“袭，承也，犹因也。《庄子》庖丁游刃解牛，因其固然，动刀甚微，划然已解。意出于此。”[②]释德清对本章意旨的理解可谓透脱。奚侗说：“袭，因也，见《礼记·中庸》下袭水土，郑注。明即十六章及五十五章知常曰明之明。袭明谓因顺常道也。”[③]蒋锡昌说：“‘是谓袭明’，言圣人能行上述之言，是谓因顺常道也。”[④]“袭”亦有“因”义。《小尔雅·广诂》：“袭，因也。”[⑤]《左传·襄公十三年》“而岁袭其祥”，孔颖达疏引《礼记》郑玄注：“袭，因也。”[⑥]《礼记·曲礼上》“卜筮不相袭也”孔颖达疏引《表记》郑玄注：“袭，因也。”[⑦]从《老子》二十七章的文义来看，“袭明”与下文的“虽智大迷”形成对比。“虽智大迷”的主语是人，由此可以推知“袭明”亦应是指人的状态。据此，“袭明”当指“圣人”因袭大道之明，即对于大道的一种透彻领悟。“善救人”“无弃人”“善救物”“无弃物”，皆是此种领悟即“袭明”的表现，是建立在“袭明”基础上的理念和行动。

“善人”当指善于体道、行道之人，“善人”为迷失大道本性的“不善人”

---

① 高亨：《老子注译》，清华大学出版社2010年版，第46页。

② 释德清：《道德经解》，华东师范大学出版社2009年版，第74页。

③ 奚侗：《老子集解》，熊铁基、陈红星主编《老子集成》第13卷，宗教文化出版社2011年版，第13页。

④ 蒋锡昌：《老子校诂》，成都古籍书店1988年版，第184—185页。

⑤ 杨琳：《小尔雅今注》，世纪出版集团、汉语大词典出版社2002年版，第48页。

⑥ 宗福邦等主编：《故训汇纂》，商务印书馆2003年版，第2080页。

⑦ 宗福邦等主编：《故训汇纂》，商务印书馆2003年版，第2080页。

确立起了应然的生存指向，所以说“善人者，不善人之师”。“善人”亦须矫正、引领“不善人”方能使自己与“道”之“玄德”本性相契，使“玄德”得以完全彰显，在此意义上可以说“不善人者，善人之资”。“不善人”若不以体道、行道之“善人”及其所体、所行之“道”为贵，并以之为自己的生存确立起导向；“善人”若不通过辅助、矫正“不善人”回归大道本性从而使“玄德”得以完全彰显，则双方皆非对“道”及其本性有所领悟者，此即所谓“不贵其师，不爱其资，虽智大迷，是谓要妙”。这样，二十七章主要通过“善救人”“无弃人”“善救物”“无弃物”的命题，对“辅万物之自然”做出了具体的说明。

在位之侯王做到了“辅万物之自然”，于民众而言则会出现“功成事遂，百姓皆谓我自然”的佳境，即百姓对于功成事遂不是感觉到外来力量的干预使之然，于百姓而言，“功成事遂”不过是其本然状态所致，除民众的“自然”本性外，没有其他原因使之然。这是一种化入大道中的无知、无欲、无心的生存状态。在位之侯王以“辅万物之自然”为法则，由民众而兼及万物，因物之“自然”本性做到“善救物”“不弃物”，则会达至“与物反矣，乃至于大顺”的与万物共同因顺于“道”之本性的王者的最高境界。

四、兵者不祥之器的兵战观

对于兵战一事，最理想的莫过于“虽有甲兵，无所陈之”的状态了。这是一国之内外皆化入大道之中、兵争已丧失必要性的社会状态。当然，这是一种止戈息兵的理想指向。兵战是侯王在现实的治国理政中所必须面对的重要问题。即使一国不主动侵伐他国，亦可能会面临他国对自己的攻击。“弱者，道之用”，按照大道的本性，“柔弱”是“道”发生作用的表现形式，这必然要求做到“处下”和“为而不争”。兵战是“争”的极端化形式，从根本上说是与“弱者，道之用”这一法则相悖的。但“国之大事，在祀与戎”[①]，战争又往往是无法回避的问题，因而如何在“道”的视野下审视和对待兵战问题，就成为治国论的重要组成部分。在“道”的视野下审视和对待兵战问题，就是如何最大限度地在兵战中贯彻“道”的原则。《老子》的兵战观主要表现为对兵战

① 《左传·成公十三年》，见杨伯峻《春秋左传注》修订本（二），中华书局2009年版，第861页。

后果、兵战目的和兵战原则的认识上。

其一，对兵战后果的认识。

关于兵战的后果，《老子》有清醒的认识。对于兵战的直接后果，三十章指出："师之所处，荆棘生焉。大军之后，必有凶年。"①军队所到之处，生产荒废，天地万物本然之"和"态遭到严重破坏，故而出现了"荆棘生""凶年"等现象。②这是"戎马生于郊"的"天下无道"的社会状态的写照，其与和平年代"却走马以粪"即驱赶马畜以农耕的"天下有道"的社会状态形成了鲜明对照。此外，《老子》还谈到了兵战和侯王统治的关系，这可以说是对兵战的间接后果的一种认识。对于兵战中出现的与"道"之慈柔原则相反的"乐杀人"现象，《老子》认为这种黩武用强的残暴方式因其"兵强则不胜"，故"不可以得志于天下"。这是着眼于侯王统治来谈论兵战的后果，亦是对那些"以兵强天下"的侯王的告诫。侯王欲维护其统治，绝不能恃强而用兵。

其二，对兵战目的的认识。

关于兵战的目的，简言之就是"善有果而已"③。王弼注："'果'，犹济也。言善用师者，趣以济难而已矣，不以兵力取强于天下也。"④司马光

---

① 见楼宇烈《老子道德经注校释》，中华书局2008年版，第78页。"大军之后，必有凶年"句见于竹简本、河上《注》本、王弼本、傅奕本，帛书甲乙本无。劳健说："景龙、敦煌与《道藏》龙兴碑本无此二句，他本皆有之。《汉书·严助传》：淮南王安上书云：臣闻军旅之后，必有凶年。又云：'此《老子》所谓师之所处，荆棘生之者也。按：其词意军旅、凶年当别属古语，非同出《老子》。又王弼《注》止云：贼害人民，残荒田亩，故曰荆棘生焉。亦似本无其语，或古义疏尝引之，适与还字焉字偶合谐韵，遂并衍入经文也。今据景龙诸本别以为存疑。"见劳健《老子古本考》，熊铁基、陈红星主编《老子集成》第15卷，宗教文化出版社2011年版，第314页。丁四新指出："据简本、帛本及诸通行本，可知此节《老子》文本的衍生乃是逐步展开的。"见丁四新《郭店楚竹书〈老子〉校注》，武汉大学出版社2010年版，第45页。劳说、丁说皆有力。然"大军之后，必有凶年"句于文义无害，今从河上本、王弼本。

② 《汉书·严朱吾丘主父徐严终王贾传》："臣闻军旅之后，必有凶年；言民之各以其愁苦之气，薄阴阳之和，感天地之精，而灾气为之生也。"之后解老者多据此释"师之所处，荆棘生焉。大军之后，必有凶年"句。李息斋注："使幸而胜，其杀气之应，地不能使之生，天不能使之和，故荆棘生于屯战之所，饥馑起于军旅之后，则其不胜者可知矣。"林希逸注："用兵之后，伤天地之和气，则必有凶年之灾。"释德清说："师之所处，必蹂践民物，无不残掠，故荆棘生。大军之后，杀伤和气，故五谷疵疠而年岁凶，此必然之势也。"上引文见班固《汉书》第9册，中华书局1962年版，第2780页；焦竑《老子翼》，华东师范大学出版社2011年版，第78页；林希逸《老子鬳斋口义》，华东师范大学出版社2010年版，第33页；释德清《道德经解》，华东师范大学出版社2009年版，第77页。

③ 楼宇烈：《老子道德经注校释》，中华书局2008年版，第78页。

④ 楼宇烈：《老子道德经注校释》，中华书局2008年版，第78页。

注："果犹成也，功成则已。"[①]丁四新指出："济、成，其义一也。他说有作'胜'、'果敢'解者，皆非。"[②]丁说是。王弼注、司马光注于义为恰。"济""成"包含"胜"义在内，但不以"胜"为目的，唯当如此，方能与"弱者，道之用"的思想相符。"善有果而已"，是说善用兵者以济难功成为目的。这种"善有果而已"的兵战方式，其目的非为霸显武力而逞强于天下，所谓"不敢以取强""不以兵强天下"；其亦非以杀戮为目的，善于用兵者非为"乐杀人者"。在《老子》看来，兵战一旦沦为"取强"的工具或以"乐杀人"为目的，便走向自我灭亡，所谓"物壮则老，是谓不道，不道早已"[③]。

其三，对兵战原则的认识。

《老子》对兵战原则的说明用力尤多。面对兵战这一无法回避的问题，侯王须以现实的态度对待之。《老子》关于兵战的原则，简而言之，就是"不得已而用之"。三十一章对兵战的基本原则和现实态度作了集中说明：

> 夫佳兵者，不祥之器，物或恶之，故有道者不处。君子居则贵左，用兵则贵右。兵者，不祥之器，非君子之器，不得已而用之，恬淡为上。胜而不美，而美之者，是乐杀人。夫乐杀人者，则不可以得志于天下矣。吉事尚左，凶事尚右。偏将军居左，上将军居右，言以丧礼处之。杀人之众，以哀悲泣之。战胜，以丧礼处之。[④]

本章在竹简本中以"君子居则贵左"为始[⑤]，通行本"君子居则贵左"前的文字不见于简本。本章简本所无之句，学者多疑为后加。[⑥]考虑到所加之文极

---

① ［宋］司马光：《道德真经论》，见熊铁基、陈红星主编《老子集成》第2卷，宗教文化出版社2011年版，第546页。

② 丁四新：《郭店楚竹书〈老子〉校注》，武汉大学出版社2010年版，第44页。

③ 楼宇烈：《老子道德经注校释》，中华书局2008年版，第78页。

④ 楼宇烈：《老子道德经注校释》，中华书局2008年版，第80页。

⑤ 荆门市博物馆：《郭店楚墓竹简》，文物出版社1998年版，第121页。

⑥ 丁四新说："我们实可发现帛书'夫兵者不详之器，物或恶之，故有欲者弗居'是在简书的基础上拼合进来的"，"王本则是在帛书的基础上，校以他本异字，并将末两句予以简省、交换而成"。裘锡圭说："简文所无之文，疑为后加。但从帛书本已有其文来看，加入之时当亦颇早。"丁说、裘说分别见丁四新《郭店楚墓竹简思想研究》，东方出版社2000年版，第55页；裘锡圭《郭店〈老子〉简初探》，载陈鼓应主编《道家文化研究》第17辑，生活·读书·新知三联书店1999年版，第50页。

有可能为《老子》其他章节语句①，故仍从王弼本对本章文义加以分析。②王弼本中“佳兵”的“佳”字，帛书本无。严遵《指归》本、河上《注》本同王弼本，作“佳兵”。傅奕本作“美兵”。王念孙说：“佳当作隹，字之误也。隹古唯字也。”③高亨从之。④卢文弨说：

……或曰，佳乃唯字之文脱耳。唯古作隹，故讹为佳也。曰，是不然。《老子》之文，凡云夫唯者众矣，其语势皆不若是也。今一一而数之，曰，夫唯不居，是以不去。曰，夫唯不争，故无尤。曰，夫唯不盈，故能蔽不新成。曰，夫唯不争，故天下莫能与之争。曰：夫唯道，善贷且成。曰，夫唯啬，是谓早服。曰，夫唯病病，是以不病。曰，夫唯不厌，是以不厌。曰，夫唯无以生为者，是贤于贵生。凡九见矣。今曰夫唯兵者不祥之器，类乎不类乎？……若云佳为古文唯字，岂九处皆从今文，而此一字独为古文乎。……试熟复本章反正两义，则佳字有确诂，断然不可易矣。⑤

---

① 彭浩说：“简本这组简的书写体例是，凡独立的一章结尾处均有明显的分章标志，且其下的空白处不再续写它章文字；每章的起首都是顶头书写。简文‘君子居则贵左’系顶格抄写，似为一章的开头。故帛书本‘夫兵者……故有欲者弗居’可能是另外的一章。”见彭浩《郭店楚简〈老子〉校读》，湖北人民出版社2001年版，第112—113页。

② 本章简本全文为：“君子居则贵左，用兵则贵右。故曰兵者□□□□□□得已而用之。铦𫄧为上，弗美也。美之，是乐杀人。夫乐□□□以得志于天下。故吉事上左，丧事上右。是以偏将军居左，上将军居右，言以丧礼居之也。𣪠故□□□，则以哀悲莅之；战胜则以丧礼居之。”见荆门市博物馆《郭店楚墓竹简》，文物出版社1998年版，第121页。简本此章用了一个“故曰”、两个“故”字，似在有意在加强文本内容之间的逻辑关联性。傅奕本为“故吉事尚左”，亦带一“故”字，由此看来简本似与傅本有着亲缘关系。然简本“丧事上右”句，河上本、傅奕本、王弼本又作“凶事”。唯帛书本作“丧事”，这似又显示出简本和帛书本的传承关系。简本“是以偏将军居左”句，傅奕本作“是以偏将军处左”，帛书甲乙本作“是以偏将军居左”，又显出简本、帛书本和傅奕本的密切关系。这说明《老子》文本传承中各版本之间的关系较为复杂。简本此章整篇文义尚基本连贯。高亨《老子正诂》为求辞意贯达，将王弼本本章语序调整为：“夫佳兵者不祥之器，物或恶之，故有道者不处。君子居则贵左，用兵则贵右，兵者不祥之器，非君子之器，不得已而用之。恬淡为上，胜而不美，而美之者是乐杀人。夫乐杀人者，则不可以得志于天下矣。吉事尚左，凶事尚右，偏将军居左，上将军居右，言以丧礼处之。杀人之众，以哀悲泣之，战胜以丧礼处之。”据简本来看，此种语序非《老子》本章原貌。

③ ［清］王念孙：《读书杂志·十六·余编上》，见氏著《读书杂志》（下），中国书店出版社1985年版，《余编上》部分第12页。

④ 见高亨《老子正诂》，清华大学出版社2011年版，第51—52页。

⑤ ［清］卢文弨：《佳兵者不祥解》，见王云五主编《抱经堂文集》（四），商务印书馆1935年版，第319页。

卢说对王念孙以“唯”释“佳”的反驳有力。王弼本的“佳兵者不祥之器”，北大汉简本作“夫觟（佳）美，不祥之器也”，整理者又认为还有一种读法为“夫觟（画）美不祥之器也”，“画美”作动词。[①]北大汉简本“兵者，非君子之器也，不恙（祥）之器也。不得已而用之，恬（銛）僂（鏤）爲上”后，有“弗美，若美之……”句[②]，从前后文义来看，汉简本“美之”的对象是“兵”没有疑问的，又帛书本、河上《注》本、严遵《指归》本、傅奕本皆有“兵”字，故汉简本“夫觟（佳）美”后当漏一“兵”字，简本读作“夫觟（画）美不祥之器也”的说法亦不能成立。又汉简本有“觟（佳）美”二字，说明王弼本的“佳兵”之“佳”，非如王念孙所言作“隹”字，王念孙之说误矣。王弼本的“佳兵”当是《老子》三十一章的一种文本流传形式。

王弼本三十一章作“佳兵”，是《老子》文本流传的一种形式，关于“佳”字，卢文弨认为“佳者以为嘉美而喜悦之”[③]，卢说是将“佳”视作动词。这样一来，“夫佳兵者不详之器”在语法上就不够贯通，因为从语法上说，“夫佳兵者不祥之器”中的“佳”当为形容词。蒋锡昌在此基础上指出：“佳兵，美利之兵器也，老子谓此美利之兵器为不祥者，因兵戈所至，无物不受其害也。”[④]蒋锡昌将“佳兵”释为“美利之兵器”仍未确。“佳兵”并非指其外部装饰之华美而言，实指其锋利程度和攻击力而言，如宝剑、利刃之类。五十三章曾以“服文彩，带利剑，厌饮食”[⑤]来批评贵族的豪奢生活，“利剑”即所言之“佳兵”。宝剑、利刃易于伤物，故“物或恶之”。“佳兵”为宝剑、利刃之类，这是“佳兵”的字面意思。本章在字面意思的基础上使用引申义，指兵事。“有道者不处”的“不处”，帛书甲乙本作“弗居”。[⑥]“处”，意为“居”，“有道者不处”，意谓有道者不居意于佳美之利刃兵器，引申为有道者不依恃兵事。

---

① 北京大学出土文献研究所编：《北京大学藏西汉楚竹书》（二），上海古籍出版社2012年版，第159页。

② 北京大学出土文献研究所编：《北京大学藏西汉楚竹书》（二），上海古籍出版社2012年版，第159页。

③ ［清］卢文弨：《佳兵者不详解》，王云五主编：《抱经堂文集》（四），商务印书馆1935年版，第318页。

④ 蒋锡昌：《老子校诂》，成都古籍书店1988年版，第206页。

⑤ 楼宇烈：《老子道德经注校释》，中华书局2008年版，第142页。

⑥ 裘锡圭主编：《马王堆汉墓简帛集成》（四），中华书局2014年版，第42页，第207页。

三十一章“兵者不祥之器”中的“兵”亦首先是指兵器，然后使用引申义，指兵事。“君子”“以‘位’言，主要指高等贵族”，“亦指上将军、偏将军之属”。[①]“君子不得已而用之”道出了兵战的基本原则，兵战乃不得已的选择。

“不得已而用之”作为兵战的现实原则和态度，要求最大限度地消解兵争这一强力对抗形式与“道”产生的冲突。《老子》对此主要从三个方面做了说明：

首先，要求对兵战要“恬淡为上”。“恬淡”即不以兵事为美，其与“善有果而已”的兵战目的相应，要求“果而勿矜，果而勿伐，果而勿骄，果而不得已”[②]，即达到兵战目的而不矜满、不自夸、不骄横，达到兵战之目的乃出于不得已。

其次，为消解兵争与“道”的冲突，《老子》还认为应将兵战视为凶事。一般而言，“吉事尚左，凶事尚右”，将用兵视为凶事，就会出现“用兵则贵右”的情形，这与“君子居则贵左”的常态相反。“用兵则贵右”表现为“偏将军居左，上将军居右”的阵列安排，这种安排与作为“凶事”的丧礼相合，所谓“言以丧礼处之”，即以兵战为凶事。这是战前从观念上对兵争与“道”相冲突的消解。在兵战过程中面对“杀人之众”的事实，须“以悲哀泣之”。“‘泣’读为莅，与莅、涖同，临也。”[③]“以悲哀泣之”，即是以哀悲之情对待“杀人之众”的实际后果，这是以“凶事”看待兵争中的死伤。“战胜以丧礼处之”，则是说战后要做到“胜而不美”，这仍是以“凶事”视之。这样，通过把以兵争为“凶事”的观念贯穿到战前、战中、战后三个阶段，兵争与“道”的冲突就最大限度地被削弱了。

再次，在“不得已而用之”的兵战过程中，还要努力消解兵争过程中“用强”“作强”的可能性。三十六章说：“鱼不可脱于渊，国之利器不可以示人。”[④]鱼以“渊”为其切己的生存场所。“鱼不可脱于渊”不过是一种譬喻，旨在向人晓明大道对于人之生存的本己性。“利器”，以“赏罚”“权道”“圣

---

① 丁四新：《郭店楚竹书〈老子〉校注》，武汉大学出版社2010年版，第396页。

② 楼宇烈：《老子道德经注校释》，中华书局2008年版，第78页。

③ 高亨：《老子注译》，清华大学出版社2010年版，第56页。

④ 楼宇烈：《老子道德经注校释》，中华书局2008年版，第89页。

智仁义巧利”解之皆不妥。[1]高亨说：“利器，指政权，或指军事力量。”[2]结合三十六章的内容来看，“国之利器”当指军事力量而言。“国之利器不可以示人”，是说不以兵恃强，强调的是在兵争中持守“道”之“弱用”的法则。这与三十章“不以兵强天下”“不敢以取强”“果而勿强”的思想是一致的。

兵争中的弱用原则在六十九章中得到了具体的说明：

> 用兵有言：吾不敢为主而为客；不敢进寸而退尺。是谓行无行，攘无臂，扔无敌，执无兵。祸莫大于轻敌，轻敌几丧吾宝。故抗兵相加，哀者胜矣。[3]

兵强则不胜，因而在兵战过程中须防止“用强”所带来的消极后果，故“吾不敢为主而为客；不敢进寸而退尺”。这与“不敢为天下先”的原则相契合。“行”即行伍之阵，“攘臂”即奋臂[4]，“扔”，因就义[5]。“行无行；攘无臂；扔无敌；执无兵”，表达的是敛藏兵锋而不用强的思想。这就是说，虽有行伍之阵，但因其无有争斗之锐，却似无有；虽奋臂而举，但因不恃强而为，却似无有；虽就敌而战，但因其无有胜心，却似无有；虽执兵刃，因其无有乐杀人之心，却似无有。这都是弱用原则在兵战中的具体贯彻。反之，若恃武逞强而有胜心，则违反慈柔、弱用的大道法则，故“祸莫大于轻敌，轻敌几丧吾宝”。只有以慈柔、弱用以及视兵战为“凶事”的哀悲之心迎敌而战，才能“有果”，所谓“抗兵相加，哀者胜矣”。这样，整个六十九章主要强调的是不恃强这一弱用原则的具体运用。

总之，《老子》主要从兵战的后果、兵战的目的、兵战的原则三个方面阐

---

① 《韩非子·喻老》：“赏罚者，邦之利器也。在君则制臣，在臣则胜君。君见赏，臣则损之以为德，君见罚，臣则益之以为威。……故曰：‘邦之利器不可以示人。’”韩非以赏罚为利器乃出于法家的立场。河上《注》：“利器（者），（谓）权道也。”河上《注》以权道释“利器”，是将三十六章“将欲歙之，必固张之；将欲弱之，必固强之；将欲废之，必固兴之；将欲夺之，必固与之”视为权谋的结果。“将欲歙之，必固张之；将欲弱之，必固强之；将欲废之，必固兴之；将欲夺之，必固与之”诸句，是以人格化的语言谈论天道贵弱的思想。故河上《注》于义不切。引文见王先慎《韩非子集解》，中华书局1998年版，第159页；王卡点校《老子道德经河上公章句》，中华书局1993年版，第142页。

② 高亨：《老子注译》，清华大学出版社2010年版，第61页。

③ 楼宇烈：《老子道德经注校释》，中华书局2008年版，第173页。

④ 从陈鼓应释，见陈鼓应《老子注译及评介》修订增补本，中华书局2009年版，第311页。

⑤ 从陈鼓应释，见陈鼓应《老子注译及评介》修订增补本，中华书局2009年版，第311页。

述了其兵战观。从兵战后果上看，兵战不仅对万物的“和”态造成破坏，而且侯王若恃强用兵还会危及自身的统治地位。兵战不应以“取强”“乐杀人”为事，而应以“善有果”为目的。兵战应坚持“不得已而用之”的原则，以“恬淡为上”，以“凶事”视之，并在兵战中贯彻“弱用”的原则。

五、处理国家关系的处下之道

“弱者，道之用”，柔弱是“道”发生作用的特点。这一特点以人格化视之可称为“不争”。“不争”则必然“处下”。“处下”之“下”是与“争”“强”相对的概念，与“柔”“弱”“后”的内涵相近。因而“处下”亦可以说是“道”发生作用的特点。合于大道本性的事物亦须以“处下”为其存在样态和方式。在《老子》看来，几近于“道”的“水”就因其“处众人之所恶”而具有“处下”的特点。“水”有就下的特点，“水”之就下之“下”虽然首先是就空间而言，但以人格化视之，“水”之就下可看作是因其柔弱不争的水之性。由此就可以说，“水”以甘处卑下为其存在特点，所以“水”之性接近于“道”。江海作为水之大者亦因“处下”而为百川所归往，所谓“江海所以能为百谷王者，以其善下之，故能为百谷王”①。“谷，溪也，小河流。”②“王”取归往义。③江海因其“善下之”而为百川所归往，正体现了“道”之弱用、处下的特点及其实际价值。

同水和江海的“处下”一样，“处下”亦是以“道”治国时处理国与国之间关系的基本法则。只不过水和江海的“处下”是一种本然状态，国与国之间以“处下”为法则，则是一种社会领域中的应然指向。六十一章指出：

> 大国者下流。天下之交，天下之牝。牝常以静胜牡，以静为下。故大国以下小国，则取小国；小国以下大国，则取大国。故或下以取，或下而取。大国不过欲兼畜人，小国不过欲入事人，夫两者各得其所欲，大者宜为下。④

---

① 楼宇烈：《老子道德经注校释》，中华书局2008年版，第169页。
② 高亨：《老子注译》，清华大学出版社2010年版，第106页。
③ 见陈鼓应《老子注译及评介》修订增补本，中华书局2009年版，第303页。
④ 楼宇烈：《老子道德经注校释》，中华书局2008年版，第159—160页。

在六十一章看来，大国在处理国家之间的关系时应该像江河那样处于下流，即守柔而不以强势宰制他国。江河之下流是百川所归往之所，大国处下则自然能为天下所归往、交汇，成为涵容天下、生养万民的雌柔之母体，此所谓“大国者下流，天下之交，天下之牝”。“牝常以静胜牡，以静为下”，则是以现实生活中的常见现象为例说明静定处下之功。“雄躁动贪欲，雌常以静，故能胜雄也。”[①]雌性常因其安静而胜过躁动之雄性，是因为雌性能静而居下[②]的缘故。大国效仿此理，以“处下”之态势对待小国，则小国自来归附，此所谓“大国以下小国，则取小国”。小国以柔弱“处下”之态势对待大国，则为大国所容，此谓“小国以下大国，则取大国”。大国和小国皆因“处下”而达至或“取小国”或“取大国”的目的，所谓“故或下以取，或下而取”。“故或下以取”的“或”指大国而言，“或下而取”的“或”指小国而言。“大国不过欲兼畜人，小国不过欲入事人”，是说大国不过是想兼纳小国而蓄养之，小国不过想入事于大国而依恃之。这样，通过遵循“处下”这一原则，大国和小国各得其所欲，而其中大国的“处下”态度尤为关键，所谓“夫两者各得其所欲，大者宜为下”。这就是六十一章所强调的国家间的相处之道。这是基于大道本性和“道”之视野对邦国间关系的审视，也间接反映出当时大国和小国之间吞并侵伐与保存自身的紧张关系。

---

① ［魏］王弼《注》，见楼宇烈《老子道德经注校释》，中华书局2008年版，第159页。

② 高亨说：“为下，与居下同意。”见高亨《老子注译》，清华大学出版社2010年版，第98页。

新论《庄子》

第一章　庄子其人与《庄子》其书

庄子,《史记·老子韩非列传》载:“庄子者,蒙人也,名周。周尝为漆园吏,与梁惠王、齐宣王同时。”[①]学界多采用马叙伦在《庄子年表》中之考定,认为其生卒年当在公元前369年至公元前286年。春秋时期影响较大的思想家是儒家的创始人孔子和道家的创始人老子。庄子是老子的继承者,司马迁说他:“其学无所不窥,然其要本归于老子之言。”庄子继承了老子的“道”的学说,认为“道”是“自本自根,未有天地,自古以固存”的。他认为,人必须经过“外天下”(遗忘天下)“外物”(遗忘世间万物),“外生”(遗忘自己的生命),然后才能“朝彻”(大彻大悟),“朝彻”之后才能见到独一无二的道。达到道的境界,人就能超越“死生、存亡、穷达、贫富”等世俗的偏见,而获得精神的逍遥。庄子对自然、社会、人生的理解以及反思的深度远远超过同时代的任何一位思想家。庄子的文章汪洋辟阖、仪态万方,鲁迅在《中国小说史略》中称:“晚周诸子之作,莫能先也。”清代文学批评家金圣叹称《庄子》为天下第一奇书,居“六才子书”之首。《庄子》书是中国思想史、中国哲学史、中国文学史上的一朵奇葩。研究中国哲学,不能不读《庄子》;研究中国文学,也不能不读《庄子》;要想更深刻地理解社会与人生,也不能不读《庄子》。但是,要真正读懂《庄子》,不易。

一、庄子故里在山东东明

对于庄子故里的国属,《史记》仅说:“庄子者,蒙人也。”蒙属何国,司马迁并未指明,这就为后人留下了混乱和纷争。从历史记载上看,庄子有楚人、宋人、齐人三种说法(近代尚有庄子鲁人说)。落实在现在的具体地点,即分别对应为安徽蒙城说、河南商丘说、山东东明说。

---

① [汉]司马迁:《史记》第7册,中华书局1982年版,第2143页。

（一）安徽蒙城说

此说根据有二。其一，宋乐史《太平寰宇记》中说："小蒙故城，在县南十五里。六国时，楚有蒙县，俗为小蒙城，即庄周之本邑。"[①]此说在《河南道·宋州》"人物"条目下。其二，朱熹从思想风格之特色上说："庄子自是楚人。……大抵楚地便多有此样差异底人物学问。"[②]（《朱子语类》卷一百二十五）庄子奇异的思想与汪洋恣肆的文风，确实显示出与楚文化的密切关系。但《庄子》书中所记载的宋国的民俗风情、君主暴虐的性格特征，却表现出他对宋国特别熟悉，因此以上两条难以作为确据。从历史地理的沿革看，今安徽之蒙城，汉时称山桑，唐天宝元年（742）改称蒙城。至于苏轼之《庄子祠堂记》是应县令、秘书丞王竞之请，"求文以为记"，苏氏借此发挥他对庄子的看法，对安徽蒙城是否庄子故里并未置一词，不能作为考据文章对待。

（二）河南商丘说

汉代学者一般认为战国时蒙为宋国之属地。如《史记·老子韩非列传》索隐引刘向《别录》云："宋之蒙人也。"[③]《淮南子·修务训》高诱注："庄子名周，宋蒙县人。"[④]马叙伦先生在《庄子宋人考》中更是以扎实的论据，证明宋国确有蒙地。因此，蒙为战国时宋国之地，庄子为战国时宋之蒙人，是比较确定的了。战国之时，征战不已，行政建制变动频繁，各国所辖属的范围时大时小，因此宋之蒙地在现在的明确方位已经难以确考了。宋之蒙城大致在今商丘境内。今河南商丘市民权县顺河乡青莲村有庄子胡同、庄子井、庄子墓等景点。2000年9月经中国社会科学院、中国革命历史博物馆专家论证，认为庄子故里在河南民权。当年9月25日，河南省人民政府公布：庄子故里、庄子墓为河南省重点文物保护单位。

（三）山东东明说

从现有资料看，最早提出庄子为齐人的是六朝时陈释智匠，其撰《古今乐录》中记庄子之事曰："庄周者，齐人也……"史载公元前286年齐湣王任用韩珉为相，发动攻宋，宋遂灭于齐，蒙地自然归齐所有。

---

① ［宋］乐史：《太平寰宇记》第1册，中华书局2007年版，第221页。
② 黎靖德编：《朱子语类》第8册，中华书局1986年版，第2889页。
③ ［汉］司马迁：《史记》第7册，中华书局1982年版，第2144页。
④ 何宁：《淮南子集释》，中华书局1998年版，第1355页。

1995年全国庄子研讨会在山东东明县召开。研讨会前，东明县有关同志经多次寻访、调研，发现了大量有关庄子的珍贵历史遗迹和文物资料。《文史哲》杂志1996年第1期发表此次研讨会的综述，其中关于庄子故里的新证主要有：

《史记》提到庄子“曾为漆园吏”，唐张守节《史记正义》：“《括地志》云：‘漆园故城，在曹州冤句县北十七里。’此云庄周为漆园吏，即此。”①宋乐史《太平寰宇记》：“漆园城，在县北五十里。庄周为吏之所，旧置监。今漆园城北有庄周钓台。”②而古冤句县治就在东明县南部，由此往北50至70里的东明县陆圈镇裕州屯村就是漆园故址，这在明清以来的方志著作中也有记载。当地至今还流传着不少关于庄子的传说。在裕州屯村南原有庄子观（南观），久废。最近在该村出土了“登云桥”圆石拱，系明代重建庄子观的遗物，从而为确定漆园的地理位置提供了又一力证。

《庄子·秋水》篇提到：庄子钓于濮水。战国时，濮水由西南往东北，流经今东明县北，至鄄城县南入瓠子河。而《太平寰宇记》说“漆园城北有庄周钓台”，地点在今裕州屯村以北偏西20里的菜园集乡庄寨村一带，当时正好位于濮水南岸，只是由于河水改道、水陆变迁等因素，濮水久已废涸。

《庄子》书中多次提到“河”，也就是黄河。《庄子·外物》篇述及“庄子家贫，故往贷粟监河侯”之事。监河侯应是驻守在黄河沿岸监督河防、观察水情的官吏。可见，庄子对黄河十分熟悉，而且其居所也相距黄河不远。战国时期的黄河在今河南修武一带折向东北，至今河北黄骅一带入海，当时的黄河距今东明北部最近处仅有六七十里。庄子只有住在此地，才有可能会与“河”有如此多的接触。

一些学者认为，通过对漆园、濮水、黄河三者地理位置的考察，可知今东明北部与庄子的关系十分密切。而千余年前唐玄宗推出的“南华系列”，更揭示出庄子故里在今东明北部的确定性。

唐玄宗诏封庄子为“南华真人”、《庄子》书为《南华真经》，并将离狐县改为南华县。今东明县北部就是唐代离狐、南华县故地。“南华”之名源于南华山，即庄子归隐后长期生活、著书立说和死后埋葬的地方。南华山现在何

---

① ［汉］司马迁：《史记》第7册，中华书局1982年版，第2144页。

② ［宋］乐史：《太平寰宇记》第1册，中华书局2007年版，第261页。

处？历经沧海桑田之变，昔日南华山已在今庄寨村以北黄河大堤之下，其南面有庄子墓，墓南面有庄子观（北观）。庄子观始建于唐贞观二年（628），以后多次重修，立有碑刻。惜十年动乱中碑刻几被彻底破坏，仅有几种尚存。现在的庄子观是1988年在原址重修的。

一些学者还了解到，庄子后裔一直生活在南华山一带，世代相传，繁衍生息，到1995年已传至第78代。居住在今庄寨村的是庄氏长门后裔，其余旁支历代皆有迁出，目前能续上家谱的有山东、河南、黑龙江三省七县市八处的庄姓，共4200人。湖南、四川的庄姓也有来函要求联宗的。1988年重修庄子观时，他们大都承摊了资金，并推举代表参加落成庆典，表明他们承认东明庄寨是自己的祖籍。

通过对以上各类材料反复、认真地考察、认证，与会学者达成共识：庄子故里在今山东省东明县，庄子曾经为吏的漆园在今东明县裕州屯村一带，而庄寨村一带则是庄子长期生活、著述、归隐以及死后安葬的地方。

有学者则更明确指出，庄子故里在东明，庄子是东明的庄子。河南商丘与山东东明两地相距不远，是否现今东明就是宋时蒙地的管辖范围，目前尚无更有说服力的文献和考古资料证明。

不过，从文化地理学的角度考察，庄子思想有明显的楚文化因子，庄子对鲁文化极为了解和熟悉，庄子思想还具备浓重的齐文化背景，这说明庄子生活在楚文化、齐文化、鲁文化的交汇地带，山东东明正处于这一位置。所以，我们在没有更多的新证发现之前，姑且将庄子故里定为山东东明。

二、高洁旷达的隐哲

庄子没有孔孟那么多的教育活动，也没有老子那样扑朔迷离的行踪。《史记·老子韩非列传》仅有比较简单的论述：

> 庄子者，蒙人也，名周。周尝为蒙漆园吏，与梁惠王、齐宣王同时，其学无所不窥，然其要本归于老子之言。故其著书十余万言，大抵率寓言也。作《渔夫》《盗跖》《胠箧》以诋訿孔子之徒，以明老子之术。《畏累虚》《亢桑子》之属，皆空语无事实。然善属书离辞、指事类情，用剽剥儒墨，虽当世宿学不能自解免也。其言洸洋自恣以适己，故自王公大人不能器之。楚威王闻庄周贤，使使厚币迎之，许以为相。庄周笑谓楚

使者曰："千金，重利；卿相，尊位也。子独不见郊祭之牺牛乎？养食之数岁，衣以文绣，以入太庙，当是之时，虽欲为孤豚，岂可得乎？子亟去，无污我。我宁游戏污渎之中自快，无为有国者所羁。终身不仕，以快吾志焉。"①

（一）漆园为吏

《史记》说庄子"曾为漆园吏"。关于漆园，过去许多学者以漆园为地名。这就是说，庄子曾经担任漆园这个小邑的地方长官。故阎若璩在《潜邱札记》中说："漆园为其宦游地。"张守节《史记正义》说："《括地志》云'漆园故城在曹州冤句县北。'"宋乐史《太平寰宇记》云："漆园城在（冤句）县北五十里。"

晚近，有些学者将"漆园"理解为漆树园。这样"漆园吏"就成为管理漆树园的小吏。崔大华先生根据1975年湖北云梦睡虎地十一号秦墓出土的《秦律杂抄》竹简，在《庄学研究》一书中更进一步指出："'漆园'不能只是种植漆树的植物园，而可能更主要的是制作漆器的作坊。"②漆的发现和漆树的种植在我国有着悠久的历史。《尚书·顾命》记载周成王逝世，召公和毕公命令官员们所准备发丧用的器物中就有"漆，仍几"之语。《诗经·鄘风·定之方中》曰："树之榛栗，椅桐梓漆，爰伐琴瑟。"意为栽上榛树、栗树，又栽上椅树、桐树、梓树、漆树，伐它制作琴瑟乐器。我国古代对于漆的利用，一是防腐，一是美观。即明代漆器艺人黄成所说："盖取其坚牢于质，取其光彩于文。"③战国时代，随着经济的发展，漆的应用范围日益扩大，车辆、兵器、棺椁、乐器以及日用几案、盘、匣、奁皆用漆。20世纪50年代，沈从文先生在中国历史博物馆供职，曾专门编有《战国漆器》一书。从春秋战国时期出土的漆器可以看出当时制作漆器的工艺水平相当精湛，制作漆器的作坊也应具有相当规模。国家设置这方面的官吏管理经营漆树种植和漆器制作是很自然的事情。

湖北省云梦县睡虎地秦墓竹简中《秦律杂抄》有一条涉及"髹园"，髹又写作髤，髤一解为赤黑漆，一解作以漆涂物。许慎《说文》云："漆本作桼，

① ［汉］司马迁：《史记》第7册，中华书局1982年版，第2143—2144页。
② 崔大华：《庄学研究》，人民出版社1992年版，第11页。
③ 王世襄：《髤饰录解说》，文物出版社1983年版，第19页。

木汁可以髼物，其字象水滴下之形。”《睡虎地秦墓竹简》一书中“髼园”解为“漆园”。这条秦律说：“漆园管理不善，被评为下等，罚管理漆园的官吏交纳铠甲一副，管辖漆园的县令、丞及佐各交纳盾牌一张，众工徒各交纳穿甲绦带二十根。漆园连续三年被评为下等，罚漆园吏交纳铠甲两副，并撤职永不叙用，县令、丞各罚交纳铠甲一副。”①

显然，这里的“漆园”不能只是种植漆树的林场，更主要的应为制作漆器的作坊。《庄子》书中多次记述漆的生产或用途，如《庄子·人间世》曰：“漆可用，故割之。”《庄子·骈拇》曰“待绳约胶漆而固者”“连连如胶漆缠索”等。《庄子》书中还记述了许多当时手工艺人的劳动与技艺，这些都可以说明庄子是一位熟悉当时手工艺劳作，曾经做过宋国管理漆树种植与漆器制作的小官——“漆园吏”。

（二）清贫一生，特立独行

庄子为漆园吏，或许因为俸禄微薄，或许因为厌倦官场的污浊，或许因为拙于经营，很快就离职了。他一生过着十分贫穷的生活，家中有时柴米也难以为继。《庄子·外物》篇说：“庄周家贫，故往贷粟于监河侯。”《庄子·山木》篇说，庄子与魏王相会，依旧穿着补缀过的粗布衣衫，用麻绳系着破旧的草鞋。《庄子·列御寇》说，庄子住在穷里陋巷，生活无着，只好依靠编织草鞋度日。由于食不果腹，以至于饿得脖子细长、面容黄瘦。

然而，庄子并非没有飞黄腾达、享受荣华富贵的机会。《史记》云：“楚威王闻庄周贤，使使厚币迎之，许以为相。庄周笑谓楚使曰：‘千金，重利；卿相，尊位也。子独不见郊祭之牺牛乎？养食之数岁，衣以文绣，以入太庙，当是之时，虽欲为孤豚，岂可得乎！’”《庄子》书中有两则庄子却聘的记载。《庄子·秋水》篇记载：“庄子钓于濮水，楚王使大夫二人往先焉，曰：‘愿以境内累矣！’庄子持竿不顾，曰：‘吾闻楚有神龟，死已三千岁矣。王巾笥而藏之庙堂之上。此龟者，宁其死为留骨而贵乎？宁其生而曳尾于涂中乎？’二大夫曰：‘宁生而曳尾涂中。’庄子曰：‘往矣！吾将曳尾于涂中。’”②《庄子·列御寇》篇所记与此大致相同。

庄子虽然遭受着贫困的煎熬，但却保持着精神的高洁。《庄子·山木》记

① 睡虎地秦墓竹简整理小组：《睡虎地秦墓竹简》，文物出版社1978年版，第138页。
② 以下《庄子》一书引文，皆据郭庆藩《庄子集释》，中华书局1961年版。

载庄子破衣烂衫与魏王相见，两人有一段对话。“魏王曰：‘何先生之惫邪？’庄子曰：‘贫也，非惫也。士有道德不能行，惫也；衣弊履穿，贫也，非惫也，此所谓非遭时也。王独不见夫腾猿乎？其得楠梓豫章也，揽蔓其枝而王长其间，虽羿、蓬蒙不能眄睨也。及其得柘棘枳枸之间也，危行侧视，振动悼栗，此筋骨非有加急而不柔也，处势不便，未足以逞其能也。今处昏上乱相之间，而欲无惫，奚可得邪？此比干之见剖心征也夫。’”这里庄子把“贫”与“惫”区分开来。贫，贫穷。惫，疲困。庄子认为，衣弊履穿是贫穷，而非疲困。士人有理想不能实现，这才是疲困。现在士人处在昏上乱相的时代，要想不疲困，怎么可能呢？像比干被剖心，不就是鲜明的例证吗？庄子虽然生活贫困，却没有随波逐流，与昏上乱相同流合污。

《庄子·列御寇》篇记述了宋国人曹商舐痔得车的故事：“宋人有曹商者，为宋王使秦。其往也，得车数乘。王说之，益车百乘。反于宋，见庄子曰：‘夫处穷闾厄巷，困窘织屦，槁项黄馘者，商之所短也；一悟万乘之主而从车百乘者，商之所长也。’庄子曰：‘秦王有病召医。破痈溃痤者得车一乘，舐痔者得车五乘，所治愈下，得车愈多。子岂治其痔邪？何得车之多也？子行矣！’”对于曹商这种厚颜无耻、趋炎附势的龌龊小人，庄子对之进行了尖刻的挖苦和嘲弄，一方面表现出他对权势名利的轻蔑，另一方面也反映出庄子桀骜不驯的独立人格和对精神自由的追求。

惠施与庄子同时，年龄可能稍大，同为宋人。《庄子·天下》篇说“惠施多方，其书五车”，其博学可见一斑。惠施是战国时名家“合同异”派的代表，以善辩名世，同时又是魏惠王、魏襄王时魏国政坛的风云人物。《庄子·秋水》篇记载了一个故事，表现出庄子与惠施对待高官势位两种截然不同的态度。“惠子相梁，庄子往见之。或谓惠子曰：‘庄子来，欲代子相。’于是惠子恐，搜于国中三日三夜。庄子往见之，曰：‘南方有鸟，其名为鹓鸰，子知之乎？夫鹓鸰，发于南海而飞于北海，非梧桐不止，非练实不食，非醴泉不饮。于是鸱得腐鼠，鹓鸰过之，仰而视之曰：‘吓！’今子欲以子之梁国而吓我邪？’”鸱是猫头鹰，鹓鸰是一种凤凰一类的鸟。庄子对于惠施汲汲追求名利势位表示了自己的鄙视和轻蔑。

但庄子与惠施却在若干哲学、人生问题的争辩中建立了友谊，一生交往密切。《庄子·徐无鬼》篇说，庄子送葬，经过惠施的墓地，回头对跟随他的人讲了一个故事：郢地有人鼻尖溅上了一滴白泥，像苍蝇翅膀那么薄，请匠石为他砍去。匠石挥动斧头呼呼作响，随手就劈去了泥点。泥点完全去除，但郢人的鼻尖没有丝毫伤害，郢人立在那儿面不改色。宋元君听到这件事，把匠石叫去，让匠石为他表演。匠石说："我以前能做，但现在我的搭档早已死了。"庄子很感慨地说："自夫子之死也，吾无以为质矣，吾无与言之矣！"（《庄子·徐无鬼》）自从惠施先生去世，我没有对手了，我没有可以与之无话不谈的朋友了。在这段故事中，庄子用巧妙的比喻表达了对惠施的深切怀念，对于失去一位可以真诚相见、旗鼓相当的辩友表示了深深的痛惜。

庄子曾经有妻室、有儿女。《庄子·至乐》篇记载，庄子妻子去世，惠施曾前去吊唁，看到庄子正蹲在地上，鼓盆而歌。惠施责备他说：妻子与你生活在一起，为你生儿育女，现在老年去世，你不哭也就罢了，还要敲着盆子唱歌，不也太过了吧？庄子说："不然。是其始死也，我独何能无概然！察其始本无生，非徒无生也，而本无形，非徒无形也而本无气。杂乎芒芴之间，变而有气，气变而有形，形变而有生。今又变而之死，是相与为春秋冬夏四时行也。人且偃然寝于巨室，而我嗷嗷然随而哭之，自以为不通乎命，故止也。"从世俗人伦的观点看来，结发之妻，生儿育女，贫困厮守，相濡以沫，离去之际，竟然鼓盆而歌，实在不近人情。但庄子认为：人之生，来于自然；人之死，返归自然。对待生死，应当持纵浪大化、不喜不惧的态度，这是一种彻底的自然主义观点。

庄子的一生是在艰难困苦的逆境中度过的，但是他淡泊名利、傲视王侯、特立独行，生活的坎坷并没有影响他对人格独立和精神自由的追求。

（三）隐士风骨

道家与隐士有着密切的关系。司马迁在《史记·老子韩非列传》中说："老子修道德，其学以自隐无名为务。居周久之，见周之衰，乃遂去。至关，关令尹喜曰：'子将隐矣，强为我著书。'于是老子乃著书上下篇，言道德之意五千余言而去，莫知其所终。"[①]老子，隐君子也。庄子思想上归本于老子，也应算是一位著名的隐士。

隐士现象是中国文化的特色之一。隐士历来受到中国士人的推崇。司马迁《史记》中列传的第一篇即《伯夷列传》，对周初的隐士伯夷、叔齐大加赞扬。孔子在《论语》中称隐士为"逸民"，即节行超逸之人。《论语·微子》

---

① ［汉］司马迁：《史记》第7册，中华书局1982年版，第2141页。

说："逸民：伯夷、叔齐、虞仲、夷逸、朱张、柳下惠、少连。"这里举了七个逸民的名字，他们身处乱世的态度各不相同。孔子特别推崇伯夷、叔齐。伯夷、叔齐是孤竹君的两个儿子，父亲死了，互相推让王位，都逃到周文王那里。周武王起兵伐商纣，他们拦住车马劝阻，认为武王伐纣是以臣弑君，以暴易暴，不可以谓之仁。周朝统一天下，他们在思想上不屈从，在政治上不合作，不接受周朝的俸禄，隐居首阳山，采集一种叫作"薇"的山菜为食，后来饿死山间。孔子称赞他们"不降其志，不辱其身"，即不动摇自己的信仰，不辱没自己的身份，是最值得崇敬的人。

孔子是一位志在有为、志在救国的伟大思想家，但他有时也有归隐的思想流露出来。他说："贤者避世，其次避地，其次避色，其次避言。""作者七人矣。"（《论语·宪向》）贤者逃避恶浊的社会而隐居，次一等的择地而处，再次一等的避免不好的脸色，再次一等的回避恶言。这样做的人，已经有七位了。这说明孔子对隐士思想是赞同的。尤其是他的政治主张得不到当权者认同，他的理想抱负不能实现的时候，也表现出归隐的思想倾向。他说："道不行，乘桴浮于海。"（《论语·公冶长》）如果道得不到实行，我就要乘木筏飘海而去了。大概他在一定程度上接受了老子"君子得其时则驾，不得其时则蓬累而行"[①]的教诲。孔子也曾明确表示："笃信好学，守死善道，危邦不入，乱邦不居，天下有道则见，无道则隐。"（《论语·泰伯》）这说明在春秋战国时期，隐士思想在士人中有着广泛的影响。

真正的、彻底的隐士，在现实中是不存在的。陆游有一首诗专门说这件事。"志士栖山恨不深，人知已是负初心。不须先说严光辈，直自巢由错到今。"真正的隐士，入山唯恐不深，避世唯恐不远，被人知晓而且名声彰赫的隐士，已经是背离了当初归隐的初衷。姑且不说严光，就是巢父、许由被人发现踪迹，有了高尚其志的名声，也就大错特错了。诗中提到的严光、巢、许都是历史上著名的隐士。严光，字子陵，东汉会稽余姚人，年少有高名，曾与汉光武帝刘秀一起游学。刘秀称帝后，严光改变姓名隐而不见。刘秀派人四处查访，后来遣使三聘，方肯入京，授谏议大夫职，辞而不受，归隐富春山。巢、许即巢父、许由，传说为三代时隐士。皇甫谧《高士传》说：许由字武仲，尧闻其贤，要将王位让给他，许由不受，退隐中岳颍水之阳、箕

① ［汉］司马迁：《史记》第7册，中华书局1982年版，第2140页。

山之下。尧又要他做九州长，由不愿听此事，故洗耳于颍水。当时巢父正在河边牵着牛要给牛饮水，见许由洗耳，问其缘故，许由说："尧要我做九州长，我厌烦听到此事，故洗耳以求清净。"巢父批评他说："你如果住在高岸深谷之处，道路不通，谁还能见到你？你肯定是四处周游，欲求声名闻达，以致于此。不要脏了我的牛嘴。"于是牵牛到上游饮水。许由死后葬于箕山。陆游的诗意思是说，真正的、彻底的隐士应当息影山林，不为人所知；为人所知，就不是真正的隐士了。我们一般所说的隐士为有机会做官却不去做官的士人。

退隐山林而不仕与千方百计入仕为官是截然不同的两种处世态度。中国古代的仕人，其终极目标不是当学者，而是当官。孟子说："士之仕，犹农夫之耕也。"（《孟子·滕文公下》）求学的目的就是要入仕。士人们的主张要被诸侯采纳，才能入卿为相、平步青云。否则，就是身怀雄韬伟略、有益世之才，也无济于事。李商隐有两句诗说："楼上黄昏欲望休，玉梯横绝月如钩。"一对被远山重水隔断的情人，像月缺一样，不得团圆，月夜黄昏，登楼远眺，只能是玉梯虚设，思绪万千，欲望还休。士人如果不被权贵接纳，也还是如同虚设的玉梯，无处施展，最终像被隔绝的情人。这种客观的现实，决定了有些士人千方百计依附权贵。所以觍颜献媚有之、沽名钓誉者有之、卖身投靠者有之，无非是为了做官。

但是中国古代的士人也有不少坚守自己的理想和追求。孔子称赞伯夷、叔齐"不降其志"的"志"，孔子自己"死守善道"的"道"，就是这部分士人所追求的价值理想，是他们的政治理想和伦理道德观念的提炼和升华。为了实现他们的价值理想，可以抛弃一切个人利益，甚至献出自己的生命。孟子说："天下有道，以道殉身，天下无道，以身殉道，未闻以道殉乎人者也。"（《孟子·尽心上》）天下清明，君子得志，"道"得以实行；天下黑暗，君子守道，不惜为"道"而死，没有听说过有牺牲"道"来迁就当世王侯的。"以身殉道"是一种无私的献身精神。士不同于一般社会成员，他们能超越自身经济地位的限制，而有坚定执着的志向，"无恒产而有恒心者，惟士为能"（《孟子·梁惠王上》）。士不以个人生活安逸为念，"士而怀居，不足以为士矣"（《论语·宪问》）。士胸怀开阔、刚强而有毅力，"士不可不弘毅，任重而道远"（《论语·泰伯》）。以弘道为己任，是士人的共同特点。士阶层中的这一部分人，坚持自己的价值理想，不趋炎附势，不与统治者同流合污，所以才产生了有条件做官为吏，但却不愿放弃理想追求而去做官为吏的隐士，庄子就是这种隐士的先驱之一。

庄子远慕巢、许，近宗老子，其隐而不仕有着多方面的因素。

首先是庄子对避世之士的向往。《庄子·让王》篇集中讲述了巢父、许由一类鄙薄帝王、视富贵若浮云、弃名利如弊履的隐士。该篇有一个故事说：舜要把天下让给善卷，善卷说："我立于宇宙之中，冬天穿毛皮，夏天穿粗布，春天耕种土地，体力足以胜任劳作，秋天收获的粮食，足以填饱肚子。我日出而做，日落而息，在天地之间逍遥舒适，我要天下做什么？可悲啊，你不了解我。"善卷不接受舜的要求，于是避入深山，没有人知道他的下落。重生全身，视天下为余赘，满足于自食其力的安适生活是当时一部分隐士的价值追求。但是庄子与这种息影山林的避世之士并不完全相同。《庄子·缮性》篇说："隐，故不自隐。古之所谓隐士者，非伏身而弗见也，非闭其言而不出也，非藏其知而不发也，时命大谬也。"庄子正是这样一种心隐而身不隐的隐士。

其次，由于庄子的道德理想不能实现。庄子宗承老子，老子认为，从道的角度出发，治理国家要"无为而治"。也即《老子·五十七章》所说："我无为而民自化，我好静而民自正，我无事而民自富，我无欲而民自朴。"而庄子的时代，诸侯们为了争为霸主，一统天下，战争连年、民不聊生，与老子、庄子的政治主张恰恰背道而驰。

再次，庄子在名利势位与个性自由之间，更注重个性的自由。正如《史记·庄子传》中庄周辞退楚国使者时所言："千金，重利；卿相，尊位也。子独不见郊祭之牺牛乎？养食之数岁，衣以文绣，以入太庙，当是之时，虽欲为孤豚，岂可得乎？"庄子认为入仕为官，受权贵们的约束蹂躏，实在不如自由自在地过贫穷的生活。当然，庄周的选择与其深厚的文化素养和丰富的社会阅历也有着密切的联系。道家思想体系熔铸了当时大量的思想资料，既有天道运行的规律，也有社会历史和人生处世的经验，是古今成败、存亡、祸福之道的概括和总结。历史的记载、传说和庄子自身的阅历都使他了解到宦海沉浮、仕途险恶、功名利禄不能长久，一旦误陷其中，虽欲解脱，但身不由己，悔之莫及。所以，庄子视相位如腐鼠，视约宠为舐痔，辞相位之聘，绝富贵权势，甘愿过无拘无束的清贫生活。

没有炙手可热的权势，没有千金俸禄的庄周，在政治上、生活上实际等同于庶民百姓。困窘织屦、贷粟监河，使他深深了解到人民的疾苦，也使他清醒地认识到，大盗窃国为诸侯，小盗窃钩被诛杀的荒谬的社会现实。因此，激发了他对昏君乱相的批判以及对自由、平等的追求。老庄，尤其是庄子，是中国隐士阶层的先驱，对后世产生了深刻的影响，后世把宗承老庄思想的隐士称为老庄型隐士。

三、千古奇葩《庄子》一书

（一）《庄子》书的版本与注释

庄子的一生没有令世人称道的显赫业绩，但他为后人留下的《庄子》一书，却对后人的精神生活产生了巨大的影响，是一份珍贵的文化遗产，是中国哲学史和中国文学史上的奇葩。《庄子》书上承《老子》，下启《淮南子》，是其间庄子学派的一部论文集。《汉书·艺文志》著录："《庄子》五十二篇。"[①]《隋书·经籍志》《旧唐书·经籍志》《新唐书·艺文志》分别记载了当时的多种版本。唐陆德明《经典释文·序录》记载了庄子的八种古本：崔撰注十卷，二十七篇；向秀注二十卷，二十六篇；司马彪注二十一卷，五十二篇；郭象注三十三卷，三十三篇等。[②]

先秦的许多著作，都不是单纯某一个人的作品。古人的文章写在竹简上，容纳字数有限，故往往单篇行世，至汉代金匮石室之书，多易简为帛，容字较多，于是变篇而为卷，合卷而成书。所以，当时的许多书类似于现在的论文集，由于组合方式不同，从而形成不同的版本。

刘向所辑《庄子》五十二篇本当是汉代比较流行的，保存篇目较多的一种版本。按陆德明《经典释文·序录》，五十二篇本的篇目构成是："内篇七，外篇二十八，杂篇十四，解说三。"[③]内、外、杂篇都见于今本《庄子》，人所共知。《解说》三篇是什么？据后人考证，大概是《淮南子》的作者对庄子的内容概述或片断的解说。陆德明《经典释文·序录》说，五十二篇本"言多诡诞，或似《山海经》，或类占梦书，故注者多以意去取……唯子玄（郭象）所注，特会庄生之旨，故为世所贵"[④]。今本《庄子》即郭象三十三篇本，分内篇七、外篇十五、杂篇十一。

---

① ［汉］班固：《汉书》第6册，中华书局1962年版，第1730页。
② ［唐］陆德明：《经典释文》，中华书局1983年版，第17页。
③ ［唐］陆德明：《经典释文》，中华书局1983年版，第17页。
④ ［唐］陆德明：《经典释文》，中华书局1983年版，第17页。

《庄子》一书，历代注本较多，以清代郭庆藩《庄子集释》最为完备，是研究者的必备之书。它收录了晋代郭象注，唐代成玄英的疏，陆德明的音义，清代卢文弨的校勘及王念孙、俞樾等人的训诂考证成果。该书民国期间收入《诸子集成》，1961年中华书局整理出版单行本，后多次印行。1983年中华书局印行了陈鼓应所著《庄子今注今译》，该书吸收了部分近现代研究庄子的最新成果，注释简单明捷，今译信雅，比较适合一般读者。但该书作者依据自己的学术见解，对某些篇章做了删削，以致失去《庄子》书全貌，此为白璧微瑕，虽瑕不掩瑜，但研究者应当了解。

（二）《庄子》书中内篇与外杂篇的关系

自秦汉以来，人们一直认为《庄子》一书是庄周自己的作品。至唐韩愈曾因《庄子》书中《盗跖》篇，讥笑侮辱列圣，戏说夫子，疑为"盖效颦庄老而失之者"所为。苏轼《庄子祠堂记》进一步从庄子思想的前后抵牾中发现了一些问题，他认为："余以为庄子盖助孔者，要不可以为法耳。……庄子之言，皆实予而文不予，阳挤而阴助之。其正言盖无几，至于诋訾孔子，未尝不微见其意。其论天下道术，自墨翟、禽滑厘、彭蒙、慎到、关尹、老聃之徒，以至于其身，皆以为一家，而孔子不与，其尊之也至矣！然余尝疑《盗跖》《渔夫》则若真诋孔子者，至于《让王》《说剑》皆浅陋不入于道。"[①] 自此历代学者对《庄子》书中究竟哪些篇目是庄周自己的作品进行了许多考辨工作。这样就出现了一个《庄子》书中哪些篇目代表庄子思想的问题，也就是研究庄子思想应当如何处理庄子与《庄子》书的关系问题。学界主要有以下三种不同的观点：

1. 研究《庄子》，应当打破内外篇的界限。王叔岷先生在《庄子校释》自序中说："郭本内外杂篇的区画，盖随意升降……至于外杂篇诸贤多疑为伪作，然今本内、外、杂篇之名，实定于郭氏，则内篇未必可信，外杂篇未必尽可疑。……故《庄子》外杂篇之真伪，诚有待于商榷，决不可囿于郭氏之区画，而轻于致疑也。"冯友兰先生在《中国哲学史新编》中提出，应打破内外杂篇的分别，以《逍遥游》《齐物论》为主要线索，参考其他各篇以期对庄子有全面的了解。严北溟先生在《应对庄子重新评价》一文中认为，庄子思想对后世的影响是以整部《庄子》为基础的。即使作者纵非一人，而发生影响的主

---

① ［宋］苏轼：《东坡集》卷三十二，公文书馆藏南宋年间杭州刊本。

体则是非庄子莫属。[①]

2. 外杂篇代表庄周思想，内篇代表庄周后学的思想。这是任继愈先生在《庄子探源》一文中提出的新观点。[②]其论据主要有：(1)司马迁在《史记》中提到的篇目全在外篇。(2)庄子思想宗承老子，老子思想中有对社会不公平现象的猛烈抨击和消极处世两个方面，庄子也是如此。这在外、杂篇表现最为明显。(3)《荀子·解蔽》篇说庄子"蔽于天而不知人"，"由天谓之道，尽因矣"。这就指明了庄子的自然观是唯物主义的，而反映唯物主义自然观的篇目恰在外篇。(4)篇分内外，起于两汉，所以内篇应当是汉代编辑的结果。内篇篇名离奇，外篇则以篇首二字为名，保持古例，故内篇晚于外、杂篇。任先生在后来的论著中仍坚持自己的观点，但论据则主要是前两点。

3. 传统观点认为，内七篇代表庄子思想，是庄周自作。外、杂篇主要是庄子后学的作品。任继愈先生的新观点发表以后，张德钧先生撰写了《〈庄子〉内篇是西汉初人的著作吗？》[③]一文，对任先生新观点的论据逐一进行商榷，认为新观点难以成立。张恒寿先生认为，要对《庄子》思想进行研究，就要对全书各部分都加考察，不能漫信旧说，不加分析。即使内篇真为庄周所作，也要和对待外、杂篇的方法一样，经过审查，重新确定。他试图打破内、外篇的界限，推导《庄子》书中的较古篇章。他发表了一系列考证文章，对内篇的真伪和时代做了严密的考察，这些文章多集中于湖北人民出版社出版的《庄子新探》一书中。这些研究成果从不同的角度说明了内篇基本上是属于先秦早期作品，为传统观点提供了更为坚实的论证。这些论证主要有以下几个方面：

(1)思想、文风方面

荀子是先秦第一个评论庄子的哲学家。其于《解蔽》篇评论庄子是"蔽于天而不知人"。这与庄子因循自然、否定智辩，主张人应当无条件地与天合一的思想是一致的。"解蔽"即去除偏见。《解蔽》篇重在批判，而无肯定之义，更没有涉及宇宙观的问题。司马迁在《庄子传》中提出《渔夫》《盗跖》《胠箧》三篇是为了说明庄子对老子思想的继承，不能作为司马迁没有见到内七篇

① 严北溟：《应对庄子重新评价》，载《哲学研究》1980年第1期，第40—56页。

② 任继愈：《庄子探源》，载《哲学研究》1961年第2期，第56—69页。

③ 张德钧：《〈庄子〉内篇是西汉初人的著作吗？》，载《哲学研究》1961年第5期，第40—62页。

的根据。《庄子·天下》篇的写作时代，近代学者多认为在战国末期。故《天下》篇虽非庄子手笔，但写作时代距庄子较近，仍不失为研究庄子哲学的重要支点。《天下》篇所叙述的庄子的文风与思想皆与内篇相契合。

（2）史实

《庄子》书中关于庄周生平事迹及言论的记述共30则，计6000余言。这些材料在《庄子》一书中的分布情况是：外篇13则，杂篇13则，内篇仅有4则。据张恒寿先生考证，《逍遥游》末章，系抄袭本篇各章而成，《德充符》末章似为晚出。这样内篇仅有两则，这些记述庄周生平事迹的材料如此集中地出现在外、杂篇绝非偶然，说明外杂篇多出庄周后学之手，从而为内篇早出提供了一个根据。

（3）从汉语史的角度证明内篇早出

唐钺先生在《文史》第15辑《考订古书撰作年代通则补说》一文指出，抽象名词或其他词类，本为单字者，有以此种两单字连成一词而又只表一义，则此词较单字词晚出。刘笑敢在《庄子哲学及其演变》一书中指出，《庄子》内篇与外杂篇在使用概念上存在着明显的区别。内篇虽然用了道、德、性、命、精、神等词，但没有使用道德、性命、精神这三个复合词，而在外杂篇中道德、性命、精神三个复合词则反复出现。他进一步考察了《诗经》《尚书》《国语》《论语》《墨子》《老子》《孟子》等战国中期以前的著作，都没有发现道德、性命、精神这三个复合词。按照时间的顺序继续考察，《荀子》《韩非子》《吕氏春秋》出现了这三个概念。至汉代《新语》《淮南子》《论衡》中，道德、性命、精神这三个概念的使用就更普遍了。以上事实告诉我们：《庄子》书中内篇与外杂篇之间在使用概念方面的区别，正是历史为我们留下的客观的年代分界标志。这说明只有内篇可能是战国中期的文章，庄子恰是战国中期人，而外杂篇只能是庄子后学的作品。

（4）张恒寿先生对《庄子》与《荀子》《吕氏春秋》《淮南子》诸书有关章节详加比较后指出，内七篇除少数章节外，基本上属于先秦早期作品。①

（5）王孝鱼先生在《庄子与惠施——〈庄子内篇新解〉前言》一文中指出，王船山曾不敢十分肯定地认为，庄子或因惠施而有内七篇之作。这个见解对他启发很大。他认为内七篇是庄子专为惠施而苦心孤诣、细心经营写出来的。

① 张恒寿：《庄子新探》，湖北人民出版社1983年版，第48—121页。

《庄子内篇新解》一书即贯彻了这一观点。[①]

综上所述，可知《庄子》是庄子及其后学的一部论文集。大体上可以确定《庄子》内篇是庄子自己的作品，是庄子思想的核心部分。外杂篇为庄子后学作品，反映了庄子学派思想的发展演变。《庄子》书内篇和外杂篇在写作年代上是先后关系，在思想内容上是源与流的关系。本书对庄子思想的探讨介绍是宏观的、整体性的，取材以《庄子》内篇为主，兼及外杂诸篇。

① 王孝鱼：《庄子与惠施——〈庄子内篇新解〉前言》，《晋阳学刊》1980年第1期，第82—84页。

第二章　庄子的道论

司马迁说庄子学问广博，几乎没有不涉猎的门类，但根本的思想还是来源于老子。老子为后人留下了一部无比玄妙的《道德经》，书中提出了先秦道家最高的哲学范畴——“道”。

“道”字在甲骨文中尚未发现，但在西周的青铜器铭文及《诗经》《尚书》《周易》等典籍中常有运用。“道”的本义是道路。人们出行，由出发地到达目的地要沿着道路走，由于道路具有人们必须沿循的性质，所以早在春秋时代人们就由道的本义引申出事理、法则、规律等意义。庄子作为先秦道家哲学的集大成者，对于老子首创的作为道家最高哲学范畴的“道”有着深入的探究和频繁的论述。《庄子》一书中，有些“道”是有其具体内容的。如《庄子·在宥》篇说：“何谓道？有天道，有人道。”天道，即自然规律。春秋时期“天道”指天象变化及其与人世祸福的关系，具有天文学和占星术的双重意义。人道，即社会的法则。这里的“道”含有规律、法则的意义。如《庄子·秋水》篇：“曲士不可以语于道者，束于教也。”这里的“道”是道理、真理的意思。而《庄子·刻意》篇“纯粹而不杂，静一而不变，淡而无为，动而以天行，此养神之道也”。这里的道有道术、方法的意义。“道”有时也指人通过一定的修养过程而达到的一种精神境界。如《庄子·大宗师》篇所说：“古之真人，不逆寡，不雄成，不谟士。若然者，过而弗悔，当而不自得也。若然者，登高不栗，入水不濡，入火不热，是知之能登假于道者也若此。”这里，我们着重说明的是作为宇宙生成论和哲学本体论的“道”，这是庄子天道观的主要内容。

一、物物者非物

（一）“道”为天地万物之母

中国古代的先哲们认为天地万物来源于混沌未分的原始状态，这就是民间传说中所谓的盘古劈开混沌，上为天、下为地。混沌生成天地后，世界逐渐分化、派生出世间林林总总的万物，这应当是我国最早的宇宙生成论。道家始祖老子将宇宙生成的过程明确表述为："道生一，一生二，二生三，三生万物。万物负阴而抱阳，冲气以为和。"(《老子》四十二章)"道生一"之"生"，并非实指母体受孕、怀胎、继而生育，而是指蕴蓄、分化的过程。"道生一"之"一"也并非实指某一具体事物，由"道"而"一"，实即由"无"入"有"。汉严遵在解说"一"时说："一者，道之子，神明之母，太和之宗，天地之祖。于神为无，于道为有，于神为大，于道为小。故其为物也，虚而实，无而有……"[①]"一"为"道"所生，故曰："道之子。"就其神妙而言曰"无"，相对于道而言则为"有"。"道生一"作为宇宙衍化的第一步，是从无形质向有形质的过渡。"一生二"是宇宙演化的第二步。《淮南子·天文训》云："一而不生，故分而为阴阳，阴阳合和而万物生。"[②]学者或有人云，"二"指天地，但从老子四十二章最后一句"冲气以为和"看，"二"指阴阳可能更接近老子之意。阴阳冲涌，二气交合，出现一种均调和谐状态，二合一为三，这就是"二生三"。万物在这种相荡相摩的状态中生成，这就是"三生万物"。"三生万物"指阴阳交通成和，阴阳合而万物生。

从宇宙形成和演化的过程看，万物来自和气，和气来自阴阳，阴阳来自"一"，"一"由道生，所以道是万物的宗主，是宇宙的本原。道是"无"，"一"是有，"道生一"就是无生有。故《老子》第四十章说："天下万物生于有，有生于无。"

《庄子》书中有一段与《老子》一脉相承的文字，这就是《庄子·大宗师》篇所记：

> 夫道有情有信，无为无形，可传而不可受，可得而不可见；自本自根，未有天地，自古以固存；神鬼神帝，生天生地；在太极之先而不为高，在六极之下而不为深，先天地生而不为久，长于上古而不老。豨韦氏得之，以挈天地；伏戏氏得之，以袭气母；维斗得之，终古不忒；日月得之，终古不息；堪坏得之，以袭昆仑；冯夷得之，以游大川；肩吾得之，以处大山；黄帝得之，以登云天；颛顼得之，以处玄宫；禺强得

① [汉]严遵撰，王德有点校：《老子指归》，中华书局1994年版，第9页。
② 刘文典：《淮南鸿烈集解》，中华书局1989年版，第112页。

之，立乎北极；西王母得之，坐乎少广，莫知其始，莫知其终；彭祖得之，上及有虞，下及五伯；傅说得之，以相武丁，奄有天下，乘东维，骑箕尾，而比于列星。

“太极”，指天地尚未形成，阴阳未分化的原始混沌状态，“六极”即六合，天地四方为六合。这是说道是真实存在的、有证验的，却又是没有作为、没有形迹的。可以心传但不可以口授，可以悟得而不可以眼见，它自己就是自己的本、自己的根。没有天地之前，自古以来就已存在着。它产生了鬼神和上帝，产生了天和地。它在太极之先却不算高，在六合之下却不算深。先于天地存在却不算久，长于上古却不算老。这段话说明，道无形无象，却具有实在性，是比天地更为古老的原始存在，是天地万物的本原。传说中远古的帝王豨韦氏得到道，用来开辟天地，伏戏氏得到它，用来调和阴阳；北斗星得到它，运行永远不会脱离轨道；日月得到它，永远运行不息；山神堪坏得到它，可以入主昆仑；河神冯夷得到它，可以遨游于大川；山神肩吾得到它，可以主掌泰山；黄帝得到它，可以乘云驾龙、登天化仙；颛顼得到它，可以居住玄宫；人面鸟形的北海神得到它，可以立于北极；西王母得到它，可以安居在少广山上，没有人能知道她的始终；长寿的彭祖得到它，其年岁可以上及舜的年代，下及春秋五伯的年代；殷代贤臣傅说得到它，可以为殷高宗武丁任用为相，治理天下，死后精神升天，可以乘骑在东维、箕尾两星之间，与众星并列。

庄子此段文字与《老子》第四十二章“道生一，一生二，二生三，三生万物”相比较，似乎缺少“道”生万物的过程。但在《庄子·天地》篇有一段宇宙万物生成过程的文字，这段文字比较侧重于万物的形成过程。

泰初有无，无有无名；一之所起，有一而未形。物得以生，谓之德；未形者有分，且然无间，谓之命；留动而生物，物成生理，谓之形；形体保神，各有仪则，谓之性。

“泰初”，宇宙的开端。宇宙之始原本是“无”。没有“有”，也没有什么名称。从无到有，出现了最初的“一”。虽然有了“一”，却没有形态。万物得此未形之“一”以生，便是德。没有形成形体时却有阴阳之分，而且阴变阳合流行其间称之为“命”。元气的运动稍事停歇就形成了物，万物生成具有各种形态，这就是“形”。形体保有精神，各有规则，这就是“性”。这里所讲述的物的形成过程比老子“道生一，一生二，二生三，三生万物”要详细得多，尤其是讲到了物的“命”“形”“性”三个概念，但所叙述的宇宙生成过程与《老子》书基本一致。

《老子》一书虽仅有五千言，但却以很大的篇幅来论“道”。如第四章：“道冲而用之或不盈，渊兮似万物之宗。……吾不知谁之子，象帝之先。”第十四章：“视之不见名曰夷，听之不闻名曰希，搏之不得名曰微。……其上不皦，其下不昧，绳绳不可名，复归于无物，是谓无状之状，无物之象。……迎之不见其首，随之不见其后。执古之道，以御今之有，能知古始，是谓道纪。”二十一章：“孔德之容，惟道是从。道之为物，惟恍惟惚。……其精甚真，其中有信。”二十五章：“有物混成，先天地生，寂兮寥兮，独立不改。周行而不殆，可以为天下母。吾不知其名，字之曰道，强为之名曰大。……故道大，天大，地大，王亦大。域中有四大，而人居其一焉。人法地，地法天，天法道，道法自然。”第三十四章：“大道泛兮，其可左右。万物恃之而生而不辞，功成不名有，衣养万物而不为主。常无欲，可名于小，万物归而不为主，可名为大。以其终不自为大，故能成其大。”类似的章句还有不少。

以老子论道的文字与庄子“夫道有情有信”一段相比较，可以看出庄子对道的论述基本上涵盖了老子的意思，而且表述更为确切、更为清楚，语言也精练了许多。陈彭应先生在《庄子今注今译》书中认为“豨韦氏得之……而比于列星”，这一节神话疑为后人添加，亦无深意，无妨删去。[①]而且引前人评议加以认证。笔者认为，庄子引文洸洋自恣，神话、寓言随处可见，《庄子·寓言》篇首段，庄子自叙其引文特点是“寓言十九，重言十七，卮言日出，和以天倪”。这正符合其语言的特色，还是保存原文更能有利于人们对于道的特性的认识。

《庄子·知北游》篇有一段文字更明确地表达了宇宙的生成是一个由无形之道而至有形万物的过程。

> 夫道，窅然难言哉！将为汝言其崖略。夫昭昭生于冥冥，有伦生于无形，精神生于道，形本生于精，而万物以形相生。

---

① 陈鼓应：《庄子今注今译》，中华书局1983年版，第182页。

“道”是玄奥而难以言说的，我只能给你讲个大概的情况。明显易见的东西是从看不见的东西中产生出来的。有形的东西是从无形中产生出来的。精神是由道产生出来的，形体是由精微之气产生的，万物是依各自的类型互相产生的。

（二）“道”与“物”的区别

《庄子》书中反复强调了“道”与“物”的区别。庄子认为，作为宇宙本原、万物之祖的道与世间具体的实际存在的物是根本不同的。道并非万物中之一物。《庄子·知北游》篇说：

> 有先天地生者，物邪？物物者非物。物出不得先物也，犹其有物也。犹其有物也，无已。

有一种先于天地而存在的东西，它难道是物吗？化生万物的道并不是物。万物所由出不能先于道，有道才有了天地万物。有了天地万物，物类便生生不息。万物中任何一物都不足以成为“物物者”，因为有形的万物都是“不得先物”而存在的有限之物。只有使万物成为万物的“物物者”，也就是那个“非物”的混沌的道，才能是先于物而存在的万物之祖。

宇宙发生论在古代属于哲学问题或宗教问题，至近代则由哲学领域分化出来，成为自然科学的问题，现代科学的宇宙论就是专门研究宇宙生成的学问。老庄的道论对于宇宙生成带有一定的猜测性和模糊性，但有时也给现代的科学以启示。日本的著名理论物理学家、诺贝尔奖获得者汤川秀树在其《创造力与直觉》一书中，谈到他在解释基本粒子时，庄子所讲的道曾经给他以有益的启示。

二、万物之本根

（一）道是世间万物存在变化的根据

哲学的本体论旨在探究世界万物存在的根据，即万物以什么为本原、本性、本质的学说。“本体”（substance）是一个翻译名词，有时也译为“实体”。西方哲学所谓本体，起源于古希腊，到近代初期，以至19世纪，本体是西方传统哲学的一个重要范畴。在漫长的历史发展过程中，不同的思想家所讲之本体，其意义也有差别。但西方哲学家讲本体，有一个流行的观点，即认为本体是与属性或现象对立的。现象现而不实、本体实而不见，本体是现象背后的唯一实在。

这种否认事物现象实在性的观点，中国先秦时代的哲学家是不存在的。

老子是中国古代哲学本体论的创始者。老子之前，自殷周以来，人们都认为天是最高最大的，万物都是天所生的。如《论语·泰伯》篇孔子说："唯天为大，唯尧则之。"这是认为天是万物的本原。《老子》第五十二章"天下有始，以为天下母"，提出了天地起源的问题，这是哲学思维的一次飞跃。老子提出"道"的学说，认为天地万物的最高本原是道。老子的道具有生成论和本体论两方面的意义，这两方面是相互联系的。老子讲宇宙有个开始，这个开始是道，道是天地万物的起源，这是在讲宇宙生成论。但是道在生出天地万物之后，并没有消失，道仍然作为天地万物的基础而存在，这就是本体论了。《庄子·大宗师》篇"夫道有情有信……长于上古而不为老"一段，主要讲道产生天地，属于发生论。后一段"豨韦氏得之，以挈天地……傅说得之，以相武丁，奄有天下，乘东维、骑箕尾而比于列星"可以理解为讲本体论。《庄子·大宗师》篇曰："故圣人将游于物之所不得遁而皆存。善妖善老，善始善终，人犹效之，又况万物之所系，而一化之所待乎！""万物之所系而一化之所待"即是指"道"。就是说"道"是宇宙万物存在和变化的总根据，这是对本体论的明确表达。

对于宇宙万物存在的变化的根据，庄子曾经进行了深入的思考。《庄子·天运》篇说："天其运乎？地其处乎？日月其争于所乎？孰主张是？孰维纲是？孰居无事推而行是？意者其有机缄而不得已邪？意者其运转而不能自止邪？云者为雨乎？雨者为云乎？孰隆施是？孰居无事淫乐而劝是？风起北方，一西一东，有上彷徨。孰嘘吸是？孰居无事而披拂是？敢问其故？"此段文字风格与《楚辞·天问》颇相似。只不过《天问》从天地未形的远古，写到楚国的现状；先问天文地理，再问历史传说，由远及近，一口气提了一百七十余个问题。庄子的提问比较专一，仅集中在天地运行方面，但却表达了庄子对万物存在变化的根据的追寻与探求。这种探求也就是对本体的探求。

在《庄子·齐物论》一文中，庄子在谈及人的心态变化时十分感慨地说：

> 日夜相代乎前而莫知其所萌。已乎，已乎！旦暮得此，其所由以生乎？

人的种种思虑心态日夜在心中交侵不已，但不知道它们是怎样发生的。算了吧，算了吧！一旦觉悟到这些情态发生的道理，就可以明白这些情态所以发生的根由了吧！看来，庄子是经过苦苦思索，但没有得到答案。不过，他肯定地认为万物存在变化的根据是确实存在的。在《齐物论》中，他接着说：

> 非彼无我，非我无所取，是亦近矣，而不知其所为使。若有真宰，而特不得其朕。可行己信，而不见其形，有情而无形。

没有它就没有我，没有我它也无法体现，我和它近在咫尺，但不知道我是被谁支配着。仿佛有一个天然的主宰者，然而又寻不到它的踪迹。从它的作用上，可以使自己相信它的存在，虽然看不到它的形体，它是真实存在而又不具形象的。这是庄子从自身的生理心理活动受“真宰”的支配，推测万物背后必然有作为主使者的“真宰”存在，而这“真宰”即“道”，即“万物之所系而一化之所待”的本体。

刘节先生在其《古史考存·老子考》中曾经说：“老子以谈道著名，在他的书里，我不知老子何以会悟出客观的道。”而在《庄子》书中却有许多如上文所述的如何推求本体之道的痕迹。

作为本体论的道具有创生性，也就是说道是万物生存的动力，它自然地、源源不断地向万物提供可以赖以存在的能量，使宇宙万物生生不息、永不枯竭。《老子》第三十九章“万物得一以生”，“一”就是道，《老子》第三十四章又说：“万物恃之以生而不辞，功成而不有，衣养万物而不为主。”这是说，道的创生性是自然而然的，并非有意为之。庄子基本上继承了老子的这种思想，《庄子·知北游》篇说：

> 天不得不高，地不得不广，日月不得不行，万物不得不昌，此其道与！

天之所以如此高远，地之所以如此宽广，日月之所以运行不息，万物之所以繁荣昌茂，其所以如此，并非上帝的指使，而是来自本体之道对世界万物的创生造化作用。

（二）“本根”概念的提出

在《庄子·知北游》篇，庄子终于超越了感性的体验和理智的推求，提出了“本根”的概念。

> 今彼神明至精，与彼百化，物已死生方圆，莫知其根也。扁然而万物自古以固存。六合为巨，未离其内；秋毫为小，待之成体。天下莫不沉浮，终身不故；阴阳四时运行，各得其序。惛然若亡而存，油然不形而神，万物畜而不知。此之谓本根，可以观于天矣！

天地灵妙精纯，参与事物的千变万化。万物或生或死，或圆或方，没有谁知道它的根。万物蓬勃生长，自古以来就存在着。六合虽大，超不出它的范围；秋毫虽小，要依赖它才能成为形体。天下万物无不在升降变化、新陈代谢、日新月异。阴阳四时的运行各自遵循着自己的规律。暗淡不明好像不存在，自然产生不见形迹而有神妙的作用，万物受养育而不自知，这就是称之为本根的特征，本根是宇宙的最高根本、最后本原，知道了本根，就可以观察天道了。

这一节是《庄子》书中关于本体论的精细论述。庄子把似无而实存，无形而有妙用的万物存在和变化的总根据称之为“本根”。成玄英疏曰：“此之真力是至道一根本也。”后来的注释者多以道来代本根，但此处庄子确确切切用了“本根”的概念，而没有用“道”来表达。《老子》第十六章说：“夫物芸芸，各复归其根。”庄子的“本根”概念当是从老子的“根”深化发展而来。

张岱年先生在其《中国哲学大纲》一书中，专列《本根论》篇。他认为，宇宙之最究竟者，即今所谓本体，在中国古代哲学中称之为“本根”。本根与万物相对，亦简称为“本”，如《庄子·天下》篇说：“以本为精，以物为粗。”本与万物对待，故本根又称为“独”或“一”，如《庄子·大宗师》云：“朝彻而后能见独。”

张先生指出“本根”范畴具有三项意义。第一，始义。《庄子·则阳》云：“万物有乎生，而莫见其根；有乎出，而莫见其门。”万物之所以从出，即是宇宙之所始，乃是本根。《庄子·列御寇》说：“若是者迷惑于宇宙形累，不知太初。”太初即宇宙之始，即是本根。此为本根的第一含义。第二，究竟所待义。在大千世界中，万物各有所待，正如《庄子·田子方》所云：“万物亦然，有待也而死，有待也而生。”此物待彼物，而彼受待者复有所待。万物之全，当有总所待，有此总所待，然后有世界之万物，此总所待即是究竟所待，也即大化之所待。《庄子·大宗师》云：“万物之所系而一化之所待乎？”一化之所待，即为万有之本根。此为本根第二含义。第三，统摄义。万有虽然极其繁赜，但有统一之者。以分殊言，万有不同；而观其会通，则统属于一。此统摄一切而无所不赅者即是本根。此三项含义虽称谓不同，但三义其实是相通的。统摄万有者，必即是万有之空间所待，也必然是世界之最原始者，印度哲学与西方哲学讲本体真实，现象虚幻，本体为唯一的究竟实在。中国古代哲学家也讲本根与事物的区别，但不在于实幻之不同，而在于本末、源流、根枝之不同。本根为实有，万有众象亦为实在。中国古代哲学，与本根对立的是“物”，物是本根所生成者。

张先生还总结出本根的四点特征。第一，不生或无待。万物皆是被生的，而本根则是无所从生。本根独立固存，更无所待。《庄子·大宗师》云：“杀生者不死，生生者不生。其为物无不将也，无不迎也，无不毁也，无不成也。”本根是万有之所从生，却独不生，是万有之所待，然独无待。若亦生亦有待，则非本根了。第二，不化或常住。一切众物都在流转迁化之中，而本根则恒常永存，不化不变，无减无毁。《庄子·知北游》云：“彼为盈虚，非盈虚；彼为衰杀，非衰杀；彼为本末，非本末；彼为积散，非积散也。”万物皆化，皆有盈虚、衰杀、本末、积散，而本根却不变化，虽致成万物之变化，而自己却永驻长存，无有更易。第三，不偏或无滞。万物都是一偏的，都有所滞。有此性质则无彼性质，居于此则不在彼。万物皆为有限的、相对的，而本根则是无限的、绝对的，没有一偏的性质，而通乎一切。第四，无形或形而上。中国古代哲学认为本根必非有形，一切有形之物皆不足为本根。《庄子·知北游》云：“知形形之不形乎？道不当名。”“昭昭生于冥冥，有伦生于无形。”《庄子·庚桑楚》云：“万物出乎无有，有不能以有为有，必出乎无有。”形形者不形，一切有形皆出于无形。以本根为无形或形而上者，是中国古代哲学家一致坚持的观点。中国古代哲学讲本根，皆以无形说之，两千年中没有以有形之物说本根的。古希腊哲学家有以水为本根者，也有以火为本根者。而中国古代哲学家认为水、火等皆为有形之物，不足以为本根。

由于《庄子》一书是道家庄子学派的论文集，所以《大宗师》中“夫道有情有信”中道的意义，并不是见于全书各篇的。《庄子》书中对于世界本体的表达是多样的，除“本根”“道”外，尚有“天”“造化”“造物者”“真宰”“真君”等，这些都可以看作是庄子及其后学对世界本体的探究和认识。张恒寿先生在《庄子新探》一书中指出：“综括庄子书中有关本体的论述，有三种形态：一种是确认贯通于阴阳万物中有一个根本的东西或总的历程，称为‘天’‘真宰’‘造物者’等等，还没有‘道’这一名称；一种是以‘道’为生天生地，神鬼神帝的最高实体；另一种和第一种的认识一样，但用了'道'这一名称，指实其不得不然的道理。"[①]《庄子·大宗师》篇"万物之所系而一化之所待"明确表达了哲学本体论的含义。《庄子·知北游》篇提出"本根"的范畴来表示本体的意义，比以"道"表示本体的意义更具形象性，是道家庄子学派对本体的独特的表达方式。

三、道的普遍性

作为本体的道，或称本根，具有普遍性。道的普遍性是说现实世界景象万千、品类杂多，但道普遍存于其间，它使宇宙万物相互贯通，成为一个整体。《庄子·天地》篇说：

> 夫道，覆载万物者也，洋洋乎大哉！君子不可以不刳心焉。无为为之之谓天，无为言之之谓德。爱人利物之谓仁，不同同之谓大。

"刳心"，去其私心以入于自然。道是覆载万物的，浩瀚广大。君子不可以不抛弃自己的成心去效法。用无为的方式去做事就是道，本着自然的心态去言说就是德，无所偏私地去爱人利物就是仁，任其自然，与不同者和同就是大。道普遍广大，它融贯于万物之中，把天地万物都统一起来。《庄子·知北游》中有一段东郭子与庄子的对话，庄子以极风趣的语言说明了道广大普遍的特性。

> 东郭子问于庄子曰："所谓道，恶乎在？"庄子曰："无所不在。"东郭子曰："期而后可。"庄子曰："在蝼蚁。"曰："何其下邪？"曰："在稊稗。"曰："何其愈下邪？"曰："在瓦甓。"曰："何其愈甚邪？"曰："在屎溺。"东郭子不应。

这段话非常精彩形象地说明了道无所不在的特性。东郭子问庄子："你所说的'道'究竟在哪儿？"庄子说："无处不在。"东郭子说："最好能指出一个具体的地方。"庄子说："在蝼蚁里。"东郭问："怎么这样卑下？"庄子说："在稊稗一类的杂草里。"东郭子问"怎么更卑下了？"庄子说："在破碎的砖瓦

① 张恒寿：《庄子新探》，湖北人民出版社1983年版，第329页。

里。”东郭子说：“怎么越来越卑下了？”庄子说：“在屎尿里。”东郭子不再说话。庄子接着把其中的道理讲给东郭子：

> 夫子之问也，固不及质。正获之问于监市履狶也，每下愈况。汝唯莫必，无乎逃物。至道若是，大言亦然。周、遍、咸三者，异名同实，其指一也。

“正”“获”皆官名。《仪礼》，饮射之礼有司正，司获。“狶”，大猪。猪腿下部难肥，该部位肥了，猪自然就肥胖。所以，用脚踩一下猪腿便可以辨别猪的肥瘦。庄子说：“先生的问话，本来就没有接触实质。正获问监市怎样检查猪的肥瘦，那就是用脚踩猪腿的下部，越往下越容易看出猪的肥瘦来。除非你不肯指明，道是不离任何一物的，最高的道如此，最伟大的言论也是如此。”“周”“遍”“咸”三个字虽然不同，但实质相同，所指意义是同样的。庄子在这里说道在蝼蚁、在稊稗、在瓦甓、在屎尿，其意在于说明越卑下的东西，越能说明道是无处不在的。《庄子·大宗师》说道“在太极之先而不为高，在六极之下而不为深”，也是说道的普遍存在的特性，两者相校，一以高远，一以卑下，但二者要说明的问题却是相同的。《庄子·则阳》篇说“道不私”“道者为之公”。《庄子·渔夫》篇说：“道者，万物之所由也。”这些都说明道普遍存在于天地万物之中，天地之大，万物繁杂，雷厉风行，运化万变，道皆存于其间。西方哲学常认为本体在现象背后，现象现而不实，本体实而不现，现象与本体为对立之两世界。中国哲学则认为道或本根是世间万物的本源，两者虽有别但非相离。

为了说明道的创生性和普遍性，庄子认为在道与物的关系上；道为全，物为偏。道衍生万物，万物恃道以成，道为绝对的全，由道衍生的事物则为偏。一物之成，相对应的物则要亏，道则无所谓成与亏。《庄子·齐物论》说；“有成与亏，故昭氏之鼓琴也；无成与亏，故昭氏之不鼓琴也。”昭氏，姓昭名文，善鼓琴者。郭象注说，无论多么齐全的乐队，都不可能把所有的声音都演奏出来，总有声音要被遗漏。就演奏出的声音而言，是有所成；就遗漏的声音而言，就有所亏。所以昭氏鼓琴则会有成有亏，昭氏不鼓琴就不会有成与亏，声音反倒为全。据说陶渊明的书房里挂了一张无弦琴，无弦琴表示以不弹琴为弹琴，以表示无声即为声全，无声即是大音。庄子的意思是，人的任何作为都是偏，与绝对全的道是相背离的。人只有放弃偏见，无成与毁，才能合于道，于大道为一。

四、通天下一气耳

（一）对世界统一性的绝妙说明

“气”是中国古代哲学中的重要范畴。“气”的观念产生很早。以气的运动解释自然现象的变化，自春秋以来就有记载。如《国语·周语》记载周幽王二年（前780年）发生地震，伯阳父解释说：“夫天地之气，不失其序……阳伏而不能出，阴迫而不能烝，于是有地震。”以阴阳二气的失调来说明地震产生的原因，从现代科学的观点来看并不是准确的科学理论，但毕竟是抛弃了人格神的支配，从自然界本身来说明自然现象的产生和变化。《管子·心术下》说“气者，身之充也。”认为人的身体中充满了气。《管子·枢言》说：“有气则生，无气则死，生者以其气。”从而把生死与气联系起来，认为生物靠呼吸来维持生命，气是生存的必要条件。稍长于庄子的孟子则大讲浩然之气。他说：“夫志，气之帅也；气，体之充也。”（《孟子·公孙丑上》）认为气受志的统帅，但气也能影响志。总之，在中国古代，气通常指构成天地等一切有形之物的原始材料，它极细微，能运动，占有一定空间，是生命的基础。

在庄子哲学中包含着丰富的气论思想。《庄子·知北游》篇云：“人之生，气之聚也。聚则为生，散则为死。若死生为徒，吾又何患！故万物一也。是其所美者为神奇，其所恶者为臭腐。臭腐复化为神奇，神奇复化为臭腐。故曰‘通天下一气耳’。”物之生死即气之聚散，贯通天地万物的只是一气而已。气为何物？古代人们认为气是由无而有，未成形体的一种状态。《庄子·至乐》篇云：“察其始而本无生，非徒无生也，而本无形，非徒无形也，而本无气。杂乎芒芴之间，变而有气，气变而有形，形变而有生。”气为一种无形的存在。气非无，乃是有。气无形，但是无形之有却能变为有形之形体。气的概念应是由一般所谓气体之气衍生而来的。气体无一定形象、一定体积，可大可小，若有若无。一切固体液体在一定条件下皆可化为气体，气体在一定条件下又可凝结为液体或固体。以万物为一气之变化的见解，当是由此事实推导出来的。

那么，“气”与庄子哲学的最高范畴“道”是什么关系呢？《庄子·大宗师》云：“彼方且与造物者为人，而游乎天地之一气。”郭庆藩《庄子集释》引司马云："造物，为道也。"[1]庄子认为气是充满天地万物之间的，天地万物都是一气。得道之人与造物者为伴友，遨游于天地之间。这里"造物者"与"天地之一气"并不能等而视之。《大宗师》论道一段提到气："夫道有情有信，无为无形……伏戏氏得之，以袭气母。"关于"气母"，成玄英疏曰："袭，合也。气母者，元气之母，应道也。"[2]这是说庄子认为气之上还有更根本的形上之"道"。"气母"即"道"。这与《老子》中"道生一"的思想是符合的。《庄子·则阳》篇明确指出：

天地者，形之大者也；阴阳者，气之大者也；道者为之公。

这里，庄子十分明确地指出了"道"比产生天地万物的阴阳之气更为根本。

庄子哲学中引入"气"的概念，有利于说明无为无形的道产生万物的过程，这就在无形之道与有形的万物之间补齐了一个上通下达的过渡环节。同时也为物质世界万物之间的相互演变转化提供了一个共同的基础。"通天下一气耳"的命题确认了世间万物之间存在着某种一致的相通，这可以看作是庄子对世界统一性的绝妙的理论说明。"气"在具体事物中的表现形态是多种多样的，但就其基本性质而言，却只有阴阳两种，故《庄子·则阳》说："阴阳者，气之大者也。"阴阳二气的交感而产生万物，这就是《庄子·田子方》所说："至阴肃肃，至阳赫赫。肃肃出乎天，赫赫发乎地。两者交通成和而物生焉。"至阴寒冷，至阳炎热，寒冷出于天，炎热出于地，两者相互交融而万物化生。《庄子·大宗师》说："阴阳于人，不翅于父母。"可见庄子认为人也是阴阳二气相合而产生的。

（二）气之聚散与人之生死

庄子气论最精彩的部分是以气之聚散来说明人的生死。生死是人类面对的一个永恒的话题。世上之人无不存有求生求长寿的欲望，但谁也摆脱不掉死亡的威胁，如何解决求生和必死的尖锐矛盾，无数先哲对此进行了认真的求索。儒家的始祖孔子认为："死生由命，富贵在天。"（《论语·颜渊》）人生命之寿夭是命运的安排，不必为之费神。孟子继承孔子思想并有所发挥，提出

---

① ［清］郭庆藩：《庄子集释》，中华书局1961年版，第269页。
② ［清］郭庆藩：《庄子集释》，中华书局1961年版，第248页。

“立命说”：“夭寿不贰，修身以俟之，所以立命也。”（《孟子·尽心上》）不要计较生命的长短，应努力进行自身的道德修养，等待命运的安排。孟子还进一步区分了“正命”和“非正命”：“尽其道而死者正命也，桎梏而死者，非正命也。”（同上）人为自己的理想和信念守道而死就是“正命”，如果触犯刑律而死就是“非正命”。孔孟的上述思想逐渐形成尽人事而听天命的人生观。人生在世就要努力提高自己的道德修善，努力为民众谋福利，至于何时会死去，不必去考虑。

印度佛教自东汉末年传入中国，佛教的生死观在我国产生了重要影响。佛教教义的基本思想是因果报应、生死轮回。佛教宣称人生如无边的苦海，人死之后还能复生，犹如车轮循环不已。在轮回中，善有善报，恶有恶报，善者登天堂，恶者下地狱。只有皈依佛门，潜心修行，才能使自己的灵魂摆脱轮回之苦，进入寂静的涅槃世界，涅槃是佛教徒宣称的极乐世界，进入涅槃世界，灵魂便可超越轮回而获得永生。佛教徒以现世的人生为苦，以彼岸的涅槃世界为乐，具有典型的宗教生死观的特点。

庄子以人的生死为气之聚散的过程，建立了其自然的生死观。《庄子·至乐》篇记载了庄子妻死，庄子鼓盆而歌的故事。庄子在回答惠施责备时说：“妻子去世，开始我也很伤感，后来明白了人的生死是由于死之聚散，如四季一样循环不已，人死后返回自然。死去的人静静地安息在天地之间，而我还在哭哭啼啼，我认为这样做是不通达生死自然的道理，所以才不哭了。”《庄子·知北游》在谈人的生死时，庄子指出：“生也死之徒，死也生之始，孰知其纪？”“臭腐复化为神奇，神奇复化为臭腐，故曰通天下一气耳。”生为死的继续，死为生的开始，生死循环相继，谁也难以掌握其规律。臭腐和神奇是可以相互转化的，贯通天下的，只是一气而已。圣人珍视这种无分别的同一性。

根据以上的分析，我们可以把庄子的生死观归纳为以下几点：

1. 以生死为一种自然现象。天地造化万物，人的生命不过是万物中的一种样式。死亡只意味着个体生命的终结，死后回归自然，只不过是世间万物千变万化的一个环节。

2. 人生为气之聚积，死为气之消散，用气之聚散说明人之生死。

3. 要以达观的心态对待生死，对生死采取一种理性的态度，既不轻生，也不怕死，生要生得有价值，死要死得有意义。

庄子的一生虽经历“困窘织屦”“监河借贷”之苦，但却千金、辞相位，视名利如浮云，潇洒超迈，对于死也是那样安然达观。《庄子·列御寇》记载庄子将死，弟子欲厚葬，庄子风趣地回答："吾以天地为棺椁，以日月为连璧，星辰为珠玑，万物为赍送（殉葬物品），吾葬具岂不备邪？何以加此！"在回答弟子欲深葬时，庄子回答："在上为乌鸢食，在下为蝼蚁食，夺彼与此，何其偏也。"这是一种多么坦然大度的自然主义精神。

汉代思想家扬雄在《法言·君子》中说："有生者必有死，有始者必有终，自然之道也。"[①]这是庄子的自然生死观的表现。魏晋南北朝时期的无神论者经常引用庄子的生死气化说反驳佛教的灵魂不灭、生死轮回说。如何承天在《性达论》中说："生必有死，形毙神散，犹春荣秋落，四时代换，奚有更受形哉？"[②]宋代哲学家张载发挥庄子气化说来说明物的有形与无形："气聚，则离明得施而有形；气不聚，则离明不得施而无形。"[③]在人生观上张载也批判地吸收了庄子安顺自然的思想，在他著名的《西铭》一文中说："存，吾顺事；没，吾宁也。"[④]既不恶死怕死，又不无意义地求生，生则尽人事，死则顺自然而得安宁。庄子的生死气化说和对待死亡的态度在中国文化史上产生了极大的影响。一方面，它以鲜明的唯物主义立场，抵制了宗教迷信对生死的扭曲；另一方面，生死自然的思想开拓了人们的心胸，为人们树立正确的生死观提供了理论依据。

① 汪荣宝撰，陈仲夫点校：《法言义疏》下，中华书局1987年版，第521页。
② 见［明］张溥编《汉魏六朝百三家集·何衡阳集》之《达性论》，信述堂光绪重刊本。
③ 《张载集》，中华书局1978年版，第8页。
④ 《张载集》，中华书局1978年版，第63页。

第三章　庄子独特的认识论

庄子的认识论在先秦思想家中是最有特色的认识论。“道”与“物”是庄子哲学中相互对立的两个范畴。庄子以道为无限，物为有限，两者的存在形式是根本不同的。庄子的认识论也因之而可以区分为两个层面，这就是对“物”的认识层面和对“道”的认识层面。在第一个层面中庄子的认识论表现为怀疑论和不可知论。在第二个层面中庄子提出了与普通知识相对立的“真知”，他认为只有摆脱了感官经验和逻辑思维才可能获得真知，从而陷入了反理智的神秘主义。

一、对庄子怀疑论和不可知论的考察

“不可知论”一词，最初是由英国生物学家、休谟主义者T.H.赫胥黎于1869年提出的。1886年恩格斯在《路德维希·费尔马哈和德国古典哲学的终结》一书中，从哲学基本问题的高度，科学地概括了不可知论的基本观点。按照恩格斯的观点，不可知论是一种“否认认识世界的可能性或者至少是否认彻底认识世界的可能性”的哲学理论。怀疑论对客观世界和客观真理是否存在、能否被认识表示怀疑，表现了否认认识世界的可能性或否认彻底认识世界的可能性的倾向。从这个角度看，怀疑论也就是不可知论。两者相比较，不可知论对于认识的否定更为彻底。战国时期的庄子在《齐物论》中写道：“庸讵知吾所谓知之非不知邪？庸讵知吾所谓不知之非知邪？”否定了知与不知的界限。在《庄子·养生主》中写道：“吾生也有涯，而知也无涯，以有涯随无涯，殆已！已而为知者，殆而已矣！”庄子进一步否定了追求知识的必要性，故历来被称为中国哲学史上典型的怀疑论和不可知论者。古希腊罗马时期的怀疑派是集中论述不可知思想的哲学派别。笔者拟对两者做一些对比研究，以便更深入地认识人类认识史上的这个环节。

（一）

在西方哲学史上不可知论的萌芽可以追溯到很早。早期古希腊的哲学中就曾提出一些怀疑的观点。公元前5世纪的智者派哲学家高尔吉亚曾针对当时哲学家关于存在与非存在的争论提出三个命题：（1）无物存在；（2）如果有某物存在，这个东西也是无法认识的；（3）即令这个东西可以被认识，也无法告诉别人。[①]在论证第二个命题时，他反复强调了“我们既不能思想到也不能感知到存在”的观点。[②]黑格尔在论述怀疑论的发展时说：“怀疑论通过高尔吉亚达到了一个更大的深度。”[③]希腊晚期的哲学家皮浪（前365—前275年），生年大致与庄子（前369—前286年）相同，被认为是怀疑派真正的开山鼻祖。他认为我们不能根据感觉和逻辑理由说事物是这样的，也不能说它是那样的。因为任何一个命题都可以说出相反的命题来。在他看来，对任何事物采取的唯一正确的态度就是：“应当毫不动摇地坚持不发表任何意见，不作任何判断。”[④]他的门人蒂蒙记录了他的学说片断。蒂蒙之后，怀疑论渗透到柏拉图学院派中，著名代表是阿尔克西劳和卡尔内亚德。约公元前1世纪，皮浪的怀疑主义成为一个重要的思潮而重新流行。在此后约三个世纪中怀疑主义的理论更加系统化，提出了主体不能获得客体的可靠知识的各种论证。在此期间第一个复兴怀疑论的是爱内西德谟，他抛弃了卡尔内亚德所宣扬的或然性学说，提出了怀疑论的十个论式。全部论证通过怀疑关于客体的认识内容、关于主体、认识方式以及主客体间的关系而展开，在理论上概括出了相对性的结论。这些论式涉及较多的是与主体的感觉能力有关的经验事实。爱内西德谟的追随者赛克斯都·恩披里可为怀疑论提出了五个论据。（据3世纪哲学传记作家第欧尼根的著作推测，这五条论据大都属于阿格利巴的观点。）这些论据侧重于主体的理性能力方面，是理性的推理。塞克斯都在总结以往的怀疑论学说的同时，把怀疑论的论证集中到真理标准和因果关系问题上，使怀疑派哲学达到了更高的理论高度。

---

① 北京大学哲学系外国哲学史教研室编译：《古希腊罗马哲学》，商务印书馆1961年版，第138页。

② 北京大学哲学系外国哲学史教研室编译：《古希腊罗马哲学》，商务印书馆1961年版，第142页。

③ ［德］黑格尔：《哲学史讲演录》第2卷，北京，商务印书馆1959年版，第32页。

④ 北京大学哲学系外国哲学史教研室编译：《古希腊罗马哲学》，商务印书馆1961年版，第342页。

在迄今为止的中国哲学史研究中，还没有人把先秦时期具有怀疑论思想的哲学家称为一个独立的学派。但是，如果按照黑格尔所说“怀疑论的结果无疑地是否定，是消解确定的东西，消解真理和一切内容”[①]，那么，从邓析“操两可之说，设无穷之辞”，到老子的“唯之与阿，相去几何？善之与恶，相去几何？”“祸兮，福之所倚，福兮，祸之所伏。孰知其极？”其后，经过彭蒙、田骈、慎到发展到庄子集怀疑论思想之大成，似也可理出一条线索。我们同样也可以发现，先秦时期的怀疑论思想，主要表现在道家一派的哲学中。将庄子的怀疑论思想同古希腊罗马的怀疑派（以下简称“怀疑派”）哲学对比考察，可以发现，他们的论述有着惊人的相似之处。为了叙述方便，文中拟将怀疑派作为一个整体与《庄子》一书中表现出的怀疑论思想进行比较。

（二）

司马迁称庄子“其学无所不窥，然其要本归于老子之言”，又“善属书离辞，指事类情，用剽剥儒墨，虽当世宿学不能自解免也”（《史记·老子韩非子列传》），说明庄子不仅十分熟悉各家的学说，而且在分析研究的基础上，对各家学说多有指责。可以说庄子的怀疑主义、不可知论是对当时认识论的许多问题进行了全面考察之后而得出的结论。塞克斯都·恩披里可在《皮罗学说要旨》中说：“怀疑学派，由于它的追求和研究的活动，也被称为‘研究派’（‘εητητιχη’），由于研究者探究之后所产生的心理状态，也被称为‘存疑派’，由于他们怀疑和探索的习惯，以及由于他们对肯定和否定不作决定的态度，也被称为‘犹疑派’（‘απορητιχη’）。”[②]这说明怀疑论者对于以往的认识内容也进行了一番理性的思考。庄子和怀疑派对认识的考察不约而同地围绕着认识主体、认识客体、主客体之间的关系以及真理标准等方面展开。

1. 对认识主体的考察

对于主体的认识能力，庄子进行了多方面的考察。庄子已经认识到人的认识往往受到时间、地点和所受教育等方面的限制。他说：“井蛙不可以语于海者，拘于虚也；夏虫不可以语于冰者，笃于时也；曲士不可以语于道者，束于教也。”（《庄子·秋水》）《庄子·齐物论》中庄周梦蝶一段说：“昔者庄周梦为胡蝶，栩栩然胡蝶也，自喻适志与！不知周也。俄然觉，则蘧蘧然周

① ［德］黑格尔：《哲学史讲演录》第3卷，商务印书馆1959年版，第106页。
② 北京大学哲学系外国哲学史教研室编译：《古希腊罗马哲学》，商务印书馆1961年版，第339页。

也。不知周之梦为胡蝶与，胡蝶之梦为周与？周与胡蝶，则必有分矣。此之谓物化。”两种感觉同样存在，但庄周与蝴蝶必有区别。两种感觉之间存在的矛盾说明了人们在梦和醒两种状态下的认识根本不同。《庄子·齐物论》中还说：“民湿寝则腰疾偏死，鳅然乎哉？木处则惴栗恂惧，猨猴然乎哉？三者孰知正处？民食刍豢，麋鹿食荐，蝍蛆甘带，鸱鸦耆鼠，四者孰知正味？猨猵狙以为雌，麋与鹿交，鳅与鱼游。毛嫱、丽姬，人之所美也，鱼见之深入，鸟见之高飞，麋鹿见之决骤。四者孰知天下之正色哉？”不同类的动物对于“正味”“正处”“美色”有着不同的认识。

怀疑派对主体的考察也大致涉及以上方面。他们看到了动物机体的差异性，即不同的生物对同一对象产生不同的感觉的表象。“例如在动物中，不同的种类眼睛构造不同，有着不同的颜色，白的、灰的、红的；因此其中所产生的感觉也一定不同。”[①]怀疑派也注意到了主体因自身内部的不同状态和变化而产生的情况的差异。同一主体在不同的情况下，例如在静止中或运动中，在梦中或醒时，“恨或爱时，清醒或酒醉时，年轻或年老时，等等”[②]，常常会对同一对象做出很不相同的判断。怀疑派比庄子的考察更为细致，他们还考察了由于人们在感觉和身体状况方面的差异而造成的感性认识上的矛盾。例如，有一个人在太阳下发抖，在阴处却暖和了。毒人参是有毒的，然而却“有另外一个人能够重重地服下一剂毒人参而不受损害”[③]。甚至，他们还注意到了因各种感觉器官之间构造上的差异而产生的认识矛盾。“例如，在一幅画上，有些东西眼睛看起来突出，摸起来却不突出。”[④]

2. 对认识客体的考察

庄子说：“夫知有所待而后当，其所待者特未定也。”（《庄子·大宗师》）又说：“夫言非吹也，言者有言，其所言者特未定也。”（《庄子·齐物论》）其中“所言者”“所待者”都是指认识的客体。庄子认为认识客体是“若骤若驰，无动而不变，无时而不移”，处于变动不居的状态，所以知识和概念无法表达客体的真实情况。对于社会领域内的变化，他也有清醒的认识。他说：

① ［古希腊］塞克斯都·恩披里可：《皮罗学说要旨》第1卷，黑格尔《哲学史讲演录》第3卷，商务印书馆1959年版，第124—125页。

② ［德］黑格尔：《哲学史讲演录》第3卷，商务印书馆1959年版，第128页。

③ ［德］黑格尔：《哲学史讲演录》第3卷，商务印书馆1959年版，第126页。

④ ［德］黑格尔：《哲学史讲演录》第3卷，商务印书馆1959年版，第127—128页。

“昔者尧舜让而帝，之哙让而绝，汤武争而王，白公争而灭，由此观之，争让之礼，尧桀之行，贵贱有时，未可以为常也。”（《庄子·秋水》）怀疑派指出客体由于数量的变化能使一件事物变成完全不同的东西。例如，冰是透明的，但压碎以后，重新结合便失去了透明性。“刮下来的羊角屑呈白色，可是在整个羊角上却是黑的。”①在社会领域，伦理、风俗、习惯和法律，这个地方认为是公正的，别的地方则认为是不公正的。“儿子承担父亲的债务，这是罗得斯的法律”，而“在罗马，儿子如果完全放弃了父亲的财产，就不承担父亲的债务”。②所以，道德和法律也不是唯一绝对必须遵守、不许违反的东西。

3. 主体与客体的关系

关于主体与客体的关系，怀疑派观察到同一事物从不同的位置、距离和地点看是不同的。例如，一条很长的大路，在一个站在前端的人看来，后端是缩成一个点的。可是，如果这个人跑到后端，后端就与他在前端看到的同样宽了。距离的不同，就是对象的大和小的差异。“地点：灯笼里的光在太阳下很弱，在黑暗中却放光明。”“鸽子的脖子站在不同的地点看时现出不同的颜色。”③从这边看是蓝的，从那边看是黄的。两种感性知觉是相互矛盾的。另外，事物是否常见，也可以改变对事物的判断。例如，罕见的东西比常见的东西受到更大的珍视。这些都说明了对于事物的认识是随主客体之间关系的变化而不同的。庄子也认识到了事物不仅是相互矛盾的，而且只有在相互对待的情况下，它们才各自获得其规定性。如在《庄子·秋水》篇说：“骐骥骅骝，一日而驰千里，捕鼠不如狸狌，言殊技也。鸱鸺夜撮蚤，察毫末，昼出瞋目而不见丘山，言殊性也。”千里马因善走而被称誉，如用之捕鼠，则不如猫和黄鼠狼。猫头鹰夜间明察秋毫，白天却有眼不见丘山，又何察之有？世界上确实没有独立的存在物，都是在周围的环境中被规定的。庄子把它概括为“彼出于是，是亦因彼”，可以说是很讲辩证法了。但他却认为“女殆著乎吾所以著也。彼已尽矣。而女求之以为有，是求马于唐肆也”（《庄子·田子方》）。你大概只看到了我所能看到的现象。他们已经消失了，而你仍追寻着以为还有，这就像在空空的市场上寻求马一样。事物是变动不居的，所以事物的性质难以确定。庄子在主客体关系方面，还深刻地指出了认识个体的有限性和认识客体

---

① ［德］黑格尔：《哲学史讲演录》第3卷，商务印书馆1959年版，第129页。
② ［德］黑格尔：《哲学史讲演录》第3卷，商务印书馆1959年版，第131页
③ ［德］黑格尔：《哲学史讲演录》第3卷，商务印书馆1959年版，第128页。

的无限性之间的矛盾。《庄子·养生主》说："吾生也有涯，而知也无涯。以有涯随无涯，殆已。"在《庄子·秋水》篇，庄子则作了更为详尽的发挥："计人之所知，不若其所不知；其生之时，不若未生之时；以其至小，求穷其至大之域，是故迷乱而不能自得也。"以有限的渺小的个体去追求无限的关于客观世界的知识，其结果只能是徒劳无益，迷乱而无所得。

4. 关于真理标准

庄子和怀疑派对认识的考察最终都归结到真理标准问题之上。《庄子·齐物论》中，庄子谈到人、鳅、鹿、蜈蚣、鱼对于"正味""正处""正色"具有不同的认识，这是因为它们各自有自己的标准。这些标准都是依据主体的感觉经验确定的。感觉经验千差万别，所以"正""邪"并无一个客观的标准，理论思维也是如此。庄子指出："仁义之端，是非之涂，樊然殽乱，吾恶能知其辩？"善与恶、是与非的界限是难以根据一个人的标准来划定的。他进一步指出，对立双方的意见分歧，在他们两人之间是不能辩明的，就是有一个第三者也无法作出正确的判断。"吾谁使正之？使同乎若者正之，既与若同矣，恶能正之？使同乎我者正之，既同乎我矣，恶能正之？使异乎我与若者正之，既异乎我与若矣，恶能正之？使同乎我与若者正之，既同乎我与若矣，恶能正之？然则，我与若与人俱不能相知也，而待彼也邪？"（《庄子·齐物论》）庄子这段被鲁胜称为"辩无胜"论的议论，详细论证了认识主体自身不能证明自己的认识正确与否。这在当时是相当深刻的见解。怀疑派也认为没有什么标准可以用来判定真理。塞克斯都·恩披里可说："我认为，没有任何东西由自身而被认识，这个道理是很明白的，因为在自然哲学家们关于可感觉的事物和可思想的事物的那些意见之间，是存在着重大的矛盾的。我们必须对这个矛盾保持不决定的态度，因为无论感性知觉或思维都不能给我们提供出一个真理的标志，我们可以用来当作真理标志的一切，都是充满着矛盾的，都是不可靠的。"①

除了上述大致相同的考察以外，庄子和怀疑派的哲学家还分别对认识的某些问题进行了探讨。如庄子就比较详细地探讨了言意能否反映客体的问题。他认为抽象的名（概念）与言，不能把握具体事物，所以"道未始有封，言未始有常"（《庄子·齐物论》），并以"轮扁斫轮"的寓言，说明"不徐不疾，

---

① 北京大学哲学系外国哲学史教研室编译：《古希腊罗马哲学》，商务印书馆1961年版，第457页。

得之于手而应之于心”(《庄子·天道》)的斫轮之术是无法用语言来表达的。庄子所说“夫言非吹也，言者有言，其所言者，特未定也”，则包含有静止的语言无法表达“消息盈虚、终则有始”的认识对象的思想。《庄子·秋水》所言:“可以言论者，物之粗也；可以意致者，物之精也。言之所不能论，意之所不能察致者，不期精粗焉。”语言可以表达物之大概，思想可以表达物之精微，但都仅限于有形之域。而“不期精粗”的道是无限的，语言是不能表达的。这里接触到有限的语言和概念无法表达无限的问题。“语言是思维本身的要素”[①]，是“思想的直接现实”[②]。庄子则通过否定语言可以表达主体对客体的反映，导向了怀疑论。

后期怀疑派的哲学家也进行了一些独到的探讨。如他们对逻辑学的考察。由论证每一命题的前提的任意性来证明怀疑论，由各个命题的循环论证来证明怀疑论，塞克斯都还通过说明不可能作出因果区分来论证怀疑论。他认为，认识在于判断因果关系，因果关系不能成立，故判断也就不能成立，等等。

庄子通过他对认识的考察认为要获得确定的认识是不可能的，从而得出了“彼亦一是非，此亦一是非”的结论。所以，他主张“六合之外，圣人存而不论，六合之内，圣人论而不议”，“圣人和之以是非，而休乎天钧”，“不谴是非，以与世俗处”。(《庄子·天下》)“彼是莫得其偶，谓之道枢。”(《庄子·齐物论》)齐物我、齐是非、齐彼此、齐死生成为庄子对待认识的态度。怀疑派通过考察得出了“万物一致而不可分别”，“既不能从我们的感觉，也不能从我们的意见来说事物是真的或者是假的。所以，我们不应当相信它们，而应当毫不动摇地坚持不发表任何意见，不作任何判断”[③]的结论。在相隔千山万水的古老东方和西方，庄子和怀疑派的哲学家们通过各自的考察得出了大致相同的结论。

(三)

哲学是时代精神的精华。不管“芴漠无形，变化无常”的庄子哲学，还是人们认为是“如何悲观绝望”的怀疑派哲学都是同样植根于社会现实之中的，都有其产生的认识论根源和社会根源。

---

① 《马克思恩格斯全集》第42卷，人民出版社1961年版，第129页。

② 《马克思恩格斯全集》第3卷，人民出版社1961年版，第525页。

③ 北京大学哲学系外国哲学史教研室编译:《古希腊罗马哲学》，商务印书馆1961年版，第341—342页。

黑格尔在论述怀疑派哲学与同时代哲学的关系时指出："在斯多葛主义和伊壁鸠鲁主义之外，存在着第三者：怀疑主义，这是前面两种片面性的否定。前面两派都是片面的，这种片面性是必然会被意识到，被认识到的；因此这第三个原则就是对任何标准的否定，对一切确定的原则的否定，不管是什么样的原则：感性的、反省的或思维的表象、知识。斯多葛派哲学把抽象思维当成原则，伊壁鸠鲁派把感觉当成原则，而怀疑主义则是对于一切原则持否定态度，而且是行动性的否定。"①怀疑派曾经把他们所揭示的认识中的矛盾归结为三类：（1）现象与现象的对立；（2）思想与思想的对立；（3）思想与现象的对立。怀疑派正是通过对这些矛盾的揭示，否定了伊壁鸠鲁的感觉原则和斯多葛的抽象思维原则。

我们同样可以把庄子所揭露的认识矛盾归纳为现象与现象的对立、思想与现象的对立、思想与思想的对立三个方面。从先秦哲学思想的发展看，庄子的怀疑论、不可知论思想可以说是对当时儒墨显学认识论的批判和否定。墨翟在《明鬼》篇中，从"经验"出发，错误地论证了鬼神的存在，但却一般地接触到感觉与认识的关系问题。他说："天下之所以察知有与无之道者，必以众之耳目之实，知有与亡为仪者也。请惑闻之见之，则必以为有；莫闻莫见，则必以为无。"其朴素的反映论接触到人的知识来源于自己的感官所觉察到的客观世界。庄子在《庚桑楚》中说："知者接也，知者谟也。"郭庆藩在《庄子集释》中解为："家世父曰'与物相接而知生焉'。"②这是说，由于人对外物的感觉而产生了认识。似乎庄子肯定了墨翟的观点，但这不是庄子最后的结论，庄子在对感觉能否反映客观世界作了一番考察之后，得出了否定的结论。

儒家的孟子在认识上初步区分了感性与理性。他把人的感性称为"小体"，把人的理性称为"大体"。他说："耳目之官不思而蔽于物。物交物，则引之而已矣。心之官则思，思则得之，不思则不得也，此天之所与我者。先立乎其大者，则其小者弗能夺也。"（《孟子·告子上》）孟子十分信赖人的理性思维，认为"是非之心，人皆有之"。以为人本身具有天赋观念，人生来就能判断是非。庄子当然不同意这种观点。

黑格尔在考察斯多葛派和伊壁鸠鲁两派哲学时，把他们称为独断主义。

---

① ［德］黑格尔：《哲学史讲演录》第3卷，商务印书馆1959年版，第7页。

② ［清］郭庆藩：《庄子集释》第4册，中华书局1961年版，第812页。

冯契先生说："在庄子之前、或与庄子同时的哲学家，如孔子、墨子、管子、商鞅、孟子等大多有独断论的倾向。"[①]我们是否可以这样说，伊壁鸠鲁和墨子属于经验论的独断论，而斯多葛派和孟子则是唯理论的独断论，正因为庄子和怀疑派都致力于揭示当时经验论与唯理论的独断论的片面性，所以东、西方哲学史上出现怀疑主义是认识史上的必然现象。

战国中晚期及古希腊罗马晚期的社会生活也是酝酿怀疑论的重要条件。庄子适逢氏族奴隶制解体、新兴地主阶级崛起的时代。从人类历史的长河观察，历史在前进，文明在发展。当然庄子不会有这样的认识。然而，变革时期"周纲解结、群鹿争逸"，七雄并立，烽火连年。当时的诸侯们对内实行压迫和剥削，"独为万乘之主，以苦一国之民，以养耳目口鼻"，对外则从事兼并战争，"杀人之士民、兼人之地，以养吾私与吾神"(《庄子·徐无鬼》)，以致"死者以国量乎泽若蕉"(《庄子·人间世》)。千百万人民的辛酸、痛苦与血淋淋的现实都是庄子的亲身体验。面对着这个严酷的世界，看不到一点希望，他对人类的前途动摇了，迷惑了。在对人类认识的怀疑和否定里，浸含着对现实社会的怀疑和否定。

为什么怀疑派哲学发端于古希腊，而兴盛却在罗马，并且成为一种占主导地位的思潮？在希腊化和古罗马时期，奴隶制日益腐朽与没落。奴隶起义、穷人暴动、雇佣军哗变、宫廷内讧、执政官更替，层出不穷，连绵不断。一种对社会现实不满、恐惧、无可奈何、得过且过的情绪笼罩着整个社会。黑格尔曾从自我意识自求满足的要求上寻求其内在的根据。他认为："在光辉的希腊世界里，主体和它的国家、它的世界有较多的联系，比较更现实地存在在世界里。在现实世界的悲苦中，人退回到了自身，并在那里去寻求现实世界中已经再也找不到的谐和。罗马世界是一个抽象的世界，在那里是一个冷酷的统治、一个霸主支配着文明的世界……在这样沉重痛苦的境地中，便有了寻求和获得满足的要求。"[②]"在罗马，精神是从这个外在的、僵死的世界，从罗马原则的抽象(共和政体和帝王专制)逃回到自身，——从一个不能给它任何解脱的现实中逃回到心灵。这是世界本身的十足的不幸和分裂，精神只能在自身中找到安慰。"[③]

---

① 冯契：《中国古代哲学的逻辑发展》(上)，上海人民出版社1985年版，第203页。
② [德]黑格尔：《哲学史讲演录》第3卷，商务印书馆1959年版，第5—6页。
③ [德]黑格尔：《哲学史讲演录》第3卷，商务印书馆1959年版，第147页。

庄子希冀“乃入于寥天一”，“乘天地之正，御六气之辨，以游无穷”。说到底，就是要到精神世界里去寻找自己的“无何有之乡”。而怀疑派也是要通过“不动心”，通过对事物的漠然视之，来求得内心的安宁，求得自我意识的自我同一。正如皮罗轶事所说，一次皮罗坐船，风浪使船上的人惊慌失措，而一只猪却安然不动，继续进食。于是，他指着猪说：“哲人也应当像这样不动心。”不过人与猪是有区别的。这种安然不动的神态，在猪是生而有之的，而在哲人则是通过理性获得的。

对当时存在的经验论的独断论和唯理论的独断论的批判与否定，希冀从现实世界的悲苦中，退回到自身，在精神世界里求得一点安慰，造就了庄子的怀疑论、不可知论的思想，也造就了古希腊罗马的怀疑派哲学。这说明人类认识史是有规律可循的，怀疑论是认识史上的一个必然环节。

认识史上出现怀疑主义思想，是人类认识的一种进步表现。人类认识发展到能够对认识本身提出怀疑，首先是人类能够进行自我意识的表现。怀疑论对于现有的认识成果进行多方位的反思，还说明他们企求更高水平的认识成果。怀疑论对独断论片面性的揭示和批判，使后继的哲学家继续深入研究，从而推动了人类思维向更高的水准发展。怀疑论者完成了对一切确定的事物的摈弃，在他们反对绝对的思想中包含有辩证法的颗粒，是哲学向辩证法发展过程中的一个必要环节。但是正如列宁所说：“辩证法，正如黑格尔早已说明的那样，包含着相对主义、否定、怀疑论的因素，可是它并不归结为相对主义。”①应当指出，正如我们多次批判过的那样，不管是庄子还是怀疑派，对于怀疑派的论证都是不严密的，不合逻辑的，因而其论据和论断也是不能成立的。他们不了解绝对与相对、运动与静止、有限与无限的辩证关系，从而流入相对主义和诡辩论。从他们的哲学结论看，怀疑论是一种消极的哲学。然而这种消极的哲学自有其存在的价值和根据，正如现代科学已经证明，古代哲学家们曾经把宇宙归结为水、火等元素是幼稚的，但却不能因此而否定它是人类对世界本原这一哲学问题的积极探索一样。

二、神秘主义是庄子认识论的归宿

从新中国成立（1949）至十一届三中全会（1978）这相当长的一段时间内，

---

① 《列宁选集》第2卷，人民出版社1960年版，第136页。

中国哲学史界较多的同志认为，庄子的认识论是绝对怀疑论和不可知论。笔者20世纪80年代初，读燕京学社编纂的《庄子引得》，书前有齐思和先生所作之序，序曰："然庄氏之学，齐万物于一论，合生死为一贯，穷变化之大原，与天地而独往，其主旨近乎西洋哲学家之所谓神秘主义。"[①]1979年10月于太原召开"中国哲学史方法论讨论会"，张岱年先生提交了《论中国哲学史研究中的理论分析方法》的论文。论及庄子时，张先生说："庄子的认识论中有怀疑主义、相对主义的观点，但最后归宿是神秘主义、道是可知的'无思无虑始知道'(《庄子·知北游》)，最高的境界是'体道'，'与天为一'。"[②]前辈硕学所论，常中肯綮，是以启迪后学。笔者拟因循前辈的思路，通过与西方哲学史上神秘主义哲学的比较(主要涉及普罗提诺，而且两者的比较仅仅为说明庄子认识论的性质，其间较全面的同异得失比较，不是本人论述的目的)，更深入地认识庄子认识论的神秘主义性质。

(一)

哲学上的神秘主义，认为有机、内在的统一整体的真实面貌，根本就是理性认识不能把握的。在西方哲学史上新柏拉图主义是重要代表之一。普罗提诺(又译柏罗丁，Plotinos，约204—270年)是该学派真正的创始者，也是最著名最有影响的代表。普罗提诺的著作大都是原来对其听众所提问题的解答，后来由其高足波菲利编纂成书。书有六卷，每卷有文九篇，故取名《九章集》。普罗提诺的哲学思想缺乏系统性和严密性，但是"柏罗丁的精神总是不离开每一个个别的题材，有条理地、辩证地加以讨论，而将它归结到唯一的理念上去。因为这个缘故，有些主要思想常常是返来覆去地说个不停。……因为他从特殊的开始，说来说去总是不断地回到同一的根本观念。所以，我们只消读柏罗丁的某几卷书，就不难很好地掌握住他的思想"[③]。他的哲学思想主要有"太一说""流溢说"和"灵魂解脱说"。尽管普罗提诺哲学与庄子哲学产生的土壤迥异，哲学思想亦差异朗现，但就其认识论的神秘主义性质而言，还是异中有同。下面将有选择地与庄子认识论做一点比较。

1."太一"与"道"

在普罗提诺的哲学里，作为始基、绝对存在的"太一"，有时称为神，有

---

① 燕京大学哈佛燕京学社引得编纂处:《庄子引得》，上海古籍出版社1986年版，第3页。
② 《张岱年全集》第5卷，河北人民出版社1996年版，第279页。
③ [德]黑格尔:《哲学史讲演录》第3卷，商务印书馆1959年版，第181页。

时又称为善。他把“太一”看作是一个无限统一的整体，是一切差别和对立、精神和肉体、形式和物质的源泉。它是无限的，是无因自成的初始因。它是无所不包的。就神是个别事物的源泉而言，它是“一”，这个“一”，不是普通的“一”，一个苹果的“一”，而是多中之“一”，大写的“一”，故中文译为“太一”。“太一”是一切事物，而不是万物中的一物。因为一切事物的来源都是它自身。普罗提诺曾以比喻的形式来说明这个意思：上帝是无限的喷泉，从中涌出流水，而无限的水源永不枯竭。“太一”是太阳，从中辐射出光芒，而无损于太阳。他用这些例证来说明太初本原的绝对权力和独立性。原因不会转移到结果那里，或消失于结果之中，结果不限定原因，就“太一”来说，结果不是本质的东西。世界依赖“太一”，而“太一”不依赖世界。所以，“太一”是一切之父，具有最完满的原始力量，是最高的统一的整体。他认为：“绝对的统一支持着事物，使事物不彼此分离；它是统一万物的坚固纽带，它渗透一切有分离成对立物的危险的事物，把它们结合起来，化为一体；我们把这个绝对的统一称为‘太一’，称之为‘善’。它不是某个东西，不是任何一个东西，而是超乎一切的。这一切范畴都完全被否定了；它没有体积，它也不是无限的。它是宇宙万物的中心点，它是道德的永恒泉源，它是神圣的爱的根源——一切都围绕着它转动，一切都以它为目的。νους（理智）及自我意识永远在它里面有其起始和归宿。”[①]根据普罗提诺的“流溢说”，“太一”首先流出的“奴斯”νους（用拉丁字母拼写为Nous，译为理智或宇宙理性），即纯粹的理智、精神或思想，然后，从“奴斯”流出灵魂，最后从灵魂流出物质世界。物质世界离“太一”最远，是与“太一”相对立的杂多体，是邪恶的根源。正如我们离太阳越远，离黑暗（物质）越近一样。创造是从完善到不完善的堕落。在存在的阶梯上越往下走，就越不完善、繁杂、变化和分散。与其说它是存在，不如说它是存在的否定。因此，人生的目的便是要“赶快脱离这个世界上的事事物物”，挣脱“把我们缚在这些事物上的锁链”[②]，回到“太一”那里去。“我们的旅程是要达到善，达到第一本原。”[③]因此，普罗提诺把“太一”作为最高的认识对象。

---

① ［德］黑格尔：《哲学史讲演录》第3卷，商务印书馆1959年版，第189页。

② 北京大学哲学系外国哲学史教研室编译：《古希腊罗马哲学》，商务印书馆1961年版，第467页。

③ 苗力田主编：《古希腊哲学》，中国人民大学出版社1988年版，第678页。

庄子的认识论是以其“道”论为基础的。一部《庄子》书，对“道”的论述是多方面的，“道”具有多重的意义。内篇《庄子·大宗师》有一段文字较为集中，几乎为每一位研究庄子的人所提及。“夫道，有情有信，无为无形，可传而不可受，可得而不可见；自本自根，未有天地，自古以固存，神鬼神帝、生天生地，在太极之先而不为高，在六极之下而不为深，先天地生而不为久，长于上古而不为老。”“有情有信”，是说道是客观存在的。“自本自根”是说道存在的根据在其自身之中。“神鬼神帝、生天生地”，是说道产生天地万物。因为道是万物的根源，所以在《庄子》书中又被称为“物物者”。《庄子·知北游》曰：“物物者与物无际，而物有际者，所谓物际者也；不际之际，际之不际者也。谓盈虚衰杀，彼为盈虚非盈虚，彼为衰杀非衰杀，彼为本末非本末，彼为积散非积散也。”这是说作为“物物者”的道，不仅生就了天地万物，而且参与万物的流变，运作万物而自身却永不消失。庄子在《大宗师》里曾用一句极富本体论意味的话来概述道：“万物之所系而一化之所待。”用现代哲学语言就是说，道是终极的存在，是万物的根源，是宇宙变化过程的总根据。在庄子哲学中道与物是相对立的两个范畴。物的规定性只有在相与对待（对立关系）的情况下才能得以确定。庄子称为“彼出于是，是亦因彼”。但是相与对待的情况是瞬息万变的，所以进一步得出“彼是，方生之说也”（《说文》：“方，并船。”方有并义。方生，两方并生，同时存在），“是亦彼也，彼亦是也”的结论。因此，物是相对的，只有道才是绝对的。以道论为基础，在认识论中庄子因此而得出这样的结论：穷思竭虑追求对物的认识，只能算是“小知”，而只有对“道”的认识，才是对本根的认识，才是“大知”“真知”。这样，同普罗提诺一样，庄子也把作为万物本源的“道”作为了认识的最高对象。

2.“心醉神迷”与“心斋”“坐忘”“守宗”

普罗提诺在论及人与“太一”的关系时认为：“灵魂很自然地对神（太一）有一种爱，以一个处女对她的高贵的父亲的那种爱要求与神结合为一体。”[1]但是，当人们委身于尘世时，这种圣洁的爱消失了。尘世的爱的对象是凡俗的、变灭的，它攫取的只是一些泡影。因为事物不是圣洁的、真正的爱的对象。只

① 北京大学哲学系外国哲学史教研室编译：《古希腊罗马哲学》，商务印书馆1961年版，第466—467页。

有在最高的世界里，人们才能找到真正的爱的对象。这里普罗提诺所说的爱，与他说的对“太一”的理解与认识有着同样的意义。他认为，“太一”先于一切存在，超越一切存在。他是超验的，对他有所表述，无非是限定他，因而不能肯定他是美、善、思想或意志。所有这些属性都是限定它，实际上不完善。我们不能说他是什么，只能说他不是什么。这就使人们对“太一”的理解与认识存在着许多困难。“这些困难中有一个最大的困难，就是我们对于‘太一’的理解与我们对其他认识对象的知识不同，并没有理智的性质，也没有抽象思想性质，而具有着高于理智的呈现的性质。因为理智借概念而进行，概念则是一种属于多的东西，灵魂陷入数目和多的时候，就失去‘太一’了。”①

普罗提诺认为，真正的存在“太一”，只有通过心醉神迷的状态（ekstasis，又译为出神、狂喜、入定或忘我）才能被认识。这种状态是一种灵魂的单纯化，通过这种单纯化，灵魂才能进入幸福的安宁境界。这种状态不带任何心血来潮或胡思乱想的意味。在这种情况下，灵魂超越它自己的思想，沉浸于神的灵魂，与“太一”合而为一。马克思在《关于伊壁鸠鲁哲学的笔记》中曾经提到这种状态：“普罗提诺把它称为灵魂简化，即使灵魂直接与神合一的一种方法——一种表达死和爱，甚至亚里士多德的‘理论知识’都与柏拉图的辩证法合为一体的方法。但是因为这些规定在柏拉图和亚里士多德那里可以说是预先规定了的，而不是由于内在的必然性而发展形成的，这些规定向经验的个体意识的潜入，在普罗提诺那里表现为一种状态——这就是出神状态。”②普罗提诺还认为达到上方（太一）领域的道路分为两个阶段。“这条道路有两个阶段。第一阶段是改变低级的生活。第二阶段为已经上升到理智领域，已在那里留下了足迹但尚须在那个领域中继续前进的人所享有。它一直延续到他们把握那个领域的终极为止。当理智领域的最高峰被征服时，终极便达到了。但这个最高阶段必须循序渐进。”③

庄子对于“道”的认识，比起普罗提诺对“太一”的认识有着更多的描述。庄子认为，知与不知的界限是难以确定的。“庸讵知吾所谓知之非不知邪？庸讵知吾所谓不知之非知邪？”（《庄子·齐物论》）对于物质世界是不

① 北京大学哲学系外国哲学史教研室编译：《古希腊罗马哲学》，商务印书馆1961年版，第463页。

② 《马克思恩格斯全集》第40卷，人民出版社1970年版，第145页。

③ 苗力田主编：《古希腊哲学》，中国人民大学出版社1989年版，第678页。

可能获得确定的知识的，只有对“道”的认识才是真正的知识。庄子认为对道的认识方法与获得“小知”的感觉和思维是迥然不同的。认识客观世界的“接”“谟”“辩”等方法是不能体道的。如何才能体认道呢？《庄子》一书提及了“心斋”“坐忘”“守宗”三种方法。

《庄子·人间世》篇庄子借颜回与孔子的对话提出了“心斋”的修养方法。“斋”，《说文》解作“戒洁也”，一般指古人祭祀前整洁身心，以示对祖先的虔敬之情。“心斋”，则是庄子体道前心志专一的精神修养状态。“回曰：‘敢问心斋。’仲尼曰：‘若一志，无听之以耳而听之以心，无听之以心而听之以气！耳止于听，心止于符，气也者，虚而待物者也。唯道集虚，虚者，心斋也。’”耳目是人们接触认识客观世界的器官。《管子·心术上》说：“门者，谓耳目也。耳目者，所以闻见也。”庄子时代人们认为心是思维的器官，与耳目等感官相对应。故孟子曰：“耳目之官不思，而蔽于物。物交物，则引之而已矣。心之官则思，思则得之，不思则不得也。”（《孟子·告子上》）耳目只能闻见外物的音貌，心意缘虑只能符合幻灭无常的现象，对万物始基的“道”则是无能为力的。体道不能以耳目与心，用现代哲学语言即感觉与思维不能体道。气是空虚而能容纳一切的，故唯有虚才能体认妙道。“坐忘”也见于颜回与孔子的一段对话。“颜回曰：‘回益矣。’仲尼曰：‘何谓也？’曰：‘回忘礼乐矣。’曰：‘可矣，犹未也。’他曰，复见，曰：‘回益矣。’曰：‘何谓也？’曰：‘回忘仁义矣。’曰：‘可矣，犹未也。’他曰，复见，曰：‘回益矣。’曰：‘何谓也？’曰：‘回坐忘矣。’仲尼蹴然曰：‘何谓坐忘？’颜回曰：‘堕肢体，黜聪明，离形去知，同于大通，此谓坐忘’。”（《庄子·大宗师》）离形，即堕肢体，舍弃人们的四肢身躯。这里指消解人们的生理欲望。去知，即黜聪明，罢除人们所谓是非辩难的智慧。只有离形去知，方能达到大通之境。《庄子·大宗师》篇还谈到“守宗”，见于南伯子葵与女偊的一段对话：“‘子之年长矣，而色若孺子，何也？’曰：‘吾闻道矣。’南伯子葵曰：‘道可得学邪？’曰：‘恶！恶可！子非其人也。夫卜梁倚有圣人之才，而无圣人之道；我有圣人之道，而无圣人之才。吾欲以教之，庶几其果为圣人乎！不然，以圣人之道告圣人之才，亦易矣。吾犹守而告之。三日而后能外天下。已外天下矣，吾又守之，七日，而后能外物。已外物矣吾又守之，九日，而后能外生。已外生矣，而后能朝彻。朝彻而后能见独。’”独即道。成玄英疏曰：“夫至道凝然，妙绝言象，非无非有，不古不今，独往独来，绝待绝对，睹斯胜境，谓之见独。故《老经》云，寂寞而不改。”[①]“见独”即体道。“见独”非易，即便是具备“圣人之才”“圣人之道”的人也要进行一番艰苦的涵养功夫。三日后才能遗忘世故，七日后心灵才能不被物役，九日后才能无虑于生死，置死生于度外，达到“朝彻”“见独”“无古今”的境界。（王夫之《庄子解》解“朝彻”为初日之光，通明清爽。）

三种方法中，“心斋”着重说明体道要心志专一，不能以耳目与心，唯有虚而待物，方能接纳妙道。“坐忘”则深一层地提出，舍弃形、知是同于大通的必备条件。“守宗”则详细地说明了体道所经历的外天下→外物→外死生，朝彻见独的具体过程。三者文字叙述不同，但旨趣一致，可互为补充，都要求人们逐步解脱天下，外物、肉体、精神对人的制约和束缚，以至于物我两忘，同于大道。在这里正常的感性认识方法和作为理性认识的逻辑推理方法都被排斥了，庄子采用了一种神秘的直觉方法。《庄子·知北游》篇曾用简洁的语言表达了这种方法：“无思无虑始知道，无处无服始安道，无从无道始得道。”

庄子的“心斋”“坐忘”“守宗”之于“道”，普罗提诺的“心醉神迷”之于“太一”，都可以说是一种内向的、内观的认识方法，或称修养方法。这是一种不同于感觉与推理的神秘的复归本始的认识方法。

3. 与“太一”为一和体“道”的神秘境界

普罗提诺在描述与“太一”融合为一和神化为一体时说：“我们看到自己沐浴在光明之中，充满着灵明事物的光辉，甚至可以说充满了光明本身，纯净，毫无重量，一直向上升。我们把自己就看成这个样子，不，就看成神自身。使我们燃烧起来的是神。”[②]在这种境界里，一切矛盾和区别都会一起消失，人们观照到的是一个善与美的永恒的世界。

庄子多次描绘了体道所达到的境界。在“坐忘”一段中用“同则无好也，化则无常也”（和同万物就没有了偏好，参与万物的变化就没有了偏执）来说明“同于大通”达到的境界。“守宗”一段用“见独而后能无古今。无古今而后能入于不死不生。杀生者不死，生生者不生，其为物，无不将也，无不迎也，无不毁也，无不成也。其名为撄宁，撄宁也者，撄而后成者也”来描写见独（体道）后的境界。杨文会曾说：将（送）、迎、毁、成四句，形容世间

① ［清］郭庆藩：《庄子集释》第1册，中华书局1961年版，第254页。

② 北京大学哲学系外国哲学史教研室编译：《古希腊罗马哲学》，商务印书馆1961年版，第467页。

尘劳杂乱扰动人心，合成一个“撄”字。朝彻、见独、无古今、不死生，四句合成一个“宁”字。简言之，撄宁就是在万物生死成毁的纷纭烦乱中保持宁静的心境。真人，是庄子心目中“知之登假于道者”（上达于道）的人。庄子认为：“古之真人，不逆寡（不弃微少），不雄成（不自恃力），不谟士（无思无虑）。若然者，过而弗悔，当而不自得也。若然者，登高不栗，入水不濡，入火不热。”（《庄子·大宗师》）《庄子》书中，如此描写真人的文字还有不少。总之，达到体道境界，人们就可以在精神上从矛盾的纠结桎梏中解放出来，与天地并生，和万物为一，把自己视同宇宙大炉中的一块朴金，任凭造化的大冶来陶铸。

从上面的比较和分析中，可以看出庄子对“道”的描述，体道的方法以及体道后所达到的精神境界都与“西方神秘主义之父”普罗提诺对“太一”的认识有着基本相同的特点。正是基于这种意义，我们认为庄子认识论的性质是神秘主义的。庄子的认识论揭示了人类认识中存在的若干矛盾现象，初步认识到真理的相对性、感觉与思维的局限性。遗憾的是，他不适当地夸大了这种局限性，认为物的规定性是不确定的。因此庄子哲学包含有相对主义的成分。但是他确认“道”的实在性以及闻道的可能性，并以神秘的直觉来体道，最后陷入神秘主义。为了更全面地把握庄子的认识论，笔者曾提出把庄子的认识论分为两个层次：“庄子对‘小知’的卑弃和对‘大知’的崇尚构成了他的认识论的两个层次。在前一层次中表现为相对主义和怀疑主义，而在后一层次中表现为神秘主义。相对主义和怀疑主义是庄子否定普通知识的手段，神秘主义才是庄子认识论的归宿。”①

（二）

人类的认识从远古开始，虽然经历了千百万次的经验递增和理智跳跃，然而也只是仅限于对有限事物的有限认识。人类世代经验的层层积淀和冷静的理性思考都不足以穷尽面对着的浑然深邃的宇宙。如何从特殊上升到普遍，从有限升华到无限，是马克思主义哲学产生以前使哲学家们深感困扰的课题，企图撇开多样性的认识去直接把握统一是神秘主义哲学的实质。普罗提诺和庄子为追求绝对的统一，以神秘的直觉把握了“太一”与“道”，建立了各自的具

---

① 参见陈绍燕《神秘主义是庄子认识论的归宿》一文，载《文史哲》1983年第6期，第68页。

有无限性、绝对性的哲学体系，这或许是其认识论上的根源。

罗素认为普罗提诺的神秘主义哲学，具有只鼓励人们去观看内心，而不去观看外界的缺点。当人们观看内心时，我们看到的是神明的nous，而当我们观看外界时，我们看到的便是感觉世界的种种缺陷。他简述了这种思想的发展过程。“这种主观性倾向是一个逐渐成长的过程，我们在普罗泰戈拉、苏格拉底和柏拉图的学说中以及在斯多葛派和伊壁鸠鲁派的学说中，都可以发见它。……然而主观主义却逐渐地侵凌了人们的感情以及他们的学说。人们不再研究科学了，唯有德行才被认为是重要的。柏拉图所思索的德行是包括了当时在精神成就方面所可能有的一切都在内的；但在以后的若干世纪里，人们却日益把德行认为仅仅是包括有德的意志，而不是一种想要理解物理世界或改进人类制度的世界的愿望了。”①

庄子的神秘主义思想显然是受到了老子的影响。老子把“为学”与“为道”相割裂，认为：“为学日益，为道日损，损之又损，以至于无为。”（《老子》四十八章）认为感觉不足以把握道，“不出户，知天下，不窥牖，见天道”（《老子》四十七章）。只有用静观、玄览的方法才能认识道。要“塞其兑，闭其门，挫其锐，解其纷，和其光，同其尘”（《老子》第五十六章），以至于“心居玄冥之处，览知万物”，达到“玄同”之境。老子试图超越感性认识和理性认识的局限，追求一种更高的认识形式，这里内含有主张观察的客观性、深入性和整体性的合理因素，但由于采用了神秘的直觉，最终失足于神秘主义。庄子继承并发展了老子的思想，提出了更为具体、详尽的体道方法。

庄子之所以采取了“心斋”“坐忘”“守宗”的方法体道。可能与受到先秦以来养生学说的影响有关。养生学说现存最早的记载要算战国初年（约公元前380年）石刻文中的《行气玉佩铭》了。铭文45个字：“行气，深则蓄，蓄则伸，伸则下，下则定，定则固，固则萌，萌则长，长则退，退则天。天几舂在上，地几舂在下。顺则生，逆则死。”②郭沫若认为：“这是深呼吸的一个回合。吸气深入则多其量，使它往下伸，往下伸则定而固；然后呼出，如草木之萌芽，往上长，与深入时的径路相反而退进，退到绝顶。这样，天

① ［英］罗素著，何兆武等译：《西方哲学史》，商务印书馆1963年版，第374页。
② 郭沫若：《奴隶制时代》，中国人民大学出版社2005年版，第203页。

机便朝上动，地机便朝下动。顺此行之则生，逆此行之则死。”[①]《庄子》一书有关养生的记述也不少。内篇有《养生主》和《大宗师》。《大宗师》有“古之真人，其息深深，真人之息以踵。”外篇《刻意》有“吹呴呼吸，吐故纳新，熊经鸟伸”的记述。中外学术界都有人认为庄子学说的核心是养生。王夫之《庄子解》注《养生主》“缘督以为经”一句话说：“身前之中脉曰任，身后之中脉曰督。督者居静，而不倚于左右，有脉之位而无形质者也。缘督者，以清微纤妙之气循虚而行，止于所不可行，而行自顺以适得其中。”[②]这是从中医学角度来解释的。李时珍在《奇经八脉考》中指出：“督脉起于会阴，循背而行于身之后，为阳脉之总督，故曰阳脉之海。”[③]任督二脉的运行理论是讲究养生保身的中医气功的要领。故有“任督一通，百病全除”的说法，至今如此。庄子的“心斋”“坐忘”可能与入静时的集中意念以调节呼吸有关。

任何一种哲学思想都显示为它的环境的产物，哲学上的神秘主义也不例外。普罗提诺在他的著作里没有提到他生活的时代，但那的确是一个多灾多难的时代。普罗提诺生于古罗马塞维鲁王朝末期。公元208年塞维鲁亲自远征去平息不列颠发生的叛乱，死于国外，其子卡拉卡拉继位（211—217）。他昏庸无道，完全依赖军队，217年被近卫军谋杀。其后，罗马国势日衰，政治上陷于混乱之中。卡拉卡拉后的3个皇帝相继被军队所杀。从235年到285年罗马又有50年大规模的内战。各省军团都拥立皇帝，各霸一方，互相残杀。军队意识到了自己的威力，采用视金钱报酬为转移的办法拥戴皇帝，然后又杀死皇帝以便有机会重新出售帝国。在长期内战中，罗马前后更迭26个皇帝，废立皆决定于军队。除一人侥幸善终处，余者皆死于刀下。军队忙于内战，无心在边境上进行防御，于是日耳曼人便从北方，波斯人便从东方得以大举入侵。252年，帝国发生可怕的瘟疫，蔓延各地达15年之久。战争与疠疫减少了大约帝国人口的三分之一。就连不曾被敌军侵占的省区里，赋税的不断增加和财源的不断减少也造成了财政的崩溃。那些曾经是文化旗手的城市受到的打击特别沉重，殷实的公民们大量地逃亡以躲避税吏。直到普罗提

① 郭沫若：《奴隶制时代》，中国人民大学出版社2005年版，第203页。
② ［明］王夫之：《庄子解》，中华书局1964年版，第30—31页。
③ ［明］李时珍：《奇经八脉考》，上海第二军医大学出版社2005年版，第4页。

诺死后，戴克里先和君士坦丁的强有力的专制政治才暂时地挽救了罗马帝国。生活在那样的岁月里，灾难随时都可能降临，而幸福却只有靠对于那些远远脱离感官印象的种种事物的思索来获得。普罗提诺摆脱了现实中的毁灭与悲惨的景象，转而观照一个善与美的永恒世界，这是其神秘主义哲学产生的社会原因。

庄子是一位愤世嫉俗、特立独行的哲学家。他异常深刻地揭示了当时“窃钩者诛，窃国者为诸侯，诸侯之门而仁义存焉”(《庄子·胠箧》)的虚伪黑暗的社会，以及各诸侯国为攻城、掠地，战乱频仍人命如草，致使“死者以国量乎泽若蕉”的悲惨景象。处此“昏上乱相之间”(《庄子·山木》)“仅免刑焉”(《庄子·人间世》)，且人与人之间，“与接为构，日以心斗”，“与物相刃相靡，其行尽如驰，而莫之能止”的年代(《庄子·齐物论》)。世俗人间无有一方乐土，还是在体道中去寻求精神的慰藉吧。这就是庄子哲学从揭示矛盾开始，最后归宿于神秘主义的社会原因。普罗提诺和庄子，天各一方，时差上下几百年，在哲学上都具有神秘主义的特色，说明了在大致相同的社会环境中，易于产生思想倾向相近的哲学思想，人类思维的规律并非不可寻觅。

对于知识能否穷尽，有限能否升华到无限。恩格斯曾经指出：“事实上，世界体系的每一个思想映象，总是在客观上被历史状况所限制，在主观上被得出该思想映象的人的肉体状况和精神状况所限制。”[①]人们的认识无不受时代条件和自身条件的限制。人类能否实现认识的无限性呢？恩格斯认为：“人的内部无限的认识能力和这种认识能力仅在外部被局限的而且认识上也被局限的个别人身上的实际存在二者之间的矛盾，是在至少对我们来说实际上是无穷无尽的、连绵不断的世代中解决的，是在无穷无尽的前进运动中解决的。”[②]认识的无限性是在无穷的认识运动中实现的，绝对真理是无数相对真理的总名。可是，相对真理的数目是无限的，真理的长河是有头无尾的，从这个意义上讲，永恒的绝对真理是永远不能实现的。心醉神迷不能使人与“太一”融合为一，“道”亦不可以体悟，绝对的统一的整体永远也不能被人所把握。黑格尔曾经批评神秘主义者采取了偷懒的方法，说他们企图避开艰

① 《马克思恩格斯选集》第3卷，人民出版社1972年版，第76页。
② 《马克思恩格斯选集》第3卷，人民出版社1972年版，第160—161页。

苦的对于多样性的认识而一下子达到对统一的把握，认为只有通过把握多样性才能可靠地把握统一。但他把最高的统一看成是真实的，并以此作为其哲学体系的顶点。马克思主义者则认为，我们生活在越来越全面的认识过程之中。我们原来认为已经达到了的对立面的统一，随着时间的推移，实践范围的扩大，认识的深化，新的矛盾产生了，又不全面、不统一了。于是，我们就要追求更高的全面、更高的统一。矛盾无止境，我们的追求不停步，而所谓最高的统一却永远不会达到。

普罗提诺和庄子在把握“太一”和“道”时采用了神秘的直觉方法。所以称之为神秘直觉，就在于要把它同辩证唯物主义的直觉区分开来。辩证唯物主义充分肯定直觉在认识过程中的作用，特别是在科学发展和创造性思维过程中的巨大作用。但直觉是指在以往经验知识积累的基础上突发性地把握事物本质的能力。它表现为一种潜意识的活动。对于直觉的潜意识过程如何进行？又如何从潜意识过渡到显意识等机制至今人们还知之不多，还需要哲学、心理学、思维科学等学科通力合作去进一步揭示。但有一点是肯定的，即必须坚决反对把直觉从以实践为基础的认识运动中游离出来，把直觉同感性认识和理性认识对立起来的唯心主义解释。普罗提诺认为对“太一”的认识与对其他认识对象的认识不同，没有理智性质，也没有抽象思维的性质，因为理智靠概念来进行，而概念则是一种属于多的东西。庄子虽然说过“知者，接也；知者，谟也”(《庄子·庚桑楚》)之类的话，但是他认为“接”“谟”“言”“意”的认识能力是有限的。在《庄子·秋水》篇，庄子说：“夫精粗者，期于有形者也。无形者，数之所不能分也；不可围者，数之所不能穷也。可以言论者，物之粗也；可以意致者，物之精也；言之所不能论，意之所不能察致者，不期精粗焉。”一句话，无形的道是不可以通过感觉和思维来认识的。普罗提诺和庄子都犯了把直觉与感性认识、理性认识对立起来的错误。直觉是人类思维的能动性、创造性的一种特殊表现。但是，一旦离开了实践，离开了感性认识与理性认识，直觉就不可能导致积极的认识成果。普罗提诺和庄子通过神秘直觉得到的都是一个虚幻的精神境界。

普罗提诺与柏拉图相比较，他更加强调对统一的整体的把握，更加不满足于推论性的知识，这在认识的发展史上比柏拉图前进了一步，但是在解决问题的方法上失了足。他的神秘主义思想为其后的基督教神学提供了理论上的素材。普罗提诺摆脱了苦难的现实世界，转而观照永恒的“太一”。“在这方面，他和那时代所有最严肃的人调格是一致的，对他们大家来说，实际的世界似乎是毫无希望的，惟有另一个世界似乎才是值得献身的。对于基督教徒来说，这‘另一个世界’便是死后享有的天国；对柏拉图主义者来说，它就是永恒的理念世界，是与虚幻的现象世界相对立的真实世界。基督教的神学家们把这些观点结合在一道，并且还又包括了大量普罗提诺的哲学。”[①]所以，罗素这样评价：“普罗提诺既是一个终结又是一个开端——就希腊人而言是一个终结，就基督教世界而言则是一个开端。”[②]

庄子的哲学，没有直接导致宗教。通观《庄子》内篇没有什么神仙道教思想。《庄子·大宗师》里虽有所谓“真人”，但不是后来道经常说的修道登仙的真人。道教的真人是长生不死的得道者。著名的道教理论家葛洪认为庄周的思想与神仙道教格格不入。他在《抱朴子·释滞篇》说：“至于文子、庄子、关令尹喜之徒，其属文笔，虽祖述黄、老，宪章玄虚，但演其大旨，永无至言。或复齐死生，谓无异以存活为徭役，以殂殁为休息，其去神仙，已千亿里矣。”[③]《庄子》外杂篇，讲究养生炼形，企求长生不死的思想逐渐成熟，渗透了神仙的思想。民间的道教可能吸取了这方面的内容，但这是庄周后学的事情了。

庄子的神秘主义思想对后世的思想界产生了极大的影响。魏晋的玄学家们把《老子》《庄子》和《周易》并称三玄，综合儒道两家的思想，建构自己的理论体系。王弼的“得意忘象”，郭象的“冥而忘迹”无疑受到了庄子的影响。西晋以后，后期佛教的大量经论被翻译过来，其中主要是大乘般若空宗的哲学论著，其唯心主义的思辨与玄学本体论的思辨有相通之处。译者多以外书比附内典，号称“格义”之学。外书即《老子》《庄子》等。僧肇的“真谛自无相，真智何由知”[④]，表明要认识世界的本质“空”，必须用般若的“无知”去体认。慧远在《法性论》中说：“至极以不变为性，得性以体极为宗。”[⑤]唯有体认本体才能得到解脱。这些都与庄子的神秘主义认识论有关。所以，庄子

① ［英］罗素著，何兆武等译：《西方哲学史》上册，商务印书馆1963年版，第358页。

② ［英］罗素著，何兆武等译：《西方哲学史》上册，商务印书馆1963年版，第375页。

③ 王明：《抱朴子内篇校释》，中华书局1985年版，第151页。

④ 《肇论·般若无知论》，见［东晋］僧肇著、张春波校释：《肇论校释》，中华书局2010年版，第88页。

⑤ 释慧皎：《高僧传》卷六《晋庐山释慧远》，陕西人民出版社2013年版，第285—286页。

的神秘主义思想曾作为一种媒介，帮助印度佛教输入中国思想界，并使之中国化。此外，隋唐佛学、宋明理学以及近代一些学者的学说都有庄子神秘主义思想的烙印。但是，庄子的神秘主义思想始终是唯心主义哲学思想的直接营养和素材。而且庄子在体道中向人们揭示的那种玄远的境界，往往成为失意士大夫的精神寄托。对此，李泽厚指出："如何超脱苦难世界和越过生死大关这个问题，正由于并不可能在物质世界中现实地实现，最终就落脚在某种精神——人格理想的追求上了。……这构成庄子哲学的核心。"[①]

① 李泽厚：《漫述庄禅》，载《中国社会科学》1985年第1期，第128—129页。

第四章　庄子的辩证法和诡辩论
——彼是相因，万物迁流

辩证法是人类社会实践的伟大成果，是人类几千年思维活动的结晶。人类理论思维有其漫长的历史发展过程。从西方哲学史来看辩证法有几种形态：以赫拉克特为代表的古希腊形态、以黑格尔为代表的德国古典形态、以马克思为代表的现代科学形态，它们分别代表了理论思维发展的肯定阶段、否定阶段、否定之否定阶段。中国古代哲学中有丰富的辩证法思想，这是人们所公认的。从西周初年《周易》中辩证思想萌芽算起，至今已有约三千年的历史。从内容来讲，古代哲学中曾经提出一些光辉的辩证法观点，表现出深邃的智慧。中国辩证法最早的代表应当是老子。在老子之后，发挥辩证法观念最丰富、最详密的应当是《易传》。庄子对于自然、社会和人生中的矛盾有着深刻细致的观察。他看到了世间万物矛盾的普遍存在，对于事物矛盾对立面的相互关系和对立统一规律有一定的认识，尤其对于事物的运动变化有着丰富而精彩的论述，这是庄子辩证法思想的特色。但是庄子的哲学中存在着否认差别的诡辩，庄子哲学中的辩证法和诡辩论往往交织在一起。这是庄子哲学的一个重要特征。

一、彼此对立与交通成和

（一）彼是方生之说

辩证法是研究事物矛盾的学问。庄子对于他所研究的对象，普遍采取了揭露矛盾的方法。春秋末年、战国初年的社会大变动曾经使老子有可能对客观世界矛盾的普遍性获得深刻的认识。至战国中、后期，由于各国之间政治、军事斗争的加剧，社会变动更加激烈和迅速，这种历史环境为庄子继承老子的辩证法思想并有所发展，提供了客观的依据。庄子十分善于从感性对象的概念中发现矛盾，而且承认矛盾的转化和对立面的统一，就对现实世界的认识来说，应当说庄子是一位杰出的辩证论者。

庄子提出了“彼”与“是”的矛盾观念。“彼”即彼方、对方，“是”是此方、我方。庄子把“彼”“是”的观念推而广之，用来泛指客观世界普遍存在的矛盾的对立双方。庄子认为，矛盾的双方既是相互对立的，又是相互依存的。《庄子·齐物论》言：

> 物无非彼、物无非是。自彼则不见，自是则知之。

“物无非彼，物无非是”是说任何事物都处于矛盾的对立之中，对立的矛盾双方既是矛盾的此方，又是矛盾的彼方。从自身的角度来看自己是矛盾的此方，从对立面的角度来看自己则是矛盾的彼方。彼与是既是相互对立的，又是共存于一体的。“自彼则不见，自是则知之。”是说，每个人都既是矛盾的此方，又是矛盾的彼方。自己是此方，人人都能想到；自己也是彼方，则往往想不到。矛盾的彼是双方是相对而言的，看问题不仅要从自己一方来看，更要从彼方来看，只有看到两个方面，才能得到比较全面的认识。《庄子·齐物论》接着说：

> 彼出于是，是亦因彼，彼是方生之说也。

“方”，《说文》曰：“方，并船也。”“方”有并义。方生，两方并生。矛盾的彼方出于此方，矛盾的此方也依赖于彼方，矛盾的双方相互依赖不可分离，所以矛盾的双方是并生共存的。庄子的矛盾双方彼是相因的观点是对矛盾同一性的明确表述。《庄子·齐物论》接着说：

> 虽然，方生方死，方死方生，方可方不可，方不可方可；因是因非，因非因是。是以圣人不由而照之于天，亦因是也。

随着生的出现就有了死亡，随着死亡来临又将会有新生。正说着“可以”就出现了“不可以”，正说着“不可以”又出现了“可以”。这里庄子并不是说生即死，死即生。“方生方死”的命题也见于《庄子·天下》篇记载惠施的“历物之意”。惠施说：“日方中方睨，物方生方死。”其大意是指万物都在变化，必将走向自己的反面。赤日当空，随之必为西斜，万物萌生，最终要归于消亡。对于任何事物的肯定之中都必然地包含着否定的因素。生的过程蕴含着死，死的过程也蕴含着生。所以说“方生方死，方死方生”肯定了生死的相互依存、相互渗透和相互转化。庄子的这些论述都包含着矛盾对立面相互关系的辩证法思想。“因是因非，因非因是”是说是非相因而生，有是即有非，有非就有是。所以圣人既不站在“是”与“可”的一方面，也不站在“非”与“不可”的一方面，而是洞察事物的本然状态，遂而因之、任之罢了。

庄子不仅指出了矛盾双方的互相依存、互相转化，而且进一步指明了一切事物都是在相互对待的情况下，才获得了各自的规定性。《庄子·秋水》篇说：

> 梁丽可以冲城，而不可以窒穴，言殊器也。骐骥骅骝，一日而驰千里，捕鼠不如狸狌，言殊技也。鸱鸺夜撮蚤，察毫末，昼出瞋目而不见丘山，言殊性也。

做栋梁的大粗圆木在攻城时可用来冲撞城墙，但不可以用来堵塞小孔穴，就是因为事物的功用不同。骐骥骅骝都是有名的好马，能日行千里，但捕起老鼠来却比不上野猫，这是因为他们的技艺不同。猫头鹰夜间可以抓跳蚤，但白昼却睁大了眼睛都看不见丘山，这是它的眼睛的性能不同。名马之所以获得“优良”的称誉，是相对于走路而言的，用于捕鼠则不如野猫。猫头鹰之“明察”，要有夜幕的遮盖，白天就不行。世界上没有孤立的存在物，一切事物都是在与各种事物的相互对待中存在，都是在周围的环境中取得自己的规定性。这是《庄子·齐物论》中“彼出于是，是亦因彼”思想的发挥和深化。

（二）阴阳交通成和而物生焉

庄子在关于矛盾对立面相互关系的论述中，还表现了对于对立统一规律有一定程度的认识。《庄子·秋水》篇说：

> 知东西之相反，而不可以相无，则功分定矣。

知道了东方和西方方向相反互相对立，但是却不可以缺少任何一个方面，那就可以确定万物的功用了。东西双方是对立的统一，同一是对立中的同一，对立是同一中的对立。在同一中把握对立，在对立中把握同一，是正确认识各种事物矛盾的方法。

庄子已经观察到对立面的交合而产生万物。《庄子·田子方》篇说：

至阴肃肃，至阳赫赫。肃肃出乎天，赫赫发乎地，两者交通成和而物生焉。

至阴非常寒冷，至阳非常炎热。寒冷出于天上，炎热来自地下，这两者互相交通融合而产生了万物。任何事物的发展都根源于事物自身对立面的同一和斗争，矛盾双方的斗争，使新矛盾取代旧矛盾，新事物取代旧事物，因此矛盾是事物发展的源泉。这是庄子借老聃之口对孔子说的一段话，主要是对“物之初”的描述，但却明确提出了因为阴阳二者的矛盾斗争而产生了万物。

庄子还对忽视、否定对立统一的观点进行了批评。《庄子·秋水》篇说：

盖师是而无非，师治而无乱乎？是未明天地之理，万物之情者也。是犹师天而无地，师阴而无阳，其不可行明矣。然且语而不舍，非愚则诬也。

有人说，为什么不只取法对的而抛弃错的，只取法可以治理天下的而抛弃变乱的呢？庄子认为，持这种观点的人是不明白天地的道理和万物的实际情况。这就如同只取法天而不取法地，只取法阴而不取法阳一样，很明显是行不通的。有些人却不肯放弃这种观点，这些人不是愚蠢就是故意欺骗别人。这里庄子把是与非、治与乱的矛盾称为“天地之理，万物之情”，也就是承认了矛盾对立统一的观点是普遍存在的规律，这应当是十分深刻的辩证法思想。

二、无动而不变，无时而不移

（一）万物皆化

中国哲学家很早就认识到宇宙间的一切事物莫不在变易之中，宇宙即为一变动不息的洪流。孔子曰：“子在川上曰：逝者如斯夫，不舍昼夜。”（《论语·子罕》）老子说：“大曰逝，逝曰远。”（《老子第二十五章》）惠施说：“日方中方睨，物方生方死。”（《庄子·天下》）宇宙间万事万物无不迁变不息。庄子受老子、惠施的影响，也极为注重事物的发展变化。

对于事物运动变化的深刻认识和生动描述是庄子辩证法中最精彩的部分。

《庄子·秋水》篇有一段比较集中地描述世界变动不居的文字：

> 道无终始，物有死生，不恃其成；一虚一盈，不位乎其形。年不可举，时不可止；消息盈虚，终则有始。是所以语大义之方，论万物之理也。物之生也，若骤若驰，无动而不变，无时而不移。

道的变化始卒若环是无始无终的，万物却有生死的变化，物的一时所成的形态是不足凭依的。万物的变化，时而虚空，时而盈满，没有固定不变的形状。过去的岁月逝而不返，眼前的时光也不可挽留。事物的消灭、生长、充盈、亏虚终结了再开始，循环无已。这是在谈论大道的方向，阐述万物的道理。万物生生不已，就如同骏马的奔驰一样，没有一个动作不在变化，没有一时一刻不在迁移。总之，宇宙是变化的洪流，万物都不是静止固定的，而是处于永恒的变动转移之中。

庄子认为发展变化是宇宙中存在的普遍现象。在《庄子》书中变化称之为“化”。万物存在的一个共同特点就是“化”。《庄子·天地》篇说“天地虽大，其化均也”，《庄子·至乐》篇说“万物皆化”，《庄子·寓言》篇说“万物皆种，以不同形相禅”。万物各有种类，以不同的形式，进行着新陈代谢。《庄子·知北游》篇说：“是其所美者为神奇，其所恶者为臭腐。臭腐复化为神奇，神奇复化为臭腐。”事物被认为是美好的就视为神奇，被认为是丑恶的就视为臭腐。但臭腐能转为神奇，神奇也能转化为臭腐。

庄子认为物的变化是普遍的，如上所述：“物之生也，若骤若驰，无动而不变，无时而不移。”庄子在《大宗师》篇讲人的变化时说：自然、天地赋予我形体，给我生命使我劳碌，给我老年使我清闲，给我死亡使我安息。人生自然地经历着生老病死的变化过程。庄子在《齐物论》中讲人的一生时说：人一旦禀受天地之气成为人形，一生之中，和外物相互争斗、相互摩擦，奔波追逐于其间，而不能止步，岂不可悲吗？这是说人生的过程，处于不可阻拦的变化之中，如骏马之奔驰，没有任何力量能使其停顿下来。《庄子·齐物论》还说：“若人之形者，万化而未始有极也。”大道在变化的过程中，形成像人一类的形体成千上万，不可胜数。

《庄子》一书几乎每篇都有论述天地万物发展变化的文字。庄子还提出了“物化”的概念。《齐物论》说：

昔者庄周梦为胡蝶，栩栩然胡蝶也，自喻适志与！不知周也。俄然觉，则蘧蘧然周也。不知周之梦为胡蝶与，胡蝶之梦为周与？周与胡蝶，则必有分矣。此之谓物化。

从前庄周梦见自己变为蝴蝶，真是栩栩然飞舞着的一只蝴蝶啊！悠然自在地四方遨游，根本不知道自己原来是庄周。忽然从梦中醒来，自己分明是庄周。不知道是庄周做梦化为蝴蝶呢？还是蝴蝶做梦化为庄周呢？庄周和蝴蝶必然是有所分别的，一为庄周，一为蝴蝶，彼此不同。但是在那个时刻庄周和蝴蝶却分不清彼此，其实也就是庄周在那个时刻几乎把自己当成了蝴蝶，这种转变就叫作“物化”。这里的“物化”指大道变化无穷，时而庄周，时而蝴蝶，林林总总，不可执着于一。其实“物化”是一种境界，是一种不拘守个体成见的心态，是一种不把自己隔绝于整体的、齐一的天地万物的一种心境。是“天地与我并生，万物与我为一”的另一种说明，是“与物冥合”“齐物逍遥”“道通为一”。

庄子对人类社会的发展变化也有深刻认识。《天运》篇说：

夫水行莫如用舟，而陆行莫如用车。以舟之可行于水也而求推之于陆，则没世不行寻常。古今非水陆与？周鲁非舟车与？今蕲行周于鲁，是犹推舟于陆也，劳而无功，身必有殃。彼未知夫无方之传，应物而不穷者也。

水上通行莫过于用船，陆上通行莫过于用车。以为船可行于水上，便希望把船推到陆地上走，那就终生也走不了多远。古今不就像水陆的不同吗？周和鲁不就像舟和车的不同吗？现在有人企图将周朝的制度原封不动地拿到鲁国来实行，这就像把船推到陆地上行走，徒劳而无功，自身还必然遭受祸殃。这些人不懂得应时顺变，不断地与外界的情势相适应。《庄子·天运》篇还谈到礼义法度也是随时代而变化的。

故礼义法度者，应时而变者也。今取猨狙而衣以周公之服，彼必龁啮挽裂，尽去而后慊。观古今之异，犹猨狙之异乎周公也。

礼义法度也是随时代的变化而变化的。现在让猿猴穿上周公的礼服，猿猴一定要咬破撕碎，脱光而后快。观察古今的差异，就如同猿猴不同于周公一样。这是庄子讥讽儒家要在当时的战国时代恢复周公之时的礼义法度，不过是行舟于陆，沐猴而冠，根本行不通。历史在发展，社会在变化，僵死而不变化，必然祸患无穷。庄子的语言虽然尖刻，但却蕴含着极深的哲理。对于人类社会的历史能持有如此鲜明的发展观点的，在先秦除庄子外，唯有法家能与之相近。

《庄子·天道》篇说："天尊、地卑，神明之位也；春夏先，秋冬后，四时之序也。万物化作，萌区有状，盛衰之杀，变化之流也。"天居高处，地处卑下，这是自然的位置。春夏居先，秋冬随后，这是四季的次序。万物化育生长，萌发之际便区分出不同的形状，他们有着由盛而衰的差别，这就是变化的洪流。庄子明确指出了事物发展变化的普遍性，万物都在变化之中，宇宙实乃一变化之洪流。

庄子之后，荀子在其《天论》篇中说："列星随旋，日月递炤，四时代御，阴阳大化，风雨博施，万物各得其和以生，各得其养以成。"荀子所言之"大化"实即指自然的变化。《庄子·大宗师》篇言："况万物之所系而一化之所待乎？""大化"与"一化"意同。《列子·天瑞》篇曰："人自生至终，大化有四：婴孩也，少壮也，老耄也，死亡也。"[①]将大化解释为人生中的四个阶段。陶渊明在《形影神三首》之《神释》诗中有流传千古的名句："纵浪大化中，不喜亦不惧。"陶诗中之"大化"，既有自然的变化，也有社会的变化，更包括人生之变化。

（二）物之自化与反向发展

对于事物运动变化的原因，庄子有着深刻的认识。庄子认为事物存在的形式和性质的根据就在于事物自身，所以"天之自高，地之自厚，日月之自明"（《庄子·田子方》）。庄子进一步认为事物发展变化的原因也在于事物自身。《庄子·天道》说：

> 天道运而无所积，故万物成；帝道运而无所积，故天下归；圣道运而无所积，故海内服。明于天，通于圣，六通四辟于帝王之德者，其自为也，昧然无不静者矣。

① 杨伯峻：《列子集释》，中华书局1979年版，第21页。

自然之道运行而不停滞，所以万物得以生成；帝王之道运行而不停滞，所以天下归顺；圣人之道运行而不停滞，所以海内钦服。明于自然的规律，通晓圣人之道，把帝王之德畅达于上下四方和春夏秋冬的人，顺任各种事物自己运动，万物无不是静静地自生自长。这是说万物运动不息，而运动的动力在于事物自身。在《庄子》一书中，事物变化的原因在于其自身称之为“自化”。《庄子·在宥》篇说：

汝徒处无为，而物自化。……无问其名，无窥其情，物固自生。

你只要顺任自然无为就行，万物是自生自化的，不必追问它的名字，不必探究它的情状，万物本来就是自然生长的。《庄子·则阳》篇说：

鸡鸣狗吠，是人之所知；虽有大知，不能以言读其所自化，又不能以意其所将为。

鸡鸣狗叫，这是人经常遇到的事情。但是，虽然有大智慧的人，也不能用语言来说明它们所以会鸣叫的原因，也不能用心意去推测它们还会如何动作。这是说人们对于事物的“自化”是不能认识的，只要顺其变化就可以了。所以《庄子·秋水》篇说：“物之生也，若骤若驰，无动而不变，无时而不移，何为乎，何不为乎？夫固将自化。”万物无时无刻不在发展变化，你说应该做什么？不应该做什么呢？万物既然同禀自然，那么还是听凭自然的变化而变化吧。庄子把事物运动的原因归结为“自化”，但又说“自化”是人们不能认识的，也就为“自化”蒙上了一层模糊的、神秘的色彩。鉴于庄子时代自然科学发展的水平以及先秦哲学所探究的深度，这是可以理解的。庄子承认事物的永恒运动，并且认为运动的根据在于运动着的事物本身，这就否定了宇宙事物的运动有一个主宰者、推动者，这对于当时传统的笃信天命、鬼神的宗教神学是一种沉重的打击，对于把人们从古老的天命鬼神观念下解放出来具有一定的积极作用，可以视为先秦无神论的先驱。

相互对立的事物向着其相反的方向转变，这种转变要经过由量变到质变的过程，老子对此有着较早的认识。老子说：“图难于其易，为大于其细。天下难事必作于易，天下大事必作于细，是以圣人终不为大，故能成其大。”

（《老子·六十三章》）又说："合抱之木，生于毫末；九层之台，起于累土；千里之行，始于足下。"大事大物并非骤然能成，必须要经过逐渐地积累，必须要经过长时间的发展，才会转化为其反面。庄子对此也有一定的认识。《庄子·则阳》篇说：

是故丘山积卑而为高，江河合水而为大，大人合并而为公。

丘陵山岳是因为积聚泥沙土石才成为那样高，长江大河是因为把众多的水流聚合在一起才成为那样广阔，得道之人是由于融合众人的才智才成为大公。对于事物向对立面的转化庄子有着较多的论述，如《庄子·人间世》篇说：

且以巧斗力者，始乎阳，常卒乎阴，泰至则多奇巧；以礼饮酒者，始乎治，常卒乎乱，泰至则多奇乐。凡事亦然。始乎谅，常卒乎鄙；其作始也简，其将毕也必巨。

那些以智巧角力争胜的人，开始的时候明来明去，到后来往往就施展阴谋，太过分则诡计百出了。以礼饮酒的人，开始时规规矩矩，到后来往往昏醉迷乱，太过分则放荡狂乐了。任何事情都是这样，开始时彼此以诚相见，到后来往往就互相欺诈了。许多事情开始时很简单，到后来就变得十分复杂了。这些都是事物在变化过程中向相反方向转化的例证。

庄子与老子相比较，老子在观察相互对立的事物向相反方向转化时，其视角多集中在自然界的变化。而庄子的视角则不仅限于自然界，而是扩展到人类社会之中，扩展到人的精神世界，其视角更为宽广，其观察更为缜密细致。

（三）万物相禅始卒若环是谓天均

中国古代哲学家不但承认世界万物无时无刻不在变化之中，而且承认变化依循一定的规律进行，这个规律就是反复。事物无不从无到有，从小到大，逐渐发展以达到极盛，然后衰萎退化而终至死亡，这个过程称之为"反"。事物死亡终结，然后更新再始，则谓之"复"。一反一复是事物变化的一个周期。

反复的观念在《周易》的爻辞中多次出现。如《易·泰》九三之爻辞："无平不陂，无往不复。"《易·复》卦辞曰："反复其道，七日来复。"在老子的哲学体系中"道"是最高的范畴，"道"的运动也是反复的。《老子》第二十五章曰："有物混成，先天地生，寂兮寥兮，独立而不改，周行而不殆，可以为天地母。吾不知其名，字之曰道，强为之名曰大。大曰逝，逝曰远，远曰反。"这是说道的运动是永远远行的，而且是循环周行的。《老子·第十六章》曰："万物并作，吾以观复。夫物芸芸，各归其根。归根曰静，是谓复命，复命曰常。知常曰明，不知常，妄作凶。"万物都在蓬勃生长，我从而观察其循环往复。事物尽管变化纷纭，最后又各自返回到它的本根。返回本根，叫作"静"，这就叫作"复命"。"复命"就叫作"常"。认识了解了"常"就叫作"明"。不认识、不了解"常"而轻举妄动，其结果必然为"凶"。老子认为，不管是道的运动，还是物的运动都遵循反复的原则。

张岱年先生在《中国哲学大纲》一书中对于"反复"有这样的评价："中国哲学中所谓反复，与西洋哲学中所谓辩证法（Dialectic）颇有相似之点。西洋哲学中辩证法，讲凡事物必归于否定，而在质变之前有量变。中国哲学所谓反复，亦讲凡事物必终于反，而且必积而后反，在质的反转之前必有量的迁化，而量的改变必终于引起质的反转。但西洋哲学中辩证法所谓否定之否定，为表面上复返于初，而实则前进一级。故西洋哲学所讲之辩证历程为无穷的演进历程。中国哲学所谓复，则讲真实的复初，故中国哲学所讲反复，实有循环的意味。"[①]

庄子基本上继承了老子关于事物运动存在反复规律的思想，他把事物变化周而复始循环的规律，称之为"天均"。《庄子·寓言》篇说：

> 万物皆种也，以不同形相禅，始卒若环，莫得其伦，是谓天均。天均者天倪也。

万物不同的种类，以不同的形式传接延续，首尾相接如同圆环一样，这就叫作"天均"。《庄子·齐物论》篇在狙公赋芧一节也提到天钧。"狙公赋芧，曰'朝三而暮四'，众狙皆怒。曰'然则朝四而暮三'，众狙皆悦。名实未亏而喜怒为用，亦因是也。是以圣人和之以是非而休乎天钧，是之谓两行。"郭向注："莫之偏任，故付之自均而止也。"成玄英疏曰："天均者，自然均平之理也。夫达道圣人，虚怀不执，故能和是于无是，同非于无非，所以息智乎均平

① 张岱年：《中国哲学大纲》，中国社会科学出版社1982年版，第107—108页。

之乡，休心乎自然之境也。”又记曰：“《释文》‘天钧’本又作均。崔云：钧，陶钧也。”[①]由此可知，《庄子·寓言》篇之“天均”与《庄子·齐物论》之“天钧”相通。《寓言》篇“天均”文后曰：“庄子谓惠子曰：‘孔子行年六十而六十化，始时所是，卒而非之，未知今之所谓是之非五十九非也。’”庄子对惠施说：孔子生年六十，就不断变化了六十年，开始认为是对的，后来就认为不对，不知道现在所认为是对的，是不是就是他五十九岁时认为是不对的。郭注：“与时俱也。”成疏：“夫运运不停，新新流谢，是以行年六十而与年俱变者也。然庄惠相逢，好谈玄道，故远称尼父以显变化之方。”[②]郭注、成疏皆合庄子原意，庄子把万物的变化遵循周而复始的循环规律称之为“天钧”，认为是天地间自然均平的道理，这就从天的高度承认了事物变化的规律。庄子的“天均”说，是对“物化”的理论上的说明和肯定。

《庄子·至乐》篇有一段文字，描述了生物循环变化的过程。

> 种有几，得水则为㡭。得水土之际则为蛙蠙之衣。生于陵屯则为陵舄。陵舄得郁栖则为乌足，乌足之根为蛴螬。……羊奚比乎不箰，久竹生青宁。青宁生程，程生马，马生人。人又反、入于机。万物皆出于机，皆入于机。

“几”字与文中三个“机”字同义。对“几”的解释有多种。《列子·天瑞》篇也有此段文字。张湛解释“机”字说：“机者，群有之始，动之所宗。”[③]可供理解时参考。各种物类都有其起始，这就是“几”。“几”这种原始的微生物，得着水便变成断续如丝的继草，在水和土交接的地方就变为青苔，生在高处就变成车前草，车前草得着粪土就变成乌足草，乌足草的根变成蛴螬。……羊奚草的根比连着久不生笋的竹子就生出青宁虫，青宁虫生出赤虫，赤虫生出马，马生出人，人又返归于几。万物皆生于机，皆入于机。

这段奇文描绘了生物由“几”开始经过千变万化成为人，最后又返归于“几”的物化历程。庄子可能根据传闻写成，其中不可避免的存有猜测和虚拟。近现代不少学者认为它有着进化论的思想，我们认为这种说法未免有些牵强，

---

① ［清］郭庆藩：《庄子集释》第1册，中华书局1961年版，第74页。
② ［清］郭庆藩：《庄子集释》第4册，中华书局1961年版，第952页。
③ 杨伯峻：《列子集释》，中华书局1979年版，第18页。

但是庄子在这里却生动而又清晰地描述了生物始卒若环、循环发展变化的过程。

以往学者论述先秦哲学家的运动变化的观念，多集中于《老子》与《易传》，通过以上分析，庄子对于事物运动变化的描述，先后使用了“化”“物化”“大化”“自化”“天均”等范畴，可以说庄子对于事物发展变化的描述在先秦是最系统、最详尽的。

科学的辩证的发展观认为，发展的高级阶段似乎重复着低级阶段的某些特点，新东西仿佛向旧东西复归；但决不能把发展归结为单纯的、简单的重复或循环。发展是无限的螺旋式上升的过程，其中包含着内容和本质的提高。庄周正因为局限于循环论，所以看不到社会文明的提高和进步，因而看不到人类社会的希望和前途，这是他追求理想的至德之世的内在思想根源。

（四）绝对与相对有限与无限

庄子辩证法的一个重要方面是，从事物运动变化的绝对性及时间、空间的无限性出发，说明了人类认识的局限性和相对性。在这些论述中接触到绝对与相对、有限与无限的辩证关系。

庄子说：“人之生也有涯，而知也无涯。”（《庄子·养生主》）时间的流逝是无穷的，人的生命是短暂的。以有限的生命，如何能穷尽在无限的时间流逝中所发生的无穷无尽的宇宙的演化呢？庄子没有，也不可能作出科学的解释。他只能慨叹人生如白驹之过隙，发出“以有涯随无涯，殆已”的哀鸣。但是提出这个矛盾本身就是非常深刻的。今天，我们已经认识到这个矛盾只能在社会实践中，只能依靠人类世代相续的无穷尽的认识过程去解决。但是，即使在今天，人类对于无始无终的宇宙的生成、演化过程的认识，也只能是逐渐接近而已。对于人类社会未来的发展，我们同样也只能根据已掌握的客观规律作出比较科学的推论。任何伟大的历史人物都不可能一劳永逸地解决他没有经历的社会的各种问题。孟子称孔子“自有生民以来，未有孔子也”（《孟子·公孙丑上》）。但秦汉以降，儒生们皓首穷经，抱残守缺，墨守孔孟之说，实际上在相当大的程度上扼杀了中华民族的生机。

《庄子·秋水》篇把空间无限性与人类认识的相对性的矛盾论述得透彻而又生动。“计四海之在天地之间也，不似礨空之在大泽乎？计中国之在海内，不似稊米之在大仓乎？号物之数谓之万，人处一焉；人卒九州，谷食之所生，舟车之所通，人处一焉。此其比万物也，不似毫末之在于马体乎？”这种空间的无限性与具体事物的局限性的对照描写，在世界文化史上也是少有的妙笔。

《秋水》还揭示了一个深刻的道理，人只有自知局限性，才能突破局限性。北海若比河伯高明，主要不在于他浩瀚无比，“此其过江河之流，不可为量数”，而在于他有自知之明，自知“计四海之在天地之间也，不似垒空之在大泽乎？”正是庄子对于绝对、相对，有限、无限等矛盾的揭示，从而为人们展现了一个开放的思想体系。

三、彼是莫得其偶，谓之道枢

（一）辩证法与诡辩论

庄子的哲学中，既有矛盾对立统一的辩证法，又有抹杀矛盾的诡辩论。从辩证法出发，逐步滑向诡辩论是庄子哲学的特色。辩证法是关于自然界、人类社会和人类思维矛盾运动的科学，而诡辩论则是混淆真理与谬误、似是而非的说教。辩证法可以作为人们认识世界、改造世界的理论指南，而诡辩论则把人们引向迷途。辩证法与诡辩论两者之间有着原则性的区别。

诡辩论貌似辩证法，但辩证法不等于诡辩论，但是辩证法却可以成为通向诡辩论的桥梁。哲学史上就有过这样的事例。古希腊著名的哲学家赫拉克利特有句名言：“人不能两次踏进同一条河流。”他的意思是，河水是流动的，你这次踏进河里，水流走了，你下次再踏进河里时，又流来了新的河水，河水日夜奔流，所以你不可能两次踏进同一条河流。赫拉克里特主张“万物皆动”“万物皆流”，列宁称他是“辩证法的奠基人之一”。而赫拉克利特的学生克拉底鲁却修改了老师的观点，提出“人一次也不能踏进一条河流”的诡辩论命题，这是因为克拉底鲁根本否认事物的相对静止，认为万物只是“一阵旋风”，他甚至拒绝给任何事物起名，这就把辩证法引入了诡辩论。在庄子哲学中，辩证法不止一次地成为通向诡辩术的桥梁。

（二）抹杀差别流于诡辩

任何事物都离不开一定的环境和条件，这是指事物质的规定性的相对性；任何事物，又都因为环境、条件的变化而变化，这是指事物质的稳定性的相对性。庄子对于事物及其属性的相对性的揭露，可谓入木三分，这反映了庄子对他所处时代以及以前时代的生产生活方式和思维方式的否定，理所当然地成为人类认识发展史上的一个重要环节。对旧事物的否定，应当同对新事物的肯定紧密相连。一个伟大的思想家，应当从对事物矛盾的揭露中寻找出解决矛盾的方法，从万物的流变中寻找出相对稳定的东西，庄子正是在这一点上表现出其局限性。他揭示了事物存在的相对性，却又把这种相对性绝对化，从而得出否定普通知识，即对客观事物的认识的否定。庄子说“彼出于是，是亦因彼”，这是对于矛盾同一性多么深刻的描述，他在《齐物论》中说：

> 是亦彼也，彼亦是也，彼亦一是非，此亦一是非。果且有彼是乎哉？果且无彼是乎哉？彼是莫得其偶，谓之道枢。

“是”也就是“彼”，“彼”也就是“是”，彼有彼的是非，此有此的是非。果真有彼此的分别吗？果真没有彼此的分别吗？彼此不相对待，这就是道的枢纽。“彼”与“是”完全等同了，“彼”“是”各自的规定性和稳定性的一面全部被取消了，抹杀了。

庄子揭示了对立面的相互依存和相互转化，这是庄子的辩证法；但是庄子又认为这些对立面，既然相互依存又相互转化，因而也就彼此无差别，可以忘掉其间的对立，于是提出“两忘”之说，“与其誉尧而非桀，不如两忘而化其道”（《庄子·大宗师》）。人们与其赞美尧而反对桀，还不如把尧与桀的是非都忘掉而融合于道。这样，就将对立的双方化而为一，辩证法也就变成了诡辩论。

对于事物对立面的相互关系，《庄子·秋水》篇有比较详细的叙述。《秋水》说：

> 以道观之，物无贵贱；以物观之，自贵而相贱；以俗观之，贵贱不在己。以差观之，因其所大而大之，则万物莫不大；因其所小而小之，则万物莫不小；知天地之为稊米也，知毫末之为丘山也，则差数睹矣。以功观之，因其所有而有之，则万物莫不有；因其所无而无之，则万物莫不无；知东西之相反而不可以相无，则功分定矣。以趣观之，因其所然而然之，则万物莫不然；因其所非而非之，则万物莫不非；知尧桀之自然而相非，则趣操睹矣。……以道观之，何贵何贱？是谓反衍。……万物一齐，孰短孰长？……消息盈虚，终则有始，是所以语大义之方，论万物之理也。

从道看来，万物本无贵贱之别。从万物自身看来，万物都是自以为贵而互相贬低。从世俗的观点看来，贵贱都是由于外在原因而定而不在自己。从差别性上看来，顺着万物大的方面而认为它是大的，那就没有一物不是大的；顺着万物小的方面认为它是小的，那就没有一物不是小的。懂得了天地如同一粒稊米，明白了毫毛如同一座丘山的道理，那就可以看出万物实质上并无差别。从功用上看，顺着万物所有的一面，而认为它是有的，那就没有一物不是有的了；顺着万物所没有的一面，而认为它是没有的，那就没有一物不是没有的了。知道东方与西方互相对立，但不可以缺少任何一个方向，那就可以确定万物的功用和分量了。从万物的趣向看来，依照万物所自认为对的就说它对，那就没有一物不是对的了；依照万物所自认为不对的就说它不对，那便没有一物不是不对的了。懂得了尧和桀都是自以为是而相互非难，那就可以看出万物的趣向和操守了。……从道的观点看来，什么是贵？什么是贱？贵贱是反复无常的。……万物都是齐一的，谁是短的？谁是长的？消亡、生长、充实、空虚，终结了再开始。这就是讲大道的方向，说万物的道理。

从贵贱来说，事物皆鄙视异类而自以为贵。从量上来说，大小是相对的，对于较小者为大，对于较大者为小。从功能来说，事物各有其特定的功用，而无其他的功用。从趋向来说，人们的取舍不同，各有其所然，各有其所非，所然未必对，所非未必错，一切差别都是相对的。但是，客观实际的情况是：事物的差别是相对的，但也都有其确定性。庄子夸大了差别的相对性，进而否认了差别的确定性，得出万物为一的结论，这就陷入诡辩了。“反衍”一词，一方面说明事物的变化必将转向其反面，这是深刻的辩证法思想。一方面说明，既然转变为其反面，则彼此的差别就消失了。因此，庄子认为对待认识最好的办法是“和之以天倪”。什么是“天倪”呢？《庄子·齐物论》说：

> 是不是，然不然，是若果是也，则是之异乎不是也亦无辩。然若果然也，则然之异乎不然也亦无辩。……忘年忘义，振于无竟，故寓诸无竟。

“是”也是“不是”，“然”也是“不然”。“是”如果真是“是”的话，那么“是”自然与“不是”有所区别，也就用不着争辩了。“然”如果真是“然”的话，那么，“然”和“不然”自然就有所区别，也就用不着争辩了。忘掉了生死年岁，忘掉了仁义是非，就能达到无穷尽的境地（“竟”通“境”），因此也就能寄寓于无穷尽的境地，什么也不必去辩说，什么也不必去认识。庄子的“天倪”实际上抹杀了事物之间的差别性，这就又转变为诡辩了。

庄子还看到了概念自身的矛盾性。他说："分也者，有不分也；辩也者，有不辩也。"(《庄子·齐物论》)分中有不分，辩中有不辩，无纯粹之分，亦无纯粹之辩，概念的对立面就包含在概念自身之中。庄子揭示了长短寿夭等概念的相对性。庄子认为，朝菌朝生暮死寿命不足一日，寒蝉春生夏死、夏生秋死寿命不足半年。传说中的彭祖寿命高达八百岁，与朝菌、寒蝉相比，可以说长寿了。但是楚国的南边有一只灵龟，以五百年为一春，五百年为一秋；上古有一种大椿树，以八千年为一春，八千年为一秋，彭祖与灵龟、大椿树相比自然望尘莫及。所以，长短寿夭都是相对而言。肯定长短寿夭的相对性，开拓了人们的思想和视野，这是辩证法的思想，对于夜郎自大、故步自封的独断论来说是一剂清凉方药。但是以此来论证万物齐一，取消长短、大小、寿夭的差别则是荒谬的。

庄子生活在一个充满激烈复杂矛盾的社会现实之中，这就决定了他对各种矛盾有深切的感受。他在揭示各种矛盾的过程中表现了丰富的辩证法思想；但庄子又渴求对苦难的矛盾现实的解脱，于是幻想并论证无矛盾世界的存在，千方百计抹杀矛盾的存在，追求一个无差别的境界，这就使庄子的辩证法滑向了诡辩论。

庄子的辩证法与古希腊罗马怀疑派论者的辩证法一样，是消极的辩证法。在庄子看来，事情只要出现矛盾，矛盾运动的结果，必将是对自身的否定，因此矛盾是单纯的破坏因素，但是真正的辩证法并非如此。辩证法的特征和本质的东西并不是单纯的否定，是保持肯定的东西的否定。矛盾与自身的否定密切相关，它是事物存在的内在根据，也是事物发展变化的内在源泉。否定也并不是单纯的破坏，它是联系和发展的环节，有了它，事物才成其为事物，概念才成其为概念，如小大相比较而存在，任何事情都具有小大之矛盾，在一种关系中为小，在另一种关系中就是大，这样事物才具有客观实在性。

庄子善于发现矛盾，但是把矛盾引向否定，这就陷入了另一种片面性。庄子把辩证法当作一种主观的技艺，而不是客观现实的反映，因而有一种很强的主观性。如大与小，两者是可以转化的，但其转化依赖于比较关系的改变。泰山与秋毫比，泰山自然是大。但泰山与天地相比，则转化为小。而庄子却离开转化的条件，任意谈大小的转化，说什么"天下莫大于秋毫之末，而泰山为小，莫寿于殇子，而彭祖为夭"。这种无条件的任意转化，就是荒谬的诡辩了。庄子逃脱现实的理想窒息了庄子的辩证思维。使其彼是相因、万物迁流的辩证法流于万物为一的诡辩论，使其丰富的辩证法思想失去了应有的光彩。

第五章　庄子的安命论

庄子的人生观是以其天道观为基础的，庄子认为与天为一是人的最高智慧。庄子认为人是无力胜天的，人生只能顺命而行，对于人生所遭遇的一切祸福事变都要安之若命。因此，庄子的人生观是消极的。荀子在其《解蔽》篇中批评庄子说："庄子蔽于天而不知人……由天谓之道，尽因矣。"庄子只讲消极地顺应自然，而看不到人的力量。只从天来讲道，那就只有消极地听天由命了。荀子的评论是公允的，而且切中庄子的要害。

一、人为万物之一员

（一）道与之貌天与之形

人从何处来？人在宇宙中的地位如何？是一切人生哲学必须讨论的问题，庄子也不例外。在中国哲学史上，全面论述人是属于自然的一部分，是自然的一种存在形式，要首推庄子。庄子认为，道是世界的本原、本根。道生天生地，是万物的根源，是一切变化的最后根据。道决定着天地万物的生存演化，也决定着人的形体、生命。《庄子·德充符》说："道与之貌，天与之形。"这是说道与天共同决定了人的相貌和形体。《庄子·大宗师》说："夫大块载我以形，劳我以生，佚我以老，息我以死。"大块，指天地，亦即自然。天地赋予我形体，使我有所寄托，赋予我生命使我劳劳碌碌，赋予我暮年使我享受清闲，赋予我死亡使我得以安息。《庄子·知北游》记载了舜与丞的一段对话，比较详细地说明了人之由来。

舜问乎丞曰："道可得而有乎？"曰："汝身非汝有也，汝何得有夫道？"舜曰："吾身非吾有也，孰有之哉？"曰："是天地之委形也；生非汝有，是天地之委和也；性命非汝有，是天地之委顺也；子孙非汝有，是天地之委蜕也。"

庄子认为，人的身体是天地所委付的形体，人的生存是天地所委付的和气，人的性命是天地所委付的自然，人的子孙是天地所委付的蜕变。总之，人是天地造化的结果。身体、生命、子孙都是天地间阴阳二气的结合在人身上的体现。《庄子·知北游》还说："人之生，气之聚也。聚则为生，散则为死。"人的形体、生死都是自然赋予的，是自然的过程。

（二）人在宇宙中的地位

人在宇宙中的地位如何？先秦儒道两家都是就人与其他物，尤其是与一般动物的比较来确定其意义的。儒家的创始人孔子区别人与动物的不同，他说："鸟兽不可与同群，吾非斯人之徒与而谁与？"（《论语·微子》）我们既然不可以同飞禽走兽合群共处，若不同人群打交道，又同谁打交道呢？强调了人与鸟兽的不同。《孝经》中记载孔子与曾参的对话，引孔子云："天地之性人为贵。"这是说在天地万物之中，人是最宝贵的，人为万物之灵。孟子强调人之性与其他动物之性不同，人性的特点是有道德意识的。可见，孔孟都认为人高于一般动物。这一点，荀子说得更明白，他说："水火有气而无生，草木有生而无知，禽兽有知而无义，人有气有生有知亦且有义，故最为天下贵也。"（《荀子·王制》）这是说宇宙万物有水火、草木、禽兽和人类四个层次，人比其他物种都高贵。

庄子把人等同于万物之一员，认为人是渺小的，在宇宙中没有什么重要地位。《庄子·秋水》说："吾在于天地之间，犹小石小木之在大山也。"从形体的角度看，人在宇宙万物之中是渺小无比的。从物种的角度看，人在宇宙大化的洪流中被赋予了"人之形"，而大道变化形成的像人形一类的物体成千上万，无有止境。《庄子·大宗师》说：

> 今大冶铸金，金踊跃曰："我且必为镆铘！"大冶必以为不祥之金。今一犯人之形，而曰："人耳！人耳！"夫造化者必以为不祥之人。

有一个工匠正在铸造金属器物，金属突然从熔炉中跳起来说："一定要把我铸造成镆铘宝剑。"那个工匠一定认为这是一块不祥的金属。而现在偶然被铸造成人的形体，就喊着说："我是人！我是人！"造化者必定以为这是不祥之人。庄子没有把人看作是万物之灵，而是把人与物等同起来，把人作为万物中的一员。在庄子所理想的"至德之世"里，人是与鸟兽共居，与万物并聚的。禽兽可以牵着到处游玩，乌鹊的窠巢可以攀缘而上去窥望。人既然是自然的存在形式之一，那么人生也应当像自然界的其他事物一样遵守自然的原则。

二、天与人

（一）何谓天，何谓人

“天”是中国古代哲学的重要范畴。上古时代以“天”为世界最高的有意志的主宰，与上帝同义，所以“天”当时为一个宗教范畴。《尚书·大诰》曰：“天降威，知我国有疵，民不康。”《墨子·天志中》说：“天之意，不可不慎也。”这些天都是指有意志的主管世间福善祸淫的上帝。老子哲学以道为世界本原，取消了天至高无上的地位。老子说“人法地，地法天，天法道，道法自然”（《老子》二十五章），这里以“天”与“地”对举，天为自然之天，但《老子》一书对天没有太多的解说。

在庄子哲学中，“天”是一个重要的哲学范畴。《庄子》一书中，“天”主要有两种意义。一是指自然之天。如《庄子·逍遥游》云：“天之苍苍，其正色邪？其远而无所至极邪？”《庄子·大宗师》有“知天之所为，知人之所为者，至矣”。“天之所为”即自然之所为，自然之所为是自然而然的。“人之所为”即人类的作为，人类的作为是有目的的行动。《庄子》中，“天”的另一重要意义是指事物的自然状态。庄子把“天”与“人”相对举，在中国哲学史上明确指出了天人关系问题，也就是人与自然的关系问题。《庄子·秋水》篇河伯与北海若有一段关于天人的对话：

> 河伯曰：“何谓天？何谓人？”
>
> 北海若曰：“牛马四足，是谓天；落马首，穿牛鼻，是谓人。”

成玄英疏曰：“夫牛马禀于天，自然有四脚，非关人事，故谓之天。羁勒马头，贯穿牛鼻，出自人意，故谓之人。”①“天”指事物的本来面目、自然的状态。“人”则是人对事物的自然状态的目的性的改变。这里的“天”已经迥异于宗教意义上的有意志的人格神的天。

---

① ［清］郭庆藩：《庄子集释》第3册，中华书局1961年版，第591页。

（二）天人之间

那么“天”与“人”是什么关系呢？庄子认为天性圆满自足，无须人为，坚决反对以人助天。《庄子·逍遥游》说：

> 日月出矣，而爝火不息，其于光也，不亦难乎？时雨降矣，而犹浸灌，其于泽也，不亦劳乎？

太阳、月亮出来了，却仍然不熄灭火炬，要与日月争光，不是很难吗？及时雨降下来了，还在挑水灌溉，对于滋润禾苗来说，岂非徒劳吗？

《庄子·德充符》篇还提到“天鬻”这一概念：

> 圣人不谋，恶用知？不斫，恶用胶？无丧，恶用德？不货，恶用商？四者，天鬻也。天鬻者，天食也。既受食于天，又恶用人！有人之形，无人之情。有人之形，故群于人，无人之情，故是非不得于身。眇乎小哉，所以属于人也！謷乎大哉，独成其天！

圣人不用什么谋虑，哪里还用智慧？不用斧凿，哪里还用胶漆？根本没有丧失，哪里还用得着用道德去招引？不求谋利，哪里还用通商？不用“知”“胶”“德”“货”四者，就是天鬻，天鬻就是受天的饲养。又哪里还用得着人为呢？有人的形体，却没有人的情感。有人的形体，所以在世上与人相处；无人之情；所以是非与已不沾边。渺小啊，与人同类；伟大啊，与天同体。“天鬻”“天食”即大自然的养育。一切皆自然的养育。人与自然的天相比，实在太渺小了，太微不足道了，人又何必要有所作为呢？

“天”与“人”的对立即自然与人为的对立，“天”与“人”的统一即人“与天为一”。所以《庄子·秋水》说：“天在内，人在外，得乎在天。”事物的自然状态是内在的，人的有目的的作为都是后来加上的、外部的，最高的德性在于顺乎自然。《庄子·大宗师》篇假托子贡问孔子，谈到什么是畸人，说：

> 畸人者，畸于人而侔于天。故曰，天之小人，人之君子；天之君子，人之小人也。

畸人，同奇人，指不合于世俗的人。侔，等也，从也。奇人，就是异于世俗而效法天的人。所以说，从天的角度看是小人的人，乃是人间的君子；从天的角度看是君子的人，却成为人间的小人。奇人不仅要超凡脱俗，而且要从于天，与天为一，把自己托之于天。

庄子反对“以人助天”干预自然，进而主张“侔于天”随顺自然。庄子所说的“畸人”，实际上寄托了自己与天为一的生活态度。所以，庄子在《大宗师》篇说：

> 故其好之也一，其弗好之也一；其一也一，其不一也一。其一，与天为徒；其不一，与人为徒。天与人不相胜也，是之谓真人。

天与人是合一的。不管你喜好还是不喜好都是合一的。不管人们认为是合一或者不合一，他们也都是合一的。认为天与人合一，就与天同类；认为天与人不合一，就与人同类。把天和人看作不是相互对立的，这就是真人。“天与人不相胜”，就是天人的一致与和谐。

《山木》篇庄子借孔子之口回答“所谓人与天一邪？”的问题时说：

> 有人，天也；有天，亦天也。人之不能有天，性也，圣人晏然体逝而终矣！

人为，是出于自然的；自然的事，也是出于自然的。人为之所以不能保全自然，是由于性分的限制，所以圣人能安然地顺着自然而变化。这是说，只能天影响人，而不能人影响天，人只能顺从地适应自然的变化。《庄子·列御寇》篇也说：“圣人安其所安，不安其所不安；众人安其所不安，不安其所安。”圣人安于自然，不安于人为；众人安于人为，而不安于自然。又说：“古之至人，天而不人。”“天而不人”也就是去人为而纯任万物之自然，从而“与天为一”。

庄子的“天”承认、肯定了事物的自然状态，也承认和肯定了事物的客观规律性。但是他在天人关系方面，主张消极的“天人合一”，把世界上的一切都看作是不得不然的“事之变，命之行”，从而完全否定了人的主观能动性。这样就从根本上取消了人们认识世界和改造世界的一切实践活动，其结果必然是社会的倒退和毁灭。荀子在《解蔽》中说：“大天而思之，孰与物畜而制之！从天而公颂之，孰与制天命而用之！”这是对庄子消极的人生哲学的有力批驳。庄子以“天”为事物的“自然”状态，具有明显的唯物主义倾向，对后世颇有影响。柳宗元就曾在《天爵论》一文中说过：“庄周言天曰自然，吾取之。”[①]庄子明确提出天人关系，主张人类与自然的和谐，这些都可以看作其人生哲学中的合理成分。

三、知其不可奈何而安之若命

（一）庄子论命

“命”是庄子人生哲学中一个十分重要的概念。

关于“命”，《说文》云：“命，使也，从口令。”段玉裁注曰：“令者，发号也，君事也。非君而口使之，是亦令也。故曰：‘命者，天之令也。”段注前一句说：“令者，发号也，君事也。”这是以“令”来解说“命”，这种意义上的“命”比较具体。如《尚书·舜典》曰：“命汝作纳言，夙夜出纳朕命，惟允。”“纳言”，官名。允，信。舜帝说：我任命你担任纳言的官职，不论早晚，传达我的命令、转告下面的意见，必须要真实。《礼记·缁衣》引《尚书·甫刑》曰“苗民匪用命”。郑玄注：“命谓政令也。”[②]又如《易·师》上六曰：“大君有命，开国承家，小人勿用。”大君将有封赏的命令加于卜筮之人，或开国为诸侯，或受邑为大夫，但庶民则不可有所作为。《易·革》九四曰：“悔亡，有孚改命，吉。”孚，罚也。筮遇此爻，其悔可消。君王原来下令惩罚卜筮之人，但又更改前令而不罚，故言吉。《诗经·大雅·卷阿》曰：“蔼蔼多吉人，维君子命。”君子指周王，吉人与吉士同，皆指周王的贤臣。这是说周王贤臣济济，唯听周王的命令。这些文句中的“命”即命令、发号施令。“命”与“令”有时互用，如《大盂鼎》铭文有：“王受天有大令。”

段注后一句说：“非君而口使之，是亦令也。故曰：‘命者，天之令也。’”这就将“命”与“天”联系起来。如《尚书·召诰》曰：“今天其命哲，命吉凶，命历年。”中国古代常常将“天”与“命”结合为“天命”，用来表示上天的意志和命令。如《尚书·汤誓》曰：“有夏多罪，天命殛之。”夏多罪恶，上帝下命令要除掉它。《左传·襄公二十九年》曰：“善之代不善，天命

---

① ［唐］柳宗元：《柳河东集》，上海古籍出版社2008年版，第51页。

② 李学勤主编：《十三经注疏·礼记正义》，北京大学出版社1999年版，第1502页。

也。”《诗经·大雅·文王》：“假哉天命。”假，大也，此言大哉天命。还有“天命靡常”即强调天命不是固定不变的。在上古时代，“天”是宇宙的有意志的主宰，与上帝同义，“天”在当时属于宗教的范畴，天命论是殷周奴隶主阶级传统的旧观念。由于天是冥冥在上的宇宙主宰，所以天命与前面所说的舜帝之命、周王之命相比较，已经具有了一定的抽象意义、神秘感和更加威严的不可抗拒性。所以，恩格斯说“万能的神”是“抽象的人的反映”[①]。

道家哲学以“道”为最高范畴，所以“命”与“道”紧密相关。《老子》书中，“命”字两见，五十一章：“道之尊，德之贵，夫莫之命而常自然。”此处之“命”可理解为命令、指使。道之尊、德之贵，没有什么人的指使命令，却永远保持着“自然”的状态。第十六章：“夫物芸芸，各复归其根，归根曰静，静曰复命，复命曰常，知常曰明。”对于此段文字的解说甚多，笔者以为清代张尔岐所著《老子说略》的解释较为明白晓达，其曰：“致虚至于极，守静至于笃，万物并作于前，吾不与之作，而以观其复。万物之作，芸芸然矣。我观复则不见其芸芸，而与之各归其根。夫物之芸芸者，归其根，则万物无足动我者，是之谓静，是之谓复命。命者，我生之本然也。复其本然，则无动也，亦无静也，谓之常而已。知常者，非微妙玄通之士，不足以几之，故曰明。”[②]故“复命”即复归物之本然。“命”实为人或物生而具备的东西。这里的“命”不是上帝的指令，而是蕴含着必然性的意义。《老子》书中无“天命”一词，对于“命”没有明确的界定，我们只能从老子对“命”的使用中去理解。

《庄子》书中，有“天籁”“天府”“天机”“天刑”“天杀”“天年”“天鬻”“天食”“天壤”等等，也不见“天命”一词。庄子从道为世界本原，道生天地万物，为“万物之所系，而一化之所待”的观点出发，在万物生成的过程中对“命”做了规定。《庄子·天地》篇说：

> 泰初有无，无有无名，一之所起，有一而未形。物得以生，谓之德。未形者有分，且然无间，谓之命。留动而生物，物成生理，谓之形。形体保神，各有仪则，谓之性。性修反德，德至同于初。

---

① 《马克思恩格斯选集》第3卷，人民出版社1972年版，第355页。
② 张尔岐：《老子说略》，齐鲁书社1993年版，第15页。

宇宙本来是无，没有“有”也没有“名”。独一无二的道呈现混一的状态，混一的状态没有形成物的形体。物得道而生，叫作德。事物在未形成形体之时，已经具备了阴阳的区分，而且阳变阴合流行其间，这就叫作“命”。阴阳之气的运动稍事滞留便形成了物。万物生成各有形体，就称为形。形体保有精神，各有规则，这就是“性”。性经修养可再返于“德”的境界，“德”的境界与太初相同。“未形者有分，且然无间谓之命”，是说“命”存在于事物的形体形成之先，是事物先天固有的属性，换言之，“命”对事物是无形的、潜在的，而又有自然而然的主宰、统摄作用。“命”是一种事物先天具有的属性。

庄子认为人生的一切遭遇都是命运的流行。《庄子·德充符》说：

死生存亡、穷达贫富、贤与不肖毁誉，饥渴寒暑，是事之变，命之行也；日夜相代乎前，而知不能规乎其始者也。

人生的一切变化、经历，包括死生存亡、富贵穷达等等都是事物的变化、命运的流行，就好像昼夜更替，而人却不能窥见其起始一样。

庄子认为，作为万物一员的人对于先天之命不能有所损益。《至乐》篇说：

褚小者不可以怀大，绠短者不可以汲深，夫若是者，以为命有所成而形有所适也，夫不可损益。

褚，布袋。绠，绳索。布袋小的不可以装大东西，绳子短的不可以汲深井里的水。命形成了，人们就要与之相适应，这是不可以有所损益的。

庄子还认为，“命”是一种不可知的力量。《大宗师》篇子桑谈及自己所以贫困的原因时说：

吾思夫使我至此极者而弗得也。父母岂欲吾贫哉？天无私覆，地无私载，天地岂私贫我哉？求其为之者而不得也。然而至此极者，命也夫！

子桑认为使其贫困的原因既非父母，亦非天地，而是一种不可知的力量“命”。《庄子·达生》篇十分明确地指出：“不知吾所以然而然，命也。”我不知道为什么会这样，却就是这样，其中的原因我并不知道。这就是命。《庄子·大宗师》

还说："死生，命也，其有夜旦之常，天也。人之有所不得与，皆物之情也。"生死是自然而不可抗拒的，如同天有昼夜是自然的规律一样。许多事情是人力所不能改变的，这些都是事物的实际情况。

庄子对于"命"范畴的描述具有绝对的性质。富贵是"命"，贫困是"命"，一切皆命，一切皆必然，甚至偶然也是必然，偶然也是"命"。《庄子·德充符》有一则兀者申徒嘉与郑子产合堂共师的记载。子产以其高位而傲视断足的申徒嘉，申徒嘉批评子产，认为人世间幸与不幸都是命中注定，用自己的幸运傲视他人之不幸是没有道理的。他说："游于羿之彀中。中央者，中地也；然而不中者，命也。"羿为传说中上古善射之人，每发必中。走进了羿的射程之内，这是必定被射中的原因，然而却不被射中，这是一种偶然性。但庄子认为，被射中是"命"，不被射中也是"命"。人们的任何遭遇都是由一种与生俱来的必然性所左右、所决定。

正因为"命"具有绝对的必然性，所以命对于人是不可抗拒的，《庄子·大宗师》说：

> 父母于子，东西南北，唯命之从。阴阳于人，不翅于父母；彼近吾死而我不听，我则悍矣，彼何罪焉！夫大块载我以形，劳我以生，佚我以老，息我以死。故善吾生者，乃所以善吾死也。

儿子对于父母，无论要到东西南北，都要听从吩咐。自然对于人，无异于父母，它要我死，而我不听从，我就是悍违不顺，它有什么罪过呢？在自然的造化面前，人们对于先天之"命"无法抗拒，也不应抗拒。所以，庄子要求人们对于人生的一切变化、际遇都要"安之若命"。

庄子认为，"命"来自道和天的决定作用。道和天地决定人生的一切。《庄子·德充符》说：

> 受命于地，唯松柏独也正，在冬夏青青；受命于天，唯尧舜独也正，在万物之首。幸能正生，以正众生。[1]

① 此引文原为："受命于地，唯松柏独也在冬夏青青；受命于天，唯舜独也正，幸能正生，以正众生。"据校勘改。见［清］郭庆藩：《庄子集释》第1册，中华书局1961年版，第196页。

受命于地，只有松柏禀自然之正气，无分冬夏枝叶常青。受命于天，只有尧舜得性命之正，在万众之中为首长。幸而他们能自正性命，才能去引导众人。受命于天地，天地即大自然。庄子认为，大自然的一切对于人来说都是无可奈何的，因而称之为“命”。由于道和天地无意志、无目的，所以庄子所说的“命”没有惩罚或恩赐的意义。

既然人不能认识、也不能改变“命”，那么就不必为人的际遇的好坏影响内心的平静。《庄子·德充符》说：

> 死生存亡，穷达贫富，贤与不肖毁誉，饥渴寒暑，是事之变，命之行也。日夜相代乎前，而知不能规乎其始者也。故不足以滑和，不可入于灵府。使之和豫，通而不失于兑，使日夜无隙，而与物为春，是接而生时于心者也。是之谓才全。

人的生死存亡，事业的穷达，德行的高下，种种的遭遇都是事物的变化，“命”的运行，人们无法明了其起始，也无法预测其变化，所以只好顺其自然。懂得了这个道理，就不会因此而扰乱了本性的平和，侵入人的心灵。使心灵安逸自得而不失愉悦，日日夜夜保持着春和之气，心灵就能与外界产生和谐感应，这就叫作才全。

庄子更进一步提出乐天知命是最高的道德。他说：

> 知其不可奈何而安之若命，德之至也。(《庄子·人间世》)
>
> 知其不可奈何而安之若命，唯有德者能之。(《庄子·德充符》)

张岱年先生在《中国哲学大纲》中解释“知其不可奈何而安之若命”：“到无可奈何的时候，只当安之若命。‘安之若命’的‘若’字最有意义，不过假定为命而已。”[①]任何时代都会有不逢时之人。一个人的一生中也总有处在逆境中的情况。在这种无可奈何的时候，只当作安之若命。这样就使不如意的事化解为自然之事。困境虽然没有解脱，但是在这种“知其不可奈何而安之若命”的思想境界里，人们的精神上的苦闷和折磨却被部分地化解了。

---

① 张岱年：《中国哲学大纲》，中国社会科学出版社1982年版，第402页。

在古希腊哲学中，必然性是作为本体论范畴提出来的，中国先秦哲学也有同样的情况。殷周天道观的“天”是人格神，是宇宙的主宰，属于宗教的范畴。而宗教、神话之类的幻想与哲学思维的萌芽之间存在着内在的联系。老子的道论既是宇宙论又是本体论。庄子进而提出道是“万物之所系而一化之所待”，即道是天地万物的总根据，这是中国哲学上最早的哲学本体论的表述。《庄子·知北游》提出的“本根”范畴与西方哲学的本体论范畴意义相近，比以道表示本体更具形象性。“命”是庄子哲学本体论中表述必然性的范畴。其实，儒家也有对于必然性的表达，下面作为与庄子命论的比较，分析一下与庄子大约同时代的儒家孟子对于命的表述。

（二）孟子论命

在庄子的时代，儒家对天的理解已经不再是主宰之天，同时也具备了自然之天的意义。孟子不仅有“天降下民，作之君、作之师”的表述，还有“天之生物，使之一本”（《孟子·滕文公上》）的表述。“使之一本”，可以理解为天之生物，使物各有其根据。如此天也就具有了本体论的意义。孟子也有自己对于必然性范畴的表述。

儒家人生哲学是积极的人生哲学，对于必然性的命，没有采取消极的、束手待“命”的态度。儒家学派既高度重视自身的道德修养，又具有强烈的匡正时弊、以天下为己任的社会责任感。孔子说“五十而知天命”，把“知天命”作为人一生道德修养过程中的一个重要环节。他还说“不知命，无以为君子也”（《论语·尧曰》），这是把“知命”作为君子人格的不可缺少的因素。孔子虽然说：“道之将行也与，命也；道之将废也与，命也。”（《论语·宪问》）然而他却为推行自己的政治主张栖栖惶惶，“知其不可而为之”。孟子继承并发扬了孔子的人生态度，结合其道德修养学说，对于“命”做了更深入的探讨。

殷周的天命思想对于儒家学派有着深刻的影响。孔丘也认为天是至高无上的有意志的主宰，他说“唯天为大”（《论语·泰伯》），“获罪于天，无所祷也”（《论语·八佾》），得罪了上天，祈祷也没有用。对于“天命”，孔丘一方面怀有敬畏之情，他说：“君子有三畏：畏天命，畏大人，畏圣人之言。”（《论语·季氏》）另一方面又说“予所否者，天厌之，天厌之”（《论语·雍也》），天与人是相通的。“五十而知天命”则认为天命并非不可知。孔丘有时单讲“命”，如伯牛有疾，他前去探视，说“亡之，命矣夫”（《论语·雍也》），伯牛是好人，却患不治之症，只得归之于命了。《论语·宪问》中孔丘说："道之将行也与，命也；道之将废也与，命也。"我的主张要实行吗？听之于命；我的主张将要永远得不到实现吗？也听之于命。孔丘弟子子夏也说过："商闻之矣，死生有命，富贵在天。"《论语·颜渊》上面提到的"命"与"天命"有着密切的联系，有时可以互用，但在较多的情况下把它理解为命运、命数，指一种人力所无可奈何的必然性。

孟子的天命思想基本上是孔子天命思想的继续。《孟子·梁惠王下》曾引用《尚书·泰誓上》说："天降下民，作之君，作之师，惟曰其助上帝宠之。"天降生了芸芸众生，也降生了君主和师长，君主和师长的唯一职责就是协助上帝来爱护人民。《孟子·公孙丑下》说："夫天未欲平治天下也，如欲平治天下，当今之世，舍我其谁也？"天不想使天下太平罢了，如果要想天下太平，在当今的时代，除了我，还有谁呢？这是孟子对意志之天的表述。孟子以为天命不可违逆。《孟子·离娄上》引诗经说："商之孙子，其丽不亿。上帝既命，侯于周服。"商代的子孙，数目何止十万。上帝既已经授命于文王，他们便都为周朝的臣民。对于传说中尧、舜、禹禅让传贤和禹把王位传于其子启，孟子的解释是"天与贤，则与贤；天与子，则与子"（《孟子·万章上》）。天要授王位给贤德之人，便授予贤德之人。天要授王位与圣主的儿子，便授予其子。甚至认为"舜、禹、益相去久远，其子之贤不肖，皆天也，非人之所能为也"（《孟子·万章上》）。舜、禹、益在位相距时间的长短，以及他们儿子的品德优劣，都是天意，非人力所能做到的。

但是孟子对于"天"有着自己的理解，表现出明显地将天与人相沟通的意向。这在一定程度上减弱了主宰之天的神秘性。他说："天不言，以行与事示之而已矣。"《孟子·万章上》天高高在上，不能像君主那样反复叮咛告诫人们，它不说话，只是以行动和工作来表示其旨意。孟子还引《尚书·泰誓中》所说："天视自我民视，天听自我民听。"百姓的眼睛就是天的眼睛，百姓的耳朵就是天的耳朵，将传统的主宰之天与俯首之民相并列，把民意作为天命的根据。这是孟子为其民本思想寻求理论上的根据，有将听命于天转换为听命于民的倾向，虽然仍旧离不开主宰之天，但确实是极其可贵的进步思想。另外孟子之"天"，在许多情况下是指自然之天。

《孟子》书中不见"天命"一词，谈及天命的意义分别以"天"或"命"表示。孟子对传统天命观念的突破，在于他对"天"与"命"分别做了类似定义式的规定。《孟子·万章上》说："莫之为而为者，天也；莫之致而至者，命也。”张岱年先生解释说：“非人力所为而结果如此，这是天。非人力所致而竟至于此，这是命。”[①]孔子未曾区分过“天”与“命”，孟子将二者做了区分。我们认为这种区分并不是十分明晰的。“莫之为而为者”似乎强调了“天”是一个动作者，“莫之致而至者”似乎强调了一种不以人的意志为转移的必然趋势。虽然这种区分还表现出殷周天命观的余绪，但对“天”与“命”的认识，与殷周天命观相比较，毕竟是向前跨了一大步，表现出孟子理论思维的深度。

孟子说：“莫之为而为者，天也；莫之致而至者，命也。”（《孟子·万章上》）他认为“命”是不可抗拒的，但人应当正确地适应“命”，因之他区分了“正命”与“非正命”。《孟子·尽心上》说：

> 莫非命也，顺受其正；是故知命者不立乎岩墙之下。尽其道而死者，正命也；桎梏死者，非正命也。

生死寿夭、吉凶祸福、贫富穷达，无一不是“命”决定的，人对于自己的际遇，只能顺命而行。但知命之人不会站在悬岩危墙之下，如果明知岩墙有倒塌的危险却偏偏要站在那里，就是不知命。遵循道德的原则，勉力而行，直至生命的终结，这就是“正命”。触犯刑律而被处死就是“非正命”。“正命”与“非正命”是人对待命的两种态度，孟子显然是肯定、赞赏前者，而反对、鄙视后者。虽然没有摆脱“莫非命也”这个宿命论的前提，但却在对“正命”与“非正命”的评价中，为发挥人的主观能动性留下了十分广远的空间。

孟子曾提出“俟命”的命题。《孟子·尽心下》说：

> 尧舜，性者也；汤武，反之也。动容周旋中礼者，盛德之至也。哭死而衰，非为生者也。经德不回，非以干禄也。言语必信，非以正行也。君子行法，以俟命而已矣。

尧舜的仁德出于本性。汤武逊之，经过修身复归本性然后力行。行为容貌无不合于礼是最高的美德。悼念死者而哭泣，不是做样子给活着的人看的。依据道德行事，不违背礼节，不是为了谋求官职。言语信实，不是为着使人知道我的

---

① 张岱年：《中国古典哲学概念范畴要论》，中国社会科学出版社1989年版，第121页。

行为端正。君子依照法度行事，结果如何？等待命运的安排就是了。孟子虽然最后无可奈何地提出“俟命而已矣”，但是并没有因为自己所期待、所为之努力的事情的结果的实现与否，而废止自身的道德修养。所以孟子的“俟命”不是消极地听“命”、待“命”、任“命”，言外之意是尽管命不是我能左右的，但我要按照既定的原则，持之以恒地做下去。笔者的理解，“行法以俟命”实际上包含有与命相抗争的因素。

孟子进一步提出了“君子不谓命”的命题。《孟子·尽心下》说：

> 口之于味也，目之于色也，耳之于声也，鼻之于嗅也，四肢之于安逸也，性也，有命焉，君子不谓性也。仁之于父子也，义之于君臣也，礼之于宾主也，智之于贤者也，圣人之于天道也，命也，有性焉，君子不谓命也。

在这一段文字中，孟子将耳目口腹之欲与仁义礼智的道德修养区别开来。一方面，肯定了味、色、声、嗅、安逸是先天的“性”，但他认为能否得到满足，却取决于命。所以君子不把他们看作是“性”，因而不必强求。另一方面，他认为父子之间能否做到仁，君臣之间能否做到义，宾主之交能否合于礼，贤者能否做到智，圣人能否顺应天道施展才德有益于社会，这些都是“命”所决定的。但是仁义礼智都是人的本性所具有的，所以君子不把他们归之于“命”，从而消极听从命运的安排，而是努力去发挥自己的善性，以期实现自身的道德修养，并进而兼善天下。

孟子对于追求对象的“求在我者”与“求在外者”的区分，可以看作是“不谓命”的注脚。《孟子·尽心上》说：

> 求则得之，舍则失之，是求有益于得也，求在我者也。求之有道，得之有命，是求无益于得也，求在外者也。

人对于有些东西的追求，追求就能得到；放弃，就会失掉，这是有益于收获的追求。因为这种追求的对象存在于主体自身，是由自我主宰的。对于有些追求的对象，追求要有一定的方法，能否得到却要听之于“命”，这是无益于收获的追求。因为所追求的对象存在于主体之外，是受“命”所主宰的。“求在我者”，在孟子显然是指“恻隐之心”“羞恶之心”“辞让之心”“是非之心”的四端，或称四德。至于“求在外者”，应是上文曾提到的味、色、声、嗅、安逸等感官欲望。另外《孟子·万章上》中说“好色，人之所欲”“富，人之所欲”“贵，人之所欲”，这些欲求能否得到也受“命”的主宰。所以，对感官之欲、富贵利达的追求都是“求之有道，得之有命”，属“求在外者”之列。而对“求在我者”的道德修养，孟子从来是不言“命”的。

孟子的“立命”说可以看作是孟子对其命论的总结，《孟子·尽心上》有言：

> 尽其心者，知其性也。知其性，则知天矣。存其心，养其性，所以事天也。夭寿不贰，修身以俟之，所以立命也。

关于“心”，孟子自己说：“心之官则思。”（《孟子·告子上》）赵岐说：“人之有心，为精气主，思虑可否，然后行之。”[①]朱熹在《孟子集注》中说：“心者，人之神明，所以具众理而应万事者也。”[②]可见，心是主管思维的器官，具有辨可否、聚众理而应万事的功用。“尽其心”即充分发挥心的作用。“性”在儒家学派是一个先天范畴，与马克思主义所说之“社会性”“阶级性”不同。孔子说：“性相近，习相远也。”（《论语·阳货》）人的本性大体相似，因为后天的习染，人的作为、表现便相距甚远。“习”是后天的习染、经验积累，与之相对“性”则有先天赋有的意义。告子认为人的本性无所谓善恶，他曾提出“生之谓性”，天生的资质就是性。又说：“食色，性也。”饮食的要求和男女的欲望就是性。孟子为了捍卫自己的性善论，批评告子没有把人之性与禽兽之性区别开来。但综观儒家对于性的阐释，“性”是指人生来就具备的资质。《礼记·中庸》说：“天命之谓性。”荀子说“生之所以然者为之性”（《荀子·正名》）。董仲舒说“如其生之自然之资谓之性”（《春秋繁露·深察名号》）。《礼记·礼运》说“饮食男女，人之大欲存焉”。“知其性”的性要从孟子性善论的角度去理解。“知其性”即达到对植根于人心中的善端的认识和获得，并将善端扩充发展为善性。充分发挥心的作用，认识和获得植根于心中的善性，就可以知晓天命了。天、性、心具有层次上的差别，依自上而下的次序，天是主宰是本原，性

---

① ［清］焦循撰，沈文倬点校：《孟子正义》，中华书局1987年版，第875页。
② ［宋］朱熹：《四书章句集注》，中华书局1983年版，第349页。

是天赋予人的，而性是具于人心的。朱熹在《孟子集注》中引程子的话解释说："心也、性也、天也，一理也。自理而言谓之天，自禀受而言谓之性，自存诸人而言谓之心。"[①]这是对心、性、天三者关系的十分明晰的解说。当然"理"范畴的提出是宋明理学的哲学概括。这里孟子采取了一条自下而上的路线，尽心→知性→知天，进入了天人合一的境界。接着孟子提出存心养性是对待天命的方法。最后，孟子提出"夭寿不贰，修身以俟之，所以立命也"。不管是夭若颜渊，还是寿若彭祖，决不犹疑动摇、三心二意，只要活在人世间就持之以恒地修正其身以待天命，这才是人生在世安身立命的正确态度。

孟庄从各自的天道观出发对命做了规定。孟子曰："莫之致而至者，命也。"(《孟子·万章上》)庄子曰："不知吾所以然而然，命也"(《庄子·达生》)，"未形者有分，且然无间谓之命"(《庄子·天地》)。两者对"命"的规定意义相近。总之，宇宙运行生生不息，白云苍狗、陵谷互替、人事浮沉、生死寿夭，冥冥之中有一种人们说不清、道不明，而又非主观能力所能左右的必然性，孟庄将其称之为"命"。

司马迁在《报任少卿书》中自述著书立说的目的，乃是"欲以究天人之际，通古今之变，成一家之言"[②]。"究天人之际"即探究天道与人道，自然与人的关系。"究天人之际"也是孟、庄着力解决的问题。"究天人之际"的目的不仅仅是成就一家之言，其终极目的在于寻求安身立命的境地。即人应当如何对待必然性的"命"，在自然大化和社会生活中摆正自己的位置，实现生命的价值。

如何对待必然性涉及必然和自由的关系。张世英先生说："思想界流行一种看法，认为自由是对必然性的认识。这是否就是最高层次的自由呢？根本不认识必然性，盲目地被必然性牵着鼻子走，当然谈不上自由；能对必然性有所认识，相对讲来，确实要自由得多。但认识了必然性，还有一个对必然性的态度问题，如果采取被动的态度，屈从必然性，那还不能算是真正的自由。真正的自由应该是对必然性的超越。在中西哲学史上哲学家们都曾不断地思考和探索过如何超越必然性的问题。"[③]孟子的超越精神表现在其自我道德修养的自觉性和人格精神的高扬。孟子的性善论认为人的良知中有着萌发仁、义、

① ［宋］朱熹：《四书章句集注》，中华书局1983年版，第349页。
② 《汉书·司马迁列传》，见［汉］班固：《汉书》第9册，中华书局1962年版，第2735页。
③ 张世英：《20世纪中国哲学之回顾与展望》，载《北京大学学报》1998年第6期，第15页。

礼、智四种道德的善端，这就为人们积极向善，提高自身的修养提供了可能性和潜能，这也是人们能够为善作圣的内在根据。孟子的“正命”“立命”“不谓命”，在坚定的、持之以恒的道德修养中实现了对“命”的超越。孟子理想中的大丈夫“居天下之广居，立天下之正位，行天下之大道；得志，与民由之；不得志，独行其道。富贵不能淫、贫贱不能移、威武不能屈”（《孟子·滕文公下》）。这是对“命”所统辖的感官之欲和富贵利达的超越。孟子的超越精神在中华民族的历史上起了积极的作用，一切进步的政治家、思想家、文学家都受到他的影响，历代的民族英雄无不受其熏陶。

庄子是最富观察力的哲学家。他对于人生的困境，诸如生死的困扰、情欲的煎熬、知识的局限以及礼义的桎梏，无不洞烛其幽。如何解脱个人生存的困境，解脱经验世界的缧绁，追求自然、自由的理想人生，上面提到的“知其不可奈何而安之若命”是一种方法。“安之若命”难免有委心任运、不求进取之嫌，但任何时代都有不逢时之人，人的一生难免有身处逆境之际，在无可奈何的时候，安之若命，把不如意的事情化解为自然之事，实际的困境虽然没有解脱，但精神上的苦闷和折磨却被部分地化解了。庄子还以逍遥游作为人生的最高境界。庄子认为逍遥游是无待的、完全的自在之游。逍遥游的极境是“独与天地精神往来，而不敖倪于万物，不谴是非，以与世俗处”（《庄子·天下》）。故庄子的逍遥游是心灵的翱翔。它要求人们虽身处经验世界，却要努力提升生命的精神力量去超越经验世界，消解物我、人我的对立，达到“天地与我并生，万物与我为一”的境界，从而使有限的人生获得无限的自由。庄子的致思趣向与孟子只重视道德生活与现实人生相比，无疑是独树一帜，它培育了一种逆境中的稳定心态。庄子的精神超越对于树立乐观旷达的人生态度是一种借鉴。

总之，孟、庄面对必然性的命，没有哀鸣叹息、怨天尤人，或者采取敌视、仇恨的态度，而是透过对宇宙、人生的缜密观察，确立了各自的价值观念和赖以安身立命的终极根据，表现了他们无尽的睿智，也为后人留下了一份取之不尽的精神财富。

第六章　庄子的世俗世界——遁世与顺世

战国时代是一个前所未有的巨大变革的时代，这是中国社会由奴隶主所有制转变为封建地主所有制的时代，国与国之间，一国内部都存在着尖锐的矛盾和残酷的斗争．社会动荡不安。战争和暴政导致劳动人民流离失所，殊死者残尸枕藉，披枷带锁者连连不断，横遭刑戮者举目皆是。面对这样一个凶险的社会，庄子在现实生活中选择了遁世、顺世的道路。

一、全身免害

（一）方今之时，仅免刑焉

庄子的时代，中国封建社会进入了一个新的历史时期，大批由贵族领主转化而成的封建地主采用的不过是“胠箧探囊”的伎俩，依旧横征暴敛，对人民施行残酷的掠夺，许多人无辜被刑杀。《庄子·则阳》记载，一个叫柏矩的人到齐国去，看到一个受刑示众的人的尸体立在那里，他把尸体放倒在地，脱下身上衣服盖在上面。仰天大哭道：“子乎！子乎！天下有大灾，子独先罹之！曰莫为盗！莫为杀人！荣辱立，然后睹所病；货财聚，然后睹所争。今立人之所病，聚人之所争，穷困人之身使无休时，欲无至此，得乎？……盗窃之行，于谁责而可乎？”先生啊！先生啊！天下有大患，你却先遭难。不是说不做盗贼，不做杀人的事吗？荣辱观念产生了，然后就看出了它的弊端。财货积聚了，然后看出了他的争攘。现在树立起了人们诟病的事物，积聚起了人们争夺的财货，使人们身受穷困，没有休止的时刻，要想不走到这种地步，办得到么？因此，盗窃行为的发生，罪责究竟应当归于谁呢？这是对统治者的血与泪的控诉，正是贪得无厌的统治者逼得人们做盗贼、成死囚的。

《庄子·人间世》篇记载楚国有一个狂人叫接舆的唱道：“方今之时，仅免刑焉。福轻乎羽，莫之知载；祸重乎地，莫之知避。已乎已乎！临人以德！殆乎殆乎，画地而趋。迷阳迷阳，无伤吾行！吾行郤曲，无伤吾足。”当今这个时代，只能企求免于遭受到戮。幸福比羽毛还要轻，世人却不知持取。灾祸比大地还要重，世人却不知如何躲避。罢了！罢了！不要在人前炫耀道德！危险啊！危险啊！画地为牢还要自己往里投。荆棘啊！荆棘啊！不要刺伤我的腿！我转个弯儿走，不要刺伤我的脚！这说明当时人们无不小心翼翼，如临深渊，如履薄冰。

应当说战国时代的社会变革为士人猎取政治功名，提供了广阔的前景。如苏秦、张仪等一些游说之士，为了猎取功名利禄，凭着自己的智谋言辩，奔走于列国之间，游说诸侯，纵横捭阖。如苏秦以“合纵”说赵王，“赵王大悦，封为武安君，受相印，革车百乘，锦绣千纯，白璧百双，黄金万镒”[①]。但是苏秦、张仪之徒沉溺于追逐功名利禄，朝秦暮楚，言无真理，行无准则。“连横”“合纵”本为极端相反的两个政治策略，但对于这些追名图利的政治投机者来说，却没有丝毫的区别。苏秦先以连横说秦不成，又以合纵游说山东六国。这种无耻的作为为庄周所不耻，讥为舐痔得车。而且庄子通过对历史的观照，发现举凡汲汲用世之人，不论奸贤得善终者不多。夏桀、商纣自取其咎不必说，就连举世公认的贤者也不免一死。“龙逢斩，比干剖，苌弘胣，子胥靡”（《庄子·胠箧》），就是例证。庄子认为人们简直都是“游于羿之彀中”。羿是善射之士，“彀中”是说在射程之内，游于羿的射程之内，随时都有被射中的危险。正像我们平常说的是在“刀尖上过日子”一样。

《庄子·山木》篇有“螳螂捕蝉，异鹊在后”的寓言，把人世间危机四伏，叠相残杀的现实淋漓尽致地描述出来。庄子到栗园中游玩，见一只怪异的鹊飞来停在栗树上，便拿着弹弓窥伺它的动静。发现异鹊正在准备捕捉前面的一只螳螂，而螳螂呢又正在伺机捕捉伏在树叶荫凉处的一只蝉。这样一个螳螂捕蝉、异鹊在后的叠相残杀的场景，使庄子触目惊心，于是乎丢掉弹弓就跑掉了。老聃说：“人皆求福，己独曲全。曰：苟免于咎。”（《庄子·天下》）在庄子看来，人人都在求福而我独自委曲求全，只要能避免祸害，就是万幸了。

（二）知道者莫之能害

事物有盛衰、有生死是不可抗拒的自然规律。庄子说：“生之来不能却，其去不能止。”（《庄子·达生》）这表现出了一种旷达、超脱的乐观主义精神。

---

① 缪文远等译注：《战国策》，中华书局2012年版，第68页。

他不像后来的道教徒那样企求长生不死，却希望能顺应自然、尽其天年。全身避祸也是庄子经常考虑、认真思索的问题，陈朝和尚智匠所编《古今乐录》记录有庄子辞退齐国相位和黄金百镒的遗事："君不见夫郊祀之牛，衣之以朱采，食之以禾粟，非不乐也。及其用时，鼎镬在前，刀俎列后，当此之时，虽欲还就孤犊，宁可得乎？周所以饥不求食、渴不求饮者，便欲全身远害耳。"《史记·老子韩非列传》也记载了大致相同的内容："子独不见郊祭之牺牛乎？养食之数岁，衣以文绣，以入太庙。当是之时，虽欲为孤豚，岂可得乎？"[①] 这些记载都说明，庄子对于现实的人生实际上还是满怀着深沉的爱恋之情。

庄子的"道"讲得玄远微妙，但又十分现实，这就是得道者可以全身免害。《庄子·秋水》篇说：

> 知道者必达于理，达于理者必明于权，明于权者不以物害已。至德者，火弗能热，水弗能溺，寒暑弗能害，禽兽弗能贼。非谓其薄之也，言察乎安危，宁于祸福，谨于去就，莫之能害也。

认识道的人，必定通达事理；通达事理的人，必定明白权变；明白权变的，不被外物伤害。有最高修养的人，火不能烧死他，水不能淹死他，寒暑不能损伤他，禽兽也不能加害他。并不是说他接近它们而不受伤害，而是说他能辨别安危，听命于祸福，谨慎于进退，所以没有能加害于他的。这大概是杨朱"为我""贵己"思想的表现。

二、无用即大用

（一）无用大用养身尽年

庄子认为，要千方百计显示自己对社会无用，对他人无用，才能免于祸端，因此，无用之用对于个人全身免害十分重要。《庄子·人间世》篇说，有个叫支离疏的奇人主要是因无用而能自养其身，终其天年的。

> 支离疏者，颐隐于脐，肩高于顶，会撮指天，五管在上，两髀为胁。挫针治繲，足以糊口；鼓筴播精，足以食十人。上征武士，则支离攘臂

---

① ［汉］司马迁：《史记》第7册，中华书局1982年版，第2145页。

而游于其间。上有大役，则支离以有常疾不受功。上与病者粟，则受三钟与十束薪。夫支离其形者，犹足以养其身，终其天年，又况支离其德者乎？

有一个畸人支离疏，脸低垂在肚脐之下，两肩高过头顶，颈后的发髻朝天，五脏的脉管都在脊背上突起，两条大腿骨几乎成了肋骨。他给人缝缝洗洗，足以活命，给人家簸米筛糠，足以养活十人。政府征兵，他大摇大摆地在其间游逛。政府征夫的时候，他因为残废而免于劳役。政府发放赈济贫病者粮薪时，他可以领到三钟米和十束柴。形体残缺的人，还能够养其身，享尽天年，又何况那些忘德的人呢？何谓“支离其形”“支离其德”？成玄英疏曰：“夫支离其形，犹忘形也；支离其德，犹忘德也。”[①]这是说，有德而借不德以自遁于世，使其道德成为世俗看来是不正常的、有缺陷的。至人之德，支离若此，旨在以无用为大用。在各种环境中表现为无用，以此达养身尽年之大用。

《庄子·山木》篇以意怠鸟为喻，说明人不显示才能，不出头露面，才不会招致祸患。文曰：

孔子围于陈蔡之间，七日不火食。太公任往吊之曰：“子几死乎？”曰：“然。”“子恶死乎？”曰：“然。”任曰：“予尝言不死之道。东海有鸟焉，其名曰意怠。其为鸟也，翂翂翐翐，而似无能。引援而飞，迫胁而栖；进不敢为前，退不敢为后；食不敢先尝，必取其绪。是故其行列不斥，而外人卒不得害，是以免于患。直木先伐，甘井先竭。子其意者饰知以惊愚，修身以明污，昭昭乎如揭日月而行，故不免也。”

孔子被围困在陈、蔡两国交界的地方，七日没有起火煮饭。大公任前去慰问孔子，说：“你快要饿死了吧？”孔子说：“是的。”大公任说：“你讨厌死吗？”孔子说：“是的。”大公任说：“我曾经说过不死的方法。东海有一种鸟叫意怠。这种鸟，飞行缓慢，好像没有力气。被群鸟引牵着飞行，栖息时挤在群鸟之间。前行时不敢飞在前面，后退时不敢落在后面，吃东西不敢抢先，一定吃剩下的。所以，它在鸟群中不受排斥，外人也终究不能伤害它。因而免于祸难。直木比

① ［清］郭庆藩：《庄子集释》第1册，中华书局1961年版，第182页。

较有用，故直树先被砍伐；甘美的井水人人喜欢喝，故甘井先枯竭。你有心美化你的心智来惊骇愚俗，修饰品行来揭露污秽的东西，光芒四射好像举着太阳、月亮行走，所以，你不免要招来祸患了。庄子认为，像孔子这样出头露面，昭昭然显示自己，在当时险恶的社会环境里，必然会招致祸患。而只有像意怠鸟那样，不孤飞，不独栖，不先食，把自己掩隐在群鸟之中，才能比较安全。

（二）有用之害与无用之用

庄子在《人间世》篇还曾以不材之木，说明世人以为无用的地方，正是全身免害之“大用”。

> 南伯子綦游乎商之丘，见大木焉有异，结驷千乘，隐将芘其所藾。子綦曰：“此何木也哉？此必有异材夫！”仰而视其细枝，则拳曲而不可以为栋梁；俯而视其大根，则轴解而不可以为棺椁；咶其叶，则口烂而为伤；嗅之，则使人狂酲，三日而不已。子綦曰：“此果不材之木也，以至于此其大也。嗟乎！神人以此不材！”

南伯子綦到商地之丘去游玩，看到一棵大树与众不同。可供千乘车马荫息在树下。子綦问：“这是什么树木啊？这棵树必有奇特的材质。”抬起头看它的细枝，弯弯曲曲不能做栋梁。低头察看它的大干，却见木纹旋散而不能做棺椁。舔舔它的叶子，嘴立刻会受伤溃烂；闻闻它，就会狂醉，三日醒不过来。子綦说：“这真是不材之木，所以才能够生长得这样高大。唉！神人也就是这样显示自己的不材的！”

为了进一步说明无用之用，庄子接着说，宋国荆氏地方，适宜种楸、柏、桑树。一把、两把粗的，需要拴猴子的木橛的人把它砍了去。三围、四围粗的，需要高大屋栋的砍了去。七围、八围粗的，贵人和富商们要用独幅板做棺材的砍了去，故其未终天年，而中道死于斧斤，这就是有用之材的祸患。古时求福解罪的祭祀，凡是白额头的牛、高鼻子的猪、生痔疮的人，都不能用以沉河来祭河神，这是巫祝都知道的。一般人认为不吉祥的，正是神人以为最吉祥的。

《庄子·人间世》篇还讲了一个匠石与栎树的故事，既讲了有用之害，又讲了无用之用。有个姓石的木匠到了齐国的曲辕这个地方，看见一棵作为祭土地神神坛的栎树。这棵树高大极了，树荫可以供数千头牛在其下乘凉，树干有百围之粗，树高如山，树干好几丈以上才生杈枝，可以造船的旁枝就有十几根，观看的人群像闹市一样拥挤。匠人一眼不瞧，照直往前走。他的徒弟站在那里看了个够，追上匠人说："我自从拿起斧头，跟师傅学徒以来，从未见过这样好的木材，您却不屑一顾，原因何在？"匠人回答说："那是无用的'散木'，用它做船会沉没，用它做棺椁很快就腐烂，用它做器具很快就毁坏，用它做门窗会流出油脂，用它做屋柱就会被虫蛀，这是不材之木，没有用处，所以，才能有这样长的寿命。"匠人回家，夜里梦见栎树对他说："你要拿什么东西和我比呢？将我与有用的'文木'相比吗？那些柤、梨、桔、柚结果子的树，果实熟了就要遭剥折，大枝被折断，小枝被拉下来。这都是因为它们能结供人食用的果实而害苦了自己的一生，所以不能尽享天年而中道夭折，这是自己找来的打击。一切东西莫不如此。我追求达到无所可用的地步已经很久了。曾有几次几乎被砍伐而死，到现在我保全了自己，这正是我的大用。假如我有用，我能长得这样高大吗？而且，你和我都是物，为什么还要互相看作可用可不用之物呢？你是将要死的'散人'，又怎样能知道'散木'呢？"匠人醒来告诉他的徒弟。弟子说："它意在求取无用，为什么要做社树呢？"匠人说："你不要说了，栎树不过是寄托于神社，使那些不了解他的人訾议它。如果它不做社树，岂不是还会被人砍了当柴烧吗？它用来保全自己的方法与众不同，你只会从常理来思度它，不是相差太远了吗？"

在《庄子·人间世》篇末，对于庄子的以无用为用的遁世思想作了一个总结。庄子说：

> 山木自寇也，膏火自煎也。桂可食，故伐之；漆可用，故割之。人皆知有用之用，而莫知无用之用也。

山木自招砍伐，膏火自招煎熬。桂树因为可以吃，所以遭受砍伐；漆树因为可以用，所以遭受刀割。世人皆知有用的用处，而没有谁能知道无用的用处。

庄子的遁世，从功用的观点看，是立足于世、于人无用，而最终成其为己之大用。庄子的遁世是他以其高度的智慧和睿锐的目光洞察世态而得出的自我保护的妙策。在庄子所处的险恶的时代，一个人即使只求维持个体的最起码的生存条件，也是何等艰难的事情。庄子的遁世思想是消极的，但它是身处那个多难时代的处世智慧，是对当时暴虐的统治者的无声的鞭挞和诅咒。

三、材与不材之间

庄子的无用即大用的理论，有时也遇到麻烦。《庄子·山木》篇记载，庄子行于山中，看见一棵大树，枝叶繁茂。伐木者歇于树下而不砍伐。庄子问他什么原因。伐木工人回答："这棵树没有什么用处。"庄子说："这棵树因为无用，所以能享尽自然的寿命。"出山，庄子住在老朋友家中。老朋友相逢，分外高兴，主人让童仆杀一只雁来招待庄子，童仆问："两只雁，一只会叫，一只不会叫，杀哪一只？"主人说："杀那只不会叫的。"第二天，弟子问庄子说："昨日山中的大树，因不材而终其天年。现在主人家的雁，因不材而被杀，请问先生，您要怎样自处呢？"庄子笑着回答说：

> 周将处乎材与不材之间。材与不材之间，似之而非也，故未免乎累。若夫乘道德而浮游则不然。无誉无訾，一龙一蛇，与时俱化，而无肯专为；一上一下，以和为量，浮游乎万物之祖；物物而不物于物，则胡可得而累邪！

我庄周将处于"材"与"不材"之间。"材"与"不材"之间，似乎是妥当的位置，其实不然，这样还是免不了祸患。若是顺应自然而处世，就不必论"有用"与"无用"了。这样，既没有荣誉，也没有毁辱。或如神龙飞跃在天，或如虫蛇蛰伏于地，随时变化，不要执一而行。时进时退，以顺任自然为原则，游心于万物的根源，主宰物而不被物所役使，又怎会遭受祸患呢？这就是说，人们应当安于命，顺于时，该当龙时就当龙，该为蛇时就为蛇，一屈一伸，随时变化，这才是最好的处世之道。

庄子在《养生主》篇，把这种居于"材"与"不材"、"有用"与"无用"之间的处世方法概括为：

> 为善无近名，为恶无近刑，缘督以为经。可以保身，可以全生，可以养亲，可以尽年。

缘督以为经，司马彪说："缘，顺也。督，中也。顺守道中以为常也。"[1]就是

---

① ［清］郭庆藩：《庄子集释》第1册，中华书局1961年版，第117页。

要以走中间道路作为处世的原则。做世俗认为的“善”事不要求名，做世俗认为的“恶”事不要遭刑戮之害。顺着中间道路的原则行事，就可以保护身体，保全生命，可以养护亲眷，免于祸患，享尽天年。

四、乱世之士的两难选择

庄子除早年曾为漆园吏，史书上没有其他庄子从政的记载。但出于对士阶层的同情，他仍然为在乱世从政的士人设计了一条和顺于人，虚己游世，以求免祸保身的道路。《庄子·人间世》篇说：

> 颜阖将傅卫灵公太子，而问于蘧伯玉曰：“有人于此，其德天杀，与之为无方，则危吾国，与之为有方，则危吾身。其知适足以知人之过，而不知其所以过。若然者，吾奈之何？”蘧伯玉曰：“善哉问乎！戒之，慎之，正汝身也哉！形莫若就，心莫若和。虽然，之二者有患。就不欲入，和不欲出，形就而入，且为颠为灭，为崩为蹶。心和而出，且为声为名，为妖为孽。彼且为婴儿，亦与之为婴儿；彼且为无町畦，亦与之为无町畦；彼且为无崖，亦与之为无崖。达之，入于无疵。”

颜阖，相传为鲁国贤人。蘧伯玉，相传为卫国贤大夫。颜阖被聘为卫灵公太子的教师。他请教蘧伯玉说：“有一个人，天性残酷。没有原则地与他相处，就必定危害我们的国家。坚持原则与之相处，就必定危害自己。他的智慧足以知道别人的过错，但不知道自己的过错。遇到这样的人，我该怎么办呢？”蘧伯玉说：“你问得好啊！要小心谨慎，首先你要立得稳，表面上最好表现为顺从附和的样子，内心里最好存着和善诱导之意。虽然如此，这样做还会有祸患，还要注意顺从附和他不要太过分了，和善诱导不要太明显。表面的顺从附和太过分了，连你自己也要堕落毁坏；内心的和善诱导太明显了，就会使他以为你争声望、夺名誉，也会招致灾祸。他像婴儿那样天真，你也姑且和他一样像婴儿一样天直。他的行为像没有田垅的田地那样不分界限，你也随着像他那样无界限。他如果无拘无束，你也随着无拘无束。这样耐心地引导他，使其逐渐走上无过失的正道。”

庄子借蘧伯玉之口指出，士人对君上，表面上要顺从，内心还要以自己的思想行动去诱导、影响他。表面的附和迁就不同于同流合污，否则将与君上一起归于灭亡。诱导、影响还要不露形迹，否则，就要遭到君上的猜疑和迫害。《庄子·人间世》篇还将这种处世方法表达为“外合而内不訾”与“外直而内曲”。“外合而内不訾”即表面附和，内心却不采纳。“内直而外曲”即内心诚直而外表恭敬。“外合”与“外曲”意义相同，“内不訾”与“内直”意义相同。这是要求士人一方面维护自己的独立人格，一方面虚与委蛇、苦心孤诣地去诱导。但是“伴君如伴虎”，这实在是太难了。因此，最后庄子主张以顺从、迁就为主。而且以养虎为例作了进一步的说明。

汝不知夫养虎者乎？不敢以生物与之，为其杀之之怒也。不敢以全物与之，为其决之之怒也。时其饥饱，达其怒心。虎之与人异类而媚养已者，顺也；故其杀者，逆也。

你不晓得喂养老虎的方法吗？不敢拿活着的动物给他吃，怕它扑杀活物时激起它残杀的天性；不敢拿完整的动物尸体给它吃，怕它撕裂时激起残杀的天性。养虎的人，摸准了它饥饱的时刻，顺着老虎喜怒的性情。虎和人虽是异类，但是它却媚顺于养它的人，这是因为养虎的人顺着老虎的性子。至于它要伤害人，是因为触犯了它的性子。与暴戾的太子相处，就如同与凶猛的野兽相处，必须要顺其性情，达其怒心，方可免遭伤害。如果将这种方法推广开来，人生活在世界上，在与各种复杂的客观外在力量的对立之中，能虚己以待，消解对立，则会祸患不来，这就是《庄子·山木》所言“人能虚己以游世，其孰能害之！”庄子的顺世是一种被动的、在异己力量的压迫下而不得不然的顺从。“形莫若就，心莫若和”是一种无可奈何的两难选择。

庄子对于自己在世俗生活中的遁世、顺世态度，还给予一种理论上的说明。《庄子·山木》说：

昔吾闻之大成之人曰：“自伐者无功，功成者堕，名成者亏。”孰能去功与名而还与众人？道流而不明，居德行而不名处；纯纯常常，乃比于狂；削迹捐势，不为功名；是故无责于人，人亦无责焉。

大成之人，指老子。“自伐者无功”，见《老子》二十四章。“功成者堕，名成者亏”，不见今本《老子》。今本《老子》只有“功成而不居”（二章）“功遂身退”（九章）。这句话的意思是说过去曾听大成之人说过：自我夸耀的反而没有功绩，功成不退的就要堕败，声名彰著的就要受伤害。谁能舍弃功名而还与众人？大道流行周遍而无形迹，德行广被而不自求声名，纯朴寻常，同于愚狂，削除形位，捐弃权势，不求功名。所以，无求于人，人也无求于我。在庄子看来，遁世、顺世，把自己混同于芸芸众生之中而不显露，是一种彻底自觉的表现，是“大成之人”所具备的品行。

第七章　庄子的精神世界——人生理想与价值追求

对于理想人生的追求是中国传统哲学的突出特点，庄子也不例外。庄子哲学要求人们“与天为一”“安之若命”，但这并不是其全部的内容。庄子人生哲学之所以在后世产生那么深远的影响，主要在于其追求精神绝对自由的理想。庄子不仅以其充满诗意的奇文向我们展示了他对美好理想的无限憧憬，而且对于世俗生活、对于人的自然本性的异化进行了深刻的反思，鲜明地提出客观必然性与自由的关系问题，努力从人生存在的困境中解脱出来，去争取自由的实现。这在中国乃至世界思想史上也是独具特色的。

一、生命与大化

（一）人生之短暂

生命的价值是一个永恒的课题。人类一方面具有要求生存的愿望，另一方面又面临着死亡的威胁，如何摆脱生命的困境，使生命之花灿烂开放，中外思想家、哲学家对此进行了苦苦的思索。庄子认为人是“气”的一种存在形式，从天地那里具有了形体，从阴阳那里禀受了生气，是自然界的万物之一，“号物之数谓之万，人处一焉”（《庄子·秋水》）。世界是千变万化而没有完结的，人也处在这个“万化”的洪流之中，人也不能跃出这个“始卒若环”的圈子之外。因此，人的生命是宇宙万物中一种短暂的存在形式，生与死是人生最终无法超越的界限。《庄子·知北游》有一段话很形象地讲述了人生短暂及人生是一个自然过程的道理：

> 人生天地之间，若白驹之过隙，忽然而已。注然勃然，莫不出焉；油然漻然，莫不入焉。已化而生，又化而死，生物哀之，人类悲之。解

其天弢，堕其天袠，纷乎宛乎，魂魄将往，乃身从之，乃大归乎！

人生活在天地之间，就像阳光掠过小小的缝隙，很快就过去了。万物蓬蓬勃勃，没有不出生的；自然而然地消逝，没有不死去的。已经变化而生，又变化而死，生物为之哀伤，人类感到悲痛。解脱了自然的束缚，毁坏了自然的囊裹。纷纭宛转，魂魄将要飘散，身体也随之消失，这是彻底地返归本原啊！

（二）人生之磨难

人生虽然短暂，却要经历无数的磨难。《庄子·齐物论》篇有一段话说：

一受其成形，不亡以待尽。与物相刃相靡，其行尽如驰，而莫之能止，不亦悲乎！终身役役而不见其成功，苶然疲役而不知其所归，可不哀邪！人谓之不死，奚益！其形化，其心与之然，可不谓大哀乎？人之生也，固若是芒乎？其我独芒，而人亦有不芒者乎？

人一旦禀受成形体，在未死之前，一直等待着完结，和外物相互争斗、相互摩擦，奔波追逐于其间，而不能止步，岂不可悲吗？终生劳劳碌碌而不见得有什么成就，疲惫困苦而不知道最后的归宿，岂不可哀吗？这样的人虽然不死，但又有什么意义呢？人的形体逐渐枯竭衰老，而人的精神也困缚其中随之消散，岂不是更大的悲哀吗？人生在世，原来就是这样的糊涂啊！还是只有我糊涂，而别人不糊涂呢？庄子在感叹生命短暂、人生多灾多难中蕴含着对现世生活、生命意义的积极肯定。庄子不同于佛教把人生看作是一个痛苦的过程，宣扬一切皆苦、苦海无边的观念，也不同于佛教把人们的努力和希望引向超越现世的来世和彼岸。庄子有着极强烈地把人们从根本的困境中解脱出来的意向。这种解脱不是企求人的生命的永存，而是寄寓于人们对于自己所处之自然、社会及自我的理解与认识。

二、名、利、智慧乃祸害之源

（一）名利与祸患

庄子认为道是“万物之所系而一化之所待”的宇宙本体。道自然无为，作为道在人身上的体现，人性也是自然无为的，人应该按照自己的自然本性去生活。“彼民有常性，织而衣，耕而食，是谓同德；一而不党，命曰天放。”

(《庄子·马蹄》)自然“天放”的人性理论是庄子人生理想追求的目的，也是对于人性异化进行批判的根据。庄子认为，世俗之人终生为之操劳、为之奋斗的名、利、势位、智慧、长生都是实现人生理想境界的障碍。庄子对于这些“障碍”都有着鞭辟入里的分析。

在庄子看来，人对于名利的追求是导致祸害的源泉。《庄子·人间世》说：

> 且昔者桀杀关龙逢，纣杀王子比干，是皆修其身以下伛拊人之民，以下拂其上者也，故其君因其修以挤之。是好名者也。昔者尧攻丛枝、胥敖，禹攻有扈，国为虚厉，身为刑戮，其用兵不止，其求实无已。是皆求名实者也，而独不闻之乎？名实者，圣人之所不能胜也，而况若乎？

关龙逢，夏桀时的贤臣，因忠谏而被杀。王子比干，商纣王叔父，因忠谏而被剖心。当年桀杀关龙逢，纣杀王子比干，都是因为他们德性修养好，以在下者的地位爱抚人君的民众，以在下者的地位违犯了在上位的君主的意志。所以，他们的君主因其修养太好而加以陷害，这是好名的结果。从前，尧攻丛枝国、胥敖国，禹攻有扈国，使这些国家变为废墟，国君被杀，人民灭绝。这是由于他们用兵不止，贪利无已，这些都是争名贪利的结果，你难道没有听说过？关龙逢、王子比干修身以求名，终招致其君主的猜忌，被杀身亡。尧、禹攻丛枝等国，使其国破人亡。关龙逢、比干、尧、禹皆儒家传颂的圣人，他们都经不起名利的诱惑，更何况普通人呢？庄子认为理想中的圣人应当把名利当作祸端，避之而犹不及。他在《庄子·逍遥游》中记载，尧让天下于许由，许由说：

> 子治天下，天下既已治也，而我犹代子，吾将为名乎？名者，实之宾也，吾将为宾乎？鹪鹩巢于深林，不过一枝；偃鼠饮河，不过满腹。归休乎君，予无所用天下为！庖人虽不治庖，尸祝不越樽俎而代之矣。

许由对尧说，你治理天下，天下已经治理得很好了，我如果代替你，我是要追求名吗？名是实的影子，我难道要做影子吗？鹪鹩在森林筑巢所需不过是一根树枝，偃鼠到河中饮水，所需不过满腹。我的君主啊，你回去吧！天下对我没有用处。厨子就是不做祭祀用的饭菜，掌管祭典的人也绝不能越位去代替他的工作。许由就是庄子心目中真正的圣人，他视君位如草芥，庄子则视相位如腐鼠，两者都表现了隐者的高洁和对名利势位的轻蔑。这与那些企图以自己的知识、能力、人格千方百计博取统治者的垂青宠爱，以换取美名、高官、厚禄的争名逐利之徒，恰恰形成一个鲜明的对照。

（二）智慧与争斗

庄子对于普通知识采取否定的态度。庄子否定认识的一个重要原因在于社会方面。人类社会初始，必须通过群体的智慧和力量征服自然以求生存，这是人类重视知识的初衷；但是社会的发展却背离了人类的初衷。人们用智慧摆脱了茹毛饮血的蛮荒时代，进入财货充斥的文明社会，但人们却常常成为财富的奴隶，智慧、知识反而成为相互争斗、杀戮的工具。所以，庄子说：

> 名也者，相轧也。知也者，争之器也。二者凶器，非所以尽行也。（《庄子·人间世》）

名是相互倾轧的原因，知识是争斗的工具。名与知都是杀人凶器，不可尽行于世。庄子在《齐物论》中以惟妙惟肖的语言描绘了辩者们以智相斗的种种心理状态：

> 大知闲闲，小知间间。大言炎炎，小言詹詹。其寐也魂交，其觉也形开。与接为构，日以心斗。缦者、窖者、密者。小恐惴惴，大恐缦缦。其发若机栝，其司是非之谓也；其留如诅盟，其守胜之谓也；其杀若秋冬，以言其日消也；其溺之所为之，不可使复之也；其厌也如缄，以言其老洫也；近死之心，莫使复阳也。喜怒哀乐，虑叹变慹，姚佚启态；乐出虚，蒸成菌。日夜相代乎前，而莫知其所萌。已乎！已乎！旦暮得此，其所由以生乎！

大知广博，小知辨察；大言气势凌人，小言喋喋不休。他们睡觉时精神错乱，醒来时形体不宁。在人们的相互交接来往之中，整日钩心斗角，有的出言慢条斯理，有的出言心怀叵测，有的出言小心谨慎。小的恐惧垂头丧气，大的恐惧惊魂失魄。他们发表议论，好像放箭一般专门窥伺别人的是非来攻击。他们不发表议论时，好像有盟誓的约束，默默不语等待着制胜的时机。这种精神的折磨如同秋冬天气对生物的摧残一样，这是说他们在一天天销毁。他们沉溺在其所作所为中，无法恢复生意。他们心灵闭塞如受缄縢束缚，这是说愈老愈不可自拔，走向死亡的心灵，再也没有办法使他们复苏了。他们时而欢喜，时而愤怒，时而悲哀，时而快乐，时而忧虑，时而嗟叹，时而反复，时而恐惧，时而浮躁，时而放纵，时而张狂，时而作态，他们的言论好像乐声从虚器中发出，又像菌芝由地气的蒸发而生成一样。这种情况日夜在心中交侵不已，但不知道是怎样发生的。算了吧！一旦恍悟到这些情态发生的道理，就可以明白这些情态所以发生的根由了吧！

庄子行文欲抑先扬处颇多，这里先提出“大知”“小知”“大言”“小言”，然后描写了辩者们“与接为构，日以心斗”的各种丑态，最后以讥讽的语言评论各家的争是争非、孜孜求胜，不过是“乐出虚，蒸成菌”般稍纵即逝的虚像。

庄子进一步指出，人们的知与不知，对于事物本身来说，没有丝毫的影响，但是知识和智慧却造成了人们的“成心”。人们受到成心的支配，终生碌碌，劳而无功。成心与是非，使人陷于现实的永不完结的痛苦之中，得不到精神的解脱。既然如此，智慧理当在废弃之列。《庄子·应帝王》篇说：

> 无为名尸，无为谋府，无为事任，无为知主。体尽无穷，而游无朕，尽其所受乎天，而无见得，亦虚而已。

抛弃求名的心思，抛弃出谋划策的智慧，抛弃强行的任事，抛弃智巧的作为。体悟无穷的大道，游心于寂静的境域，享受天所给的一切，而不要自我矜持，这也就是达到了虚明的心境。庄子认为，要不为名、利、势位、智巧所诱惑，最重要的是保持心灵的虚静。为此，他提出养神之道：“故曰纯粹而不杂，静一而不变，淡而无为，动而以天行，此养神之道也。”（《庄子·刻意》）纯粹而不混杂，虚静专一而不变动，恬淡而无为，行动而循顺自然，这是养神的道理。养神的结果是与神合而为一，与天合而为一。他说：“纯素之道，唯神是守，守而勿失，与神为一，一之精通，合于天伦。”（《庄子·刻意》）纯粹朴素的道理，是要保守精神；保守而不丧失，和精神凝合为一；纯一的精通，合于自然之理。达到这种境界，可以长生久视，游于天地之间。但是要达到虚静，人们不仅要去掉富、贵、显、名等欲望，还要去掉容、色、气、意、喜、怒、哀、乐等情绪，甚至还要去掉去、就、取、与、知、能的念头。庄子用“形若槁木，心若死灰”来形容这种精神境界。

世人都把生死作为头等大事，悦生而恶死，这也是人们精神上的一大包袱。庄子认为，死生一体，皆自然的运动，理应一视同仁。大自然给我生命让我劳作，给我死亡让我休息。因此在赞美生的同时，也要赞美死。人的躯体和生命，如同万物一样，皆自然之大冶所造化，生为造化的安排，死也是造化的安排，能安时处顺，无哀无乐，这就是古人所谓之“悬解”。

如何才能超越精神自由的“障碍”呢？庄子认为这要进行循序渐进的修养。修养的方法也就是我们在认识论里曾经详细谈论过的“守宗”“坐忘”和“心斋”。《庄子·大宗师》篇提出两种修养方法：一是女偊的“守宗”，通过守宗“外天下”——“外物”——“外生”。一是颜回的“坐忘”，“忘仁义”——“忘礼乐”——“坐忘”。“外”和“忘”意义相同，都是从思想上遗弃现实世界中的名、利、势位、生死的观点。《庄子·人间世》通过孔子与颜回的对话，提出“心斋”的修养方法，“心斋”强调“虚而待物”“唯道集虚”，最后达到“未始有回也，可谓虚矣”的境界。“未始有回”即颜回把自己都忘掉了，颜回的心中不再有颜回了。“心斋”与“守宗”“坐忘”实为异曲同工，本质上是一样的。

三、逍遥游

（一）“有待”逍遥

庄子以追求个人的精神自由作为人生的最高境界。形骸和精神是人这一生命体的两大要素。形骸和精神究竟是什么关系，构成中国古代哲学的形神关系问题。庄子在形神观上持一种形变而神不灭的观点，这是庄子追求精神自由的理论前提。《庄子·大宗师》说：

> 且彼有骇形而无损心，有旦宅而无情死。

这句话意思是，只有形骸的变化，而无精神的损伤；人的精神可以变易住宅，但并不灭亡。《庄子·养生主》还以薪火喻形神：

> 指穷于为薪，火传也，不知其尽也。

指，即脂，指动物的脂肪。闻一多先生说，古代无蜡烛，以薪裹动物脂肪燃烧照明，叫作薪，也叫烛。这是说，烛薪的燃烧是有穷尽的，火却传续不止。比喻形体可以消灭而精神不死。《齐物论》开篇说：

南郭子綦隐几而坐，仰天而嘘，嗒焉似丧其耦。颜成子游立侍乎前，曰："何居乎？形固可使如槁木，而心固可使如死灰乎？今之隐几者，非昔之隐几者也。"子綦曰："偃，不亦善乎，而问之也！今者吾丧我，汝知之乎？"

南郭子綦，庄子假托的得道之人。颜成子游，子綦弟子，名偃，字子游。南郭子綦凭几而坐，仰面向天缓缓呼吸，那样子就像精神脱离了他的身躯。颜成子游侍立一边，问道："这是什么原因？形体安定固然可以像干枯的树木，心灵的寂静也可以像死灰一样吗？今日你凭几而坐的神情与往日凭几而坐的神情不一样。"子綦说："偃，这个问题问得好啊，现在我已经忘掉了自己。"形体与精神为偶，"似丧其耦"就是指精神与形骸的分离。"吾丧我"，"丧我"的"我"指拘泥于名利、智慧、生死的偏执的我。"吾"指真我，由"丧我"而达到忘我、与天地万物臻于一体的境界。所以，庄子理想的人生境界——逍遥游，实为精神的绝对自由。

脍炙人口的名篇《逍遥游》，比较集中地表达了庄子追求精神自由的思想。"逍遥"一词并非庄子首创，在《诗经》《楚辞》中多见。"逍遥"一词，洪业祖《楚辞补注》解为："犹翱翔也。"[①]引申为行动自如、无拘无束、自由自在，简单地说"逍遥"即自由。

逍遥游首先提出了一个耐人思索的问题，在自然界和人类社会中，有没有独立的、无须凭借、不受条件限制的"逍遥"（自由）呢！庄子以生动形象的比喻做了回答：

鹏之徙于南冥也，水击三千里，抟扶摇而上者九万里，去以六月息者也。野马也，尘埃也，生物之以息相吹也。

① 洪兴祖：《楚辞补注》，中华书局1993年版，第28页。

大鹏迁往南海的时候，水花激起达三千里，翅膀拍打着上行的大风直上九万里的高空，它是乘着六月的大风而飞去的。野马般的游气，飞扬的尘埃，以及活动的生物因被风吹而飘动。这是说，在自然界大至“其翼若垂天之云”的鲲鹏，小至飘浮在空中的尘埃细物，它们的活动都是有所凭借的，大鹏振翼翱翔要赖于“六月风”，尘埃漂游有赖于“以息相吹”。“逍遥”要有所依凭。

在人类的社会生活中也是如此。庄子说：

> 故夫知效一官，行比一乡，德合一君，而征一国者，其自视也亦若此矣。而宋荣子犹然笑之。且举世而誉之而不加劝，举世而非之而不加沮，定乎内外之分，辩乎荣辱之境，斯已矣。彼其于世未数数然也。虽然，犹有未树也。夫列子御风而行，泠然善也，旬有五日而反。彼于致福者，未数数然也。此虽免乎行，犹有所待者也。(《逍遥游》)

有些人的才智足以担任一官半职，行为可以随顺一乡的风俗，德性可以投合一君的心意而取得一国的信任，他们自鸣得意就像跳跃飞腾在草丛中的小麻雀一样，而宋荣子不禁嗤笑他们。宋荣子能够做到世上的人都称誉他，他也不因此而兴奋鼓舞；世上的人都诋毁他，他也不会因此而颓废沮丧。其所以这样的原因，就是他能够认定内我和外物的分际，辨别光荣和耻辱的界限。他对于世俗的声誉并没有汲汲去追求。虽然这样还是有未曾树立的。宋荣子即宋钘。《庄子·天下》篇说他致力于禁止攻伐，罢息兵事，挽救世间战争的灾难，解救人民的争斗，周行天下，上说下教，虽然天下人不接受，仍然强言劝说，不放弃自己的主张。宋荣子虽非世俗之辈汲汲于功名，但他不慕名利的救世活动却也需要一定的物质条件，这就是“请欲固置五升之饭”，只要求接待他的人为他准备五升米的饭，没有这个条件，宋荣子所从事的救世活动就无法进行，这就是其“犹有未树”之处。

列子乘风而行，轻巧极了，一出游就是半个月，他对于求福的事，并没有去汲汲追求。这样虽然可以免于步行，但毕竟还是要有所依待，这就是要依赖于风。庄子论证了自然界和社会生活中的逍遥（自由）都是有所依凭的，也就是“有待”的。

（二）“无待”逍遥

庄子认为，凡有待之游必然为其“所待”的条件所限制，因此还不能算是完全的自在之游。自在之游应当是无条件的，也就是“无待”的，所以庄子说：

> 若夫乘天地之正，而御六气之辩，以游无穷者，彼且恶乎待哉！

这一段话是画龙点睛之笔，是《逍遥游》全篇的灵魂，带有总结性的意义。如果随顺自然的规律，一任阴阳风雨晦明六气的变化，还有什么要依待呢？郭象注曰：“乘天地之正者，即是顺万物之性也；御六气之辩者，即是游变化之途也；如斯以往，则何往而有穷哉？所遇斯乘，又将恶乎待哉？”[①]这是说，“顺天地之正”就是顺万物的本性，使物各自顺其自然的法则盈虚消长，不要以人为的造作去触犯自然的法则。“御六气之辩”，就是游于变化的坦途，大自然无时无刻不在变化，我也随其变化而变化，物来顺应，决不固执妄行。如此，则与道为一，与大化为一，自然无处不自得，无时不逍遥，如此随变自适，以游无穷，还有什么要依待、凭借的呢？这便是逍遥的极境了。《庄子·天下》篇评论庄子说：

> 独与天地精神往来，而不敖倪于万物，不谴是非，以与世俗处。……上与造物者游，而下与外死生无终结者为友。

独自与天地精神相往来，而不傲视万物，不拘泥于是非与世俗相处。上与造物者同游，下与超脱生死、无终始分别的人做朋友。这是对庄子人生哲学的简单的概括，指明了庄子人生哲学超脱现实、追求精神自由的实质。

庄子的逍遥游是人的精神、心灵的自由翱翔，所以逍遥游实为“心之游”，庄子称之为“游心”。庄子说：

> 且夫乘物以游心，托不得已以养中，至矣。（《庄子·人间世》）
> 不知耳目之所宜，而游心乎德之和。（《庄子·德充符》）
> 游心于淡，合气于漠，顺物自然而无容私焉。（《庄子·应帝王》）

---

① ［清］郭庆藩：《庄子集释》第1册，中华书局1961年版，第20页。

逍遥游所游之处也多是玄远旷渺的处所。庄子说：

> 乘云气，骑日月，而游乎四海之外。（《庄子·齐物论》）
>
> 立乎不测，而游乎无有者也。（《庄子·应帝王》）
>
> 予方将与造物者为人，厌，则又乘夫莽眇之鸟，以出六极之外，而游无何有之乡，以处圹埌之野。（《庄子·应帝王》）

“四海之外”“无有者”“无何有之乡”“圹埌之野”，都是玄远旷渺的所在，都是脱离现实世界的太虚之境。《逍遥游》说：

> 藐姑射之山，有神人居焉。肌肤若冰雪，绰约若处子。不食五谷，吸风饮露。乘云气，御飞龙，而游乎四海之外。其神凝，使物不疵疠而年谷熟。

在遥远的神话传说中的姑射之山，住着一个神人，肌肤如冰雪一样洁白，仪容和少女一样柔美，不食五谷，吸风饮露，乘着云气，驾着飞龙，遨游在四海之外。他的精神凝聚，就可以使万物免于灾祸，年年五谷丰熟。庄子笔下清高、美貌、绝对自由，而且神力无边的神人就是逍遥者的化身。这种逍遥者自然只能是：神人只应天上有，人间能得几回闻？

庄子的无待逍遥是玄想的自由。庄子对必然性的态度是“安之若命”和“与天为一”，就此来说庄子的自由观是逃避现实的、消极的、虚幻的。但是庄子对于人类精神自由的追求也是执着的，这无疑是对人类自由本性的极为深刻的体认。庄子在《逍遥游》中说，把大树种在“无何有之乡”，就可以任意地徘徊在树旁，优游自在地寝卧其下，不遭斧斤的砍伐，不受外物的伤害，虽无所可用，但却不会有什么祸患。这里透露出庄子对残酷的、是非淆乱的现实的厌倦，也表现了庄子对自由的憧憬和眷恋。庄子的无待逍遥的人生理想在历史上产生的作用是复杂的。在封建桎梏束缚下的人们从现实与逍遥境界的对比中，可以感受到社会的黑暗，激发对自由的向往；也可以因之消极、悲观走向沉沦。所幸的是逍遥游的人生理想往往只是在封建社会部分失意士人中引起共鸣，故其消极作用所及的范围不大；而许多失意士人，如阮籍、李白等，却又在无待逍遥的启示下，对封建社会的黑暗给以揭发和抨击，许多切中时弊的揭发和抨击曲折地表达了人民的心声。

庄子人生理想中的自由观，在承认客观必然性的基石上，积极追求自由，力求把必然和自由统一起来，把自由的实现建构于随顺自然的基础之上，鲜明地提出了在客观必然性面前如何实现自由的问题，这是值得肯定的。对于自由观如此明确的表述，在中国思想史上是最早的，在世界思想史上也是超前的。

四、至人、神人、圣人、真人、全人

庄子认为，一个人达到了逍遥游的境界就可以成就理想的人格。《庄子·逍遥游》说：

至人无已，神人无功，圣人无名。

至人是坐忘之人，即“堕肢体，黜聪明，离形去知”，同于“大通”，达到与天地精神往来境地的人；神人是顺应自然而不求功利的人；圣人是独善其身而不求闻达的人。

《庄子·天道》说：

夫至人有世，不亦大乎！而不足以为之累。天下奋棅而不与之偕，审乎无假而不与利迁，极物之真，能守其本。故外天地，遗万物，而神未尝有所困也。通乎道，合乎德，退仁义，宾礼乐，至人之心有所定矣。

奋，奋争权柄。宾同摈，谓摈斥礼乐，与上文退仁义同义。至人拥有天下，责任不是很重大吗？却不足以牵累他。天下之人奋起争夺权柄却不为之心动。处于无待之境，而不为利诱，究极事物的真性，能持守其本根，所以能外天地、遗万物，精神不受困扰。贯通于道，融合于德，辞退仁义，摈弃礼乐，至人的心始安静。从“道”的根本立场看，世俗之是非、世俗道德规范都是束缚人性的锁链。“极物之真能守其本”就可以“不与物迁”，不承物累，从而使至人之心安定、镇静、逍遥自适。

《庄子·逍遥游》说：

藐姑射之山，有神人居焉。……之人也，之德也，将旁礴万物以为一，世蕲乎乱，孰弊弊焉以天下为事！……是其尘垢秕糠，将犹陶铸尧舜者也，孰肯以物为事。

“世蕲乎乱”，“乱”字或训为治，应以郭象注作常义解。“世蕲乎乱”，意指世人追逐名利、钩心斗角，故曰求乱不已。神人的德性将广被万物合为一体。人世喜扰乱，他怎肯劳劳碌碌去管世间的俗事呢！神人的尘垢秕糠，也可以造就尧舜这样的圣人，他怎么肯以俗物为事呢？

《庄子·天下》篇说：

不离于宗，谓之天人；不离于精，谓之神人；不离于真，谓之至人。以天为宗，以德为本，以道为门，兆于变化，谓之圣人。

自道主宰万物而言，谓之宗；自道纯而不杂而言，谓之精；自道朴实无华而言，谓之真。不脱离道的宗本，叫作天人；不脱离道的精微，叫作神人；不脱离道的真实，叫作至人。把天作为宗主，把德作为根本，把道作为门径，曲尽万物之变化而能预见征兆的，叫作圣人。

《庄子·大宗师》篇还把具有真知的人称为“真人”。

天与人不相胜也，是之谓真人。

所谓真知，最根本的一点即确认天与人的合一。把天和人看作不是相互对立的，是为真人。《大宗师》还说：

彼方且与造物者为人，而游乎天地之一气，……芒然彷徨乎尘垢之外，逍遥乎无为之业，彼又恶能愦愦然为世俗之礼，以观众人之耳目哉！

真人与造物者为友伴，而遨游于天地之间。安闲无系地神游于尘世之外，逍遥自在于自然的境地，他们怎能不厌其烦地拘守世俗的礼节，表演给众人观看呢？

至人、神人、圣人、真人异名而同实，他们都是置死生存亡、穷达祸福、得失毁誉于度外，达到物我、天人、主客为一的人，都是对宇宙人生的变化及其本源有着整体、全面体悟的人。庄子的逍遥游讴歌了人的绝对的精神自由，这种自由在现实世界里是不存在的。庄子不通过把握事物的客观必然规律去取得自由，而是企图超越现实的人生，通过对宇宙本体“道”的体悟来获得自由，所以庄子所谓的精神自由只能是一种神秘的精神体验，一种空虚的幻想。

庄子理想的人格，表现了一种超然物外的态度。这种态度是与庄子的道论是首尾一致的。既然道是万物的本根，所以物与之相比，只能是末，是尘垢秕糠。超越万物，与本根合而为一是庄子所追求的理想境界。至人、神人、圣人、真人是庄子所追求的理想人格。

《庄子·庚桑楚》更提出“全人”作为理想的人格。

> 羿工乎中微，而拙乎使人无己誉。圣人工乎天而拙乎人。夫工乎天而俍乎人者，唯全人能之。

羿巧于射中很微小的物体，却拙于使人不称誉自己；圣人善于契合自然而拙于应合人为。既善于契合自然，又善于应合人为的，只有“全人”才能做到。这里，“全人”被看作是比圣人还要高出一筹的理想人格。

《庄子》全书对于“圣人”“神人”“真人”的描写丰富生动而又神秘莫测，极力赞誉这种角色所达到的境界。庄子所推崇的这种理想人格无疑是道的象征。“圣人”“神人”“真人”被描绘为混合着神与人的两重性格，成为日后道教构造神仙形象的原本，影响至为深远。

第八章　庄子的理想世界——至德之世与建德之国

对人性自然说的详细阐发和对于当时社会的激烈批判，是《庄子》社会理想学说的基础。至德之世和建德之国则是《庄子》所构筑的超越现实世界的社会理想。

一、烽火连年时世险恶

（一）周网解结，群鹿争逸

庄子生活的战国中后期是中国历史上一个急剧变革的时代。以“礼”为根本制度、绵延了数百年的政治格局，处在最后崩溃的前夕。周天子已丧失控制诸侯的能力，各大诸侯国间出现了争霸的局面，正所谓“周网解结、群鹿争逸”。《庄子·骈拇》说：“自三代以下者，天下何其嚣嚣也！”王夫之认为战国时代是“古今一大变革之会”①（《读通鉴论》）。顾炎武在《日知录·周末风俗》中说：春秋时代还讲究周礼，尊重周天子，注重祭祀和宗姓氏族，列国间朝聘盟会要赋诗记盛，有丧亡事故都要通告各国，以便史官记录。而战国时代则一切都不讲了，出现“邦无定交，士无定主”的现象。《战国策》刘向序录有一段话具体描述了当时社会动荡混乱的情况：“夫篡盗之人，列为侯王；诈谲之国，兴立为强。是以传相放效。后生师之，遂相吞灭，并大兼小，暴师经岁，流血满野。……晚世益甚，万乘之国七，千乘之国五，敌侔争权，盖为战国。……上无天子，下无方伯；力功争强，胜者为右；兵革不休，诈伪并起。”②

---

① ［明］王夫之：《读通鉴论》，中华书局1975年版，第2549页。

② 《战国策》，上海古籍出版社1985年版，第1196页。

频繁的战争和统治者的残酷剥削给劳动人民带来了极大的灾难。孟子与庄子约略同时，司马迁在《史记·孟子荀卿列传》中概述当时各国间相互攻伐的情况是："当是之时，秦用商君，富国强兵；楚、魏用吴起，战胜弱敌；齐威王、宣王用孙子、田忌之徒，而诸侯东面朝齐。天下方务于合从连衡，以攻伐为贤。"七雄并立，烽火连年，频繁的战争给人民带来无穷的灾难。当时的诸侯，对内实行残酷的剥削和压迫。"独为万乘之主，以苦一国之民，以养耳目鼻口。"(《庄子·徐无鬼》)对外则"杀人之士民，兼人之土地，以养吾私与吾神者"(同上)。频繁的兼并战争的结果促成了中国的统一，这无疑是历史的伟大进步，但这一进步是以千百万劳动者的血泪作代价的，是他们的辛酸和痛苦凝成的。随着社会生产力的发展，战争规模日益增大，动辄兴师数十万，一次战争往往长达数月，斩首也常有几万甚至几十万。战争所消耗的巨大财力，是劳动者创造的，战争中死伤的士兵也是穿了军服的劳动者，战争给劳动人民带来了无穷的灾难。《庄子·在宥》形容当时的悲惨景象为"殊死者相枕也，桁杨者相推也，刑戮者相望也"。世上被断头而死的人尸体叠压，遭刑具钳夹颈项和小腿的人相连不断，被施刑杀戮的人举目皆是。

(二)黑暗的宋国政治

在列国之中，庄子所在的宋国政治最为黑暗。时值宋王偃在位，偃以残暴好战著名，史书多有记载。《战国策·宋策》记载，宋康王(即宋王偃)的时候，有只小鸟在城墙的角落里生了只鳣鸟。鳣鸟是一种类似鹞鹰的猛禽。宋王让太史占卜，太史说："小鸟生出了大鸟，一定能称霸天下。"宋康王大喜。于是出兵灭掉了滕国，进攻薛国，夺取了淮北的土地，宋康王就更加骄横，想尽快实现霸业。所以，他用箭射天，又鞭打土地，还砍掉了土神、谷神的牌位，把它们烧掉，说："我要用威力降服天下鬼神。"辱骂年高敢于劝谏的老臣，戴遮不住额头的帽子来显示勇敢，剖开驼背人的背，砍断清早过河人的腿，国中的人都非常恐慌。《史记·宋世家》也记载，宋王偃在东方打败齐国，夺取五城；在南方打败楚国，掠取土地三百里；在西方打败魏军，与齐、魏等国为敌。宋王偃还以皮囊盛血，高高悬起然后射穿，自命为"射天"。酗酒、荒淫无度，群臣有敢谏者则射杀之，于是诸侯都称之为"桀宋"。

《孟子·滕文公下》记载了孟子与宋臣戴不胜的一段话。孟子对戴不胜说："你想让你的君王学好吗？这里有位楚国大夫希望他的儿子学会齐国话，那么，找齐国人来教，还是找楚国人来教呢？"戴答道："找齐国人来教。"孟子说："一个齐国人教他，却有许多楚国人打扰，纵使每天鞭打他，逼他说齐国话，也不能做到。如果把他带到齐国首都临淄的闹市区，住上几年，纵使每天鞭打他，逼他说楚国话，也是做不到的。你说薛居州是个好人，要让他住在王宫里，如果王宫中的人，无论年龄大小、地位高低，都是好人，那么，宋王同谁一起干坏事呢？如果王宫中的人，无论年龄大小、地位高低都不是好人，那么，宋王又同谁一起干好事呢？一个薛居州能把宋王怎么样呢？"这段话从一个侧面说明了，宋王周围聚集着一批佞臣，助纣为虐，所以"昏上乱相"四字可以说是宋国的缩影。无怪乎庄子把宋王比作凶猛不可接近的骊龙，把宋国比作黑暗的九重深渊。庄子对于其所处的险恶社会曾无限感慨地说："方今之时，仅免刑焉！"（《庄子·人间世》）当今的社会，只求避免刑害，就是万幸了。

侯外庐先生在《中国思想通史》第一卷说：庄子"似乎是一个感受亡国命运的没落小贵族"[①]。在叙述了《至乐》篇庄子见空髑髅的寓言之后指出："由这个半真半假的寓言看来，一则暗示'有亡国之事'，二则憧憬'无君于上，无臣于下'之景象，三则回念'父母闾里'的宗族，这正是亡国大夫剖心的话。"[②]庄子作为贵族后裔，他的文化修养、生活经历和对异常险恶的社会政治环境的现实感受，成为其社会批判思想的主要基础。

二、民有常性，织而衣，耕而食

（一）人性自然说

庄子的社会思想是以其人性自然论为出发点的。庄子认为人是属于自然的一部分，是自然界的一种存在形式。庄子继承老子"见素抱朴"的思想，认为人性是最纯真、最朴实的，情欲和仁义都不是人性的本然状态。庄子主张人应当"任其性命之情"，也就是要保全人的素朴自然的本性。

《老子》书中没有明确提出"性"的概念。但老子所讲的"见素抱扑"实际上就是说人的本性素朴。《庄子·马蹄》篇说：

> 同乎无知，其德不离；同乎无欲，是谓素朴；素朴而民性得矣。

---

① 侯外庐：《中国思想通史》第1卷，人民出版社1957年版，第310页。
② 侯外庐：《中国思想通史》第1卷，人民出版社1957年版，第311页。

这是说，大家都不用智巧，本性就不至离失；大家都不贪欲，所以都纯真朴实，纯真朴实便能保持人的本性。

《庄子·天地》篇还从宇宙万物生成的角度，对人性做了规定。

泰初有无，无有无名；一之所起，有一而未形。物得以生，谓之德；未形者有分，且然无间，谓之命；留动而生物，物成生理，谓之形；形体保神，各有仪则，谓之性。

这是说世界上的万物都有一个形成过程，每一个个体都有它具体的形体。“形体保神，各有仪则”是说形体中保存着、寄寓着精神，而且各自有着一定的规则，各自有着自身的特点，这就是“性”。“性”的基本特征是“自为”，“自为”不是指人的自觉的能动性，而是指自发的、本来存在的、自然而然的过程。《庄子·庚桑楚》说：

道者，德之钦也；生者，德之光也；性者，生之质也。性之动，谓之为；为之伪，谓之失。

道为德所尊崇，生长化育是德的光辉体现。“性”是生命的本质。天性本来平静，受外物的感召，有所发动，便是作为，作为而流于人伪，就与天性相违背，就是失。

庄子从许多方面来说明违背了物的本性必然带来祸害。《庄子·马蹄》篇以伯乐治马为例说明了人为的害处：

马，蹄可以践霜雪，毛可以御风寒，龁草饮水，翘足而陆，此马之真性也。虽有义台路寝，无所用之。及至伯乐，曰：“我善治马。”烧之，剔之，刻之，雒之。连之以羁馽，编之以皁栈，马之死者十二三矣！饥之，渴之，驰之，骤之，整之，齐之，前有橛饰之患，而后有鞭筴之威，而马之死者已过半矣。

马的蹄子，生来可以践踏霜雪。马的皮毛，生来可以抵御风寒。吃草饮水，翘起尾巴在野地里奔跑跳跃，这就是马的本性。就是高台大殿对它也没有什么用处。自从伯乐说“我善于治理马”，就在马的身上烙火印，修剪鬃毛，刻削蹄甲，羁络头部，再用头勒和脚绊把马连成行列，用马槽和马床将马按次序分开，这样一来，马就要死去十分之二三。再加饮食不足，奔跑过度，为使马行动整齐，前有口衔的铜铃为累，后有皮鞭竹筴的威胁，马就死掉一多半了。《庄子·骈拇》还说：

是故凫胫虽短，续之则忧；鹤胫虽长，断之则悲。故性长非所断，性短非所续。

野鸭的腿虽短，接上一段便造成了痛苦；鹤腿虽长，去掉一节便造成了悲哀。所以天性是长的，就不能去一节，天性是短的也不能接上一节。庄子认为，事物的大小长短等性质都是自然给予的，是性之本然，因而是最完善的。如果勉强施以人为的增减，必然造成不幸和痛苦的后果。

物之性是一个很抽象的概念，具体表现在人身上应当是怎样的？庄子对于人性有着明确而且通俗的解说。《庄子·马蹄》说：

彼民有常性，织而衣，耕而食，是谓同德；一而不党，命曰天放。

人们有着真常不变的本性，自己纺线织布做衣裳，自己耕耘种粮食，这是共同的本性，浑然一体而无偏私，名曰自然放任。这主要表现为通过自己的劳动，解决温饱的问题，满足人在生理上基本的生存条件。在政治上“一而不党”，无尊卑，无礼义，无上下，无利益集团的划分，人生在世与所有的他人不亲不远，见素抱朴，一切因任自然。

（二）无君论

战国时代，儒家的政治伦理思想得到广泛的传播。《论语·微子》记载孔子的弟子子路曾经批评隐者说：“不仕无义，长幼之节，不可废也。君臣之义，如之何其废之？欲洁其身，而乱大伦。”孔子曾将其学说的大义概括为：“君君、臣臣、父父、子子。”（《论语·颜渊》）在儒家看来，维持君臣、父子的等级制度是人生之“大伦”。庄子反其道而行之，从人性自然的观点出发，对于等级制度以及一切维护等级制度的政治制度进行了尖锐批判。

《庄子·齐物论》借长梧子之口对君臣、贵贱的等级制度思想进行了批驳。

长梧子说，梦里饮酒的人，早上醒来会哭泣。梦里哭泣的人，早上醒来会去田猎。人在梦中，并不知道自己在做梦，往往梦中还在做梦，一旦醒来，方知为梦。只有大觉醒的人，才知道一辈子都是一场大梦。愚蠢的人，却自以为觉悟，好像什么都明白。“君乎、牧乎，固哉！丘也与女皆梦也。”什么皇上啊、臣子啊，皆如荒诞、短暂的梦境，在大觉者的心目中，真是浅陋极了。以我之见，孔子和你都是在做梦。对于一个真正的觉醒者来说，对于自然的人性来说，君主制、贵贱等级制度的合理性都是不存在的。

庄子认为：治理天下的基本原则是“任其性命之情”。像儒家所提倡的那样，依礼仪法度行事，则违背了人的本性，是从外部强加给人的，故称“治外”。

庄子在《应帝王》篇以寓言的形式，说明君主对臣民的统治是一种欺德的行为。其文曰：

> 肩吾见狂接舆。狂接舆曰：“日中始何以语女？”肩吾曰：“告我君人者以己出经式义度，人孰敢不听而化诸？”狂接舆曰：“是欺德也！其于治天下也，犹涉海凿河而使蚊负山也。夫圣人之治也，治外乎？正而后行，确乎能其事者而已矣。且鸟高飞以避矰弋之害，鼷鼠深穴乎神丘之下以避熏凿之患，而曾二虫之无知！”

“治外”，指依礼仪法度行事。庄子认为治理天下的原则是“任其性命之情”，依礼仪法度行事，则违反人的本性，是从外面强加于人的，故称“治外”。肩吾见狂人接舆。狂人接舆问道：“日中始对你说了些什么？”肩吾说：“他告诉我做国君的凭己意制定法令制度，人民谁敢不听而受其化呢？”狂人接舆说：“他的德性是虚伪欺人的。要这样去治理天下，就同在大海里凿河，让蚊子负山一样，圣人治理天下，是用法度绳之于外吗？圣人治天下，是先正自己的天性，而后感化别人。这也不过是各尽所能去求得自己的生存罢了。鸟儿尚且知道高飞以避开罗网和箭矢的伤害，小鼠尚且知道深藏在社坛之下以躲避烟熏和铲掘的祸害，难道人还不如这两种小动物吗？”庄子认为，人类依照自己的本性，完全可以自由地生活，君主们以“经式仪度”规范约束人性，是强加于人的，是多余的、不必要的。墨、法两家都认为，人的本性是“自是”“好争”，为避免人们互相争夺，酿成天下大乱，法令规范、君主制度都是必要的。庄子以其人性自然观对儒、墨的观点予以严厉批驳。

庄子在《至乐》篇明确提出了无君论的思想。庄子用寓言的形式，借空髑髅之口说：

> 死，无君于上，无臣于下，亦无四时之事，从然以天地为春秋，虽南面王乐，不能过也。

死了，上无君主，下无臣子，也没有四季的劳作，从容自得地与天地共久长，虽有为君之乐也不能胜于此。《孟子·滕文公下》记载，“孔子三月无君，则皇皇如也”。孔子要是三个月没有君主任用他，就坐立不安。庄子恰好相反，他认为君臣之分是痛苦的事情。没有任何对君主的义务，没有任何对下级的责任，没有任何的事物负累，才是“至乐”。这里庄子关于无君论的言谈，仅为一种鲜明强烈的情感，在理论上尚处在朦胧的阶段，但它却成为抨击君主专制思想的源泉，为后世如晋代鲍敬言的无君论提供了理论上的先导。

（三）对仁义的批判

庄子认为儒家所积极倡导的仁义，不但不合于人性，而且是伤害人性的，对于人类社会的安定起着破坏作用。因此，庄子对于儒家倡导的仁义进行了多方面的批判。庄子认为儒家倡导仁义，推行礼乐，造成了社会的不安和分化。《庄子·马蹄》篇说：

> 及至圣人，蹩躠为仁，踶跂为义，而天下始疑矣；澶漫为乐，摘僻为礼，而天下始分矣。故纯朴不残，孰为牺尊！白玉不毁，孰为珪璋！道德不废，安取仁义！性情不离，安用礼乐！五色不乱，孰为文采！五声不乱，孰应六律！夫残朴以为器，工匠之罪也；毁道德以为仁义，圣人之过也。

这是说，等到圣人出现，费力劳心推行仁义，天下才开始迷乱；纵逸求乐，烦琐为礼，天下才开始分离。所以不把完整的木头破开，怎么能造出牺尊来？白玉不毁坏，怎么会有珪璋？道德不被废弃，哪里会有仁义？本性不被离弃，哪里会有礼乐？五色不被散乱，怎么会有文采？五声不被错乱，怎么会合于六律？残破完整的木材做器具，是工匠的罪过；毁坏道德来求仁义，这是圣人的错误。人的性情原本素朴自然，仁义等道德规范对人类的生存完全是多余的。圣人们提倡仁义、推行礼乐，硬要把人性纳入一定的规范之中，就像凫胫短要续长、鹤胫长要截短一样，是违反人的本性的。

儒家的圣人，提倡仁义，用爱和利加以鼓励，其结果却酿成了虚伪和争斗。《庄子·徐无鬼》篇说：

> 夫民，不难聚也；爱之则亲，利之则至，誉之则劝，致其所恶则散。爱利出乎仁义，捐仁义者寡，利仁义者众。夫仁义之行，唯且无诚，且假夫禽贪者器。是以一人之断制利天下，譬之犹一觇也。

人民，不难笼络。爱他便亲近，有利就来到，称赞他就会努力，施与他所厌恶的就要离散。爱和利都是出于仁义，抛弃仁义的少，利用仁义的多。仁义的行为，只能造成虚伪，而且还成为贪求的工具。这是以个人的标准去决断制裁，就好像是一瞥之见。行仁义必会受利，因此，贪如禽兽者就会假借仁义之名去谋取私利，出现假仁假义的伪善。因此，推行仁义是以圣人一人的标准去裁制天下，即使有利于天下，维持的时间也不会长久。

庄子还揭示了仁义的相对性。《庄子·胠箧》篇说，从前的齐国，邻里相望，鸡犬之声相闻。网罟遍及的范围，犁锄耕作的地方，方圆二千多里。国境之内，凡是建立宗庙社稷大小不同的行政区域，何尝不是效法圣人呢？然而田成子一旦杀齐君而盗取了齐国。所盗取的岂止是齐国，连齐国圣智的法制也一起盗取了。所以田成子虽然有盗贼之名，但却像尧舜一样安处，小国不敢非议，大国不敢讨伐。这岂不是把圣智的法制也窃取了去保护他那盗贼之身吗？所谓仁义礼智这些圣智之法，是圣人治理天下的工具，也是窃国大盗统治国家的工具。仁义礼智既然成为窃国者的护身符，窃国者也就俨然成为仁义礼智的化身。庄子气愤地说：

> 彼窃钩者诛，窃国者为诸侯，诸侯之门而仁义存焉，则是非窃仁义圣知邪？（《庄子·胠箧》）

那些偷窃带钩的人遭刑杀，盗窃国家的反倒成为诸侯，诸侯之门还打着仁义的旗号，这不是盗窃了仁义圣知吗？仁义是可以窃取的，有权有势的人可以假借仁义来欺诈世人。

《庄子·秋水》篇还说，过去尧舜因禅让而做了帝王。燕王哙把王位让给燕相子之而致亡国。商汤和周武因争夺而成为王，白公胜却因争夺而灭绝。由此看来，争让之礼，尧桀之行，哪一种贵哪一种贱是有一定时宜的，不可以视为固定不变的道理。

庄子还指出就是“篡夫”“义徒”也是因时而变。《秋水》篇说：

帝王殊禅，三代殊继。差其时，逆其俗者，谓之篡夫；当其时，顺其俗者，谓之义之徒。

帝王的禅让彼此不同，三代的继承各有差别。不合时宜，违背世俗，就被称为篡权的人。适于时宜，顺应世俗的，就被称为高义的人。所谓“义”是随时代的变化而转移，并非恒常不变的。庄子在一定程度上认识到了仁义的相对性。

庄子还辛辣地讽刺了儒家假借仁义欺世盗名的陋行。《庄子·外物》篇“儒以诗礼发冢”的寓言，便是这方面的代表：

儒以《诗》《礼》发冢。大儒胪传曰：“东方作矣，事之何若？”小儒曰：“未解裙襦，口中有珠。”“《诗》固有之曰：‘青青之麦，生于陵陂，生不布施，死何含珠为？’接其鬓，压其顪，而以金椎控其颐，徐别其颊，无伤口中珠。”

大儒小儒两人以《诗》《礼》来盗墓。大儒传话说：“东方发白，天快亮了，事情干得怎么样？”小儒回答：“裙子、短衣还没有脱下，口中含有宝珠。”大儒说：“《诗经》里本来就有‘青青的麦穗，生在陵陂上，活着不施舍给人，死了何必要含珠？’揪着他的鬓发，压住他下巴的胡须。用金椎敲打他的面颐，慢慢分开他的两颊，不要损坏了口中的宝珠。”这则寓言记述了大儒小儒师徒虽然干着盗墓发尸令人发指的勾当，却要引经据典，说是合于《诗》《礼》。故事婉转曲折、轻松俏皮，但是对儒者假借仁义来掩盖其贪婪无耻行为的揭露却是入木三分、痛快淋漓。儒者言行的虚伪、荒谬跃然纸上，其作用并不亚于《庄子·胠箧》“彼窃钩者诛，窃国者为诸侯，诸侯之门而仁义存焉”的正面直叙。

《庄子·天道》篇有一段老聃与孔子的对话，庄子借老聃之口阐明了自己人性自然的主张，对儒家的仁义之说进行了针锋相对的批驳。老聃问孔子学说的要义何在？孔子答曰：“要点在仁义。”老聃说：“请问，仁义，人之性邪？”孔子说：“是的，君子不仁便不能成长，不义就不能生存，仁义确是人的本性。”老聃又问：“什么是仁义？”孔子说：“正心和乐，兼爱无私，这是仁义的真情。”老聃回答说：

> 意，几乎后言！夫兼爱，不亦迂乎？无私焉，乃私也。夫子若欲使天下无失其牧乎？则天地固有常矣，日月固有明矣，星辰固有列矣，禽兽固有群矣，树木固有立矣。夫子亦放德而行，循道而趋，已至矣；又何偈偈乎揭仁义，若击鼓而求亡子焉？意，夫子乱人之性也！

你这些无关紧要的话，对人是有危害的。谈兼爱，不是太迂阔了吗？说无私，实为偏私。你是想让天下人失去养育吗？那你要知道，天地原本常在，日月原本光明，星辰原本布列空中，禽兽原本自然成群，树木原本生长发育。你依道而行，就是最好的了。又何必急于标举仁义，好像敲锣打鼓去寻求迷失的孩子。你啊，扰乱了人的本性。庄子借老子之口，说明万物自有其本性，天地自有其运行的规则，人情世教亦应顺其自然，无须人为地干涉。最后，明确指出，孔子的仁义是扰乱人的本性的。

三、千世之后，其必有人与人相食者也

（一）大乱之本生于尧舜之间

庄子以人性素朴的观点观察历史，认为正是儒家所标榜的尧舜之道造成了道德的沦丧，儒家所倡导的仁义礼智是酿成社会大乱的根源，瞻望未来更是令人心悸的惨淡前景，《庄子·庚桑楚》篇说：

> 且夫二子（指尧舜）者，又何足以称扬哉！是其于辩也，将妄凿垣墙而殖蓬蒿也。简发而栉，数米而炊，窃窃乎又何足以济世哉！举贤则民相轧，任知则民相盗。之数物者，不足以厚民。民之于利甚勤，子有杀父，臣有杀君；正昼为盗，日中穴阫。吾语女，大乱之本，必生于尧舜之间，其末存乎千世之后。千世之后，其必有人与人相食者也。

至于尧舜这两个人，又有什么好称赞的呢？他们对于分辨善恶，就好像胡乱穿凿墙壁来种蓬蒿一样。选择头发来梳，数点米粒来煮，这些烦琐的事情都是劳而无功，对于救世有什么用处呢？推举贤能则使人民相互倾轧，任用心智则使人民互相争盗。这些方法，不足以使人民淳厚。人民贪利心切，甚至于儿子杀父亲，臣下杀君上，大白天抢劫，正晌午挖墙偷盗。我告诉你，大乱的根源，必定起于尧舜时期，而流弊存在于千世之后。千世之后，必定会出现人吃人的事情，这将是人类道德和本性的完全沦丧。

既然人之本性与儒家所倡导的仁义礼智是水火不相容的，因此要恢复人之本性就要否定仁义礼智。《庄子·胠箧》言：

> 故绝圣弃知，大盗乃止；擿玉毁珠，小盗不起；焚符破玺，而民朴鄙；掊斗折衡，而民不争；殚残天下之圣法，而民始可与论议。擢乱六律，铄绝竽瑟，塞师旷之耳，而天下始人含其聪矣；灭文章，散五采，胶离朱之目，而天下始人含其明矣；毁绝钩绳而弃规矩，攦工倕之指，而天下始人含其巧矣。故曰："大巧若拙。"削曾史之行，钳杨墨之口，攘弃仁义，而天下之德始玄同矣。

抛弃聪明智巧，大盗才能休止。毁弃珠玉，小盗才能匿迹。焚烧符印，人民趋于纯朴。砸坏斗秤，人民就不再争夺。废除天下的圣智法度，人民才可参与议论。搅乱六律，销毁竽瑟，塞住师旷的耳朵，天下人才能保持其听觉聪慧。消除文饰，散尽五采，粘住离朱的眼睛，天下人才能保持其视力明敏。毁坏钩绳，抛弃规矩，折断工匠的手指，天下人才能保持其技艺精巧。去除曾参史鱼的行为，封住杨朱、墨翟的口舌，摈弃仁义，天下人的德性才能达到玄妙齐同的境地。打倒圣人，抛弃圣智法度，盗贼就不会产生，人民也就会归于纯朴，天下将由大乱而至大治。

（二）在宥天下与治天下

庄子认为，顺从人的素朴之性自然发展，不矫揉造作，让人们无知无欲地生活下去，社会就会达到至治的境界。《庄子·在宥》说：

> 闻在宥天下，不闻治天下也。在之也者，恐天下之淫其性也；宥之也者，恐天下之迁其德也。天下不淫其性，不迁其德，有治天下者哉？

> 昔尧之治天下也，使天下欣欣焉人乐其性，是不恬也；桀之治天下也，使天下瘁瘁焉人苦其性，是不愉也。夫不恬不愉，非德也。非德也而可长久者，天下无之。

庄子认为愉悦是人的本性所具备的，而欢乐是外界造成的，是人为。只听说使天下安然自在，没有听说要治理天下的。人人自在唯恐天下扰乱了他的本性。人人安静，唯恐天下改变了他的常德。天下人不扰乱本性，不改变常德，何须治理天下呢？过去尧治理天下，使天下人熙熙攘攘，这是乐了本性，是不安静。桀治天下，使天下人身劳心疲，这是苦了本性，是不欢愉。不安静和不欢愉，都是违背常德的。违背常德而天下可以长治久安，是没有的事情。这是庄子以无为而治的观点批驳有为而治的观点，提倡自在宽宥，使人安于性命之情。

四、至德之世与建德之国

（一）庄子的社会理想

庄子主张人类从现实社会的各种束缚中解脱出来，但实际上就像一个人不能提着自己的头发离开地球一样，任何人也无法离开社会而生存。庄子不能不回到社会中来，于是他以人性自然说为依据，提出相应的改造社会的方案，在希望中构筑了相应的理想社会。庄子理想的社会是保持着原始、纯朴的自然状态的“至德之世”和“建德之国”。对于“至德之世”，《庄子》书中多次提及，有几段描述比较完整。《庄子·马蹄》篇说：

> 至德之世，其行填填，其视颠颠。当是时也，山无蹊隧，泽无舟梁；万物群生，连属其乡；禽兽成群，草木遂长。是故禽兽可系羁而游，鸟鹊之巢可攀援而窥。夫至德之世，同与禽兽居，族与万物并，恶乎知君子小人哉！

在至德之世，人民行为悠闲稳重，质朴纯真。那时候，山中没有路径和通道。水上没有船只桥梁，万物众生，比邻而居。禽兽众多，草木繁长。因而禽兽可以牵着到处游玩，鸟鹊的窠巢可以攀援上去窥望。至德之世，和鸟兽同居，与万物并聚，何以区分君子小人啊！《庄子·天地》记载：

至德之世，不尚贤，不使能；上如标枝，民如野鹿；端正而不知以为义，相爱而不知以为仁，实而不知以为忠，当而不知以为信，蠢动而相使，不以为赐。是故行而无迹，事而无传。

“标枝”，成玄英说：“君居民上，恬淡虚忘，犹如高树之枝，无心荣贵也。”①至德之世，不标榜贤能，不使用技巧，君上如高枝，下民如野鹿，端正却不知道什么是义，相爱却不知道什么是仁，诚实而不知道什么是忠，正确却不知道什么是信，行动单纯而互相帮助，却不以为是恩赐。因此，当时的活动、事迹没有留下任何痕迹。

《庄子·胠箧》篇也说，你不知道至德之世吗？从前容成氏、大庭氏、伯皇氏、中央氏、栗陆氏、骊畜氏、轩辕氏、赫胥氏、尊卢氏、祝融氏、伏羲氏、神农氏时，“民结绳而用之，甘其食，美其服，乐其俗，安其居，邻国相望，鸡狗之音相闻，民至老死而不相往来”。

庄子所描述的“至德之世”，是比儒墨记述的传说时代更为古远的时代，人们过着极其原始的物质生活，人们的精神状态处于纯朴、蒙昧的状态。《庄子·盗跖》篇谈及“至德之世”时说：“民知其母，不知其父。”据此庄子心目中的“至德之世”大致相当于人类社会早期母系氏族阶段，但是庄子在“至德之世”里寄托了他的理想。人与自然的关系是和谐的，“禽兽可系羁而游，鸟鹊之巢可攀而窥”，人们“甘其食，美其服”，过着自然而快乐的生活。人与人之间的关系是和谐的，在上者身居高位无心于治，百姓和野鹿一样自由自在，人无君子小人之分，人与人之间的互助出于本能。人们的精神是自信的，没有政治的和道德规范的约束，行为端正不知为义，彼此爱护不知为仁，诚实不欺不知为忠，一切纯任自然。

庄子的理想国称为“建德之国”。《庄子·山木》篇记载：

南越有邑焉，名为建德之国。其民愚而朴，少私而寡欲；知作而不知藏，与而不求其报；不知义之所适，不知礼之所将；猖狂妄行，乃蹈乎大方；其生可乐，其死可葬。

① ［清］郭庆藩：《庄子集释》第2册，中华书局1961年版，第446页。

南越有个地方，名叫建德之国。那里人民单纯而朴实，少私而寡欲；知道耕作不知道储藏，帮助别人但不求回报；不知道怎样才会合于义，不知道怎样才算是礼；从心所欲，任意行事，却合于道；活着快快乐乐，死了就得到安葬。庄子的“至德之世”与“建德之国”，一个在古远的过去，一个是在遥远的边陲，但其实质大致相同，都是对自己理想社会的构思。庄子对于其理想社会的赞美包含着他对现实的等级社会的批判，显示了他对没有政治压迫和精神奴役的理想的执着追求。

（二）对人类异化现象的思考

庄子的社会政治思想表现了一种消极的反对社会文明和人类进步的倾向，这就是以往批判庄子主张把社会拉向后退，企图全盘否定人类文明的原因。我们认为，过去的批判一方面带有时代政治的烙印，另一方面对于庄子社会理想所以产生的根源理解还不够深透。在战国中后期那个血与火的时代，在那个充满着残酷剥削和压迫的社会里，创造文明的劳动者付出了艰苦的体力和智力，流尽了血和汗，但文明所造成的欢乐，却只供剥削者、统治者来享受。这种不合理、不平等的社会现象，庄子认为是对人的自然本性的违背。在剥削者与被剥削者尖锐对立的同时，人与物的对立也在吞噬着人的本性。

庄子在《让王》篇说：“今世俗之君子多危身弃生以殉物，岂不悲哉！”人被自己的创造物所占有，而失去了自身的自由，人类文明的进步所造成的这种异化现象，被庄子敏锐地发现了。在远离庄子时代两千年后的今天，这种情况依然存在。贫富的两极分化，国家、民族之间的战争，核战争爆发的可能，人类生存环境的严重破坏等问题，时刻在威胁着人类的生存。如何处理人类异化的问题将伴随着人类社会长期存在。庄子所说“大乱之本，必生于尧舜之间，其末存乎千世之后。千世之后，其必有人与人相食者也”（《庄子·庚桑楚》）并非危言耸听，实应为人类长鸣之警钟。18世纪法国的启蒙思想家卢梭，曾经重复了庄子的思考。卢梭明确指出，人的理性、智慧是人类自然状态的丧失和罪恶滋生的原因，人类文明的成长和人类道德的堕落是同步增长的。诚然，卢梭的社会批判思想有着更广阔的历史背景和历史眼光。

庄子的社会理想企图把人类重新带回原始洪荒的时代是不切实际的。但是人类确实应当把“自然”作为一面镜子、一块磨刀石，时时反省自己、净化自己、磨砺自己，以追求一种更为符合自然、符合人性的完美的生活。

后　记

若干年前，教育部批准了以我的名义投标的“道玄哲学研究”课题，是为教育部人文社会科学重点研究基地的重大项目。当时，参与该课题的人员较多，原规划成果也较多。后来，情况发生变化，由于参与人员退休、变动等原因，最后结题时的成果仅有《道教哲学纲要》和《新论老庄》两本书。

《道教哲学纲要》一书由浙江大学孔令宏教授撰写，即将由巴蜀书社出版。《新论老庄》一书是我和孙功进完成的。孙功进同志谨言慎行、好学深思，2004年在山东大学获哲学硕士学位，遂就职于曲阜师范大学，后来在武汉大学获哲学博士学位。多年来，他研究的重点一直在老庄哲学和道教哲学方面，有很深的造诣，已是卓有成就的青年学者，《新论老庄》一书的老子部分由其撰写，他为该书付出了大量精力，是该书的主要撰写人、第一作者。

本书面世，得到山东大学易学与中国古代哲学研究中心的资助，多年来中心的许多同志给予我们多方关照，山东人民出版社李涛同志也为该书出版提供了不少帮助，在此一并致以衷心感谢。

陈绍燕

2020年秋于山东大学兴隆山校区南山小区